John Law

HANDEL, GELD UND BANKEN

John Law

HANDEL GELD UND BANKEN

Übersetzt und mit einem Nachwort herausgegeben von Achim Toepel

Akademie Verlag

Die Übersetzung beruht auf der Ausgabe:
John Law, Oeuvres complètes, publiées pour la première fois par Paul Harsin, Paris 1934.

Die Deutsche Bibliothek – CIP-Einheitsaufnahme

Law, John:
Handel, Geld und Banken / John Law. Übers. und mit einem Nachw. hrsg. von Achim Toepel. – Berlin : Akad. Verl., 1992
ISBN 3-05-001798-8
NE: Toepel, Achim [Hrsg.]; Law, John: [Sammlung <dt.>]

Der Akademie Verlag ist ein Unternehmen der VCH-Verlagsgruppe

Gedruckt auf säurefreiem Papier.

Herstellerische Betreuung: Christian P. Biastoch
Einbandgestaltung: Ralf Michaelis
Satz: Hagedornsatz, W-1000 Berlin 46
Druck: GAM Media GmbH, W-1000 Berlin 61
Bindung: Dieter Mikolai, W-1000 Berlin 10

Printed in the Federal Republic of Germany

Inhalt

Betrachtungen über das Geld und den Handel einschließlich eines Vorschlags zur Geldbeschaffung für die Nation (1705, 1720).
11

Kapitel I
Über die Wertbestimmung der Waren. Vom Tausch. Vom Silber – sein Wert als Edelmetall, seine Eigenschaften, die es dazu bestimmen, als Geld zu dienen, und von dem zuzüglichen Wert, den es daher erhält, daß es als Geld fungiert.
12

Kapitel II
Vom Handel und inwieweit der Handel vom Geld abhängt. Wie das Bevölkerungswachstum vom Handel abhängt. Vom Tausch.
19

Kapitel III
Von den verschiedenen Versuchen, das Geld zu bewahren und zu vermehren. Von den Banken.
42

Kapitel IV
Eine Untersuchung über die gegenwärtig vorgeschlagenen, verschiedenen Möglichkeiten, den Nennwert des Münzgeldes zu erhöhen oder es mit Beimischungen zu versehen. Über den Ausgleich der Handelsbilanz. Und schließlich über die Wiedererrichtung der Bank.
50

Kapitel V
Davon, daß die vorgeschlagenen Maßnahmen zur Erhöhung des Silbergeldes oder zur Einrichtung eines Kredits als Zahlungsversprechen unwirksam sind. Davon, daß das Silber gegenüber früher viel an Wert verlor. Davon, daß das Silber seinen zusätzlichen Wert, der daher rührt, daß es als Silber dient, verlieren kann.
67

Kapitel VI
Von dem Vorschlag, welcher von Doktor H. C. dem Parlament unterbreitet wurde.
84

Kapitel VII
Mein Vorschlag nebst Begründung desselben.
90

Kapitel VIII
Die Lage Schottlands ist schlechter, als sie angesichts der natürlichen Bedingungen sein dürfte.
115

Bitte Laws um Audienz beim Regenten, dem Herzog Philippe von Orléans (Dez. 1713).
127

Brief Laws an den Regenten, den Herzog Philippe von Orléans (Dez. 1715).
129

Denkschrift über die Banken (1715).
139

Abhandlung über die königlichen Steuern (1719).
205

Erster Teil
Allgemeine Grundsätze einer angemessenen Verwaltung.
207

Zweiter Teil
Anwendung der allgemeinen Grundsätze in der gegenwärtigen Verwaltung der Finanzen, wobei gezeigt wird, daß diese allgemeinen Grundsätze nicht beachtet werden.
210

Dritter Teil
Neues System der Verwaltung der Finanzen, in welchem die allgemeinen Grundsätze eingehalten werden.
213

Vierter Teil
Antworten auf Einwendungen gegen das System der Steuerbeauflagung auf den Grund und Boden.
217

Leitgedanken eines neuen Systems der Finanzen (1719).

Erster Teil
Darstellung des Systems.
241

Zweiter Teil
Antworten auf Einwendungen.
246

Briefe über das neue System der Finanzen (1720).

Erster Brief
Geschrieben an M... über das neue System der Finanzen (Februar 1720).
257

Zweiter Brief
In welchem über den Kredit und seine Anwendung gesprochen wird (März 1720).
263

Antwort auf die zwei Briefe über das neue System der Finanzen (April 1729).
275

Dritter Brief
In welchem man abermals die Leibrenten und den Kredit behandelt und in welchem man den Gebrauch des Geldes im allgemeinen erklärt sowie die Vorteile des Bankgeldes im besonderen (Mai 1720).
296

Brief Laws an den Herzog von Bourbon (August 1724).
327

Laws Abrechnung der Finanzangelegenheiten, dem Herzog von Bourbon unterbreitet (1724).
334

Anhang

Nachwort
365

Verzeichnis der Schriften Laws
390

Anmerkungen des Herausgebers
395

Namenverzeichnis
409

Sachverzeichnis
410

Betrachtungen über das Geld und den Handel einschließlich eines Vorschlags zur Geldbeschaffung für die Nation.[1] 2

Man hat verschiedene Vorschläge unterbreitet, um der Nation aus den Schwierigkeiten zu helfen, in welche sie durch den großen Geldmangel versetzt wurde.

Um dazu den sichersten, den vorteilhaftesten und den gangbarsten Weg aufzuzeigen, scheint notwendig zu sein: 1. Das Wesen des Geldes zu erforschen und zu fragen, warum man dem Silber gegenüber allen anderen Waren den Vorzug gab, als Geld zu dienen. 2. Den Handel und den Einfluß des Geldes auf den Handel zu untersuchen. 3. Die Mittel in Augenschein zu nehmen, die bereits angewendet werden, um das Geld zu bewahren und zu vermehren sowie diejenigen Mittel zu prüfen, die man dazu gegenwärtig vorschlägt.

Kapitel I
Über die Wertbestimmung der Waren. Vom Tausch. Vom Silber, seinem Wert als Edelmetall, seinen Eigenschaften, die es dazu bestimmen, als Geld zu dienen und von dem zuzüglichen Wert, den es daher erhält, daß es als Geld fungiert.

Alle Waren leiten ihren Wert aus dem Gebrauch ab, für den man sie bestimmt, und ihr Wert ist mehr oder weniger groß, nicht etwa deswegen, weil man den Gebrauch dieser Dinge mehr oder weniger hoch veranschlagt, sondern er ist abhängig von der größeren oder geringeren Menge im Hinblick auf die Nachfrage danach. Dazu ein Beispiel: Das Wasser hat einen großen Gebrauchswert, hingegen nur geringen Wert, und dies, weil die Menge des vorhandenen Wassers weit über der Nachfrage nach Wasser liegt. Die Diamanten haben einen geringen Gebrauchswert, indessen haben sie einen großen Wert, weil die Nachfrage nach Diamanten bei weitem ihr Vorkommen übersteigt.

4 Ferner unterscheiden sich Waren derselben Gattung in ihrem Wert, weil sie von verschiedener Qualität sein können. Dazu ein Beispiel: Ein bestimmtes Pferd ist besser als ein anderes Pferd. Die Gerste eines Landstrichs ist besser als die Gerste eines anderen Landstrichs.

Die Waren verändern ihren Wert in Abhängigkeit von den Veränderungen der jeweils vorhandenen Menge bzw. in Abhängigkeit vom Umfang der Nachfrage nach ihnen. Dazu ein Beispiel: Wenn der Hafer in größerer Menge als im vergangenen Jahr anfällt und wenn die Nachfrage nach Hafer die gleiche bleibt oder geringer ist, dann wird der Hafer einen geringeren Wert haben.

Locke sagt, daß „der Wert der Waren abhängig von der Menge im Verhältnis zu ihrem Absatz“ sei. Ungeachtet dessen, daß der

Umsatz der Waren die vorhandene Menge nicht übersteigen kann, kann trotzdem die Nachfrage danach größer als die vorhandene Menge sein. Dazu ein Beispiel: Wenn der aus Frankreich eingeführte Wein 100 Tonnen ausmacht und wenn sich die Nachfrage danach auf 500 Tonnen beläuft, dann übersteigt die Nachfrage den Verkauf, ganz abgesehen davon, daß die 100 Tonnen zu einem höheren Preis abgesetzt werden, als wenn die Nachfrage dem Absatz entspräche. Das bedeutet, daß die Warenpreise nicht von den jeweils abgesetzten Mengen bestimmt werden, sondern vielmehr von der Nachfrage nach diesen Waren abhängig sind. Bevor man den Gebrauch des Geldes überhaupt kannte, tauschte man die Waren einfach gegeneinander aus, oder man schloß eine Vereinbarung ab, wobei derartige Vereinbarungen jeweils in Waren eingelöst werden mußten.

Dieses Vorgehen beim Austausch der Waren bewirkte viele Unannehmlichkeiten und Nachteile.

1. Derjenige, der zu tauschen wünschte, fand nicht immer denjenigen, der seine Waren benötigte und der gleichzeitig solche Waren besaß, die er dafür eintauschen wollte.
2. Vereinbarungen, die in Waren eingelöst werden mußten, waren ungewiß, weil Waren der gleichen Gattung sich im Wert unterschieden.
3. Es gab kein Maß, das die Wertrelation, welche die Waren untereinander hatten, hätte zutage treten lassen.

Bei dieser Art Handel gab es nur wenig Handelstätigkeit und wenig Handwerke. Die Bevölkerung hing von den Grundeigentümern ab. Die Grundeigentümer bebauten den Boden aber nur in dem Maße, wie es zur Unterhaltung ihrer Familien nötig war und wie sie die notwendigen Dinge, die ihr Grund und Boden nicht hervorbrachte, eintauschen mußten oder wie schließlich Rücklagen geschaffen werden sollten, die zur Aussaat oder für schlechte Ernten bestimmt waren. Alles andere blieb brach liegen oder wurde gegen Leibeigenschaftsdienste und andere Dienste abgetreten.

Die Verluste und Schwierigkeiten, die bei solchem Handel ein-
6 traten, zwangen die Grundeigentümer zu einem größeren Verbrauch ihrer eigenen Produkte sowie gleichzeitig zu einem geringeren Verbrauch anderer Dinge, oder aber sie verwendeten ihr Land dazu, sich diese verschiedenen Dinge, die sie benötigten, mit eben diesem Land zu verschaffen, obwohl es nur für den Anbau einer bestimmten Art geeignet war. Auf diese Weise blieben weite Landstriche unbebaut. Das was bebaut wurde, wurde nicht so bewirtschaftet, daß es den größten Ertrag brachte, und die Bewohner dieser Landstriche schließlich wurden nicht mit einer Arbeit beschäftigt, die ihnen entsprochen hätte.

Als Metall besaß das Silber, ebenso wie die anderen Waren auch, einen Tauschwert, der dem Gebrauch entsprach, den man davon machte.

So wie die Waren der gleichen Gattung einen unterschiedlichen Wert haben, so unterscheidet sich auch der Wert des Metallgeldes von anderem Metallgeld, und zwar je nachdem, ob es einen mehr oder weniger hohen Reinheitsgrad aufweist.

Das Silbergeld war wie alle anderen Waren Wertschwankungen unterworfen, und dies in Abhängigkeit gewisser Veränderungen in der Menge oder in der Nachfrage.

Das Silber verfügte über Eigenschaften, die es zur Verwendung als Geld bestimmten.

1. Es konnte mit einem bestimmten Feingehalt hergestellt werden.
2. Man konnte es leicht wieder absetzen.
3. Es besaß an jedem beliebigen Ort den gleichen Wert, bzw. die Wertunterschiede waren gering, weil es mühelos von einem Ort zum anderen transportiert werden konnte.
4. Es war dauerhaft und wenig umfangreich, man konnte es ohne Verluste und Kosten aufbewahren.
5. Es ließ sich ohne Verlust teilen, eine Unze zu vier Stück war vom gleichen Wert wie eine Unze in einem einzigen Stück.

Da das Silber diese Eigenschaften nun einmal besitzt, darf man vermuten, daß es die Geldfunktion bereits zu einem Zeitpunkt ausübte, als es noch gar nicht ausgemünzt war. Geldfunkion bedeutete aber, daß das Silber in Form von Barren das Maß darstellte, nach welchem die Waren bewertet wurden, ein Wertmaß, vermittels dessen man die Waren austauschte, wodurch die vertraglich abgeschlossenen Geschäfte zahlbar wurden.

Derjenige, der über mehr Waren verfügte, als er benötigte, mußte danach trachten, sie gegen Geld einzutauschen, wenngleich er dieses gar nicht brauchte. Aber das Silber war von dauerhafter Qualität, es ließ sich wieder absetzen, es ließ sich ohne Verlust und Kosten leicht aufbewahren, und man konnte schließlich
mit diesem Geld, entsprechend seiner Bedürfnisse, andere Waren 8
kaufen, indem man es ganz oder in Teilen, im eigenen Land oder im Ausland verwendete, weil es sich ohne Verlust teilen ließ und weil es aller Orten den gleichen Wert besaß. Dazu ein Beispiel: Wenn AB über hundert Schafe verfügte und wenn er diese Schafe gegen Pferde eintauschen wollte und wenn ferner CD zehn Pferde besaß, die dem Wert von hundert Schafen entsprachen und die er gern vertauscht hätte, so konnte es aber sein, daß AB diese Pferde nicht im gleichen Augenblick haben wollte, weil er dadurch genötigt war, die Unterhaltskosten für die Pferde aufzubringen. Er zog es dann vor, seine Schafe mit EF auszutauschen, welcher in der Lage war, ihm den Gegenwert der Schafe in Geld zu entrichten, so daß AB die Pferde zu einem Zeitpunkt kaufen konnte, zu dem er sie benötigte.

Wenn EF nun aber über kein Geld verfügte, stattdessen jedoch bereit war, einen Schuldschein über Geld auszustellen oder eine Schuldverschreibung über Pferde, fällig zu dem Zeitpunkt, zu welchem AB sie benötigte, würde AB den Schuldschein, der in Geld einzulösen war, der Schuldverschreibung über Pferde vorziehen. Er würde dies tun, weil das Geld von unveränderlicher Qualität blieb, im Gegensatz zu den Pferden, deren Qualität sehr unterschiedlich sein konnte. Auf diese Weise bediente man sich des

Geldes als eines Wertes, vermittels dessen zahlbare Geschäfte abgeschlossen wurden.

Man nutzte das Geld ferner als Maß, nach welchem man die Waren bewertete, und dies wurde möglich, weil das Geld von unveränderlicher Qualität war. Dazu ein Beispiel: Wenn AB über einen Zentner [hunderter] Blei[gewicht[2]] verfügte, welches er gegen Gerste einzutauschen wünschte, dann war das Geld das Mittel, wodurch man in Erfahrung bringen konnte, wieviel Gerste diesem Blei im Wert entsprach. Wenn der Zentner [das hunderter] Blei[gewicht] fünf Unzen Feinsilber wert war und wenn fünf Unzen Feinsilber dem Wert von zwanzig Scheffeln Gerste entsprachen, dann mußten zwanzig Scheffel Gerste die Menge sein, die man im Tausch gegen das Blei aufzubringen hatte.

Das Geld ließ sich leicht transportieren, und es besaß überall den gleichen Wert. Das bewirkte, daß man sich des Geldes bediente, um die Waren im Wert zu veranschlagen, die an verschiedenen Orten auszuliefern waren. Dazu ein Beispiel: Wenn von AB, Händler in Glasgow, eine kleine Menge Weins auf Anweisung von CD, Händler in Aberdeen, ausgeliefert werden mußte und wenn der Gegenwert des Weins in Glasgow in Hafer in Aberdeen zahlbar sein sollte, gemäß der Anweisung von AB an CD, dann konnte unter diesen Umständen der Wein nicht mit der Menge Hafer bewertet werden, die er in Glasgow wert war, wie umgekehrt der Hafer nicht mit der Menge Wein bewertet werden konnte, die letzterer in Aberdeen wert war. Der Wein wie auch der Hafer konnten sich in ihrer Qualität an den beiden genannten Orten unterscheiden, beide Waren konnten an den beiden Orten jeweils von geringerem Wert sein. Das Mittel, in Erfahrung zu bringen, welche Menge Hafer dem Wein entsprach, bestand darin, beide Waren, an den betreffenden Orten, an denen sie ausgeliefert werden sollten, in Geld zu veranschlagen. Wenn also die Menge Wein in Glasgow zwanzig Unzen Feinsilber wert war und wenn zwanzig Unzen Feinsilber fünfzig Scheffel Hafer in Aberdeen entsprachen, dann machten eben diese fünfzig

Scheffel die Menge aus, die man im Tausch gegen den Wein geben mußte.

Das Silber eignete sich dazu, geprägt zu werden, was zur Folge hatte, daß die Fürsten zum Wohle und zur Bequemlichkeit des Volkes Münzstätten errichteten, in welchen das Geld geeicht und geprägt wurde. Auf diese Weise machte man sein Gewicht und seinen Feingehalt kenntlich, so daß man es künftig nicht mehr nötig hatte, es zu wiegen oder im Gehalt zu überprüfen. Allerdings erhöhte die Prägung den Wert des Geldes nicht.

Das waren die Gründe dafür, daß man das Silber als Geld benutzte. Die Tatsache, daß man es prägte, war nichts anderes als die Konsequenz dessen, daß man es bereits in Barren zu diesem Zweck anwandte, obwohl letzteres nicht mit der gleichen Bequemlichkeit geschah.

Herr Locke und andere, die über diesen Sachverhalt geschrieben haben, sagen, daß „die allgemeine Übereinkunft der Menschen dem Silber einen imaginären Wert zusprach, und dies wegen seiner Eigenschaften, die es zum Geld bestimmten".[3]* Ich wüßte nicht zu sagen, wie verschiedene Nationen übereinkommen konnten, irgendeiner Sache einen imaginären Wert zuzusprechen, und dies vornehmlich dem Silber, um daran dann alle anderen Waren zu messen, wenn doch kein Land etwas als Wert empfangen wollte, was nicht dem entsprach, für das man es ausgab, und ich wüßte ebenfalls nicht zu sagen, wie es möglich sein sollte, diesen vorgestellten Wert unter diesen Umständen aufrechtzuerhalten. Aber nehmen wir einmal an, daß Frankreich das Silber zu einem imaginären Wert empfinge und das die anderen Nationen es zu eben diesem Wert entgegennähmen, weil es in Frankreich zu diesem Kurs empfangen wurde, dann wäre unter diesen Umständen ein Taler, der in Frankreich mit 76 Sols veranschlagt würde, in Holland mit 76 Stüvers und in Schottland mit 76 Pence bewertet[4]. Dem ist jedoch nicht so, denn selbst in Frankreich, wo der Taler

* Locke, J., Über den Zins, S. 31 und Über das Geld, S. 1.

überbewertet wird, ist er nicht mehr wert als vormals, als er 60 Sols entsprach.

Ist es nicht vielmehr vernünftig, davon auszugehen, daß man das Silber nach seinem Gebrauch, den man als Edelmetall davon machen konnte, bewertete und daß man es als Geld benutzte, weil es diesem Wert beim Tausch besaß. Der neue Gebrauch, der dem Geldsilber zuwuchs, erhöhte dessen Wert, weil es als Geld die
12 Nachteile für den Handel und die damit verbundenen Unbequemlichkeiten beseitigte und weil sich als Folge davon die Nachfrage nach Silber erhöhte, so daß es einen zusätzlichen Wert empfing, welcher der Erhöhung der Nachfrage entsprach, die sich aus seinem Gebrauch als Geld ergab.

Dieser zusätzliche Wert ist nun aber ebensowenig eingebildet wie jener Wert, über den Silber beim Austausch als Metall verfügte, denn der eine wie auch der andere Wert des Silbers leitete sich aus seiner Verwendung zu diesem oder jenem Gebrauch ab, und er war mehr oder weniger hoch, entsprechend der Nachfrage nach Silber als Metall ebenso wie in Abhängigkeit von der vorhandenen Menge an Silber. Der zusätzliche Wert, den das Silber aus seinem Gebrauch als Geld empfing, rührte von seinen Eigenschaften her, die es zu diesem Gebrauch bestimmten, das heißt, daß dieser Wert der zusätzlichen Nachfrage zuzuschreiben ist, die aus seinem Gebrauch als Geld bewirkt wurde.

Wenn der eine oder andere dieser Werte eingebildet wäre, dann wären es alle Werte, denn die Dinge erhalten ihren Wert immer nur von dem Gebrauch, den man davon macht und von der im Verhältnis zu ihrer Menge vorhandenen Nachfrage.

Das gilt auch für das Silber, insofern es einen Wert und Eigenschaften besitzt, die es dazu bestimmen, als Geld zu fungieren, Eigenschaften, über die die anderen Waren nicht verfügen. Darum hat man es ausgemünzt, damit es der Bequemlichkeit der Menschen diene.

Andere Warenarten mit den gleichen Eigenschaften konnten also damals und können noch heute in Geld mit entsprechendem

Wert verwandelt werden. So lassen sich Gold und Kupfer ausmünzen, aber keines von beiden mit so vielen Vorteilen wie das Silber. Das Bezahlen mit Kupfer ist hinderlich wegen seiner Masse, während andererseits das Gold zu selten ist, um als Geld zu fungieren. In Ländern, wo das Gold im Überfluß vorhanden ist, benutzt man es als Geld, während man sich des Kupfers dort bedient, wo Gold und Silber selten sind.

Gold wird ausgemünzt, weil sich der Austausch vermittels dieses Metalls am leichtesten abwickeln läßt, während das Kupfer bei kleinen Zahlungen Verwendung findet. Demgegenüber stellt jedoch das Silber das Maß dar, vermittels dessen die Waren bewertet werden, es repräsentiert den Wert, gegen welchen die Waren getauscht werden und über welchen die zahlbaren Vereinbarungen abgeschlossen werden. 14

In dem Maße, wie sich das Geld vermehrte, verringerten sich die Nachteile und Unbequemlichkeiten des Handels. Die Armen und Beschäftigungslosen fanden Arbeit, größere Bodenflächen wurden in Bebauung genommen, die Produktion wuchs an, die Manufakturen und der Handel vervollkommneten sich, und die niederen Bevölkerungsschichten wurden weniger abhängig von ihnen.

Kapitel II
Vom Handel und inwieweit der Handel vom Geld abhängt. Wie das Bevölkerungswachstum vom Handel abhängt. Vom Tausch.

Es gibt den Binnenhandel und es gibt den Außenhandel. Binnenhandel bedeutet Beschäftigung der Menschen und Austausch der Waren im Inneren des Landes. Demgegenüber hat der Außenhandel mehrere Zweige:

1. Wenn die Bodenerzeugnisse und die Manufakturerzeugnisse den Verbrauch übersteigen, wird man einen Teil davon ausführen und dafür ausländische Waren einführen.
2. Wenn man die ausgeführten Waren in einem Hafen verkauft und in diesem Hafen umlädt, um sie in einem anderen Hafen abermals zu verkaufen, so wird diese Vorgehensweise mehr einbringen, als wenn die ausgeführten Waren unmittelbar an ihren Bestimmungsort geführt worden wären.
3. Einführen von ausländischen Lebensmitteln und Manufakturerzeugnissen aus solchen Ländern, in denen sie billiger sind, um die anderen Länder damit zu versorgen, wo sie teuer sind und gerade dann, wenn sie am teuersten sind.
4. Einfuhr von Rohstoffen aus dem Ausland und ihre Ausfuhr als Manufakturerzeugnisse.
5. Das Mieten oder der Verleih von Schiffen.

Der Handel, gleichgültig ob Binnenhandel oder Außenhandel, läßt sich durch Austausch von Ware gegen Ware abwickeln, allerdings niemals in einem derartigen großen Wertumfang und mit so viel Bequemlichkeit wie mit dem Geld.

Der Handel im Inneren des Landes hängt vom Geld ab. Mehr Geld gibt einer größeren Anzahl von Menschen eine Beschäftigung als weniger Geld. Eine begrenzte Geldmenge vermag lediglich eine dementsprechende Anzahl von Menschen zu beschäftigen, so daß es von geringem Erfolg sein dürfte, wenn man Gesetze verabschiedet, um den Armen und Beschäftigungslosen in Län-
16 dern mit geringem Geldumfang eine Arbeit zu verschaffen. Gute Gesetze können den Geldumlauf allerdings auf den höchstmöglichen Stand bringen und das Geld dazu zwingen, Funktionen auszuüben, die dem Land am meisten nutzen. Mehr vermögen die Gesetze jedoch nicht zu erreichen, ebensowenig wie man ohne einen größeren Geldumlauf eine größere Anzahl von Menschen beschäftigen kann, um damit die Löhne dieser größeren Anzahl von Menschen zu bezahlen. Man kann sie dazu bringen, auf Kredit zu arbeiten, aber dieser Weg ist nicht gangbar, zumindest solange

nicht, wie der Kredit nicht so gebräuchlich ist, daß er den Arbeitern das Notwendige gewähr[leiste]t. Sollte das aber der Fall sein, dann wäre der Kredit das gleiche wie das Geld, er würde dieselbe Wirkung wie das Geld haben, und dies im Binnenhandel wie im Außenhandel.

Eine Vermehrung des Geldes erhöht den Wert eines Landes. Solange das Geld Zins abwirft, wird man es anwenden. Das angewandte Geld bringt Profit ein, wenngleich derjenige, der es anwendet, dabei verliert. Dazu ein Beispiel: Wenn man fünfzig Personen beschäftigt, denen man 25 Shilling pro Tag bezahlt, und wenn die Leistung, die von der Arbeit erbracht wurde, diesen Betrag lediglich ausgleicht oder nur 15 Shilling ausmacht, so würde der Wert im Lande nichtsdestoweniger um diesen Betrag erhöht. Da es jedoch statthaft ist zu vermuten, daß die betreffende Arbeit 40 Shilling entspricht, wird das Land um eben diesen Betrag reicher geworden sein, von dem der Unternehmer 15 Shilling gewinnt. 15 Shilling sollte man als den Gegenwert des Verbrauchs der Arbeiter, die vorher von Almosen lebten, ansehen. Es bleiben ihnen also 10 Shilling über ihren Verbrauch.

Wenn ein Ballen Wolle 10 Shilling wert ist und wenn diese Wolle zu Tuch verarbeitet 2 Pfund Sterling ausmacht, dann hat dieses Erzeugnis den vierfachen Wert der Wolle bekommen. Man darf vermuten, daß die Arbeiter mehr verbrauchen als zu der Zeit, zu welcher sie nicht beschäftigt waren. Aber selbst wenn wir ein Viertel dazuschlagen, wird die Nation noch das Doppelte des Wertes der Produktion gewonnen haben. Wie dem auch sei, ob der Unternehmer gewinnt oder nicht gewinnt, eine Erhöhung des Geldes erhöht den Reichtum der Nation, entlastet das Land von einer Anzahl armer und beschäftigungsloser Menschen, und dies im Verhältnis zur Vermehrung des Geldes, ganz abgesehen davon, daß es diesen Menschen die Gelegenheit bietet, besser zu leben und es ihnen ermöglicht, einen Teil der öffentlichen Lasten zu tragen, wie das von den anderen Einwohnern geschieht.

Der erste Zweig des Außenhandels, die Ausfuhr und die Einfuhr von Waren, hängt vom Geld ab. Wenn die Hälfte der Menschen beschäftigt wird und wenn die Gesamtheit der erzeugten Lebensmittel und Manufakturerzeugnisse verbraucht wird, dann wird die
18 Vermehrung des Geldes, insofern dadurch mehr Menschen beschäftigt werden, einen Überschuß für den Export abwerfen. Wenn die eingeführten Waren die ausgeführten Waren aufwiegen, dann wird eine weitere Vermehrung des Geldes noch mehr Menschen oder die gleiche Anzahl mit größeren Vorteilen beschäftigen, und dies mit noch größerer Wirksamkeit, so daß die Ausfuhr bzw. der Wert der Ausfuhr noch steigen wird, wodurch sich für das Land eine positive Handelsbilanz einstellt. Wenn sich das Geld aber im Gegensatz dazu verringen sollte, verliert ein Teil der Arbeiter, die vorher beschäftigt waren, ihre Arbeit, oder sie werden weniger vorteilhaft beschäftigt. Das hat zur Folge, daß die Produktion von Lebensmitteln und Manufakturerzeugnissen abnimmt bzw. einen geringeren Wert ausmacht, so daß sich schließlich die Ausfuhr verringert und die Handelsbilanz mit dem Ausland negativ gestaltet.

Der zweite und dritte Zweig des Außenhandels, den man auch den Transporthandel nennt, wurde außerhalb Europas von den Ländern monopolisiert, die über Kolonien verfügen. Innerhalb Europas wird er von den Ländern beherrscht, die zu den günstigsten Bedingungen verkaufen.

Schottland hat bei seinem Handel den Vorteil, zu niedrigeren Preisen als die Kaufleute Hollands zu verkaufen sowie gleichzeitig mit geringerem Aufwand zu leben, weniger Steuern zu zahlen, billigere Arbeiter und Seeleute zu beschäftigen und preiswertere Lebensmittel zu kaufen. Allerdings kann der holländische Kaufmann mit einem Kapital von 10 000 Pfund und einem jährlichen Umsatz von 100 Pfund, wenn er mit einem Profit von 10 Prozent handelt, sein Kapital jährlich um 500 Pfund vermehren. Demgegenüber kann der schottische Kaufmann, dessen Kapital 500 Pfund beträgt und dessen jährlicher Umsatz sich auf 50 Pfund beläuft, nicht mit so geringem Gewinn handeln.

Wenn man nun fragt, wie denn ein holländischer Kaufmann, der lediglich über 500 Pfund Kapital verfügt, seinen Handel betreibt, so muß man antworten, daß er seine Ausgaben so weit einschränkt, daß ihm ein Handel von 10 Prozent genügt. Oder aber er verschafft sich, weil das Geld in Holland reichlicher vorhanden ist und weil man es darum leichter und zu geringeren Zinsen leihen kann, einen Kredit zu 3 oder 4 Prozent, so daß er auf diese Weise 6 oder 7 Prozent gewinnt. Abgesehen davon, daß man die Geldmenge in Schottland erhöhen würde, können wir nicht zu so günstigen Bedingungen wie die Holländer Handel treiben, obwohl wir über Handelsvorteile verfügen, die sie nicht haben, und obwohl sie Behinderungen ausgesetzt sind, denen wir nicht unterliegen. Wegen ihrer größeren Geldmenge und ihrer größeren Wirtschaft halten die Holländer das Monopol im Transporthandel, und dies selbst gegenüber den Engländern.

Der vierte Zweig des Außenhandels, das heißt die Einfuhr von Rohstoffen aus anderen Ländern und ihre Ausfuhr als Manufakturerzeugnisse, hängt von der Menge des Geldes ab. Wir sind weit davon entfernt, mit den Holländern in diesem Handel konkurrieren zu können, so daß unsere Wolle nach Holland geschickt wird, um dann von dort, nach Verarbeitung, wieder importiert zu werden, und dies trotz der Hindernisse eines Ausfuhrverbots für Wolle und eines Einfuhrverbots für Manufakturerzeugnisse. Man muß den bereits genannten Vorteilen gegenüber den Holländern noch hinzufügen, daß dieser Rohstoff ein Erzeugnis unseres Landes ist und daß unsere Manufakturen mehr gefördert werden als diejenigen Hollands.

Es wurde vorgebracht, daß sich die Manufakturen weiter hätten vervollkommnen können, wenn die Verbote fortbestanden hätten.

Die Vorteile, die einige Personen aus den Manufakturen gezogen haben, führten zur Gründung einer größeren Anzahl solcher Einrichtungen, sie führten aber auch dazu, daß sich die Geldmenge verringerte. Das Geld, welches man hier anwandte, wurde der ursprünglichen Verwendung entzogen und zweckentfremdet verwendet, ungeachtet dessen, daß das Geld nicht an zwei Orten gleichzeitig dienen kann.

Man behauptet, daß die Erlaubnis für den Wolleexport die Ausfuhr von Geld zur Folge hatte. So sandte man auf einmal eine Summe von 5 000 Pfund nach England, um dort Wolle zu kaufen. Fragt man nach dem Verbleib dieser Wolle, so muß gesagt werden, daß sie nach Frankreich geschickt wurde, um dort Wein damit zu beschaffen. In diesem Fall ersparte man die Sendung von 8 bzw. 10 000 Pfund nach Frankreich, weil die englische Wolle mit einem Preis von 5 000 Pfund in Frankreich 8 oder 10 000 Pfund wert war.

Denjenigen, die die Verhältnisse in diesem Land nicht gründlich betrachten, könnte es seltsam erscheinen, daß man die Ausfuhr der Wolle durch Gesetz erlaubt. Aber man sollte nicht vergessen, daß die Produktion Schottlands mit nicht weniger als 50 000 Personen verarbeitet werden müßte und daß das Geld, welches für die Manufakturen zur Verfügung steht, lediglich 25 000 Personen zu beschäftigen vermag, so daß die Hälfte der Produktion verloren wäre, wenn man die Ausfuhr nicht gestattete.

Der fünfte Zweig, das heißt das Mieten und der Verleih von Schiffen, hängt vom Geld sowie von den anderen Zweigen des Handels ab. An solchen Orten, wo Schiffe von Ausländern gemietet werden und wo gleichzeitig eine große Nachfrage nach Schiffen für den eigenen Handel besteht, dort kann man alle Arten von Schiffen zu günstigeren Bedingungen ausgeliehen bekommen als an anderen Orten. Die Kaufleute haben die Gewißheit, hier alle Schiffe vorzufinden, die sie für den Transport ihrer Waren benötigen und die geeignet sind, die Länder zu erreichen, mit denen sie handeln.

22 Der Handel mit dem Vermieten von Schiffen läßt die Waren anderer Länder nach Holland gelangen, obwohl diese Waren dazu bestimmt waren, anderenorts verkauft zu werden. Wenn Tuche, die von England nach Portugal geschickt werden, 25 Prozent Gewinn abwerfen und bis Holland lediglich 15 Prozent ein

bringen, dann wird der englische Kaufmann es vorziehen, die Waren für diese 15 Prozent nach Holland zu bringen und Abstand davon nehmen, sie für 25 Prozent nach Portugal zu transportieren. Der holländische Kaufmann, der aufgrund niedriger Preise für die Schiffsmietung usw. zu günstigeren Bedingungen handeln kann, wird sich mit den restlichen 10 Prozent zufriedengeben und den Transport nach Portugal übernehmen.

Die überwiegende Zahl der Schriftsteller, die über den Handel geschrieben haben, teilen ihn ein in nationalen Handel und privaten Handel. Sie sagen, daß der Kaufmann da gewinnen kann, wo die Nation verliert. Wenn Geldmünzen oder Barren im Wert von 1 000 Pfund und Waren oder andere Vorräte im Wert von ebenfalls 1 000 Pfund nach Indien transportiert werden und wenn der Erlös aus dem Absatz der dafür erhaltenen Waren 8 000 Pfund beträgt, dann gewinnt der Kaufmann 6 000 Pfund. Da diese Waren aber gänzlich im Lande verbraucht werden, verliert die Nation 1 000 Pfund in Geldmünzen oder Barren.

Sie berücksichtigen dabei aber nicht, daß die im Wert von 8 000 Pfund eingeführten Waren (nehmen wir einmal an, sie würden gänzlich im Lande verbraucht) den Verbrauch von Rohstoffen oder Manufakturerzeugnissen des Landes verringern, wodurch eine Erhöhung der Ausfuhr möglich wird, die den 1 000 Pfund Geldmünzen oder Barren mindestens entspricht. Aber selbst wenn man einräumt, daß die eingeführten Waren den Verbrauch einheimischer Waren nicht verringern und daß ihr Verbrauch überhaupt nicht notwendig ist, dann sind diese Waren trotzdem 8 000 Pfund wert, und dies sowohl im Lande selbst als auch außerhalb des Landes, das heißt die Nation gewinnt in jedem Fall 6 000 Pfund. Wenn die betreffenden Waren von den Einwohnern in überspannten Verwendungen verbraucht werden, dann ist das nicht die Schuld des Handels, und man sollte den Handel mit diesen Waren darum nicht als unvorteilhaft bezeichnen. Vielmehr ist die Schuld bei der Regierung zu suchen, die einen zu großen Verbrauch ausländischer Waren verhindern müßte, besonders solcher Waren, auf die man verzichten könnte, weil sie keinen größeren Verbrauch von einheimischen Waren verhindern. Durch die geringe Nachfrage nach einheimischen Waren würden diese im Lande weniger Profit einbringen als im Ausland, sie würden von den Kaufleuten ausgeführt werden oder aber künftig die Einfuhr verringern.

Wenn die Waren aus Ostindien, die in England mit 1 000 Pfund verkauft werden, außerhalb des Landes lediglich 800 Pfund wert sind, dann wird ihr Verkauf außerhalb des Landes vorteilhafter sein als in England, wenn man die Einfuhrgebühren, die dafür ent-
24 richtet wurden, zurückerstattete und wenn man außerdem noch eine Zollrückvergütung zur Exportermunterung[5] gewährte.

Eine Nation kann ihre eigenen Waren oder ausländischen Waren verbrauchen, die im Wert die Naturprodukte des Landes, ihre Manufakturerzeugnisse und die Profite des Handels übersteigen. Allein deswegen wird ihr Handel nicht vorteilhaft sein. Nachteilig wäre in diesem Fall ein zu hoher Verbrauch. Der überhöhte Verbrauch von Rohstoffen und Manufakturerzeugnissen des eigenen Landes kann genau so schädlich sein wie der Verbrauch ausländischer Waren. Denn von dem Augenblick an, wo man so viele ausländische Waren nicht mehr bezahlen kann, wird die Bilanz negativ, so daß man genötigt ist, den Saldo in Geldmünzen oder Barren zu entrichten.

Eine Nation kann gewinnen, wenn der Kaufmann verliert. In jedem Fall, in dem der Kaufmann gewinnt, gewinnt jedoch ebenfalls die Nation und zwar ebensoviel oder sogar mehr, wobei letzteres vom Lebensniveau und den Löhnen der beschäftigten Arbeitskräfte abhängt sowie ferner von den auf den Waren liegenden Zöllen. Bei Verlust eines Schiffes, welches versichert war, verliert die Nation. Nichts verliert indessen der Kaufmann, es sei denn, daß der Kaufmann selbst der Versicherer war, in diesem Fall verlöre er ebenfalls wie die Nation.

So wie der Handel vom Geld abhängt, so wird die Vermehrung oder die Abnahme der Bevölkerung vom Handel bestimmt. Wenn die Menschen im Lande beschäftigt werden, dann werden sie dort bleiben, und wenn der Handel für die Anzahl der hier lebenden Menschen zu umfangreich ist, werden Menschen aus den Gegenden angezogen, in denen sie keine Beschäftigung finden. Sir William Petty[6] veranschlagt den Wert eines Menschen mit 20 Jahresverdiensten[7]. Nach dieser Rechnung ist ein Matrose, dessen monatliche Bezahlung sich auf 40 Shilling beläuft, 480 Pfund wert.

Schottland hat einen sehr geringen Handel, weil es über sehr wenig Geld verfügt. Der Binnenhandel ist wenig umfangreich, und der Boden wird ebenso wenig verbessert, wie man die Produkte weiterverarbeitet. Schottland betätigt sich in geringem Umfang im ersten Zweig des Außenhandels[8], woraus ein großer Nachteil für die Einwohner des Landes erwächst, welche die ausländischen Waren teurer bezahlen müssen und welche schlechter bedient werden, als die Einwohner anderer Nationen. Und wenn sie einmal eine Ware zu günstigeren Preisen erwerben, dann liegt das an der geringen Höhe der Einfuhrzölle. In Schottland bezahlt man nur niedrige Preise für die Waren, die für die Ausfuhr bestimmt sind, so daß der Profit des Kaufmanns groß ist. Wenn in Holland 100 Ballen Wolle dem Wert von 10 Stück Leinwand entsprechen, dann werden diese 10 Stück Leinwand in Schottland für 180 oder 200 Ballen ebensolcher Wolle verkauft. Diejenigen Waren, die einen so hohen Profit nicht abwerfen, werden nicht ausgeführt,
und diejenigen, die man ausführt, exportiert man lediglich zu 26
geringen Mengen, weil der Kaufmann nur über ein bescheidenes Kapital verfügt. Schottland betreibt nicht die anderen Zweige des Außenhandels, weil das Land nicht in der Lage ist, Handel zu so günstigen Bedingungen wie die anderen Nationen zu betreiben.

Manche denken, daß sich durch eine gesetzliche Zinssenkung der Handel ausweiten ließe, weil die Kaufleute unter diesen Umständen mehr Geld anwenden könnten und zu besseren Bedingungen Handel treiben könnten. Ein derartiges Gesetz hätte aber viele Nachteile, und es ist sehr zweifelhaft, ob es sich günstig auswirken würde. Wenn die niedrige Zinsrate tatsächlich die

Folge einer größeren Geldmenge wäre, dann würde das im Handel angewandte Kapital umfangreicher sein, und die Kaufleute könnten zu günstigeren Bedingungen Handel treiben, und dies wegen der Leichtigkeit, mit welcher man Geld leihen könnte, und wegen der geringen Geldzinsen. Alles das wäre möglich, ohne daß daraus Nachteile erwüchsen.

Obgleich der Zinsfuß in Holland 3 Prozent ausmacht und sich in Schottland auf 6 Prozent beläuft, würde eine Geldmenge, die der Nachfrage von 6 Prozent entspricht, hier bereits genügen, um zu erreichen, daß sich der Handel ebenfalls auf alle anderen Zweige erstreckte, und dies trotz der Unterschiede im Zinsfuß, weil wir gegenüber den Holländern über günstigere Bedingungen für den Handel verfügen.

Wenn in Schottland so viel Geld vorhanden wäre, daß es der Nachfrage bei 6 Prozent entspräche, dann könnten die Holländer ihren Heringshandel nicht zu so günstigen Bedingungen abwikkeln, denn unsere Schwierigkeiten für diesen Handel liegen an der Geldknappheit. Die Geräte, welche für den Fischfang erforderlich sind, sind in Holland billiger, aber die geringeren Lebensunterhaltungskosten bei uns würden genügen, dies aufzuwiegen. Die hohen Preise dieser Gerätschaften sowie überhaupt das hohe Preisniveau aller anderen ausländischen Waren, welches von der Geldknappheit herrührt, ließen sich beseitigen, wenn man ein Heilmittel dagegen fände. Die Fischfanggeräte und die anderen ausländischen Waren, die keine Erzeugnisse Hollands sind, würden unter solchen Umständen in Schottland ebenso preisgünstig verkauft werden können.

Der Wechsel kam auf, als ein Kaufmann zu einem größeren Wert ausführte als er dagegen Waren einführte und als man ihm Geld im Ausland schuldete. Umgekehrt schuldete ein anderer Kaufmann, der Waren zu einem größeren Wert einführte als er ausführte, das Geld im Ausland. Letzterer nun, indem er ersterem das Geld zu einem bestimmten Gewicht und mit einem bestimmten Feingehalt oder zum Wert dessen, was er schuldete, auszahlte, ersparte sich selbst die Schwierigkeiten, die Risiken und die Kosten, das Geld in das Ausland zu senden so wie dem anderen die gleichen Unannehmlichkeiten erspart wurden, das Geld aus dem Ausland zu sich kommen zu lassen, ganz abgesehen davon, daß sich für beide die Kosten einer Wiedereinschmelzung erübrigten.

Solange sich Wareneinfuhren und Ausgaben für ausländische 28
Waren die Waage hielten, war der Wechsel ausgeglichen. Sobald allerdings eine Nation zu größerem Wert einführte bzw. im Handel mehr Bedürfnisse hatte, als sich durch Ausgaben der Ausländer bei sich im Lande aufwiegen ließen, wurde es notwendig, die Differenz durch den Transport von Geldmünzen oder Barren auszugleichen. Derjenige Kaufmann bzw. diejenige Person, die eine bestimmte Summe im Ausland schuldete oder benötigte, gewährte nun, um die Unbequemlichkeiten, die Kosten und die Risiken des Geldtransports zu vermeiden, einen bestimmten Prozentsatz, der so hoch war, wie man die genannten Unbequemlichkeiten in Geld veranschlagte. Auf diese Weise überstieg der Wechselkurs die Parität[9], er wurde zu einem Gegenstand des Handels.

Mun sagt in seinem Werk „Über den Handel" (S. 100)[10]: „Wenn der Wechselkurs gegen eine Nation ist, dann ist dies für diese Nation vorteilhaft. Denn wenn bei gleichem Geld 100 Pfund in London nur 80 Pfund in Amsterdam wert sind und wenn man einmal annimmt, daß die Holländer Waren im Wert von 500 000 Pfund nach England schicken und daß die Engländer ihrerseits Waren von 400 000 Pfund nach Holland senden, dann folgt daraus, daß das den Engländern in Amsterdam geschuldete Geld 440 000 Pfund von der Summe ausgleicht, die den Holländern in London geschuldet wurden. Auf diese Weise läßt sich der Saldo mit 60 000 Pfund bezahlen." Mun läßt indessen unberücksichtigt, daß die holländischen Waren zu 500 000 Pfund, unter der Voraussetzung, daß der Handel ausgeglichen war und daß 90 Pfund in Amsterdam 100 Pfund in London entsprachen, in London 555 555 Pfund wert sind, wobei diese Summe dem Wechsel von 400 000 Pfund in England entspricht. Auf diese Weise hat das

Land, wenn der Wechselkurs gegen England ist, keinen Vorteil davon, wie fälschlicherweise angenommen wird. Die Nation zahlt 95 000 Pfund mehr, als wenn der Wechsel ausgeglichen gewesen wäre.

Wenn der Wechselkurs über der Parität liegt, dann bezahlt man ihn nicht lediglich mit den Beträgen, die dem geschuldeten Saldo entsprechen. Vielmehr ist der gesamte Wechsel an dem Ort betroffen, an welchem der Saldo geschuldet wird. Wenn der Saldo 20 000 Pfund beträgt und wenn die zwischen den Kaufleuten gewechselten Beträge, das heißt zwischen denen, denen man Geld im Ausland schuldet und denen, die im Ausland schulden bzw. denen, die das Geld hier benötigen, 60 000 Pfund beträgt, dann verkaufen sich die auf 60 000 Pfund ausgestellten Wechsel genauso teuer oder beinahe so teuer wie der Saldo von 20 000 Pfund.

Das gleiche gilt für den Wechsel in denjenigen Ländern, in denen kein Saldo geschuldet wird. Dazu ein Beispiel: Wenn der Wechselkurs zwischen Schottland und Holland um 3 Prozent über der Parität liegt, und zwar zum Nachteil Schottlands, und wenn er geichzeitig, zwischen England und Holland, der Parität entspricht, dann wird sich der Wechselkurs gegenüber England erhöhen, obgleich Schottland gegenüber England keinen Saldo schuldet, denn 100 Pfund von Holland für Schottland nach England überstellt bringen 103 Pfund, so daß man vermuten kann, daß man zwischen England und Schottland die Summe zu 2 Prozent haben wird, weil die Überstellung des Wechsels von Holland nach Schottland weniger schwierig ist.

Die Waren werden den Ausländern zum Selbstkostenpreis verkauft. Dazu ein Beispiel: Wenn die Waren, die in Schottland 100 Pfund wert sind, in England 130 Pfund wert sind, dann exportiert man sie, indem man davon ausgeht, daß 30 Prozent für die Kosten und die Profite ausreichen. Wenn der Preis dieser Waren in Schottland von 100 auf 80 Pfund fällt, dann wird er sich in England nicht auf 130 Pfund halten können, sondern sich ebenfalls im gleichen Verhältnis verringern, denn anderenfalls würden sich entweder die schottischen Kaufleute gegenseitig mit herabgesetzten Preisen unterbieten, oder aber die englischen Kaufleute würden diese Waren selbst ausführen. Das gleiche gilt für den umgekehrten Fall: Wenn die Preise in Schottland von 100 auf 120 Pfund steigen, dann werden sie auch in England dementsprechend steigen, zumindest solange, wie sich die Engländer diese Waren nicht von anderswoher zu günstigeren Preisen beschaffen können oder solange, wie sie diese Waren nicht durch den Gebrauch anderer Waren ersetzen können.

Daraus folgt, daß alle ausgeführten Waren in dem Maße billiger verkauft werden, wie der Wechselkurs über der Parität liegt, und es folgt daraus ferner, daß die eingeführten Waren einen höheren Preis als vorher haben. Dazu ein Beispiel: Ein Kaufmann schickt jährlich Waren zu 6 000 Pfund nach England, Selbstkosten, Transportkosten und Profit einbegriffen. Das Geld soll in England wie auch in Schottland den gleichen Feingehalt haben, und es soll kein Saldo geschuldet sein. Andererseits aber soll ein Saldo gegenüber Holland geschuldet werden, welcher den Wechselkurs um 3 Prozent über die Parität zugunsten Hollands hebt. Wenn nun der Wechsel für England zu 2 Prozent gezahlt werden muß, dann kann man die Waren in England mit 5 882 Pfund, 7 Shilling bezahlen, weil durch den Wechselkurs diese Summe von 5 882 Pfund, 7 Schilling derjenigen von 6 000 Pfund in Schottland entspricht. Das bedeutet, daß ein gegenüber Holland geschuldeter Saldo, der den Wechsel gegenüber anderen Ländern erhöht, Schottland einen Verlust von 117 Pfund, 13 Shilling verursacht, ein Verlust auf den Preis der Waren von 6 000 Pfund, die nach England geschickt wurden.

Die englischen Waren werden in gleichem Maße teurer verkauft. Dazu ein Beispiel: Wenn ein englischer Kaufmann jährlich Waren zu 6 000 Pfund nach Schottland schickt, Selbstkosten, Transportkosten und Profit einbegriffen, dann wird man für diese Waren in Schottland 6 120 Pfund bezahlen müssen, weil diese Summe derjenigen von 6 000 Pfund in England entspricht. Wenn der Wechselkurs der Parität entsprochen hätte, dann würden die von Schottland nach England ausgeführten Waren um 117 Pfund, 13 Shilling teurer verkauft werden, während die von England nach Schottland geschickten Waren um 120 Pfund billiger wären.

32 Alle Waren, die in solche Länder gesandt werden, in welchen der Wechselkurs über der Parität liegt, werden dort zu dementsprechend geringeren Preisen verkauft, während man diejenigen Waren, die man in diesen Ländern kauft, mit einem Preis bezahlt, der in dem Maße höher ist, wie der Wechselkurs über der Parität liegt, ungeachtet dessen, ob die Einfuhr oder die Ausfuhr dieser Waren von holländischen Kaufleuten oder von ausländischen Kaufleuten vorgenommen wird.

Der Kaufmann, der mit englischen Waren handelt, wird, obgleich er teurer verkauft, nicht mehr gewinnen, als wenn der Wechselkurs der Parität entspräche, und dementsprechend wird auch der Kaufmann, der mit schottischen Waren handelt, nicht weniger gewinnen, obwohl er zu geringerem Preis verkauft. Beide werden sie den gleichen Profit haben, als wenn der Wechselkurs der Parität entspräche. Schottland bezahlt 2 Prozent mehr für die englische Waren, während England 2 Prozent weniger für die schottischen Waren bezahlen muß: Der gesamte Verlust, oder zumindest der größte Teil davon, geht in Schottland zu Lasten des Grundeigentümers, während demgegenüber in England der Grundeigentümer den ganzen Profit, oder aber den größten Teil davon, einstreicht.

Die Nationen, die glauben, daß man mit der Ausfuhr von Geldmünzen oder Barren einen im Handel geschuldeten Saldo bezahlen kann, erleiden einen echten Verlust von Reichtum, welcher dem Handel sehr schadet. Man hätte stattdessen die Einfuhr solcher Waren beschränken sollen, die für die Einwohner des Landes nicht so notwendig sind, oder man hätte diese Waren auch mit einer Abgabe belegen können, die deren Verbrauch verringert. Ferner ließe sich die Industrie fördern, so daß die Erzeugung eigener, natürlicher Erzeugnisse erhöht und verbessert würde, oder man könnte die Einwohner von einem übermäßigen Verbrauch dieser Waren abbringen, denn dadurch erhöht man schließlich den Umfang des Exportüberschusses. Jede dieser Maßnahmen wäre dazu angetan, die Ausgeglichenheit zwischen Handel und Wechsel herzustellen oder aber eine günstige Bilanz herbeizuführen. Statt diese Maßnahmen zu ergreifen, nehmen die Nationen jedoch zu dem Mittel der Ausfuhrbeschränkungen von Geldmünzen und Barren Zuflucht, was keine andere Wirkung haben kann, als den Wechselkurs zu erhöhen, denn durch derartige Eingriffe werden die Risiken der Geld- oder Barrenausfuhr noch erhöht, wobei man vermuten darf, daß diese Erhöhung 3 Prozent ausmachen wird. Da sich diese Maßnahmen nun aber als sehr schädlich erweisen, indem sie alle ausgeführten Waren um 3 Prozent billiger machten und alle eingeführten Waren um 3 Prozent teurer werden ließen, erhöhte sich der Wechselkurs in dem Maße, wie man diese Maßnahmen unerbittlich durchsetzte, was den Schaden noch vergrößerte. Der Saldo mit dem Ausland mußte stets in Geld oder in Barren beglichen werden, entweder von dem Kaufmann, der ihn schuldete, oder von dem Bankier, der den Wechsel ausstellte, oder aber er wurde von dem Ausländer eingefordert, dem man den Saldo schuldete.

Nehmen wir einmal an, daß das Geld in Schottland, in Eng- 34
land und in Holland den gleichen Metall- und Feingehalt habe und daß Schottland nur mit England und mit Holland Handel treibt. Nehmen wir ferner an, daß der Wechselkurs der Parität entspricht und daß die jährlich aus Schottland ausgeführten Waren sich auf 300 000 Pfund Selbstkosten zuzüglich 30 Prozent Transportkosten und Profit belaufen. Demgegenüber sollen die eingeführten Waren 280 000 Pfund ausmachen, ebenfalls zuzüglich 30 Prozent Transportkosten und Profit. Schließlich wollen wir davon ausgehen, daß die eine Hälfte des Handels von schottischen Kaufleuten und die andere Hälfte von englischen und von holländischen Kaufleuten abgewickelt wird. Dann ergibt sich:

Schottland geschuldet für eine Hälfte der Ausfuhr, von eigenen Kaufleuten vorgenommen	195 000	345 000[11]
Schottland geschuldet für die andere Hälfte der Ausfuhr, von englischen und holländischen Kaufleuten vorgenommen	150 000	
Schulden Schottlands in England und Holland für von englischen und holländischen Kaufleuten eingeführte Waren	182 000	322 000
Schulden Schottlands für die von schottischen Kaufleuten eingeführten Waren	140 000	

Ferner: Die Ausgaben der Schotten im Ausland übersteigen die Ausgaben der Ausländer in Schottland um 40 000 Pfund. Wenn dies die jährliche Bilanz des Handels und der Ausgaben Schottlands darstellt, dann ergibt sich ein Betrag von 17 000 Pfund, der als Saldo besteht[12], sofern die Schotten den Verbrauch ausländischer Waren nicht einschränken, so daß deren Einfuhr verringert wird, oder sofern sie den Verbrauch ihrer eigenen Waren nicht herabsetzen, damit deren Ausfuhr erhöht werden kann. Wenn sie also ihre eigene Produktion nicht steigern oder verbessern, so daß dadurch die Ausfuhr umfangreicher oder von größerem Wert sein wird, oder wenn sie andererseits ihre Ausgaben im Ausland nicht einschränken, dann werden, um diesen Saldo zu bezahlen, Geld oder Barren aus dem Lande gehen und den Wechselkurs um 3 Prozent erhöhen, ganz abgesehen davon, daß das Ausfuhrverbot für Geld diesen Betrag abermals um 3 Prozent erhöht. Wenn die Schotten den Betrag selbst ins Ausland bringen, dann sparen sie 1 020 Pfund am Wechsel für den geschuldeten Saldo von 17 000 Pfund, einen Betrag, welcher verlorengeht, wenn englische Kaufleute diese Ausfuhr vornehmen. Aber der Verlust, welcher von einer derartigen Erhöhung des Wechselkurses für die Waren hervorgerufen wird, ist noch umfangreicher. Die 195 000 Pfund, die Schottland für Waren geschuldet werden, die von schottischen

Kaufleuten ins Ausland gebracht wurden, werden zu 183 962 36
Pfund in englischem oder holländischem Geld bezahlt, weil diese Summe derjenigen von 195 000 Pfund in Schottland bei einem Wechselkurs von 6 Prozent entspricht. Die 150 000 Pfund, die Schottland für Waren zum Kostpreis geschuldet werden und die von englischen und von holländischen Kaufleuten ausgeführt wurden, bezahlt man zu 141 510 Pfund in englischem oder in holländischem Geld, weil diese Summe derjenigen von 150 000 Pfund in Schottland entspricht. Die 182 000 Pfund, die Schottland für Waren schuldet, die von englischen und von holländischen Kaufleuten eingeführt wurden, machen 192 000 Pfund in Schottland aus, und die Waren zum Kostpreis von 140 000 Pfund, welche die schottischen Kaufleute selbst ins Land eingeführt haben, machen in Schottland 184 000 Pfund aus. Damit ergibt sich:

Schottland geschuldet für ausgeführte Waren		183 962
Aus dem Ausland eingeführt zum Kostenpreis	140 000	
Geschuldeter Saldo gegenüber dem Ausland	40 000	180 000
Schottland im Ausland geschuldete Summe		3 962
Schulden Schottlands für von Engländern und Holländern eingeführte Waren		192 920
Von Engländern und Holländern aus Schottland ausgeführte Waren		150 000
Engländern und Holländern in Schottland geschuldete Gelder		42 920
3 962 Pfund, die Schottland im Ausland geschuldet werden, umgerechnet in schottisches Geld		4 199
Rest, von Schottland geschuldet		38 721

Auf diese Weise verursacht eine Erhöhung des Wechselkurses von 3 Prozent, die von einem geschuldeten Saldo von 17 000 Pfund herrühren, sowie die Erhöhung um weitere 3 Prozent, die auf das Ausfuhrverbot von Geld zurückzuführen ist, Schottland einen Verlust von 21 721 Pfund, ganz abgesehen davon, daß sich der Saldo des kommenden Jahres auf 38 721 Pfund belaufen wird, und dies obwohl sich der Handel gegenüber dem Vorjahr nicht verändert hat. Von den durch Wechselkurs verlorenen 38 721 Pfund hätte die Hälfte eingespart werden können, wenn die Ausfuhr von Geld gestattet gewesen wäre.

Weil der Wechselkurs, welcher um 6 Prozent über der Parität liegt, einen Verlust von 21 721 Pfund verursacht, führt eine Erhöhung des Kurses des Geldes um 8 Prozent zu einer Erhöhung des Wechselkurses mit England um 14 Prozent und mit Holland um 30 Prozent, was zu dementsprechend größeren Verlusten führt,
38 wenn man davon ausgeht, daß die schottischen Waren weiterhin mit den gleichen Preisen bezahlt werden, wie sie vor der Kurserhöhung des Geldes bezahlt wurden, oder wenn man annimmt, daß die Preise nicht in gleichem Maße wie das Geld steigen. Denn solange der Wechselkurs der Parität entsprach, verkaufte man im Ausland schottische Waren zu 100 Pfund für 130 Pfund in englischem Geld. Da aber wegen des Wechselkurses 114 Pfund englisches Geld 130 Pfund in Schottland entsprechen, vermag der schottische Kaufmann bei gleichem Profit für 114 Pfund dieselbe Menge von Waren zu geben, die er vorher für 130 Pfund verkaufte. Auf diese Weise können ausländische Waren, die anderswo 100 Pfund wert sind und die in Schottland zu 130 Pfund verkauft wurden, solange der Wechselkurs der Parität entsprach, gegenwärtig nicht billiger als zu 150 Pfund verkauft werden, weil erst diese Summe den 130 Pfund englischem Geld entspricht. Der Kaufmann gewinnt dabei nicht mehr, als wenn er die gleiche Warenmenge zu 130 Pfund verkaufte.

Es dürfte nicht abwegig sein, einmal zu untersuchen, welche Folgen die Herabsetzung des Geldwertes gegenüber der engli-

schen Währung haben würde und welche Folgen die Erlaubnis von Geldausfuhren nach sich zöge.
Zunächst war ich davon ausgegangen, daß der Handel zur Hälfte von schottischen Kaufleuten und zur anderen Hälfte von englischen und holländischen Kaufleuten abgewickelt wird. Da jedoch die größere Hälfte von den schottischen Kaufleuten vorgenommen wird, will ich nunmehr den daraus resultierenden Zustand des Handels betrachten. Das eine wie das andere wird dazu beitragen, die zur Diskussion gestellte Angelegenheit zu beleuchten.

Nehmen wir also an, daß sich der Handel und der Wechsel mit England zu einem Kurs von 15 Prozent und mit Holland zu einem Kurs von 30 Prozent abwickelt. Der Wert aller Waren aus Schottland soll 300 000 Pfund betragen, wovon 250 000 Pfund von schottischen Kaufleuten ausgeführt werden, welche, mit 30 Prozent verkauft, 325 000 Pfund einbringen, Profit und Transportkosten einbegriffen. Man erhält:

In englischem Geld		282 608[13]
Von Ausländern ausgeführte Waren zu 50 000 Pfund in englischem Geld		43 478
	Gesamtexport	326 086
Eingeführte Waren		306 086
Ausgaben im Ausland		40 000
	Von Schottland geschuldeter Saldo	20 000

Die Herabsetzung des Geldwertes gegenüber dem englischen 40
Geld und die Erlaubnis von Geldausfuhren würde den Wechselkurs gegenüber England um 2 oder 3 Prozent und gegenüber Holland um 17 bzw. 18 Prozent verringern, und dies ungeachtet des geschuldeten Saldos. Denn 100 Pfund in Edinburg würden ebensoviel wie 100 Pfund in London sein, und niemand gäbe unter diesen Umständen, vorausgesetzt die Geldausfuhr wäre statthaft, in Schottland mehr als 102 oder 103 Pfund über die 100 Pfund in

London, weil man die Unbequemlichkeiten und die Transportkosten dieser Summe nicht höher veranschlagte.

Unter der Voraussetzung, daß sich der Handel und der Wechsel mit 3 Prozent abwickelt und sich dementsprechend mit anderen Ländern einstellt, erhält man:

In englischem Geld für 325 000 Pfund von schottischen Kaufleuten ausgeführte Waren, Transportkosten und Profit einbegriffen	315 534
In englischem Geld für 50 000 Pfund von Ausländern ausgeführte Waren	48 544
Gesamtausfuhr	364 078
Dagegen gerechnet der Wert der eingeführten Waren	306 086
ferner die Ausgaben im Ausland	40 000
ergeben einen Schottland geschuldeten Saldo von	17 992

Da der Schottland geschuldete Saldo den Wechselkurs auf die Parität zurückführen und ihn sogar mit 3 Prozent und schließlich um weitere 3 Prozent zu Gunsten Schottlands gestalten würde, weil die Geldausfuhr aus England verboten ist, wären 100 Pfund in Schottland 106 Pfund in England wert und dementsprechend viel in anderen Ländern. Daraus ergäbe sich folgende Sachlage im Handel:

In englischem Geld für 325 000 Pfund von schottischen Kaufleuten ausgeführte Waren, Transportkosten und Profit einbegriffen, sowie in englischem Geld für 50 000 Pfund von Ausländern ausgeführte Waren	397 500
Dagegen gerechnet die Ausgaben im Ausland	40 000
Einfuhren aus dem Ausland	306 086
ergeben einen Schottland geschuldeten Saldo von	51 414

Wenn die jährliche Ausfuhr so umfangreich ist, wie ich es ver- 42
mute, und wenn der Saldo lediglich 20 000 Pfund[14] beträgt, dann wird man, sofern man den Geldwert gegenüber England herabsetzt, einen Schottland geschuldeten Saldo von 51 414 Pfund erhalten, und das obwohl die Ausfuhr von Geld nicht statthaft ist.

Man könnte nun einwenden, daß ein derartiges Schwanken des Wechselkurses, welches den Wert des ausländischen Geldes herabsetzt, den Absatz unserer Waren im Ausland behinderte, denn Tuche in Schottland zu 100 Pfund gekauft und zu 115 Pfund in London verkauft, brächten bei gegebenem Wechselkurs 31 Prozent Profit. Wenn jedoch der Wechselkurs auf 6 Prozent zugunsten Schottlands stünde, dann würde der Profit lediglich 9 Prozent ausmachen.

Darauf ließe sich antworten. Wenn ein englischer Kaufmann Wechsel auf Schottland für 1 000 Pfund kauft, um damit einen Kauf von Tuchen zu begleichen, dann werden die Tuche in England, unter der Voraussetzung, daß der Wechselkurs der Parität entspricht, zum Kostenpreis einschließlich Transportkosten und normalem Profit verkauft. Wenn dann im darauf folgenden Jahr der Wechselkurs zu Gunsten Englands ausfällt, dann verkaufen sich die Tuche in England zu günstigeren Bedingungen als zuvor. Im dritten Jahr schließlich, in welchem der Wechselkurs erneut der Parität entspricht, verkaufen sich die Tuche in England abermals zu den gleichen Bedingungen wie im ersten Jahr. Wenn der Kostpreis der Tuche höher liegt, dann muß der Verbraucher aus eben diesem Grund mehr bezahlen, so daß der Profit des Kaufmanns der gleiche bleibt.

Alle Nationen bemühen sich mit allen ihnen zu Gebote stehenden Mitteln, den Wechselkurs zu ihren Gunsten zu gestalten. Der Wechselkurs von Holland gegenüber England beträgt 12 oder 15 Prozent, gegenüber Schottland 30 Prozent, gegenüber Frankreich 40 oder 50 Prozent und manchmal sogar noch mehr. Trotzdem lassen sich die holländischen Waren in diesen Ländern verkaufen, und der Kaufmann erlangt den gleichen Profit wie bei niedrigem

Wechselkurs, weil allein der Verbraucher die Waren teurer bezahlen muß. Die englischen Tuche verkaufen sich in Paris zu 18 oder 20 Pfund für eine französische Elle, unter der Voraussetzung, daß der Louisdor[15] bei 12 Pfund liegt, und sie verkaufen sich zu 20 oder 23 Pfund die Elle, unter der Voraussetzung, daß der Louisdor 14 Pfund entspricht, und dies, weil der Wechselkurs gegenüber England in gleichem Maße angestiegen ist, wie sich der Kurs der französischen Währung erhöhte.

Die meisten aus Schottland ausgeführten Waren sind solcher Art, daß die Ausländer nur ungern darauf verzichten wollen, selbst wenn sie diese Waren 10 oder 20 Prozent teurer bezahlen müßten. Ein Beispiel dafür bietet uns die Wolle. Solange das Ausfuhrverbot für Wolle bestand, ließ sich die Wolle in Frankreich und in Holland zum doppelten Kostenpreis verkaufen, während der Preis gegenwärtig lediglich noch 30 Prozent oder 40 Prozent Profit einschließt. Die Preise der Waren richten sich nach ihren Kostenpreisen, den Transportkosten und dem normalen Profit. Dort, wo Ausfuhrverbote bestehen, veranschlagt man die Risiken der Aus-
44 fuhr, die aus dem Verstoß gegen das Gesetz entstehen. Die Wolle ist gegenwärtig in Holland weniger wert als zu Friedenszeiten[16], weil der Absatz der holländischen Wollmanufakturen zurückgegangen ist. Aber wenn die Wolle in Holland noch einen ebenso großen Wert hätte wie zuvor und selbst wenn der holländische Wollmanufakturbesitzer sogar 200 Pfund für die Wolle bezahlen würde, die in Schottland lediglich 100 Pfund kostet, als darauf zu verzichten, selbst dann würde man weniger Wolle nachfragen. Da er weiß, daß das Ausfuhrverbot aufgehoben ist und daß die holländischen Kaufleute sie ihm billiger verkaufen könnten, wird er solange nicht kaufen, wie er dabei nicht einen vertretbaren Profit realisiert. Auf diese Weise kommt es dazu, daß entweder die schottischen Kaufleute die Preise senken und zu herabgesetzten Preisen verkaufen, indem sie sich gegenseitig unterbieten, oder daß der holländische Kaufmann mit seinen Bestellungen den Preis selbst festsetzt. Wenn man eine Zollgebühr für diejenigen Warensorten

erhöbe, deren Wert im Ausland diese Gebühr tragen könnte, dann würde der Kaufmann das gleiche gewinnen, und der Ausländer müßte die Gebühr bezahlen.

Ferner vermag die Herabsetzung des Geldes die Preise im Ausland nicht zu senken. Denn, sobald das Geld stieg, mußten sich ebenfalls die Preise der Waren dementsprechend erhöhen, oder aber die Waren waren von geringerer Qualität. Man wird also, wenn, durch eine Herabsetzung des Geldes, 100 Pfund nunmehr 33⅙ Kronen mehr Silber enthalten als zuvor, mit diesen 100 Pfund eine größere Menge Waren kaufen können als vorher, oder aber die Waren werden in besserer Qualität hergestellt sein, vor allem die Tuche, weil deren Rohstoff zu günstigerem Preis eingeführt wurde. Wenn man aber einmal einräumt, daß sich die Waren in Schottland nach der Herabsetzung des Geldes zum gleichen Preis wie vorher verkauften, und wenn man annähme, daß sie nicht in besserer Qualität hergestellt wurden, und wenn man ferner davon ausginge, daß ein Drittel oder mehr der ausgeführten Waren ihren Preis im Ausland nicht erhöhten, weil sich die Ausländer in anderen Ländern zu günstigeren Preisen mit den gleichen Waren versorgten oder weil sie diese durch den Gebrauch anderer Warensorten ersetzen könnten oder weil sie schließlich eine andere Menge dieser Waren verbrauchten, dann würde alles dies eine Veränderung beim Geld und im Wechselkurs nicht verhindern, denn anderenfalls sähe man sich genötigt, eine Exportprämie für solche Waren zu gewähren, deren Preis im Ausland nicht hoch genug sein würde, um noch einen vernünftigen Profit abzuwerfen.

Die Befürchtung, daß eine Veränderung des Wechselkurses 46
oder aber eine Unterbewertung ausländischen Geldes dazu führt, daß sich die Warenausfuhr verringert, macht diese Maßnahme unannehmbar, zumindest solange nicht ein Fonds existiert, aus dem man die genannten Exportprämien finanzieren kann und wodurch sich die Menge des Geldes vermehren ließe, um einen größeren Anteil der Bevölkerung mit Arbeit zu versehen. Denn ohne eine Vermehrung des Geldes darf man nicht darauf hoffen,

daß die Ausfuhr des nächsten Jahres derjenigen des vorangegangenen Jahres entspricht. Vielmehr wird sie in gleichem Maße wie die Herabsetzung des Geldes abnehmen, ein Teil der Bevölkerung, der gegenwärtig beschäftigt ist, wird beschäftigungslos werden, und dies nicht aus Mangel an Liebe zur Arbeit oder wegen fehlender Unternehmer, sondern aus Mangel an Geld, das sie beschäftigen könnte.

Kapitel III
Von den verschiedenen Versuchen, das Geld zu bewahren und zu vermehren. Von den Banken.

Die Maßnahmen, die man ergriff, um das Geld zu bewahren und zu vermehren, waren in den verschiedenen Ländern ganz unterschiedlich und vielfach entgegengesetzt. Zu gegensätzlichen Maßnahmen kam es sogar in ein und demselben Land, ohne daß diese durch irgendeine Verschiedenheit der Umstände begründet gewesen wären.

Einige Länder haben den Nennwert des Geldes erhöht, während andere diesen senkten. Einige Länder haben das Geld durch Beimischungen verschlechtert, andere dagegen führten seine Reinheit wieder herbei. Einige Länder haben die Ausfuhr von Münzgeld unter Androhung strenger Strafen verboten, andere wiederum förderten die Geldausfuhr durch Gesetze. Einige Länder glaubten das Geld schließlich dadurch vermehren zu können, daß sie die Kaufleute verpflichteten, Barren in dem Verhältnis einzuführen, wie sie Waren importierten. Die meisten Länder haben alle diese Maßnahmen, oder einige davon, versuchsweise angewandt, oder sie haben ähnliche Mittel der gleichen Art ausprobiert. Ferner versuchten sie, zur gleichen Zeit unterschiedliche

Maßnahmen durchzusetzen, die denen entgegengesetzt waren, die sie gerade anwandten, und dies in dem Glauben, daß, wenn man mit der einen Methode nicht den gewünschten Erfolg erzielte, man diesen Erfolg mit einer entgegengesetzten Maßnahme erreichen würde. Indessen hat man bisher niemals beobachten können, daß auch nur eines dieser Mittel das Geld bewahrt oder vermehrt hätte. Das vollständige Gegenteil trat ein.

Die Banken waren stets die beste Methode, derer man sich 48
bediente, wenn man das Geld vermehren wollte. In Italien sind Banken schon sehr lange in Gebrauch, ich erfuhr jedoch, daß man ihre Erfindung den Schweden verdankt. Ihr Geld war aus Kupfer, und es war wegen des Gewichts und der Masse des Kupfers sehr unbequem. Um diesem Umstand abzuhelfen, gründete man eine Bank, in welcher die Geldmünzen verpfändet wurden, indem man einen Kredit gab, der dem Wert des Geldes entsprach, welches für Bezahlungen bestimmt war. Das erleichterte den Handel.

Aus eben diesen Gründen schufen die Holländer die Bank von Amsterdam. Ihr Geld war Silbergeld, aber der Handel war derartig ausgedehnt, daß selbst Zahlungen in Silber unbequem wurden. Die Bank von Amsterdam, wie übrigens auch diejenige von Schweden, ist eine sichere Anlage, in welcher die Kaufleute ihr Münzgeld deponieren, wofür sie einen Kredit erhalten, mit dem sie handeln können. Die Banken haben viele Vorteile: Sie erleichtern und beschleunigen die Zahlungen, sie ersparen die Kosten für Kassierer, für Transportsäcke und für Transporte, sie vermeiden Verluste durch Falschgeld, ganz abgesehen davon, daß das Münzgeld in diesen Banken sicherer aufbewahrt wird als in den Händen der Kaufleute, denn die Banken sind Feuersbrünsten oder Diebstählen weniger ausgesetzt, weil man alle notwendigen Maßnahmen ergreift, um sie davor zu schützen.

Die Kaufleute, die über Guthaben in der Bank von Amsterdam verfügen, sowie die Kaufleute anderer Länder, die mit ihnen Handel treiben, sind den Schwankungen nicht ausgesetzt, denen das Geld erliegt, indem man es verschlechtert oder indem man seinen Nennwert ändert, denn die Bank nimmt Münzgeld nur zu seinem wirklichen Wert entgegen, weswegen man ihr Geld Bankgeld nennt. Und obwohl dieses Geld bei laufenden Zahlungen seinen Wert erhöht, wird es bei der Bank zu dem Wert gehandelt, den es zu dem Zeitpunkt besaß, als es deponiert wurde. Das Agio der Bank schwankt in den Grenzen von einem viertel und einem halben Prozent, und zwar in Abhängigkeit davon, ob das Münzgeld mehr oder weniger selten ist.

Solche Banken, in denen das deponierte Münzgeld dem Kredit entspricht, gelten als sicher, denn selbst im Fall einer Nachfrage in der Höhe der Gesamtheit der Einlagen würde diese Bank zahlungsfähig sein.

Die Statuten der Bank von Amsterdam sehen vor, daß die gesamte Summe, für welche Kredit vergeben wurde, in der Bank zu bleiben hat, um Nachfragen gerecht werden zu können. Allerdings verleihen ihre Geschäftsführer bestimmte Summen, die das Lombardkapital begründen[17], und man darf vermuten, daß sie gleichzeitig beträchtliche Beträge für andere Zwecke vergeben. Je mehr die Banken ausleihen, um so mehr erhöhen sie das Geld,
50 was dem Lande zum Vorteil gereicht, weil dadurch eine größere Zahl von Menschen Arbeit findet und weil sich die Handelstätigkeit ausweitet. Zunächst einmal erhöht man die Geldmenge, die der Kreditausgabe dient, so daß Kredite leichter und zu günstigeren Bedingungen zu haben sind. Schließlich erzielt die Bank einen Profit, wenngleich sie dadurch weniger sicher wird. Und obwohl dieses Vorgehen niemanden schädigt und niemand darin eine Gefahr erblickt, solange die Kredite solide sind, so kann, wenn die Nachfrage die Höhe der Mittel erreicht, die in der Kasse verblieben sind, oder wenn die Nachfrage diesen Betrag sogar übersteigt, eine Lage eintreten, die es der Bank unmöglich macht, ihrer Zahlungsverpflichtung zu entsprechen, und dies dann solange, wie die Bank die von ihr ausgeliehenen Beträge nicht zurückerlangt hat.

Die unzweifelhaften Vorteile werden jedoch die Risiken mehr als aufwiegen, und dies selbst in dem Fall, wo die Bank einmal im Verlaufe von zwei oder drei Jahren ihren Zahlungsverpflichtungen nicht nachkommen könnte, vorausgesetzt, daß die von ihr ausgeliehenen Beträge gut gesichert wären. Es kann natürlich vorkommen, daß die Kaufleute, die ihre Kapitalien der Bank anvertraut haben, diese einmal nicht vorfinden, wenn sie sie brauchen. Da jedoch eine Sicherheit vorhanden ist und weil man bereit wäre, einen Zins zu zahlen, könnte man sich das notwendige Geld mit einem leichten Diskont oder vielleicht sogar ohne diesen verschaffen.

Während des letzten Krieges gründete man in England eine Bank, um sich die gleichen Vorteile zu verschaffen, die die Bank von Amsterdam gewährte, nämlich gemäß der Bankstatuten die Geldmenge zu erhöhen. Diese Bank wurde von Subskribenten getragen, welche dem König mit einer Leihfrist von 11 Jahren eine Summe von 1 200 000 Pfund zu 8⅓ Prozent auf ein vom Parlament garantiertes Kapital liehen und damit für diesen Zeitraum bevorrechtete Bankiers waren. Die von der Regierung geschuldete Summe stellte für die Zeichner eine Sicherheit dar, denn sie stand für mögliche Verluste ein, die die Bank erleiden könnte.

Diese Bank erwies sich als vertrauenswürdiger als die Noten der Goldschmiede, welche zuvor im Umlauf waren. Die Bank erhöhte den Geldumlauf durch eine Emission von Noten weit über das in der Bank deponierte Münzgeld hinaus. Die dem König geliehene Summe, das Kapital der Bank, welches den Subskribenten gehörte, ließ sich mit Profit handeln. Im Handel hatten diese Noten die gleiche Wirkung wie das Münzgeld. Ich weiß allerdings nicht, warum diese Noten in der Folge abgewertet wurden, ob dies auf gewisse staatliche Gegebenheiten oder auf schlechte Geschäftsführung zurückzuführen war.

Das Kapital der Bank von Schottland belief sich auf 100 000 Pfund, wovon man ein Zehntel verliehen hatte. Diese Bank war sicherer als diejenige von England, und dies auf Grund eines Registers, in welches man die meisten Summen, die man verlieh, ein-

trug. Ihre Noten ließen sich 4- bis 5mal teurer als der Wert des
52 Münzgeldes, welches in der Bank lag, verkaufen, so daß dieser Überschuß des Papiergeldes über das deponierte Münzgeld den Geldumlauf des Landes erhöhte.

Diese Bank war nützlicher als diejenige von Amsterdam oder von England. Ihre Noten wurden im ganzen Lande für die meisten Arten von Zahlungen entgegengenommen, während man im Vergleich dazu die Noten der Bank von Amsterdam lediglich in dieser Stadt annahm und sich diejenigen der Bank von England kaum über London hinaus verbreiteten.

Die Einstellung der Zahlungen seitens der Bank von Schottland war vorhersehbar, und sie hätte verhindert werden können. Der Verbrauch ausländischer Waren sowie die Ausgaben in England überstiegen den Preis der ausgeführten Waren, so daß das Bezahlen des Saldos in Münzgeld den Kredit der Bank herabsetzte. Denn der Kredit, den man einer Bank einräumt, ist willkürlich, und er hängt ab von der Menge des Münzgeldes, welches im Lande vorhanden ist, so daß er in Abhängigkeit von dieser Menge steigt oder fällt. Die Bank lebt von der Emission von 1-Pfund-Noten, wodurch das Papiergeld von ihr für die Zahlungen bereitgestellt wird, womit sie gleichzeitig einem Teil der Nachfrage nach Münzgeld zuvorkommt. Mit Hilfe dieser Noten hätte die Bank ihren Kredit bis zu dem Zeitpunkt aufrechterhalten können, wo man andere Maßnahmen ergriffen hätte, um dem Land das erforderliche Geld zu beschaffen, wenn nicht das Gerücht einer Kurserhöhung des Geldes eine außerordentliche Nachfrage danach bewirkt hätte, welche in wenigen Tagen die Münzreserven der Bank erschöpfte, so daß sie genötigt war, ihre Zahlungen einzustellen.

Es wäre zwar schwierig gewesen, bei der geschilderten Knappheit von Münzgeld, dieses Geld zu beschaffen, um die Bank aufrechtzuerhalten, und trotzdem würden die angesehensten Leute diesen Versuch unternommen haben. Denn zunächst hatte das Gerücht eines Kursanstieges des Geldes lediglich bei den Einwohnern Edinburgs eine Nachfrage nach Münzgeld ausgelöst. In kürzester Zeit wären dann allerdings aus der Provinz derartige Mengen von Noten nach Edinburg gekommen, daß alles Münzgeld, das man hätte aufbringen können, nicht ausgereicht hätte, um diese Nachfrage zu befriedigen.

Wenn der Bankrat[18] sich dazu hätte entschließen können, den Kurs des Geldes herabzusetzen, das heißt die englische Krone auf 5 Shilling und die anderen Münzen dementsprechend, indem man im Verlauf von 3 Tagen die Krone um 2 Pence gesenkt und die restlichen 3 Pence Senkung nach einem Monat vorgenommen hätte, dann wäre kein Grund mehr für die Geldnachfrage vorhanden gewesen, und aller Wahrscheinlichkeit nach wäre das Münzgeld wieder zur Bank getragen worden.

Wenn man davon ausgeht, daß die Lage, in welcher sich die Bank befand, der Öffentlichkeit bekannt war oder von ihr vermutet wurde, dann hätte eine derartige Ankündigung[19] die gleiche Wirkung hervorgebracht, und dies trotz der Einstellung der Zahlungen der Bank. Im gegebenen Fall würde die Veröffentlichung dieser Ankündigung die Bank gehalten haben. Da die Sicherheiten 54
zufriedenstellend waren, hätten sehr wenige Leute oder gar niemand das Münzgeld mit Verlust behalten wollen, anstatt es zur Bank zu bringen. Und wenn im Verlaufe von 3 Tagen der Rücklauf des Geldes den Erwartungen nicht entsprochen hätte, dann hätte der Bankrat mit Hilfe einer zweiten Verlautbarung die Krone ohne jeden zeitlichen Verzug auf 5 Shilling herabsetzen können und um weitere 6 Pence nach 3 Tagen. Nachdem sich der Kredit der Bank durch diese Maßnahmen weiter gefestigt hätte, wäre es möglich gewesen, sofern dazu eine Notwendigkeit bestanden hätte, den Kurs der Krone wieder auf 5 Shilling, 5 Pence zu erhöhen und die anderen Münzen ebenfalls in den dementsprechenden vorher vorhandenen Proportionen heraufzusetzen.

Es gibt Leute, die überhaupt gegen die Banken sind, weil in den Banken der Kassenbestand nicht dem Kredit entspricht. Sie sagen, daß erstens die Nachfrage nach Münzgeld den Münzgeldstand der Bank übersteigen kann. Sie sagen zweitens, daß wir es überhaupt nicht bemerken, oder daß wir es kaum bemerken, wenn unser Handel zurückgeht oder wenn sich unser Münzgeld verringert. Wenn die Bank in einem solchen Fall zahlungsunfähig wird, dann geraten wir in eine Lage, die schlimmer ist als jemals zuvor.

Auf den ersten Einwand wollen wir antworten: Selbst wenn die Nation keinen Vorteil davon hätte, daß die Bank eine Erhöhung des umlaufenden Geldes herbeiführt und daß dieser Vorteil weder von denen bemerkt wird, denen dieses Geld zur Verfügung steht und welches sich anderweitig nicht und nicht mit so niedrigen Zinsen beschaffen ließe, noch daß die Eigentümer davon profitieren würden, dann wögen alle anderen Vorteile, zum Beispiel die größere Schnelligkeit bei Zahlungen und die Erleichterung der Zahlungen, die damit verbundenen Risiken mehr als auf. Denn wäre das nicht der Fall, dann hätte man die Banknoten, und zwar weder diejenigen der Goldschmiede noch diejenigen der Bankiers, dem Münzgeld nicht vorgezogen, wo doch jedermann weiß, daß die Bank möglicherweise genötigt ist, ihre Zahlungen einzustellen und daß die Goldschmiede wie auch die Bankiers Pleite machen können.

Der zweite Einwand käme dem gleich zu sagen: Einem Kaufmann, der lediglich über ein bescheidenes Kapital verfügt, der jedoch in der Lage wäre, ein größeres anzuwenden, wird eine bestimmte Summe Geld zinslos angeboten, die dem Kapital, das er schon besitzt, entspricht oder die dieses Kapital sogar noch übersteigt. Dieser Kaufmann müßte dieses Angebot ausschlagen, weil es ihn reicher machen könnte, als er schon war, und weil er diese Summe zurückgeben müßte, sobald sein Kapital abnehmen würde.

Wenn man annimmt, daß sich das Münzgeld in der Bank auf 15 000 Pfund beläuft und daß Noten zu 75 000 Pfund ausgegeben werden, dann hat man damit das in einem Land umlaufende Geld um 60 000 Pfund zinslos erhöht. Denn das, was die Geldleiher zahlen müssen, das gewinnen die Eigentümer. In dem Maße nun, wie

sich das im Lande umlaufende Geld erhöht, erweitert die Bank auch ihren Kredit, so daß das Ausmaß der Emission von Noten 56
anwächst. Und weit davon entfernt, daß die Menschen dadurch unfähig gemacht würden, die Lage des Landes zu beurteilen, würden sie, wenn sie die Bücher der Banken kennten, sogar zu einem sicheren Urteil über den Handel und das Geld gelangen als auf irgendeinem anderen Wege.

Wenn man den Handel mit 1 000 Pfund aufrechterhalten kann und wenn das zu einem positiven Saldo im Außenhandel führt, dann werden die gleichen Maßnahmen, verbunden mit einer größeren Geldmenge, diesen Saldo noch günstiger gestalten. Man darf nicht glauben, daß dieses zusätzliche Geld, welches von der Bank bereitgestellt wird, unnütz wäre, wenn der positive Saldo des Außenhandels bereits eine Vermehrung des Geldes herbeiführte. Wenn durch irgendeinen Umstand der Kredit fällt, dann wird es nicht lange währen, daß er sich wieder erholt, unter den Voraussetzungen allerdings, daß genügend Geld vorhanden ist, denn völlig zusammenbrechen kann der Kredit nur bei Geldknappheit. Ein derartiger Kredit vermag die Handelstätigkeit in solchen Fällen aufrechtzuerhalten, wo diese sonst zurückginge. Niemals aber wird er dem Handel schaden.

Man erhebt eine weitere Einwendung gegen die Banken, indem man vorbringt, daß sie die Geldausfuhr begünstigen, insofern Beträge solchen Münzgeldes ins Ausland gebracht werden, die dort von größtem Wert sind. Um dieser Einwendung zu begegnen, will ich mich eines Beispiels bedienen. Der Kaufmann AB benötigt 1 000 Pfund in Holland, und er wünscht, daß der Bankier CD ihm einen Wechsel für diesen Betrag ausstellt. In Holland wird schottischen Kaufleuten kein Geld geschuldet, so daß CD genötigt ist, Münzgeld auszuführen, um den Wechselbrief, den er ausgestellt hat, wieder einzulösen. Weil dort jedoch keine Bank existiert und weil ebensowenig eine Möglichkeit besteht, sich die 1 000 Pfund in 40-Pence-Münzen zu beschaffen, verschickt er das Geld in verschiedenen Münzsorten. Dadurch wird nicht verhindert, daß das Geld das Land verläßt, es tritt allerdings ein, daß der Wechsel um 2 oder 3 Prozent teurer wird, als wenn man in der Lage gewesen wäre, die 40-Pence-Münzen aufzutreiben. Und selbst wenn man kein anderes Geld als alte Markstücke auftriebe, so würden, solange ein Saldo geschuldet wird, diese das Land verlassen, und dies selbst dann, wenn sie nur 10 Pence wert wären. Der Kurs des Wechsels mag sich erhöhen, der Profit der Ausfuhr bleibt derselbe. Und weit davon entfernt, dem Lande zu schaden, hält die Bank, indem sie Münzgeld zur Verfügung stellt, welches bei geringstem Verlust ausgeführt werden kann, den Wechsel mit 2 oder 3 Prozent so niedrig, wie er sonst nicht hätte gehalten werden können, so daß auf diese Weise jährlich die Ausfuhr einer beträchtlichen Summe erspart bleibt, die nötig gewesen wäre, um ein noch größeres Außenhandelsdefizit zu bezahlen, welches durch einen höheren Kurs des Wechsels bewirkt worden wäre.

58

Kapitel IV
Eine Untersuchung über die gegenwärtig vorgeschlagenen, verschiedenen Möglichkeiten, den Nennwert des Münzgeldes zu erhöhen oder es mit Beimischungen zu versehen. Über das Einmünzen des Silbergeschirrs. Über den Ausgleich der Handelsbilanz. Und schließlich über die Wiedereinrichtung der Bank.

Wenn ich mich der Worte „Erhöhung des Geldes" bediene, dann verstehe ich darunter, daß es in seinem Nennwert erhöht wird, ohne anzunehmen, daß sich dadurch sein Wert erhöht.

Es gibt überhaupt keine Möglichkeit, das Silber wertvoller zu machen, es sei denn, man verringerte dessen Menge oder man erhöhte die Nachfrage danach. Wenn die Ausfuhr von Silber und der Verbrauch von Silber die Silbereinfuhr übersteigt oder wenn die Nachfrage danach steigt, dann wird das Silber mehr Wert haben. Wenn dagegen die eingeführte Menge von Silber größer ist als die Ausfuhr und der Verbrauch von Silber oder wenn sich die Nachfrage nach Silber verringert, dann verringert sich der Wert des Silbers.

Wenn die Erhöhung des Nennwerts des Geldes bzw. das Hinzufügen von Beimischungen in irgendeiner Weise seinen Wert erhöhte oder irgendwelche Wirkungen hervorbrächte, die dem Handel dienlich wären, sei es dem Binnenhandel oder dem Außenhandel, dann würde keine einzige Nation jemals an Geldmangel leiden. Unter diesen Umständen könnten 100 Pfund durch die Erhöhung des Nennwerts oder durch Beimischungen 2-, 10-, 100mal wertvoller als ursprünglich gemacht werden, und man könnte sogar noch weitergehen, wenn das erforderlich wäre. Da es jedoch unredlich ist, den Nennwert des Geldes zu erhöhen oder ihm Beimischungen hinzuzufügen, weil Verbindlichkeiten in diesem Fall mit einer niedrigeren Summe beglichen würden als diejenige, die man zu zahlen sich verpflichtet hatte, und weil ein derartiges Vorgehen schädliche Auswirkungen für den Handel, für den Binnenhandel ebenso wie für den Außenhandel, mit sich brächte, wurde bisher von keiner Nation, selbst wenn sie nur einen geringen Sinn für Rechtmäßigkeit hätte, zu diesem Mittel Zuflucht genommen. Wenn AB 12 Chaler[20] Getreide zu 100 Pfund, zahlbar in 6 Monaten, verkauft, womit er Wechselbriefe begleichen will, die sich auf die gleiche Summe belaufen und die aus Frankreich kommen und die dort für eine Weinbestellung auf ihn gezogen wurden, dann werden, wenn sich der Nennwert des Geldes zwischenzeitlich verdoppelte oder durch Beimischungen um das Doppelte erhöhte, die 100 Pfund, die AB erhält, nur die Hälfte des Wechsels, den er ausstellte, begleichen können, weil sie jetzt lediglich noch 50 Pfund entsprechen. Ebensowenig wird man mit diesen 100 Pfund nunmehr die gleiche Menge von Waren des eigenen Landes kaufen können, so wie das vorher möglich war. Mit einem derartigen Geld bezahlt man also seine Schulden, entledigt man sich aller Verbindlichkeiten, die man gezeichnet hatte und die auf guten Glauben von der Öffentlichkeit entgegengenommen wurden, dies alles, weil es dem Herrscher gerade in den Sinn kam, daß jeder als ganze Bezahlung die Hälfte von dem entgegennehmen müßte, was ihm geschuldet ist. Schließlich und endlich wird man sich jedoch dem Wert des Geldes nicht entziehen können. Die Preise der Waren werden steigen, wenn vielleicht auch nicht in gleichem Maße wie die Gelderhöhung. Diejenigen aber, die keine Preiserhöhung der Waren entsprechend der Erhöhung des Nennwerts des Geldes vornehmen, werden die Betrogenen sein.

60 Wenn man 6 Pence auf 12 Pence heraufsetzt, dann werden die 6 Pence nunmehr 12 Pence wert sein. Aber der Wert des Pence wird sich unter diesen Umständen auf einen Halfpenny reduziert haben.

Um diesen Sachverhalt klarer werden zu lassen, will ich einmal davon ausgehen, daß im Falle der Gelderhöhung die Warenpreise sich erhöhen oder nicht erhöhen.

Wenn sich die Warenpreise erhöhen, dann wird die Erhöhung des Nennwerts des Geldes nicht die erwartete Wirkung haben. Wird ein Stück Sersche[21] zu 40 Shilling verkauft und wird der Shilling auf 18 Pence heraufgesetzt, dann verkauft man das Stück Sersche zu 3 Pfund. Wegen der Erhöhung des Nennwerts des Geldes läßt sich die Schuld mit zwei Drittel der geschuldeten Summe begleichen. Die Geldmenge hat man damit allerdings nicht erhöht. Vielmehr wäre dies die ganz natürliche Folge der Erhöhung des Nennwerts des Geldes. Denn das, was man anstrebte, war nicht der höhere Nennwert des Geldes, sondern ein höherer Wert des Silbers.

Wenn nun im Fall einer Erhöhung des Nennwerts des Geldes die Waren ihren ursprünglichen Preis behalten, dann werden sich alle diejenigen Waren, die man ausführt, im Ausland zu einem geringeren Wert verkaufen desgleichen wie die eingeführten Waren teurer werden. Dazu ein Beispiel: Die halbe Krone wird auf 40 Pence heraufgesetzt, und man kann damit die gleiche Warenmenge kaufen, wie man zuvor mit 40 Pence kaufen konnte. In diesem Fall würde ein Kaufmann, der Waren im Wert von 300 Pfund nach Holland liefert, die sich dort zu 390 Pfund verkaufen lassen, 220 Pfund auf den Wert der 300 Pfund der ausgeführten Waren gewinnen. Denn die 390 Pfund in Holland entsprächen 520 Pfund in Schottland, oder sie wären diese 520 Pfund wert, sofern man davon ausgeht, daß der Wechselkurs der Parität entspricht und daß man diese Summe in Form von Barren nach Schottland schickt. Ein derartiger Handel würde der Nation nicht mehr Profit einbringen als der Einkauf von Waren im Ausland, der lediglich 390 Pfund abwürfe, denn 390 Pfund enthielten vor der Erhöhung des Nennwerts die gleiche Menge Silber wie 520 Pfund heraufgesetztes Geld nunmehr Silber enthalten, was besagt, daß man damit eine ebenso große Menge ausländischer Waren kaufen konnte. Allerdings wäre ein derartiger Handel für den Kaufmann so vorteilhaft, daß die Zahlungen derjenigen, die ihn betreiben wollten, größer wären als die Warenmenge, die man kaufen könnte. Dadurch würde eine größere Zahl von Käufern einer kleineren Zahl von Verkäufern gegenüberstehen, so daß sich die Preise hier im Lande erhöhten, weil bereits ein einziger Kaufmann, der den anderen unterbietet, bewirkte, daß die Preise in Holland sinken. Aber selbst wenn sich die Preise bei uns auf einem niedrigeren Niveau halten ließen und selbst wenn unsere Kaufleute es fertigbrächten, die Preise im Ausland hochzuhalten, selbst dann würden die Holländer, wohl wissend, daß die Preise bei uns im Lande so niedrig sind, unseren Kaufleuten diese nicht abkaufen, sondern sie würden sie sich in einem Kommissionsgeschäft beschaffen, im Gegentausch gegen Waren, die sie uns schicken.

Nehmen wir einmal an, die jährliche Ausfuhr beliefe sich auf 62
300 000 Pfund zum Selbstkostenpreis bei einem Verkaufspreis von 390 000 Pfund im Ausland. Demgegenüber soll die Einfuhr aus

dem Ausland und die Ausgaben im Ausland 410 000 Pfund ausmachen. Man schickt also 20 000 Pfund in Geld ins Ausland, um den Saldo zu begleichen. Wenn der Nennwert des Geldes nun um ein Drittel heraufgesetzt wird und wenn die Waren ihren alten Preis behalten, dann würde mit 225 000 Pfund, die man in ausländischem Geld, in Form von Waren oder als Wechsel nach Schottland schickt, sich das kaufen lassen, was man im Ausland für 390 000 Pfund verkaufte. Unter der Voraussetzung, daß die Ausfuhr von Waren, die Einfuhr von Waren sowie die Ausgaben im Ausland gleich bleiben, würde Schottland einen Saldo von 185 000 Pfund schulden. Denn, obwohl die schottischen Waren unter ihrem Wert verkauft werden, wären die anderen Nationen nicht bereit, ihre eigenen Waren bei uns billiger zu verkaufen, solange sie sie nicht zu den alten Bedingungen anderswo absetzen können.

Man kann davon ausgehen, daß wir über mehr landwirtschaftliche Produkte und über mehr Manufakturerzeugnisse verfügen, als wir verbrauchen oder ausführen, und daß ein Verkauf dieser Erzeugnisse zu einem niedrigeren Preis eine größere Nachfrage nach unseren Waren im Ausland zur Folge hätte.

Die Rohstoffe wie auch die Manufakturerzeugnisse ließen sich beträchtlich vermehren, wenn wir das Geld besäßen, um unsere Bevölkerung zu beschäftigen. Ich bin jedoch der Überzeugung, daß wir nicht sehr viel mehr Waren haben, als wir verbrauchen oder ausführen. Wir wollen einmal davon ausgehen, daß durch einen billigeren Verkauf eine größere Nachfrage hervorgerufen wird und daß diese größere Nachfrage bei den Rohstoffen und bei den Manufakturerzeugnissen eine Erhöhung von 100 000 Pfund bewirkt. Wir wollen ferner davon ausgehen, daß dieser außerordentlich niedrige Preis der Waren keinen erhöhten Verbrauch im Lande nach sich zieht. Nichtsdestoweniger würden wir uns immer noch in der gleichen Lage wie vorher befinden. Nach wie vor würden wir einen Saldo von 20 000 Pfund schulden, und die Ausländer profitierten von dieser Verbesserung, ohne daß sie genötigt wären, selbst etwas dafür zu geben. Aber diese Verbesse-

rung besteht nur in der Vorstellung, denn wie immer sich die Nachfrage auch erhöhte, ohne eine Vermehrung des Geldes ließen sich nicht mehr Menschen beschäftigen, es sei denn, es gäbe eine neuerliche Verbesserung. Wir sähen uns gezwungen, unseren gewöhnlichen Verbrauch von ausländischen Waren sowie unsere Ausgaben im Ausland um die Hälfte einzuschränken, weil wir nicht über genügend Geld verfügen, um den beträchtlichen Saldo 64
zu begleichen, den wir im Ausland schulden.

Manche glauben, daß durch die Erhöhung des Nennwerts des Geldes im Ausland Geld nach Schottland gelangte.

Selbst wenn man die Krone[22] auf 10 Shilling heraufsetzte, wird, wenn Schottland einen Saldo schuldet, der Wechselkurs über der Parität liegen, so daß kein Grund besteht zu vermuten, daß ein englischer Kaufmann Kronen nach Schottland brächte, wenn er für 100 Kronen, zahlbar in London, sich 105 oder 106 der gleichen Kronen in Edinburg zahlen lassen könnte.

Wenn man, bei ausgeglichener Handelsbilanz, das englische Geld heraufsetzte, ohne in gleichem Maße das schottische Geld zu erhöhen, würde ausländisches Geld eingeführt werden bei gleichzeitiger Ausfuhr eines größeren Betrages schottischen Geldes ins Ausland. Ein Land erleidet auch immer den gleichen Verlust, wenn der Nennwert des Geldes heraufgesetzt wird, ohne daß sich die Warenpreise in gleichem Maße erhöhen. Dazu ein Beispiel: Die Ausländer schicken uns Geld, mit dem wir Waren kaufen. Wenn nun dieses Geld, sobald man es ausführt, im Ausland nicht den gleichen Wert besitzt wie bei uns im Lande, dann werden dafür aus dem Ausland in eben diesem Maße weniger Waren eingeführt werden, und dies unabhängig von der Einbuße an Profit, die wir bei der Ausfuhr unserer Waren erleiden würden.

Wenn alle Einfuhren und sämtliche Ausgaben im Ausland verboten wären, dann wäre Schottland in dem Maße reicher, wie Münzgeld oder Barren eingeführt würden. Bei der Annahme eines derartigen Verbots wäre Schottland aber noch reicher, wenn es den Wert seines Geldes auf dem gegenwärtigen Niveau hielte, weil unter diesen Umständen eine größere Menge davon ins Land gelangt, um damit die gleiche Warenmenge zu kaufen.

Wenn man einmal davon ausginge, daß wir mit den anderen Ländern keinen Handel treiben, dann ließen sich 100 Pfund durch Beimischungen so erhöhen, daß dieser Betrag die gleiche Wirkung im Handel hervorbrächte wie die Summe einer Million. Sobald wir es jedoch erlebten, daß auch nur ein einziger Ausländer nach Schottland käme, so könnte dieser hier einen großen Teil unserer Ländereien und unserer Waren mit einer bescheidenen Summe erwerben. Demgegenüber würde ein bei uns wohlhabender Mann eine traurige Gestalt im Ausland abgeben.

66 Das Geld ist das Maß, vermittels dessen alle anderen Waren bewertet werden, und wenn die Waren nicht in gleichem Maß steigen, in welchem sich das Geld erhöht, dann werden diese Waren unterbewertet. Nehmen wir einmal an, daß der Wert der jährlichen landwirtschaftlichen Erzeugnisse und der Manufakturerzeugnisse Schottlands sich auf 2 Millionen belaufe, was einen Wert von 40 Millionen in 20 Jahren ergibt, und nehmen wir ferner an, daß es 100 000 Pfund Münzgeld bei uns gäbe. Wenn man nun den Nennwert des Geldes um 20 Prozent erhöht, dann repräsentieren diese Münzen jetzt 120 000 Pfund. Unter der Voraussetzung, daß sich die Waren lediglich um 10 Prozent erhöhen, würden in Schottland 120 000 Pfund genau 110 000 Pfund des Geldes vor der Erhöhung entsprechen, womit man die gleiche Warenmenge wie vorher kaufen könnte. Auf diese Weise hat man dem ursprünglichen Betrag[23] 20 000 Pfund hinzugefügt bei einer Erhöhung des schottischen oder des ausländischen Geldes um 10 000 Pfund im Vergleich zum Wert der schottischen Waren. Da man nun aber das Maß, welches die Waren bewertet, in seinem Nennwert um 20 Prozent erhöhte und da die Waren nur um 10 Prozent steigen, verliert Schottland 4 Millionen beziehungsweise ein Zehntel seiner ursprünglichen Werte. Dadurch wird ein jeder, der seine Ländereien verkauft, ein Zehntel weniger Silbergeld oder

ein Zehntel weniger andere ausländische Waren als Bezahlung erhalten, als wenn er sie vor der Erhöhung des Geldes verkauft hätte.

Frankreich und Holland können als Beispiel für eine derartige Erhöhung durch Beimischungen genannt werden. In Frankreich ist der Nennwert des Geldes höher als in jedem anderen Land, was jedoch nicht die Ausfuhr des Geldes aus Frankreich verhinderte. Als der Louisdor 12 Pfund entsprach, war die Außenhandelsbilanz gegen Frankreich und der Wechselkurs um 10 Prozent über der Parität. Zu diesem Zeitpunkt gab man für 12 Pfund 110 Louisdor in Paris und 100 Louisdor von gleichem Gewicht und Feingehalt in Amsterdam. Da man letztere in 9 Gulden Amsterdamer Bankgeld einwechseln konnte, gewann man 10 Prozent, sobald man das Geld aus Frankreich ausführte. Als man dann den Louisdor auf 14 Pfund heraufsetzte, gestaltete dies die Bilanz, die gegen Frankreich war, nicht günstiger. Der Wechselkurs blieb auf dem gleichen Stand wie zuvor, so daß man weiterhin 110 Louisdor, die jedoch 14 Pfund entsprachen, auf einen Wechsel von 100 Louisdor auf Amsterdam gezogen, zahlte. Dadurch realisierte man, bei der Ausfuhr des Geldes, den gleichen Profit wie zuvor. Wenn es dann geschah, daß der Wechselkurs fiel, so war das darauf zurückzuführen, daß die von Frankreich geschuldete Handelsbilanz nicht so beträchtlich war. Allein dieser Umstand führte zum Sinken des Wechselkurses, und zwar ganz unabhängig davon, ob man das Geld heraufsetzte oder nicht. Die Erhöhung des Nennwerts des Geldes gestaltete die Handelsbilanz jedenfalls nicht 68
zugunsten Frankreichs, sondern beließ sie zu seinen Ungunsten. Denn die Preise der französischen Waren erhöhen sich nicht in gleichem Maße, wie das Geld heraufgesetzt wird, sie werden vielmehr billiger verkauft, während man die ausländischen Waren teurer verkauft, was dazu führt, daß der Saldo der Außenhandelsbilanz größer wird, daß sich eine stärkere Geldausfuhr vollzieht, daß eine große Anzahl von Menschen arbeitslos wird, welche durch dieses Geld Beschäftigung gefunden hatte, daß sich die

landwirtschaftliche Produktion oder die Produktion in den Manufakturen verringert, so daß schließlich der Wert der jährlichen Produktion wie auch die Bevölkerungszahl sinkt.

Man glaubt, daß die Holländer Louisdor-Münzen prägen und daß sie diese nach Frankreich schicken, wo sie zu 14 Pfund gehandelt werden. Und man glaubt ferner, daß von Holland Guineen[24] nach England gebracht worden sind, als man seiner Zeit diese Münze kippte[25] und sie dort zu 30 Shilling handelte. Indessen, man ist schlecht unterrichtet. Seitdem ich etwas vom Wechsel verstehe, weiß ich, daß ein Louisdor in Amsterdam, gleichgültig ob es sich um einen alten oder einen neuen Louisdor handelt, durch den Wechselkurs stets mehr wert war, als ein neuer Louisdor in Paris. Und ich weiß auch, daß zur Zeit des Geldkippens eine Guinee in Holland mehr wert war als eine Guinee in England, und zwar wegen des Wechselkurses. Diejenigen, die nichts vom Wechsel verstehen, können ruhig Guineen oder Louisdor kaufen und diese nach Frankreich oder nach England schaffen, mit einem Wechsel hätten sie indessen mehr gewonnen. Man realisierte damals einen Profit, wenn man aus England und aus Frankreich Guineen und Louisdor nach Holland ausführte. Das englische Pfund wurde seinerzeit zu 8 Gulden beziehungsweise weniger gehandelt, während der Wechselkurs zwischen Amsterdam und Paris in den letzten 8 bis 10 Jahren fast immer beträchtlich über der Parität zu Gunsten Hollands lag. Ich habe das englische Pfund zu 7 Gulden, 13 Stüver und die französische Krone[26] zu 3 Pfund erlebt, die man in Holland für 37 Stüver und in London für 39½ Pence kaufte.

Das Heraufsetzen des Geldes in Frankreich heißt, das Volk mit einer Steuer zu belegen, einer Steuer, die übrigens eher bezahlt und weniger empfunden wird als jede andere Auflage. Wenn der König die Louisdor von 12 auf 14 Pfund heraufsetzt, dann nimmt man diese zu 13 Pfund in der Münze entgegen, während man sie zu 14 Pfund wieder ausgibt. Dabei gewinnt der König 1 Pfund pro Louisdor, wobei sich diese Steuer auf 20 bis 25 Millionen Pfund und manchmal auf sogar noch mehr beläuft, und dies jeweils in Abhängigkeit von der Menge des in einem Lande vorhandenen Münzgeldes. Jedoch weit davon entfernt, das Geld dadurch zu vermehren, hielt man seinen Umlauf auf.

Denn ein Teil des Geldes wurde beiseite gelegt, damit es bei passender Gelegenheit nach Holland ausgeführt werden konnte, 70
von wo aus es als Wechsel zurückkehrte in einem Pfundbetrag, welcher der Menge neuer Louisdor entsprach, die man an alten Louisdor ausgeführt hatte, zuzüglich 8 beziehungsweise 10 Prozent, entsprechend der Höhe des Wechselkurses zugunsten Hollands. Andere wiederum, die das Risiko einer Geldausfuhr nicht eingehen wollten, behielten das Geld solange, bis das neue Geld in Mißkredit geriet, und sie retteten auf diese Weise für sich das Dreizehnfache von dem, was der König gewonnen hätte, würden sie ihr Geld zur Münze geschafft haben, damit man es neu ausprägte. Eine solche Steuer ginge hauptsächlich zu Lasten des ärmsten Teils der Bevölkerung.

Im allgemeinen wird angenommen, daß das holländische Geld nicht die Hälfte dessen wert ist, für das man es hält. Man kommt jedoch zu einer anderen Überzeugung, sobald man den Sachverhalt näher untersucht. Die Bank, welche die meisten Zahlungen vornimmt, empfängt Geld und bezahlt Geld mit Bankgeld, welches besser ist als dasjenige Englands. Die Ducatdowns[27] entsprechen 3 Gulden, und anderes Bankgeld unterliegt den entsprechenden Proportionen. Man hat mir gesagt, daß das im Umlauf befindliche Münzgeld jeweils Silber entsprechend seines Wertes oder annähernd enthält, mit Ausnahme einiger Skellings[28], welche schlechter sind als andere Münzen. Diese Münzen wurden allerdings nicht absichtlich so schlecht gemacht, sondern der Mißbrauch rührte von einer zu großen Zahl von Städten her, die über das Münzrecht verfügten. Dem Mißbrauch wurde sogleich Einhalt geboten, als man ihn bemerkte, und diese Münzen fielen auf 5½ Stüver.

Manche schlugen vor, das Geld heraufzusetzen, um dadurch dem wenigen Geld, das uns verblieb, einen schnelleren Umlauf zu geben und um dasjenige Geld, das man als Schatz anhäufte, in die Zirkulation zu bringen. Das gleiche und noch andere günstige Ergebnisse wird man erzielen, wenn man das Geld in 3 oder 4 Monaten stufenweise herabsetzt. Denn nach alledem, was wir auf den Seiten 30 und 31 bereits gesagt haben[29], besteht aller Grund anzunehmen, daß, wenn das schottische Geld auf das Niveau des englischen sänke, sich der Wechselkurs zu unserem Vorteil umkehren und uns ein Saldo im Außenhandel geschuldet würde, vorausgesetzt, daß die Ausfuhr die Einfuhr und die Ausgaben im Ausland unverändert bleiben.

Man bringt noch einen anderen Grund für die Heraufsetzung des Geldes vor. Er besteht darin zu sagen, daß einige Waren nicht genügend Profit im Ausland abwerfen und daß sie aus diesem Grund nicht ausgeführt werden. Dazu ein Beispiel: Wenn die Sersche in Schottland 100 Pfund wert ist, dann wird der Kaufmann sie für einen Profit von 20 Prozent nicht ausführen wollen. Wenn das
72 Geld jedoch um 20 Prozent heraufgesetzt wird und wenn sich die Waren auf dem gleichen Preisniveau wie vorher halten können, dann wird die englische Menge Geldes, mit der man bisher Sersche im Wert von 100 Pfund bezahlte, nunmehr Sersche im Wert von 120 Pfund kaufen. Diese Waren entsprechen dann einem Wert von 144 Pfund in Holland, so daß ihre Ausfuhr durch die Erhöhung des Profits, als Folge der Heraufsetzung des Geldes, veranlaßt werden würde.

Eine derartige Begründung wäre aber das gleiche wie zu sagen, daß ein Kaufmann, welcher über 100 verschiedene Warensorten verfügt und dem man einen Profit von 30 Prozent auf 90 dieser Waren anböte, der jedoch niemanden fände, der ihm mehr als 20 Prozent für die restlichen Waren geben wollte, nunmehr dem Maß, mit welchem er seine Waren mißt, ein Viertel hinzufügte, um dann sämtliche 100 Warensorten zum gleichen Preis wie vorher zu verkaufen. Wenn dieser Kaufmann mit einem derartigen Vorgehen einen beträchtlichen Verlust erleidet, dann wird das gleiche derjenigen Nation widerfahren, die ihr Geld heraufsetzt.

Aus dem gleichen Grund ergäbe sich ein großer Verlust für Schottland, wenn man sämtliche Waren ohne Zölle aus dem Lande ausführen dürfte. Einige müßten frei von Zöllen sein, andere wiederum nicht, und dies entsprechend ihres Wertes im Ausland.

Der beste und sicherste Weg, um die Ausfuhr der Waren, die nicht genügend Profit abwerfen, zu fördern, besteht darin, eine Zollrückvergütung zur Exportermunterung[30] zu gewähren. Dazu ein Beispiel: Wenn die nach Holland ausgeführte Sersche lediglich 20 Prozent abwirft, dann würde eine Exportprämie von 10 Prozent ihre Ausfuhr fördern. Diese Prämie, die man dem Kaufmann gewährt, ist für die Nation nicht verloren, denn das, was man an der Herstellung und der Ausfuhr der Waren gewinnt, das gewinnt immer auch die Nation.

Exportprämien sind immer noch das beste bekannte Mittel, um den Handel zu fördern, und es läßt sich leicht beweisen, daß 10 000 oder 15 000 Pfund, die man zu diesem Zweck verwendet, eine Erhöhung der Ausfuhr im Wert von 100 000 Pfund bewirken werden. Dabei geht der Nation auch nicht das geringste dieser 10 000 beziehungsweise 15 000 Pfund verloren, denn ungeachtet dessen, daß die schottischen Kaufleute A, B und C diese Exportprämie gewinnen, ist es für die Nation so, als wenn sie diesen Betrag nicht aufgebracht hätte. Sobald diese Exportprämien aus dem Fonds finanziert werden, der dazu bestimmt ist, die Regierung zu unterhalten, wird man dafür lediglich einen geringen Betrag abzweigen wollen, weil man dadurch in gleichem Maß die Einnahmen des Herrschers beschneidet. Wenn es jedoch einen Nationalfonds zur Belebung des Handels gäbe, dann könnte dieser Fonds eine Ausdehnung des Handels bewirken, und man erreichte damit, daß man die anderen Nationen, die solche Maßnahmen nicht ergriffen, beim Verkauf der Waren im Preis überböte. 74
Es gilt dabei allerdings zu berücksichtigen, daß im Lande genügend Geld vorhanden ist, um die Einwohner zu beschäftigen.

Das Einmünzen des Silbergeschirrs führt dazu, daß sein Kunstwert verlorengeht, der auf ein Sechstel veranschlagt werden muß, ganz abgesehen davon, daß sich das Geld dadurch nur geringfügig vermehren läßt. Zur Zeit der Restauration[31] gab es nur wenig Silbergeschirr, weil man gerade zuvor das alte eingeschmolzen hatte. Seitdem wird man durchschnittlich im Jahr 60 Stone* hergestellt haben, wovon ein großer Teil eingeschmolzen und ausgeführt wurde und wobei der verbleibende Rest von keinem großen Wert war. Das was dagegen an Silbergeschirr eingeführt wurde, gehört einer kleinen Anzahl vornehmer Leute, die es eher aus dem Lande brächten, als daß sie bereit wären, den Verlust der Schmiedearbeit hinzunehmen, womit sie dem Lande sogar einen Dienst erweisen, vorausgesetzt, daß sie das Geld nicht im Ausland ausgeben, sofern das geschmiedete Silber in London mehr einbringt, als das eingeschmolzene Silber bei uns.

Wenn man nun vorschlägt, das Geld mit Beimischungen zu versehen und den Eigentümern des Silbergeschirrs den Vorteil dieser Beimischungen zukommen zu lassen, dann wird folgendes geschehen: Nehmen wir an, die neuen Geldmünzen mit ihren Beimischungen werden auf das Doppelte ihres Nennwerts erhöht. 5 Shilling, die als Silbergeschirr einschließlich ihres Kunstwerts 6 Shilling wert waren, erbringen nach der Münzprägung 10 Shilling in Geldmünzen mit Beimischung. Selbst unter dieser Voraussetzung wird man sein Silbergeschirr nur ungern zur Münze bringen, denn wenn man das Geschirr in England verkaufte und wenn man den Verkaufserlös in Banknoten zurückbrächte, dann würde man 11 bis 12 Shilling haben, letzteres weil der Wechselkurs über der Parität liegt und weil das, was man außerdem noch für die Schmiedearbeit gewinnen kann, auf 6 Pence pro Unze Silbergeschirr veranschlagt werden muß.

Wenn es sich als notwendig erweist, das Silbergeschirr einzumünzen, dann müßte man die Ausfuhr solchen Geschirrs erlauben, das im Ausland zu einem höheren Preis, als sein Gewicht wert ist, verkauft werden kann, mit der Sicherheit, daß der Gegenwert in Form von Münzen oder Barren eingeführt wird.

* 60 Stein (Stone) = 381,3 kg.

Andere schlagen vor, die Außenhandelsbilanz dadurch zu regeln, daß der Verbrauch ausländischer Waren eingeschränkt und die Ausgaben in England verringert werden. Auf diese Weise könnte man die Außenhandelsbilanz wieder zu unseren Gunsten gestalten, so daß wir reich würden, indem wir von unseren jährlich erzeugten Waren lebten, so wie wir einst verarmten, indem wir über unsere Mittel hinaus Ausgaben tätigten.

Eine derartige Regierung brächte allerdings auch Schwierigkeiten mit sich. Erstens: Die gänzliche oder teilweise Unterbindung der Einfuhr bedeutete, die Einkünfte der Krone beträchtlich zu 76
beschneiden, und seine Majestät wird es sicher für richtig erachten, einer solchen Regelung die königliche Erlaubnis zu versagen, zumindest solange, wie kein Ausgleich geschaffen werden kann. Zweitens: Die Regulierung würde nicht strikt genug durchgesetzt werden, so daß schließlich doch, auf dem Wege des Schmuggels, ein Teil dessen ins Land gelangte, was zuvor in der Regel eingeführt wurde. Drittens: Da sich die Residenz unserer Prinzen in England befindet, müssen wir dort unsere Minister unterhalten. Da die Ämter vom Herrscher besetzt werden und da London in einem viel höheren Maße als Edinburg eine Stätte aller möglichen Zerstreuungen ist, wird unser Adel auch weiterhin in London seinen Beschäftigungen nachgehen.

Aber gehen wir einmal davon aus, der König hätte seine Zustimmung zu einer derartigen Regierung gegeben, unabhängig davon, ob ihm ein Ausgleich verschafft worden wäre oder nicht, und nehmen wir einmal an, daß die Maßnahmen so streng eingehalten würden, daß nichts unter Umgehung dieses Gesetzes ausgeführt werden könnte. Ferner setzen wir den Fall, daß man 20 000 Pfund an Ausgaben in England einsparen könnte, so daß sich die Einfuhren und die Ausfuhren im Ausland um 60 000 Pfund gegenüber der Summe des Vorjahres verringern ließen. Selbst unter diesen Bedingungen würden sich meines Erachtens andere Schwierigkeiten ergeben, die die Regulierung unwirksam machen würden.

Erstens: Nehmen wir an, daß das Außenhandelsdefizit des letzten Jahres 20 000 Pfund betrug und daß die Einfuhren sowie die Ausgaben im Ausland um 60 000 Pfund verringert werden. Diejenigen, die die genannte Regulierung vorschlagen, glauben vielleicht, daß uns nunmehr im Ausland ein Saldo von 40 000 Pfund geschuldet würde. Aber die Bank kann nur 60 000 Pfund Banknoten zusätzlich, über das in der Bank vorhandene Geld hinaus, verschaffen. Wenn man nun annimmt, daß sich die Ausfuhr des letzten Jahres auf 20 000 Pfund belief, dann folgt daraus, daß, sofern unser Geld um 80 000 Pfund verringert wird, der Wert der Ausfuhr der nächsten Jahre in eben diesem Umfang geringer sein dürfte, weil das Fehlen dieses Geldes einen Teil unserer Bevölkerung seiner Arbeit beraubte und weil Menschen arbeitslos würden, die noch im Jahr davor beschäftigt waren, was schließlich ein größeres Außenhandelsdefizit als im Vorjahr zur Folge hätte, und dies ungeachtet der Regulierung.

Zweitens: Die 40 000 Pfund Selbstkostenpreis eingeführter Waren und die 20 000 Pfund Ausgaben im Ausland führten zu einer Verringerung des Verbrauchs einheimischer Waren. Dagegen war die Ausfuhr um so beträchtlicher, je geringer der einheimische Verbrauch ausfiel. Da die Regulierung nun aber einen größeren Verbrauch einheimischer Waren verursacht, wird die Ausfuhr von Waren weniger groß sein.

Drittens: Manche Kaufleute führen Waren aus, ohne daß sie darauf einen entsprechenden Profit realisieren. Demgegenüber erzielen sie aber Profit bei der Einfuhr von Waren, welcher, sofern diese Einfuhr eingeschränkt würde, gleichzeitig auch die Ausfuhr von Waren verringerte.

78 Viertens: Wenn Schottland diese Waren anderer Länder mit starken Zöllen belastet, dann können diese Länder ebenfalls die schottischen Waren beauflagen.

Selbst wenn wir einmal einräumen wollen, daß es nicht schwierig sein dürfte, die Außenhandelsbilanz zu regeln, und wenn wir annehmen, daß man in Schottland die gleichen Maßnahmen ergriffe, dann würden wir sicher reicher werden, der Reichtum Hollands würde allerdings in gleichem Maße anwachsen, was zur Folge hätte, daß Schottland nach 50 Jahren, im Vergleich zu Holland, ebenso arm wie gegenwärtig wäre.

Nehmen wir an, zwei Länder seien gleich bezüglich ihrer natürlichen Reichtümer, ihrer Bevölkerung und so weiter. Das eine Land verfügt über 100 000 Pfund Geld und lebt von seinen jährlich erzeugten Werten. Das führt dazu, daß im ersten Jahr 20 000 Pfund, im zweiten Jahr 25 000 Pfund und so weiter geschuldet werden. Das andere Land verfügt über 20 Millionen Geld und verbraucht mehr als seine jährlich erzeugten Werte. Das führt dazu, daß im ersten Jahr eine Million ins Ausland geschickt werden muß, um das Defizit zu bezahlen, 1 200 000 Pfund im zweiten Jahr und so weiter. Letzteres Land wird bald arm sein, so wie ersteres bald reich sein dürfte. Wenn jedoch das Land, welches über die 20 Millionen verfügt, im gleichen Maße wie das andere Land einschränkt, dann wird es ebenso reich und mächtig sein.

Wenn wir uns einmal vergegenwärtigen, wie bescheiden der Anteil ist, den wir an der Gesamtmenge des Geldes in Europa haben, und wenn wir uns weiter vergegenwärtigen, wie sehr der Handel vom Geld abhängt, dann wird man zu der Auffassung gelangen, daß sich unsere Lage kaum dadurch verbessern läßt, daß man unser Geld vermehrt. Sollte dies jedoch ohne Geldvermehrung möglich sein, dann wird es mit der Geldvermehrung noch besser möglich sein.

Die Bank wird wenig zur Geldvermehrung beitragen, denn sofern der Kredit freiwillig ist, hängt er von der Menge des in einem Lande vorhandenen Geldes ab. Und selbst wenn die Vorräte der Bank zu keinem Zeitpunkt versiegt wären, hätte sie ihren Kredit nicht länger aufrecht erhalten können, weil die in Schottland vorhandene Geldmenge nicht ausreicht, um den Umlauf von einem derartigen Betrag von Banknoten aufrecht zu erhalten, was nötig wäre, damit die Bank ihren Verpflichtungen nachkommt und den Eignern die Zinsen zahlt.

Man glaubt, daß die Aktionäre[32] der Bank vorhaben, sich an das Parlament zu wenden, um neue Vorrechte durchzusetzen. Da ihre Absichten der Öffentlichkeit aber noch nicht kundgetan wurden, will ich mich darauf beschränken, ganz allgemein zu sagen, daß, wenn man ihnen weitere Vorrechte einräumt, es sich nicht länger um die gleiche Bank handelte und daß sie zumindest nicht mehr auf den gleichen Grundsätzen wie vorher beruhte. In dem einen wie dem anderen Fall müßte es jedem gestattet sein, an ihr teilzuhaben.

80 Wenn eine Bank gegründet wird, dann kann jeder, im Rahmen der vertraglichen Festlegungen in der Parlamentsakte, ein Teilhaber dieser Bank werden, wobei derjenige, der die ersten Offerten macht, bevorzugt sein wird. Nehmen wir einmal an, daß bei der Gründung der Bank A, B und C nicht subskribieren, weil sie glauben, daß die Grundlagen der Bank nicht günstig genug seien. Unter diesen Umständen wird außer den Zeichnern niemand einen Anteil beanspruchen können, zumindest solange nicht, wie die Subskribenten nicht bereit sind zu verkaufen und solange sie in der Lage sind, die Bank, im Rahmen der Festlegungen der Parlamentsakte, aufrechtzuerhalten. Sobald jedoch neue Vorrechte gewährt werden, können A, B und C, wie jede andere Person des Landes auch, darum ersuchen, daß die Bankbücher offengelegt werden, damit sie die Möglichkeit erhalten, Teilhaber zu werden, so wie jede andere Gruppe von Menschen, welche die gleichen Sicherheiten bietet, berechtigt sein müßte, ebenfalls und zur gleichen Zeit eine Bank mit denselben Vorrechten zu gründen. Auf diese Weise wird jede Grafschaft in Schottland an einer Bank interessiert sein. Und wenn man dieser Bank nun neue Vorrechte gewährte, wäre es ungerecht, solche den anderen Banken vorzuenthalten, sofern sie bereit und in der Lage sind, die gleichen Sicherheiten zu geben, und dies besonders zu einem Zeitpunkt, wo das Land einer größeren Geldmenge bedarf, als diese Bank liefern kann.

Kapitel V
Davon, daß die vorgeschlagenen Maßnahmen zur Erhöhung des Silbergeldes oder zur Einrichtung eines Kredits als Zahlungsversprechen unwirksam sind. Davon, daß das Silber gegenüber früher viel an Wert verlor. Davon, daß das Silber seinen zusätzlichen Wert, der daher rührt, daß es als Geld dient, verlieren kann.

Macht und Reichtum einer Nation rühren daher, daß eine zahlreiche Bevölkerung vorhanden ist und daß man über gefüllte Speicher inländischer und ausländischer Waren verfügt. Diese Dinge hängen vom Handel ab, so wie der Handel seinerseits vom Geld abhängt. Wenn wir also ebenso mächtig und reich wie andere Nationen sein wollen, dann müssen wir in gleichem Maße wie die anderen Nationen über Geld verfügen. Denn ohne Geld bewirken auch die besten Gesetze nicht, daß unsere Bevölkerung beschäftigt und daß unsere natürlichen Reichtümer veredelt werden, ebensowenig wie sich ohne Geld der Handel und die Manufakturen entwickeln lassen.

Die Mittel, die man gegenwärtig anwendet und vorschlägt, um das Geld zu bewahren und zu vermehren, sind von Schwierigkeiten begleitet. Und selbst wenn man die Schwierigkeiten überwände, so wären diese Maßnahmen immer noch wirkungslos und 82
ungeeignet, um das notwendige Geld zu beschaffen, welches zur Verbesserung der Lage des Landes, das heißt zur Ausweitung seines Handels und zur Belebung seiner Manufakturen unabdingbar ist, gemessen an den Fortschritten der anderen Länder auf diesen Gebieten.

Ein Kredit, welcher ein Zahlungsversprechen für Geld enthält, wird sich kaum über eine bestimmte Grenze hinaus ausweiten lassen, er bleibt abhängig vom Geld. Dabei verfügen wir über so wenig Geld, daß der Kredit, welcher darauf gegeben werden könnte, von nur geringem Umfang sein würde. Es bleibt also zu prüfen, ob man nicht irgendeine andere Ware als das Silber in Geld verwandeln könnte, und zwar mit der gleichen Sicherheit und Bequemlichkeit.

Nach alledem, was bereits im ersten Kapitel über das Wesen des Geldes gesagt wurde, ist offensichtlich, daß jede andere Ware, die über die für das Geld erforderlichen Eigenschaften verfügte, mit der gleichen Sicherheit und Bequemlichkeit in Geld vom gleichen Wert verwandelt werden könnte. Man machte das Silber ja nicht aus Spaß oder aus einer besonderen Laune heraus zum Geld, sondern weil man wußte, daß es dazu besonders geeignet war.

Ich werde versuchen zu beweisen, daß man auch ein anderes Geld einführen kann, welches über die erforderlichen Eigenschaften des Geldes verfügt, und dies sogar noch in höherem Maß als das Silber und mit weiteren Vorzügen versehen, mit denen das Silber nicht ausgestattet ist. Dieses Geld wäre dem Silber sogar vorzuziehen, und zwar selbst unter der Voraussetzung, daß das Silber ein natürliches Produkt Schottlands sein würde. Mit Hilfe dieses Geldes ließen sich die Einwohner unseres Landes beschäftigen, der Boden bewirtschaften, die Manufakturen beleben sowie der Binnenhandel und der Außenhandel ausgeweitet und Reichtum und Macht erlangt würden.

Ich will hoffen, daß das, was ich vorschlage, sicher, machbar und vorteilhaft für ganz Schottland im allgemeinen und für jeden Schotten im besonderen sein wird. Da ich aber im weiteren zu beweisen gedenke, daß es etwas gibt, das zum Gebrauche als Geld besser geeignet ist als das Silber, will ich zunächst, bevor ich auf meinen Vorschlag zu sprechen komme, einige Nachteile des Silbergeldes aufzeigen. Ich werde darlegen, daß das Silber die Funktion des Geldes nicht erfüllt hat und dieser Funktion auch nicht entspricht.

84 Das Geld ist kein Unterpfand, wie manche es nennen. Es ist ein Wert, den man bezahlt, beziehungsweise den man zu zahlen sich verpflichtet und mit welchem derjenige, der es entgegennimmt,

wenn seine Bedürfnisse es erfordern, wahrscheinlich eine bestimmte Menge anderer Waren kaufen kann, die der Warenmenge im Wert entspricht, die er selbst verkauft hat. Dabei ist dasjenige Geld am sichersten und am besten geeignet, Waren zu empfangen, Tauschgeschäfte abzuschließen oder andere Waren im Wert zu veranschlagen, dessen Wert am wenigsten Schwankungen ausgesetzt ist.

Das Silbergeld hat einen weniger sicheren Wert als andere Waren, was besagt, daß es zur Geldfunktion nur wenig geeignet ist. Die Machtbefugnis, über welche die Obrigkeit verfügt, das Geld in seinem Nennwert und in seinem Feingehalt zu verändern, beraubt das Silber seiner wichtigsten Eigenschaft, die es zum Geld bestimmte. In Ländern, in denen man den Nennwert und den Feingehalt des Geldes häufig verändert, ist das Risiko größer, einen Handel mit Geld abzuschließen, als wenn man, wie früher, Ware gegen Ware tauschte. Dazu ein Beispiel: Man leiht 100 Unzen Silber, beziehungsweise man schließt einen Handel über 100 Unzen Silber ab, und man unterschreibt eine Verpflichtung, in welcher der Pfundbetrag, der am Ende des Jahres zur Zahlung fällig ist, festgelegt wird. Zwischenzeitlich hat sich jedoch eine halbe Krone auf eine Krone erhöht, so daß nunmehr 50 Unzen genügen, um die 100 geliehenen beziehungsweise geschuldeten Unzen zu begleichen.

Aber selbst wenn die Obrigkeit den Nennwert und den Feingehalt des Geldes niemals veränderte, wäre sein Wert nichtsdestoweniger ungewisser als derjenige anderer Waren.

Waren gleicher Art und gleicher Beschaffenheit schwanken in ihrem Wert, und dies in Abhängigkeit von der Menge, in der sie vorhanden sind sowie in Abhängigkeit von der Nachfrage danach. In jedem dieser Fälle sagt man, daß die Waren mehr oder weniger teuer sind, weil sie mehr oder weniger wert sind oder weil sie einer größeren oder kleineren Menge anderer Waren beziehungsweise Geld entsprechen.

Das Silber in Form von Barren oder in Geldform verändert seinen Wert, wenn sich die vorhandene Menge des Silbers oder die

Nachfrage danach verändert. In jedem der beiden Fälle sagt man, daß die Waren mehr oder weniger teuer seien. Indessen ist es das Silber beziehungsweise das Geld, was mehr oder weniger teuer ist, weil es mehr oder weniger wert ist, und weil es damit einer geringeren oder größeren Warenmenge entspricht.

Verderbliche Waren, wie zum Beispiel das Getreide und andere, nehmen in ihrer Menge zu oder verringern sich mengenmäßig, und dies jeweils abhängig von der Zunahme beziehungsweise Abnahme der Nachfrage danach. Auf diese Weise bleibt ihr Wert stets gleich oder zumindest annähernd gleich.

Diejenigen Waren, die dauerhafter sind, wie zum Beispiel die Metalle oder das Material für den Schiffsbau und so weiter, neh-
86 men in ihrer Menge über die Nachfrage hinaus zu, so daß sie folglich weniger wert sind.

Die Menge des Silbers beziehungsweise des Geldes wird wegen der Einfuhren nach Europa ständig erhöht, so daß diese Einfuhr seinen Verbrauch beziehungsweise die Ausfuhr übersteigt. Nun hat sich zwar die Nachfrage nach Silber erhöht, sie erhöht sich allerdings nicht im Verhältnis zu der vorhandenen Menge. Denn erstens kann man mit der gleichen Menge Silber beziehungsweise Geld nicht mehr die gleiche Menge Waren kaufen, und zweitens kann man das Silber gegenwärtig zu 6 und in Holland sogar zu 3 beziehungsweise 4 Prozent für seinen Gebrauch als Geld erwerben, während dafür vorher 10 Prozent aufzubringen waren.

Da eine Unze Silber 5 Shilling, 2 Pence wert ist und da eine Krone 60 Pence entspricht, sofern der Metallgehalt vom Herrscher nicht verschlechtert wurde, bemerken nur wenige Personen die Veränderung im Wert des Silbers oder des Geldes. Wenn sich das Boll[33] Gerste in dem einen Jahr zu 2 Kronen verkauft und im nächsten Jahr zu 3 Kronen, dann rührt dieser Unterschied von der Veränderung der Größe der Nachfrage nach Gerste oder nach Geld her. Und diese Veränderung in der Nachfrage nach Geld wird eine Veränderung im Preis veranlassen, desgleichen wie bei der Gerste.

Wenn jemand im vergangenen Jahr 100 Schafe zu 100 Kronen verkaufte und wenn diese Person die gleiche Zahl von Schafen im laufenden Jahr wieder erwerben will, dann tritt folgendes ein: Sofern sich die Geldmenge erhöhte, ohne daß die Nachfrage danach in gleichem Maß stieg, wird der Geldwert der 100 Schafe größer als im vorhergehenden Jahr sein, das heißt das Geld hat sich verbilligt. Wenn die Geldmenge und die Nachfrage nach Geld unverändert bleiben und wenn sich demgegenüber die Menge der Schafe verringert hat oder wenn die Nachfrage nach Schafen größer geworden ist, dann werden die 100 Schafe einer größeren Geldmenge entsprechen, was besagt, daß die Schafe teurer geworden sind.

Selbst wenn die Obrigkeit das Geld niemals verschlechterte, ist es dennoch in seinem Wert als Silber Veränderungen unterworfen, und dies bereits durch eine Veränderung der vorhandenen Menge oder durch die Veränderung der Nachfrage danach. Derjenige, der Geld entgegennimmt, ist doppelt unsicher. Er weiß nicht, ob das Geld, welches er empfängt beziehungsweise mit welchem er seinen Handel abschließt, dann noch genügen wird, wenn er die Gelegenheit haben wird, die gleichen Waren, die er verkaufte, oder andere Waren, die diesen im Wert entsprechen, wieder zu erwerben und das deshalb, weil eine Veränderung im Wert des Geldes eintreten kann oder im Wert der Waren, die er sich anschickt zu verkaufen.

Diese Unsicherheit würde selbst dann bestehen, wenn die 88
Beschaffenheit beider Dinge, des Geldes und der Waren, unverändert wäre. Die Unterschiede in den Preisen der Waren, die von den Veränderungen der Menge oder der Nachfrage nach diesen Waren herrühren, ließen sich einschränken, wenn man Lagerhäuser unterhielte. Demgegenüber vermag man die Unterschiede in den Preisen der Waren, die von einer größeren oder geringeren Menge an Geld beziehungsweise von einer größeren oder kleineren Nachfrage danach hervorgerufen werden, nicht zu verhindern, und dies solange nicht, wie das Silber als Geld fungiert.

Daß das Geld gegenwärtig weit weniger Wert hat als vor 200 Jahren, wird offensichtlich durch einen Vergleich des Wertes der Waren, des Bodens und des Geldes jener Zeit.

Wenn man die Unterlagen der Handelskammer von Edinburg[34] einsieht, dann scheint es, daß im Jahr 1495 das Boll Weizen auf 6 Shilling, 8 Pence schottischen Geldes festgesetzt wurde[35].

Im Jahre 1520 erging ein Erlaß an die Weinschenken, den Rotwein und die französischen Weißweine zu 6 Pence schottischen Geldes die Pinte und das englische Ale-Bier zu 20 Pence schottischen Geldes die Gallone zu verkaufen.

Im Jahre 1526 wurden die Mühlen[36], die zur Stadt gehörten, mit 400 schottischen Mark verpachtet, während sie gegenwärtig 13 000 Mark einbringen.

Die niedrigen Eingangs- und Ausgangszölle wurden damals in Leith zu 115 Mark verpachtet.

Im Jahre 1532 wurde der Preis eine Fuhre Malzschrot, welche 9 Firlots[37] enthielt, auf 32 schottische Shilling festgesetzt.

Im Jahre 1551 ordnete man an, Schafe in bester Qualität mit 12 schottischen Pence, von zweiter Qualität mit 10 schottischen Pence und von schlechtester Qualität mit 8 schottischen Pence zu verkaufen.

Im Jahre 1553 legte man fest, daß 9 Firlots Malzschrot, nach dem alten Maß gemessen und einschließlich des Aufschlags für die Armenfürsorge[38], zu 26 schottischen Shilling zu verkaufen waren. Das Brot zu 4 Pence als Landbrot mußte 40 Unzen und als Stadtbrot 36 Unzen wiegen.

Im Jahre 1555 schrieb man den Bäckern vor, aus jedem Boll Weizen 7 Score Brot[39] zu jeweils 16 Unzen zu liefern.

90 Durch einen Beschluß des 5. Parlaments der Königin Maria[40] wurde verfügt, daß die an den Ostküsten und Nordküsten Schottlands eingeführten Weine nicht teurer als 20 Pfund pro Tonne Bordeaux und 16 Pfund pro Tonne Wein aus La Rochelle verkauft werden durften. Die Pinte Bordeaux durfte 10 Pence und die Pinte Wein aus La Rochelle durfte 8 Pence kosten. Demgegenüber

wurde der Wein, den man an den Westküsten einführte, auf 16 schottische Pfund für die Tonne Bordeaux und auf 12 bis 13 Pfund für den Wein aus La Rochelle festgelegt. Ersterer durfte 8 Pence die Pinte, letzterer 6 Pence die Pinte kosten.

Auf diese Weise kostet das, was man vor 200 Jahren für 5 Pfund kaufte, heute 100 Pfund. Unsere Waren waren indessen damals nicht reichlicher vorhanden als gegenwärtig, auch hatten sie keinen geringeren Wert als heute. Man sollte vielleicht annehmen, daß diese Parlamentsbeschlüsse, mit welchen man die Warenpreise regelte, ganz im Gegenteil von einer geringeren Warenmenge als heute, im Vergleich zur Nachfrage nach diesen Waren, und folglich von einem größeren Wert der Waren als heute ausgingen. Demgegenüber hat das Geld, welches in seiner Menge im Vergleich zur Nachfrage danach vermehrt wurde und welches vom Herrscher verschlechtert wurde, im Wert abgenommen, so daß gegenwärtig 100 Pfund nicht mehr das wert sind, was früher 5 Pfund wert waren.

Man kann sehr leicht veranschlagen, in welchem Maße die Bodenbebauung seit 200 Jahren verbessert wurde, denn womit man heute 2 Boll bezahlt, die einem Morgen Land abgewonnen wurden, bezahlte man damals lediglich ein Boll, wie es aus den alten Pachten hervorgeht.

Das Geld warf damals 10 Prozent Zinsen ab, und 384 Morgen Ackerland wurden zu einem Boll pro Morgen verpachtet. Die Nahrungsmittel kosteten 8 Shilling, 4 Pence das Chalder, so daß ein Grundstück in der genannten Größe von 384 Morgen 100 Pfund wert war, denn wenn 100 Pfund 10 Pfund Zinsen erbrachten, dann entsprach dieser Betrag den 384 Morgen Ackerland, die lediglich die Menge von Nahrungsmitteln erzeugten, die sich zu 10 Pfund verkaufen ließ. Da jedoch der Wert des Bodens (der Boden ist dem Geld aus verschiedenen Gründen vorzuziehen) gegenwärtig auf 20 Jahreseinkünfte veranschlagt wird und da das Geld 6 Prozent Zinsen abwirft, ergibt sich, daß der Boden damals mit 40 Jahreseinkünften beziehungsweise mit 140 Pfund bewertet werden konnte.

Seitdem hat sich die Geldmenge weit mehr als die Nachfrage danach erhöht. Ferner setzte man den Nennwert einer gegebenen Menge Silbers beträchtlich herauf. Das führte dazu, daß das Geld weniger wert war, daß es weniger Zinsen abwarf und daß man eine größere Menge Geld geben mußte, um dafür die gleiche Warenmenge zu erhalten, so daß der Boden den Wert einer größeren Anzahl von Jahreseinkünften erlangte.

92 Gegenwärtig würde sich der Wert eines solchen Grundstücks auf 8 000 Pfund belaufen, wenn man eine Pacht von 2 Boll mit einem Ertrag an Nahrungsgütern von 8 Shilling, 6 Pence pro Morgen und mit einem Geldzins von 6 Prozent veranschlagt, auf der Grundlage von 20 Jahreseinkommen berechnet. Nach dieser Rechnung ist das Geld nur den zwanzigsten Teil der Waren wert und lediglich den siebenundfünfzigsten Teil des Bodens, dem es vor 200 Jahren noch im Wert entsprach. Dieser Unterschied rührt zum Teil daher, daß die Agrikultur Fortschritte machte, die Differenz ist aber ebenfalls darauf zurückzuführen, daß sich die Nachfrage nach Boden erhöhte, wobei der zur Verfügung stehende Boden sich nicht vermehren ließ, was seine Werterhöhung bewirkte. Das, was von dieser Differenz noch übrig bleibt, geht zu Lasten der Geldvermehrung, die größer war als die Nachfrage nach Geld, wodurch sich der Wert des Geldes verringerte und sein Nutzen sich verminderte, ganz abgesehen davon, daß der Nennwert des Geldes verändert wurde.

Damals war in der gleichen Anzahl von Pence eine größere Menge Silber enthalten als heute. Man findet diesen Umstand in verschiedenen Verordnungen des Parlaments der damaligen Zeit bestätigt.

Im Jahre 1475 verordnete das 8. Parlament unter Jakob III.[41], daß die Unze Silber zu 12 schottischen Shilling zu verkaufen wäre, so daß man 12 Groats[42] aus einer Unze Silber prägte.

Am 3. November des Jahres 1554 wurde durch eine Verordnung des Rates der Stadt Edinburg verfügt, daß man die Unze Silber zu 18 Shilling, 8 Pence schottischen Geldes zu verkaufen hätte.

Allerdings sagt diese Verordnung nichts über den Feingehalt des Silbers aus. Nehmen wir einmal an, daß die gleiche Anzahl Pence damals zweimal oder viermal so viel Silber wie heute enthielten, dann würde der Wert des Silbers lediglich um ein Zehntel beziehungsweise um ein Fünftel im Verhältnis zu den anderen Waren gefallen sein und um ein Zwanzigstel beziehungsweise um ein Vierzehntel im Verhältnis zum Boden. Indessen fiel das Geld auf ein Zwanzigstel seines Wertes im Verhältnis zu den Waren und auf ein siebenundfünfzigstel im Verhältnis zum Boden.

In Frankreich verleiht man Geld, und ich glaube, daß dies in den anderen römisch-katholischen Ländern nicht anders ist, zu fortlaufenden Zinsen, welche der Schuldner zu tilgen hat und über welche der Gläubiger verfügen kann, ohne jedoch jemals die Möglichkeit zu haben, das Kapital einzufordern. Das Gesetz sieht denjenigen Gläubiger als Wucherer an, der Zinsen für ein Geldkapital empfängt, welches er die Macht hätte einzufordern, obwohl der Termin der Zahlung erst einige Jahre nach dem Zeitpunkt des Leihens anfällt. Nehmen wir einmal an, die Art und Weise, Geld zu zahlen, wäre in Schottland vor 200 Jahren genauso gewesen wie soeben beschrieben. AB verfügt über 768 Morgen Land, welche zu einem Boll Nahrungsgüter pro Morgen verpachtet sind, so daß die jährliche Rente von 48 Chalder, bei 5 schottischen Pfund pro Chalder, 20 Pfund Sterling ausmacht. CD, der über ein Geldkapital 94
von 100 Pfund verfügt, verleiht diesen Betrag an AB. Unter der Voraussetzung, daß der Zinsfuß 10 Prozent beträgt, wird er jährlich 10 Pfund Zinsen empfangen. Diesen Zinsbetrag überträgt er seinem Sohn, wobei er glaubt, für diesen Sohn ausreichend vorgesorgt zu haben, denn die 10 Pfund entsprechen 24 Chalder Nahrungsgütern. Jedoch die Zinsen fallen auf 6 Prozent. Letzteres geschieht durch eine Erhöhung des Nennwerts des Geldes, die, wegen der nunmehr vorhandenen größeren Geldmenge, zum Sinken des Wertes des Geldes führt. Die 6 Pfund, die jetzt an jährlichen Zinsen für 100 Pfund gezahlt werden, sind nicht einmal ein Chalder Nahrungsgüter wert. Und 384 Morgen Land, das heißt

lediglich die Hälfte des Bodens von AB, die vor 200 Jahren nur 100 bis 140 Pfund entsprachen, machen gegenwärtig den 57fachen Wert dieser Summe aus, sofern man davon ausgeht, daß sich die Pacht verdoppelte und daß der Wert auf 20 Jahreseinkommen berechnet wird.

Man sah, daß in Frankreich vor ungefähr 200 Jahren der gleiche Boden nach Ablauf von 30 Jahren das Doppelte an Geld wert war wie zuvor. Damit stieg der Wert eines Bodens von 100 Pfund im Jahr 1500 auf 200 Pfund im Jahre 1530, auf 400 Pfund im Jahre 1560 und so weiter bis zu einem Zeitpunkt vor 50 beziehungsweise vor 60 Jahren, von welchem an er sich annähernd auf dem gleichen Wert hielt.

In England gibt man für die gleichen Waren 20mal soviel Geld, wie man vor 200 Jahren dafür gab. In diesem Land glaubt man, daß es die Waren gewesen sind, deren Wert sich erhöhte, aber die Waren haben ihren Wert behalten, während es das Geld war, das sich im Wert verringerte.

Die meisten Waren haben mengenmäßig annähernd im Verhältnis zur Nachfrage zugenommen. Sie behielten den gleichen Wert oder zumindest annähernd den gleichen Wert, den sie vor 200 Jahren hatten. Der Boden ist, wegen der verbesserten Bewirtschaftung, welche zu höheren Erträgen führte, im Wert gestiegen. Außerdem hat sich die Nachfrage nach Boden erhöht, obwohl die Menge des zur Verfügung stehenden Bodens gleich blieb. Das Silber und das Geld haben an Wert verloren, weil sich die vorhandene Menge stärker als die Nachfrage nach Silber und Geld erhöhte.

Was die Waren betrifft, so werden sie sich mengenmäßig ungefähr auf dem gleichen Stand halten, und das Angebot wird in etwa der der Nachfrage entsprechen, denn die Vermehrung der meisten Waren hängt von ihrer Nachfrage ab. Dazu ein Beispiel: Wenn der vorhandene Hafer die Nachfrage der Verbraucher und die Nachfrage zum Zweck der Vorratshaltung übersteigt, dann wird das Zuviel unnütz sein, was bewirkt, daß dieses Erzeugnis abnimmt und daß man den Boden anderweitig nutzt. Wenn jedoch infolge einer Hungersnot die vorhandene Menge unter der Nachfrage liegt, dann kann zunächst auf die Vorräte der vorangegangenen Jahre zurückgegriffen werden. Sobald diese Vorräte jedoch nicht ausreichen, um der betreffenden Nachfrage zu entsprechen, darf sich die Hungersnot nicht über mehr als ein oder zwei Jahre ausdehnen.

Der Wert des Bodens wird sich solange weiter erhöhen, wie 96
man die Bodenqualität noch verbessern kann. Er wird sich aber ebenfalls im Gefolge der steigenden Nachfrage erhöhen, und dies weil die zur Verfügung stehende Bodenfläche stets gleich bleibt.

Das Silber verliert dagegen ständig an Wert, und zwar in dem Maße, wie die Silbermenge zunimmt und wie die Nachfrage nach Silber nicht in entsprechendem Verhältnis ansteigt, denn beim Silber ist der Mengenzuwachs unabhängig von der Nachfrage. Die meisten Menschen wollen es sich nicht eingestehen, daß das Silber billiger wurde beziehungsweise einen geringeren Wert als früher hat. Sie verschließen die Augen vor der unübersehbaren Tatsache, die offensichtlich wird, wenn man die Warenmenge, die man mit einem bestimmten Gewicht Feinsilber vor 200 Jahren kaufen konnte, mit den Waren der gleichen Art vergleicht, die man für dasselbe Silber heute erhält. Wenn in Frankreich ein Faß Wein dem Wert von 20 Boll Hafer entspricht, dann wird diese Menge Hafer niemals mehr oder weniger wert sein, solange die Qualität, die Menge und die Nachfrage des einen wie des anderen Erzeugnisses gleichgeblieben ist. Sobald jedoch eine unverhältnismäßige Veränderung in der Qualität, in der Menge oder in der Nachfrage eintritt, wird das zur Folge haben, daß die gleiche Menge des einen Erzeugnisses einer größeren Menge des anderen Erzeugnisses entspricht. Das bedeutet, daß, wenn in Frankreich ein Faß Wein 40 dortigen Kronen entspricht, dieses Faß Wein stets 40 Kronen wert sein wird, es sei denn, es träte eine unverhältnismäßige Veränderung der Menge, der Qualität oder der Nachfrage nach Wein oder nach Geld ein.

Man könnte nun einwenden, daß die Nachfrage nach Silber gegenwärtig größer als die vorhandene Menge ist. Darauf wäre zu antworten, daß, obwohl die Nachfrage nach Silber größer als die vorhandene Menge ist, diese Nachfrage doch nicht in gleichem Maße wie die Silbermenge anstieg. Noch vor 200 Jahren warf das Geld beziehungsweise das Silber 10 Prozent ab[43]. Heute sind es lediglich noch 6 bis 3 Prozent. Wenn sich die Nachfrage nach Silber tatsächlich im gleichen Maße wie seine Menge erhöht hätte, würde das Geld weiterhin 10 Prozent einbringen, ganz abgesehen davon, daß es derselben Menge Nahrungsgüter oder anderer Waren, die ihren alten Wert bewahrten, entspräche. Nehmen wir an, AB verfügt über 100 Pfund, die er zu 10 Prozent Zinsen verleihen will. Als Sicherheit fordert er einen Boden, welcher jährlich 240 Chalder Nahrungsgüter zu erzeugen vermag, so wie dies vor
98 200 Jahren üblich war. Da nun aber kein Gesetz besteht, welches den Geldzins festlegt, würde AB schwerlich jemanden finden, der zu diesen Bedingungen das Geld leihen wollte, und dies weil die vorhandene Geldmenge stärker als die Nachfrage nach Geld gestiegen ist und weil sich, wegen der Veränderung des Nennwerts des Geldes, der Wert des Geldes verringerte, so daß man es gegenwärtig zu günstigeren Bedingungen haben kann. Wäre die Nachfrage in gleichem Maße wie die Menge angestiegen und hätte man den Nennwert des Geldes nicht erhöht, dann würde man heute den ganzen Zins wie damals erzielen, so wie auch die gleiche Menge Nahrungsgüter genügte, um den Zins zu bezahlen. Wenn das Geld seinen Wert bewahrt haben würde, wären 8 Shilling, 4 Pence weiterhin ein Chalder Nahrungsgüter wert, so wie das seinerzeit der Fall war.

Wenn man vor 200 Jahren 2 000 Pfund Silber zu Silbergeschirr verarbeitete, dann glaubte man, daß man auf das Silber lediglich die Kunstschmiedearbeit und die Zinsen verlor, demgegenüber würden 2 000 Pfund, die in Grund und Boden angelegt worden wären, gegenwärtig eine Rente abwerfen, die größer als der Wert des betreffenden Silbergeschirrs wäre.

Obgleich das Geld, das heißt das Silber, viel von seinem früheren Wert verloren hat, wird es als Geld dennoch 2mal oder 3mal höher veranschlagt als sein Metallwert als Silber, und dies unabhängig von seinen Gebrauchseigenschaften als Geld.

Nehmen wir einmal an, das Silber würde in Europa nicht mehr als Geld verwandt, die vorhandene Silbermenge bliebe unverändert und die Nachfrage danach verringerte sich bedeutend, dann wäre zu vermuten, daß es im Wert um zwei Drittel und mehr fallen würde, denn, ungeachtet dessen, daß die Nachfrage nach Silber kleiner geworden ist, wäre doch seine Nutzung für Silbergeschirr und ähnliches nicht annähernd so notwendig wie seine Verwendung als Geld.

Die Waren, die im Tausch als Werte fungieren, repräsentieren wegen ihrer anderen Gebrauchswerteigenschaften den Wert, gegen den sie eingetauscht werden. Das Silber wurde zunächst nach dem Gebrauch, den man von ihm als Metall machte, bewertet, und erst danach begann man, es als Geld zu verwenden, indem man ihm den Wert gab, den es beim Tausch erlangte. Von diesem Zeitpunkt an verfügte das Silber über einen zusätzlichen Wert, wobei der zusätzliche Gebrauch, für welchen man es jetzt nutzte, gleichzeitig auch eine größere Nachfrage nach Silber bewirkte. Die Menschen haben diesen zusätzlichen Wert des Silbers auch gar nicht bemerkt, weil die größere Menge an Silber seinen Wert gleichzeitig noch stärker senkte. Dieser Umstand hat indessen verhindert, daß das Silber so stark an Wert verlor, wie das zweifellos, angesichts der letztlich nach Europa einfließenden Menge, eingetreten wäre, wenn man es nicht als Geld genutzt hätte.

Es läßt sich indessen nicht vorhersehen, wie lange das Silber diesen zusätzlichen Wert beibehalten wird. Wenn England ein anderes Geld einführte, dann brauchte das Silber nicht unbedingt um ein Drittel zu fallen, weil es in den anderen Ländern weiterhin als Geld verwendet würde. Allerdings hätte die damit verbundene Verringerung seiner Nachfrage zur Folge, daß es, eingedenk der Auswirkungen, die von den großen Silbereinfuhren nach Europa 100 herrühren, zu einem außerordentlichen Absinken des Wertes des Silbers, vielleicht um 10 Prozent, käme. Wenn jedoch das in England neu eingeführte Geld die Nachfrage nicht überstiege, dann könnte es seinen Wert bewahren, so daß es in dem Lande wie auch außerhalb des Landes den Wert der Silbermenge repräsentierte, den seine Prägung anzeigt, und dies um so mehr, als das Silber wegen der normalen und aus besonderen Umständen veranlaßten Werteinbußen ständig an Wert verliert.

Sollte England ein anderes Geld verwenden, könnten dies auch andere Länder tun. Wenn allein Holland am Silbergeld festhielte, dann würde der Silberpreis voraussichtlich von einem Augenblick zum anderen um 50 Prozent fallen, wegen der Verringerung der Nachfrage nach Silber als Geld. Eine Summe von 100 Pfund in Holland hätte nunmehr lediglich den Wert von 50 Pfund neuen englischen Geldes, gleichgültig ob man es als Münzgeld oder als Wechsel nach dort schickte. Und in dem Maße, wie weiterhin Silber nach Europa flösse, würde es, wegen der wachsenden Menge, stets weiter sinken.

Man wird vielleicht einwenden, daß noch vor einigen Jahren in Schottland die Menge der vorhandenen Waren der Nachfrage entsprach und daß das Geld damals knapper war. Wenn aber der Wert der Waren oder des Geldes entsprechend größerer beziehungsweise kleinerer Menge sowie ebenfalls entsprechend der jeweiligen Nachfrage schwankt, müßte das Geld, wegen seiner außerordentlichen Seltenheit, einen höheren Wert haben und deswegen einer größeren Warenmenge entsprechen. Indessen unterscheidet sich der gegenwärtige Preis der Waren nur sehr wenig von dem Preis, als das Geld in größerer Menge vorhanden war.

Darauf läßt sich antworten, daß der Wert der Waren oder des Geldes zwar in Abhängigkeit von der vorhandenen Menge und der jeweiligen Nachfrage danach schwankt, daß dies allerdings in bezug auf ganz Europa gilt und nicht etwa nur in bezug auf ein besonderes Land. In Schottland werden die Waren zu gleichen beziehungsweise zu annähernd gleichen Preisen verkauft wie in

England, weil sie in dem einen wie in dem anderen Land ungefähr in der gleichen Menge im Verhältnis zur Nachfrage vorhanden sind. Im Verhältnis zur Bevölkerung, zur Größe der Bodenfläche oder zur Höhe der Erträge[44] dürfte das Geld in Schottland das Geld in England nicht um ein Vierzigstel übersteigen. In bezug auf die Nachfrage nach Geld macht dieser Unterschied nicht mehr als ein Zehntel aus. Wenn Schottland nicht in der Lage wäre, mit anderen Ländern Handel zu treiben oder wenn alles so bliebe, wie es ist, könnte man
mit dem Geld zehnmal so viel oder sogar noch mehr Waren kaufen, 102
als man in England dafür erhält. Da Schottland aber Handel mit anderen Ländern treibt, dürfte das Geld, selbst wenn es bei uns knapper als gegenwärtig wäre, immer noch reichlicher als in England vorhanden sein. Aber gleichgültig, ob es nur 10 000 Pfund oder eine Million in Schottland gibt, der Wert der Waren unterschiede sich von demjenigen im Ausland um kaum mehr als 3 Prozent, weil sich andernfalls, das heißt mit einem größeren Preisgefälle, diese Waren entweder einführen oder ausführen ließen. Verbote könnten den Unterschied allerdings beträchtlicher werden lassen.

In dem Werk „Brittania Languens" und in anderen Werken über den Handel und das Geld bringt man zum Ausdruck, daß in einem gegebenen Land der Wert der Waren in dem Maße sinkt, wie das Geld seltener wird, was bedeutete, daß, wenn es in England nicht mehr als 500 Pfund gäbe, die jährlichen Einkommen in England 500 Pfund nicht überstiegen, so daß man einen Ochsen für einen Penny verkaufte. Diese Ansicht ist jedoch falsch, denn man könnte den Ochsen nach Schottland ausführen, so daß man dafür in England den gleichen oder annähernd den gleichen Preis wie in Holland erzielt. Wenn man aber davon ausginge, daß das Geld auch in Holland und überall anderswo selten wie in England wäre, dann verkaufte man genannten Ochsen tatsächlich nur zu einem Penny, allerdings würde der Wert eines Penny unter diesen Umständen heutigen 5 Pfund entsprechen, denn in England und anderswo könnte man für den einen Penny die gleiche Warenmenge kaufen, für welche man gegenwärtig 5 Pfund aufbringen muß.

Die gleiche Antwort kann denjenigen gegeben werden, die glauben, daß die Erhöhung des Geldes in einem beliebigen Land dessen Wert so verringerte, daß die gleiche Warenmenge doppelt soviel Geld wie vorher kosten würde.

Wenn das Geld und das Kreditgeld, welches gegenwärtig in England umläuft, 15 Millionen ausmacht, und wenn man Schottland im Vergleich zu England auf 1 zu 10 veranschlagt, dann würde, sofern man das Geld in Schottland auf eineinhalb Millionen heraufsetzte, unter der Voraussetzung, daß die Nachfrage danach derjenigen in England entspricht, diese Erhöhung des schottischen Geldes letzteres im Wert herabsetzen, aber nicht unter den Wert, den es augenblicklich in England hat. Die Waren würden in Schottland zu den gleichen Bedingungen wie in England verkauft werden, die einheimischen Erzeugnisse wären möglicherweise 10 oder 20 Prozent teurer, um den Unterschied zu ihrem Verkaufspreis in England auszugleichen. Alle anderen
104 Manufakturerzeugnisse würden, wegen ihrer größeren Menge, billiger verkauft werden. Weil man das Geld leichter borgen könnte, könnten die Kaufleute mit einem größeren Kapital Handel treiben, die Grundbesitzer wären in der Lage, sich am Handel zu beteiligen und sich bei ihren Verkäufen mit einem bescheideneren Profit zufriedengeben. Ferner stiege der Preis des Bodens nicht höher als in England, da der Käufer die Möglichkeit hätte, den Boden auch anderswo zu erwerben, und schließlich ist anzunehmen, daß durch die größere Sicherheit eines ordentlichen Katasters der Wert des Bodens um ein beziehungsweise zwei Jahreseinkommen zunähme.

Wenn in irgendeinem Land anteilmäßig mehr Geld vorhanden wäre als in den anderen Ländern Europas, dann würde sich dadurch der Wert des Geldes in diesem Land verringern oder, einfach ausgedrückt, die Waren würden ihren Preis erhöhen. Da das Geld jedoch überall in gleichem Maße beziehungsweise annähernd in gleichem Maße an Wert verlöre, wäre dies für das genannte Land sehr vorteilhaft und zwar selbst dann, wenn das

Geld hier weniger Wert hätte, denn das betreffende Land würde den gesamten Vorteil der größeren Menge für sich haben, während es nur einen Teil der Verringerung des Geldwertes zu tragen hätte, denjenigen nämlich, der seinen Anteil am Geldumlauf in Europa ausmacht. Wenn die Spanier Münzgeld oder Barren nach Europa einführen, dann verringern sie dadurch dessen Wert. Sie gewinnen jedoch, weil sie den ganzen Vorteil der größeren Menge für sich haben, während sie den geringeren Wert des Geldes nur anteilmäßig tragen müssen. Das soeben Gesagte dürfte also beweisen, daß erstens das Silbergeld ein unsicherer Wert ist, weil es vom Herrscher im Feingehalt oder im Nennwert verändert werden kann. Gegenwärtig enthält eine Krone nicht mehr Silber als eine halbe Krone oder 15 Pence vor 150 beziehungsweise vor 200 Jahren enthielten.

Zweitens: Da der Wert des Silbers gegenüber früher gefallen ist, besitzt die gleiche Menge Silber nicht mehr den 5. beziehungsweise den 10. Teil des Wertes, den es vormals hatte. Ein Geldkapitalist[45], der 1 000 Pfund besaß, war damals reicher als ein Grundeigentümer, der über eine Rente von 240 Chalders Nahrungsgüter verfügte. Gegenwärtig wird das Geld dieses Geldkapitalisten jedoch lediglich den 50. Teil des genannten Grundbesitzes wert sein.

Drittens: Da das Silber, obwohl sein Wert stark gefallen ist, als Münzgeld oder Barren immer noch höher veranschlagt wird als sein Metallwert, wird es von dem Augenblick an, wo man ein anderes Geld einführt, auf eben diesen Wert fallen.

Angesichts der unglaublichen Zustände in Europa und angesichts dessen, daß Frankreich und Spanien Silberminen besitzen, 106
dürfte es erforderlich sein, daß die anderen Nationen irgendein anderes Geld in Europa einführen. Der einzige Grund dafür, daß dies nicht schon längst geschah, ist darin zu suchen, daß man das Wesen des Geldes bisher niemals richtig begriff. Anderweitig hätte man doch Spanien niemals ständig weiter Silber über dem Metallwert abgekauft, während man gleichzeitig über ein in jeder Hinsicht besseres und geeigneteres Geld bei sich selbst verfügte.

Derjenige, der das Silber empfängt, kann schwerlich die Hoffnung hegen, daß man es, über den gegenwärtigen Gebrauch hinaus, noch anderweitig verwenden wird, noch daß die ausgeführte oder verbrauchte Silbermenge jemals größer werden wird als die Menge, die man ständig einführt.

Wenngleich das Geld in einem bestimmten Land knapp sein kann, werden die Geldkapitalisten an dieser Knappheit kaum viel verdienen, und wir haben bereits dargestellt, warum das so ist. Denn solange sich der Geldmangel nicht auf sämtliche Länder erstreckt, mit welchen das betreffende Land Handel treibt, wird das Geld hier nicht wesentlich höher bewertet werden als in den anderen Ländern.

Wenn man einwendet, daß sich die Silberminen Amerikas erschöpfen könnten, dann antworte ich, daß es im Interesse der Spanier liegt, dergleichen in Umlauf zu setzen, damit der Preis des Silbers aufrechterhalten wird. Wenn letzteres tatsächlich der Wahrheit entspräche, dann würde sich Frankreich sicher nicht auf einen Krieg eingelassen haben[46], wenn Frankreich durch ein Teilungsabkommen alle in dieser Monarchie vorhandenen anderen Werte erhalten hätte. Und selbst wenn man einmal einräumte, daß die Silberminen sich tatsächlich erschöpften, wäre dies doch nur ein Grund mehr, daß wir uns mit einem anderen Geld versehen.

Kapitel VI
Von dem Vorschlag, welcher von Doktor H. C.[47] dem Parlament unterbreitet wurde.

Es war nicht meine Absicht, von dem Vorschlag des Doktor H. C. zu sprechen, da diese Angelegenheit an einen Ausschuß verwiesen wurde, welcher darüber einen Bericht erstatten soll. Da jedoch einige Leute, die meinen, daß dieser Vorschlag nicht zu verwirklichen sei und gegen das waren, was ich unterbreitet hatte, weil sie glaubten, daß es dasselbe, nur in einer anderen Form sei, sehe ich mich genötigt, nunmehr kurz darzulegen, worum es in dem Vorschlag geht und in welcher Hinsicht sich meine Vorstellungen davon unterscheiden.

In dem genannten Vorschlag schlägt man die Ausgabe von Schuldscheinen mit einer Sicherheitsgarantie des Grund und Bodens vor, welche mit jährlich ungefähr 2¼ Prozent innerhalb 108
von 45 Jahren getilgt werden sollen. Diese Noten sollen wie Münzgeld zirkulieren, und zwar zu dem Wert, zu dem sie ausgestellt wurden.

Wenn Noten, die in dieser Art und Weise in Umlauf gebracht werden, in ihrem Wert dem Wert des Münzgeldes entsprechen, dann werden sämtliche Grundeigentümer Schottlands an einem so großen und sicheren Vorteil teilhaben wollen, wobei ich allerdings nicht einzusehen vermag, wie man in der Praxis jeden Grundeigentümer daran beteiligen kann.

Nimmt man jedoch einmal an, daß die Sache durchführbar wäre, dann würden 45 Jahreseinnahmen aus diesen Schuldscheinen nicht so viel wert sein wie 20 Jahreseinnahmen aus Silbergeld.

Niemals wird eine Vorwegnahme dem gleich sein, was schon vorhanden ist. Ein gegenwärtiges Jahreseinkommen entspricht dem Betrag von 15 Jahreseinkommen, fällig in 50 Jahren, und dies, weil das Geld, zu Zinsen angelegt, am Ende dieses Zeitraums genausoviel hervorgebracht haben wird. Selbst wenn das Parlament die Noten mit Zwangskurs ausstattete, würden sie dennoch nicht mehr umlaufen, als wenn der Staat Geldstücke prägte, welche im Gewicht und im Feingehalt der Guinee entsprechen und welche man ungeachtet dessen dazu bestimmte, als 5-Pfund-Münze zu kursieren.

Es wurde vorgeschlagen, diese Schuldscheine zurückzuzahlen, das heißt nach Ablauf einer bestimmten Anzahl von Jahren einzulösen. Das sollte ohne jegliche Zinsen geschehen, mit Ausnahme der Erstattung der entsprechenden Verfahrenskosten, welche ein halbes Prozent nicht übersteigen würden.

Dann würde es viele Verleiher und wenig oder gar keinen Borger geben mit Ausnahme der Bodenbank. Wenn der Grundeigentümer vom Geldkapitalisten leiht, möchte er seinen Gläubiger durch Schuldverschreibungen zufriedenstellen. Damit verfügt der Geldkapitalist über Schuldverschreibungen, die niemand haben wollte, oder nur zu einem niedrigen Tilgungsaufkommen. Nehmen wir an, es handelte sich um 2 Prozent, dann hätten die Schuldscheine einen erheblich geringeren Wert als das Silber.

Alles das, was man als Geld in Umlauf bringt und was einen niedrigeren Zins als Silbergeld abwirft, wird einen geringeren Wert haben.

Man sollte davon ausgehen, daß niemand in Schottland Geld zu 2 Prozent verleiht, wenn er dafür zur gleichen Zeit in England 6 Prozent haben kann. Das bedeutet, daß 100 Pfund Silbergeld ebensoviel wie 300 Pfund Notengeld wert sind. Nun sind jedoch die 6 Pfund, die von den 300 Pfund Notengeld herrühren, in Noten
110 bezahlt worden. Daraus folgt, daß, wenn 1 Pfund Silber 3 Pfund Noten wert ist, 6 Pfund Zinsen von 100 Pfund Silbergeld genausoviel ausmachen wie 18 Pfund, die von 900 Pfund Notengeld abfallen.

Und selbst wenn die Schuldscheine im Verlauf von 20 Jahren mit 5 Prozent rückzahlbar wären, oder vielleicht sogar in 10 Jahren zu 10 Prozent, hätten sie trotzdem nicht den gleichen Wert wie das Silber. Lediglich der Unterschied würde nicht so groß sein, als wenn die Tilgungsfrist 45 Jahre ausmachte.

Den Vorteil, den die Nation aus dem Vorhaben des Doktors ziehen könnte, wäre folgender: Wenn die Noten unter den Wert des Silbergeldes fielen, so daß 500 Pfund in Noten lediglich 100 Pfund in Silber entsprächen, dann würde diese Nation von den 500 Pfund Notengeld den gleichen Vorteil haben, als wenn man dem umlaufenden Silbergeld tatsächlich 100 Pfund hinzugefügt hätte.

In dem gleichen Maße wie diese Schuldscheine unter den Wert des Silbergeldes fielen, würde der Wechselkurs gegenüber den anderen Ländern ansteigen. Und wenn die Waren nicht auf dem ursprünglichen Niveau blieben, das heißt wenn sie sich nicht zu einem größeren Betrag von Noten verkauften, wobei der Unterschied der Differenz zwischen Notengeld und Silbergeld entsprechen müßte, dann würden die ausgeführten Waren unter Wert verkauft werden genauso, wie umgekehrt die eingeführten Waren überbewertet wären. Es träte also das ein, was wir bereits im Zusammenhang mit dem Wechselkurs dargelegt haben.

Der Grundeigentümer würde aus diesem Vorhaben also keinen Vorteil erzielen, es sei denn, er hätte Schulden. Obwohl er für die gleiche Menge Nahrungsgüter 50 Pfund in Noten erhielte, die man zuvor mit 10 Pfund Silbergeld bezahlte, wären doch diese 50 Pfund Notengeld nur 10 Pfund Silbergeld wert, so daß damit lediglich die gleiche Menge einheimischer oder ausländischer Waren gekauft werden könnte.

Derjenige Grundeigentümer, dessen Rente in Münzgeld bezahlt wurde, würde allerdings beträchtliche Einbußen erleiden, denn er erhielte in dem Maße weniger als zuvor, wie der Wert der Noten unter dem Wert des Silbers läge.

Der verschuldete Grundeigentümer könnte sich seiner Schulden mit einem geringeren Wert entledigen, als seine Zahlungsverpflichtung ursprünglich ausmachte. Demgegenüber verlöre der Gläubiger das, was der Schuldner gewänne.

Doktor H. C. scheint gekränkt zu sein, daß ich mich in diese Angelegenheit einmische, wo ich doch seiner Meinung nach alles von ihm entlehnt habe, was ich in dieser Sache weiß. Indessen können zwei Personen sehr wohl die gleiche Sache vorschlagen,
und trotzdem dürfte mein Vorschlag, soweit ich das richtig beur- 112
teile, von dem seinigen gänzlich verschieden sein, ganz abgesehen davon, daß ich, viele Jahre bevor ich seine Schriften überhaupt kannte, diesbezüglich bereits einen eigenen Plan ausgearbeitet hatte. Letzteres kann ich, sofern dies notwendig sein sollte, mit der Aussage ehrenwerter Persönlichkeiten beweisen, denen ich seinerzeit meinen Plan unterbreitete. Meines Wissens habe ich Doktor H. C. nichts entliehen. Tatsächlich ist für ihn der Boden der

Wert, auf welchem er seinen Vorschlag begründet, Tatsache ist aber auch, daß ich selbst bei meinem Vorschlag ebenfalls vom Wert des Bodens ausgehe. Wenn ich mich allein aus diesem Grunde einen Plagiator nennen wollte, dann müßte man denselben Vorwurf auch deswegen erheben, weil es eine Bank von Schottland gibt. Nun existierten jedoch lange vor dem Projekt des Doktors überall in Europa Banken, ganz abgesehen davon, daß seitdem ständig neue Bücher über diesen Sachverhalt geschrieben wurden. Der Ausgangspunkt meines Vorschlags ist schon lange bekannt, so lange nämlich, wie man Geld auf den Boden verleiht und wie ein bestimmter Erbanspruch einer bestimmten Bodenmenge entspricht. Wer von uns beiden nun, auf dieser Grundlage, das solidere, das vorteilhaftere und das praktischere Gebäude errichtet hat, das kann am besten das Parlament beurteilen. Der Vorschlag des Doktors bestand darin, dem Boden durch Vorauszahlung[48] von 50 oder 100 Jahresrenten seinen Wert zu geben, und er geht davon aus, daß 100 Pfund, zahlbar während 10, 50 oder 100 Jahren eine ausreichende Sicherheit seien, um 1 000, 5 000 oder 10 000 Pfund Noten herauszugeben, und daß diese Noten dem Silbergeld gleichgesetzt werden könnten. Wenn er in der Lage wäre, der Nation zu beweisen, daß dieser Vorschlag durchführbar ist, dann erwiese er ihr einen großen Dienst, so wie er dem Grundeigentümer, ohne dem Geldkapitalisten zu schaden, einen sicheren Vorteil verschaffte. Ich habe meine Gründe bereits dargelegt, welche mich veranlassen, diesen Vorschlag als undurchführbar anzusehen. Ich habe gezeigt, daß trotz aller möglichen Erlasse des Parlaments mit dem Ziel, diese Noten mit Zwangskurs zirkulieren zu lassen, diese sehr schnell erheblich unter den Wert des Silbers fielen. Aber selbst wenn man einräumte, daß die Noten anfänglich den gleichen Wert wie das Silber hätten, dürfte es nahezu unmöglich sein, daß sich zwei so verschiedene Geldsorten längerzeitig untereinander im Wert entsprächen.

Jede beliebige Sache empfängt ihren Wert von dem Gebrauch, den man damit macht, und der Wert steigt entsprechend der Qualität, der Menge und der Nachfrage. Zwei Waren unterschiedlicher Art, selbst wenn sie augenblicklich den gleichen Wert haben, werden ihren Wert verändern, wenn sich ihre Qualität, die Menge oder die Nachfrage danach verändern.

Wenn man einem Schuldner die Wahl läßt, sich seiner Schuld mit Silbergeld oder mit Notengeld zu entledigen, dann legt er den
Wert der Noten nach dem Wert des Silbergeldes fest, was er 114
jedoch nicht tut, das ist den Wert des Silbergeldes nach dem Wert des Notengeldes zu bestimmen. Auf diese Weise wird der Wert der Noten in dem Maße sinken, wie der Wert des Silbergeldes fällt, und er kann sogar noch stärker als letzterer sinken. Demgegenüber ist es möglich, daß das Silber über den Wert der Noten steigt, während umgekehrt die Noten niemals über den Wert des Silbers erhöht werden können.

Mein Vorschlag besteht nun darin, ein Bodengeld zu schaffen, welches dem Wert des Bodens entspricht und welches den Wert des Silbergeldes hat, ohne von dem Wertverfall des Silbergeldes betroffen zu sein.

Alle Waren, die die erforderlichen Eigenschaften haben, als Geld zu dienen, können entsprechend ihres Wertes Geld sein. 5 Unzen Gold sind 20 Pfund wert, und man kann daraus Geld von diesem Wert machen. Ein Morgen Boden, der zu 2 Boll Nahrungsgüter verpachtet wird, entspricht einem Wert von 20 Pfund, wenn die Nahrungsgüter mit 8 Pfund veranschlagt werden und wenn der Wert dieses Bodens auf 20 Jahreseinkommen berechnet wird. Es läßt sich nun ein Geld schaffen, welches dem Bodenwert entspricht, weil ein solches Geld über alle notwendigen Eigenschaften verfügte, die es zum Geld bestimmen. Allerdings kann dieser Morgen Boden niemals zu einem Wert von 50 Pfund ausgemünzt werden, ebensowenig übrigens, wie sich dies mit den genannten 5 Unzen Gold machen ließe. Und obwohl die 5 Unzen Gold, die 20 Pfund Silbergeld und der Morgen Boden augenblicklich den gleichen Wert haben, können sie dennoch nicht den gleichen Wert bewahren, denn jegliche unverhältnismäßige Veränderung in der Qualität, in der Menge oder in der Nachfrage eines dieser Dinge wird, wie bereits gezeigt, zur Folge haben, daß eine bestimmte Menge der einen Sache einer größeren oder kleineren Menge der jeweils anderen Sache entspricht. Offensichtlich scheint jedoch der Boden seinen Wert am besten zu bewahren, sein Wert kann zwar steigen, er dürfte aber wohl kaum sinken. Demgegenüber sind das Gold und das Silber allen möglichen Einflüssen ausgesetzt, die ihren Wert zwar verringern, diesen aber schwerlich erhöhen können.

Kapitel VII
Mein Vorschlag nebst Begründung desselben

Um der Nation Geld zu beschaffen, wird untertänigst vorgeschlagen, daß das Parlament 40 Bevollmächtigte benennen möge, die bei ihrer Tätigkeit dem Parlament gegenüber rechenschaftspflichtig sind, und daß man ferner diesen Bevollmächtigten Beamte unterstelle, die von diesen Bevollmächtigten selbst ernannt werden können!

116 Ferner sollte vom Parlament ein Ausschuß gegründet werden, der beauftragt wäre, die Tätigkeit der geschaffenen Kommission von Bevollmächtigten zu überprüfen, wobei allerdings kein Kommissionsmitglied dem Parlamentsausschuß angehören dürfte.

Die Kommission und der Ausschuß sollten zweimal im Jahr, zu Pfingsten und am Martinstag[49], zusammenkommen, ihre Beratungen jeweils 10 Tage vor den genannten Terminen beginnen und bis 10 Tage danach andauern.

Das Ergebnis ihrer Beratungen sollte sein, dem Parlament drei Wege aufzuzeigen, die für die Notenemission geeignet sind, und das Parlament in seiner Weisheit müßte dann darüber entscheiden, welcher dieser Wege der sicherste ist.

Der erste Weg besteht darin, die Kommission zu bevollmächtigen, Noten mit der Sicherheit des Grund und Bodens auszugeben, weil die Verschuldung die Hälfte beziehungsweise zwei Drittel des Wertes des Bodens nicht übersteigen dürfte. Zu gewähren wäre der normale Zins.

Der zweite Weg besteht darin, den ganzen Preis des Bodens als Noten herauszugeben, den Bodenpreis auf der Grundlage von 20 Jahresrenten zu berechnen, wobei Abweichungen nach oben und nach unten in Abhängigkeit davon, was der Boden abwirft, in Silbergeld ausgedrückt, möglich sind. Die Kommission wird der Eigentümer des Bodens, und man gewährt dieser Kommission beziehungsweise ihren Assignaten bestimmte Vorrechte. Der Boden bleibt rückkaufbar nach Ablauf einer bestimmten Anzahl von Jahren.

Der dritte Weg besteht darin, daß man den ganzen Preis des Bodens als Noten herausgibt, und dies nach einer Verkaufsaktion an die Kommission oder ihre Assignaten, wobei der Boden nicht mehr zurückgekauft werden kann.

Die Schuldverschreibungen, Vorrechte und Güter werden denjenigen zugeschrieben und zugeeignet, die deren Gegenwert bei der Kommission einzahlen. Die Kommission empfängt kein anderes Geld als diese Noten. Niemand, der für diese Noten gezeichnet hat, kann gezwungen werden, Silbergeld oder anderes Münzgeld entgegenzunehmen.

Die Kommission darf nicht das Recht haben, mehr als 50 000 Pfund Notengeld auf einmal auszugeben, und es ist nicht statthaft, weitere Noten zu drucken, solange noch 25 000 Pfund in der Einrichtung verblieben sind.

Innerhalb von eineinhalb Jahren ist es der Kommission untersagt, Noten über eine bestimmte Grenze hinaus auszugeben; nach Ablauf dieser Frist hat sie das Recht, so viel Geld zu drucken, wie nachgefragt wird, es sei denn, dieses Recht würde nachträglich vom Parlament wieder eingeschränkt.

Diejenigen, die Geld von der Kommission erwerben wollen, müssen deren Bevollmächtigten einen Monat vorher eine schriftli-

che Erklärung geben, in welcher die gewünschte Summe aufge-
118 schrieben ist einschließlich bestehender Rechtsansprüche auf den Boden, den sie als Sicherheit bieten. Demgegenüber müssen diejenigen, die verpflichtet sind, Noten einzuzahlen, die Kommission 10 Tage vor dem Verfallstermin davon unterrichten.

Die wirtschaftliche Lage der Kommission, das heißt die Summe der gedruckten Noten, ihre Verbindlichkeiten, ihr Kredit sowie ebenfalls die letzte, höchste Nummer der verschiedenen Noten sind in den betreffenden Fristen zu veröffentlichen.

Jedweder, der 2 Noten mit der gleichen Nummer oder eine Nummer, die höher ist als diejenige, die zuletzt herausgegeben wurde, entdeckt, erhält eine Belohnung von 100 Pfund.

Den unteren Beamten wird eine Summe von 20 000 Pfund anvertraut, die dazu dient, die Noten einzutauschen, die Beamten sind das ganze Jahr hindurch anwesend.

Jedes Mitglied des Parlamentsausschusses hat die Möglichkeit, die Verhältnisse in der Kommission zu überprüfen.

Die Kommission darf lediglich zu Pfingsten und am Martinstag Noten ausgeben, Geld verleihen oder Zahlungsanweisungen ausstellen, und dies nur in Gegenwart von 20 Kommissionsmitgliedern und in Anwesenheit von mindestens einem Drittel der Mitglieder des Ausschusses.

Die Einnahmen der Kommission, die über die Aufwendungen hinausgehen und die den Betrag übersteigen, den das Parlament festsetzt, um mögliche Verluste abzudecken, werden in Form von Prämien zur Förderung des Exports und der einheimischen Manufakturen verwendet.

Das Papiergeld darf das Silbergeld im Kurs um nicht mehr als 10 Prozent übersteigen, so daß derjenige, der ein Geschäft, zahlbar in Papiergeld, abschließt, jederzeit weiß, was er zu zahlen hätte, wenn er sich das Papiergeld nicht beschaffen könnte.

Das jeweilige Parlament kann einen Beschluß darüber fassen, daß man sich auf der nächsten Tagung oder auf der Tagung des nächstfolgenden Parlaments vorrangig mit der Lage der Kommission zu befassen hat. Wenn man diese Lage als für das Land schädlich erachtet, dann hat das Parlament das Recht, die Emission weiterer Noten zu untersagen und anzuordnen, daß bereits ausgegebene Noten zurückgerufen werden.

Nach Ablauf von 3 Monaten nach Verabschiedung der Parlamentsakte werden das schottische und das ausländische Geld dem englischen Niveau angeglichen, das heißt, die englische Krone entspricht 60 Pence, und sämtliches andere Geld wird im Verhältnis zum Wert des Silbers festgelegt: Die 40 Pence auf 30 Pence, die neue Mark auf 13⅓ Pence, die alte Mark auf ihr Gewicht, der Ducatdowns auf 68 Pence, der Dollar auf sein Gewicht, die Guinee auf nicht mehr als 22 Shilling.

Nach Ablauf von 4 Monaten dürfen Zahlungen in schottischem 120
Geld und in ausländischem Geld sowie Verkäufe mit Bezahlung in Barren nur noch von der Münze vorgenommen werden. Ausgenommen davon ist das Geld, welches nach der Parlamentsakte geprägt wurde, und das englische Geld.

Für die alten Geldmünzen und Barren, die zur Münze geschafft wurden, gibt letztere neues Geld zum vollen Gegenwert heraus, und zwar in Form von 12 Pence, 6 Pence und 3 Pence Münzen zu einem Feingehalt, der 11 deniers entspricht, oder die 12-Pence-Münze zu 3 Drops[50] 3 Grains[51] Gewichten und alle anderen Münzen mit dem entsprechenden Gewicht. Die Kosten, die bei der Ausmünzung anfallen, müßten aus einem Fonds, der zu diesem Zweck zu schaffen wäre, gezahlt werden.

Drei Monate nach Verabschiedung der Parlamentsakte wird das neue Geld zu jeweils 13 Pence, 6½ Pence oder 3¼ Pence gehandelt.

Ebenfalls 3 Monate später werden Barren und Silbergeschirr mit einem Feingehalt von 11 deniers pro Unze Silber zu 5 Shilling, 2 deniers gehandelt. Die Unze Gold wird 4 Pfund nicht übersteigen.

Das angebotene Papiergeld, welches als Bodengeld herausgegeben wurde, wird im Wert dem Silber entsprechen, denn eine bestimmte Summe Bodengeld ist einer bestimmten Summe Silbergeld gleich. Sollten Verluste eintreten, würde nach allem Ermessen der vierte Teil der Einnahmen der Kommission mehr als ausreichen, um diese abzudecken.

Dieses Papiergeld wird nicht im Wert sinken, wie dies mit dem Silbergeld geschieht und auch weiterhin geschehen kann. Die Waren und das Münzgeld können an Wert verlieren, wenn ihre Menge zunimmt bzw. wenn die Nachfrage danach abnimmt. Demgegenüber behält das Papiergeld seinen Wert, indem die Kommission die jeweils nachgefragte Geldmenge ausgibt und indem sie die Beträge zurücknimmt, die zur Rückgabe eingebracht werden. Auf diese Weise wird man stets über so viel Geld verfügen, wie benötigt wird oder wie beschäftigt werden kann, und niemals mehr als das.

Wenn ein Geschäft, zahlbar in Papiergeld, sich mit derselben Menge Silbergeld abwickeln ließe, dann könnte sich das Papiergeld niemals über den Wert des Silbers erhöhen, und es würde im gleichen Maße wie das Silber fallen. Da jedoch das Papiergeld eine besondere, vom Silber verschiedene Art von Geld darstellt, wird es den Schwankungen, denen das Silbergeld ausgesetzt ist, nicht unterworfen sein.

Obwohl das Parlament in der Lage wäre, der Bevölkerung so viel Papiergeld zu liefern, wie sie benötigt, wäre es dennoch nicht imstande, die genaue Summe zu kennen, die dem Lande nützlich
122 sein würde, weil nämlich die Nachfrage Schwankungen ausgesetzt ist. Wenn die vorhandene Geldmenge unter der Nachfrage läge, dürfte der Grundeigentümer geschädigt werden, denn mit 100 Pfund, die früher mehr wert waren, würde man nunmehr eine größere Menge landwirtschaftlicher Erzeugnisse kaufen können. Stiege die Geldmenge dagegen über die Nachfrage, wäre der Geldkapitalist benachteiligt, da 100 Pfund nicht so viel wert sind wie vorher, so daß man mit diesen 100 Pfund jetzt nicht die gleiche Warenmenge wie zuvor kaufen könnte.

Wenn die Kommission nicht immer unverzüglich und sobald man darum ersucht, die Geldmenge, die gegen Bereitstellung einer

Sicherheitsgarantie nachgefragt wird, auslieferte, wäre das ein Unrecht gegenüber der betreffenden Person, der man das Geld verweigert. Es wäre dies aber gleichzeitig auch ein Verlust für das Land, denn es dürfte wohl, abgesehen von einigen Ausnahmen, nur wenig Leute geben, die Geld leihen, um es bei sich zu Hause zu behalten, so daß dieses Geld, wenn es beschäftigt wird, der Nation zum Vorteil gereicht, und das selbst dann, wenn der Unternehmer dabei verliert.

Wenn die Kommission sämtliche Beträge, die man ihr zurückbrächte, nicht entgegennähme, handelte man gegenüber dem Geldkapitalisten unrechtmäßig. Man hätte letzteren mit Geld bezahlt, mit welchem er nichts anzufangen wüßte, ganz abgesehen davon, daß das Geld, weil die vorhandene Menge größer als die Nachfrage ist, an Wert verlöre.

Sofern man sich jedoch an die von uns vorgeschlagene Vorgehensweise hält und die vorhandene Geldmenge stets mit der Nachfrage nach Geld in Übereinstimmung bringt, wird das Geld seinen Wert bewahren, und man wird in 50 Jahren noch ebensoviele Waren damit kaufen wie gegenwärtig, es sei denn, die Waren veränderten ihren Wert durch Schwankungen bei der angebotenen Menge bzw. durch Schwankungen bei der Nachfrage nach diesen Waren.

Nehmen wir einmal an, eine solche Kommission wäre schon vor 200 Jahren ins Leben gerufen worden. Der Boden stünde auf 14 Jahresrenten, der Geldzins auf 10 Prozent, die Nahrungsgüter auf 8 Shilling, 4 Pence das Chalder, und nehmen wir schließlich an, man hätte Papiergeld auf den Boden herausgegeben: Unter diesen Umständen würden 8 Shilling, 4 Pence Papiergeld einem Chalder Nahrungsgüter oder 8 Pfund, 6 Shilling Silbergeld entsprechen. Letzteres weil das Silbergeld, verursacht durch den Anstieg der vorhandenen Silbermenge über die Nachfrage und durch die Veränderung seines Nennwerts, auf den zwanzigsten Teil seines früheren Wertes fiel. Der Grundeigentümer würde jedoch für seine Nahrungsgüter nicht weniger erhalten haben als er heute empfängt, denn mit dem Papiergeld hätte er 20mal soviel Waren kaufen können wie mit dem Silbergeld.

Der Wert des Bodens ist beständiger als der Wert der anderen Waren, weil sich die Menge des vorhandenen Bodens nicht vermehren läßt, so wie das bei den anderen Waren geschehen kann.
124 Der Gebrauch, den man von manchen Waren macht, kann eingestellt werden bzw. andere Gewohnheiten können entstehen, so daß ein bestimmter Gebrauch auf andere Waren übertragen wird. So läßt sich beispielsweise der Hafer für die Brotherstellung gänzlich durch Roggen ersetzen. Ebenso kann man dem Silber seinen Gebrauch als Geld nehmen und an seine Stelle den Boden treten lassen. Der Gebrauch des Silbers als Geschirr und andere Verwendungen des Silbers als Metall können dem Silber genommen werden, das Silber läßt sich durch anderes Metall ersetzen oder aber auch durch irgendwelche Legierungen, die für den betreffenden Gebrauch geeigneter sind. In jedem dieser angeführten Beispiele verlieren die betreffenden Waren einen Teil ihres Wertes, wobei dieser Verlust im Verhältnis dazu steht, wie die Waren einen Teil ihrer Verwendung einbüßen. Demgegenüber verliert der Boden keine einzige seiner Gebrauchseigenschaften.

Da nämlich alle Dinge, die hergestellt werden, irgendwie Erzeugnisse des Bodens sind, muß der Boden seinen Wert stets bewahren, denn allein der Boden bringt die Güter hervor, die gerade gebraucht werden. Wenn zum Beispiel mehr Roggen und weniger Hafer gebraucht wird, dann wird, weil der Boden das eine wie das andere abzuwerfen vermag, mehr Roggen angebaut werden, und das so lange, wie man den Roggen nachfragt und so lange, wie er dadurch mehr wert ist.

Dieses Bodengeld wird keinen zusätzlichen Wert dadurch erhalten, daß es als Geld fungiert, so daß derjenige, der es empfängt, sicher sein kann, keinen Verlust zu erleiden, und zwar selbst dann nicht, wenn man nach einer gewissen Zeit auf den Gebrauch dieses Geldes verzichtete. Der Boden empfängt wegen des Gebrauchs, als Unterpfand des ausgegebenen Geldes zu dienen, einen zusätzlichen Wert, wobei dieser zusätzliche Wert größer ist als derjenige, den das Silber erhält, weil der Boden, im Vergleich zum Silber, trotz der Funktion, als Unterpfand des Austauschs zu dienen, seinen anderen Verwendungen nicht entzogen wird. Demgegenüber kann das Silber nicht gleichzeitig als Geld und als Geschirr benutzt werden. Da der Boden ferner in größerer Menge, als für die Sicherheit der Geldausgabe nötig wäre, vorhanden ist, wird der zusätzliche Wert, den er erhält, nicht annähernd so groß sein wie der zusätzliche Wert, den das Silber empfing.

Man kann davon ausgehen, daß der zusätzliche Wert des Bodens ein Viertel ausmachen wird, so daß die Böden, die gegenwärtig auf 20 Jahresrenten veranschlagt werden, danach auf 25 Jahresrenten ansteigen müßten. Wenn das Parlament jedoch das Papiergeld wieder einzöge, würde derjenige, der es besaß, nichts dabei verlieren, ungeachtet dessen, daß dem Boden der zusätzliche Wert verloren ginge, denn es wurde niemals mehr Papiergeld herausgegeben, als der Boden, unabhängig von seinem Gebrauch als Geld, wert war. Demgegenüber würde derjenige, der über Silbergeld verfügt, die Hälfte oder sogar zwei Drittel verlieren, wenn das Silber aufhört als Geld zu fungieren, denn in diesem Fall wäre das Silber einzig auf seinen Metallwert beschränkt.

Das von mir vorgeschlagene Papiergeld ist besser als das Silber- 126
geld. Durch seinen Gebrauch als Geld erhält es keinen zusätzlichen Wert, und es unterliegt auch keinerlei Schwankungen im Wert, weil sich die vorhandene Menge und die Nachfrage danach stets im gleichen Verhältnis erhöht und verringert. Das bedeutet, daß es weitaus geeigneter ist, als das Maß zu dienen, an welchem die Waren ihren Wert ausdrücken, den Wert anzuzeigen, zu welchem die Waren getauscht werden und zu welchem die Geschäfte abgeschlossen und bezahlt werden.

Die für das Geld außerdem notwendigen Eigenschaften sind:

1. Die Leichtigkeit, es zu transportieren.
2. Die Eigenschaft, an jedem beliebigen Ort den gleichen Wert zu haben.

3. Die Bequemlichkeit, es ohne Verlust und zusätzliche Kosten aufzubewahren.
4. Die Eigenschaft, ohne Verlust teilbar zu sein.
5. Die Eigenschaft, sich prägen zu lassen.

Das Papiergeld besitzt alle diese Eigenschaften in einem weit höheren Maße als das Silber.

1. Es läßt sich leichter transportieren, man benötigt weniger Zeit, um 500 Pfund in Papiergeld zu bezahlen als 5 Pfund in Silbergeld.
2. Da es sich leichter transportieren läßt, wird sein Wert, den es an einem bestimmten Ort hat, immer annähernd der Wert sein, den es an einem anderen Ort hat.
3. Wegen seines geringeren Umfangs läßt es sich leichter aufbewahren. Es läßt sich außerdem ohne Verlust aufbewahren, weil man es an den Schaltern der Kommission auswechseln kann. Die Abnutzung des Papiers macht nicht so viel Wert aus wie die Abnutzung des Silbers. Der Papierverschleiß bedeutet einen Verlust für die Kommission, der Verschleiß des Silbers bedeutet einen Verlust für den Eigentümer.
4. Es läßt sich ohne Verlust teilen, weil man es am Schalter in kleine Noten umtauschen kann.
5. Es ist geeignet, geprägt zu werden, und es unterliegt weniger der Gefahr, gefälscht zu werden.

Die Gepflogenheiten in den meisten handeltreibenden Nationen beweisen, daß das Papier, vorausgesetzt, daß es einen Wert hat, geeigneter ist, als Geld zu dienen als das Silber. In Holland fungiert das Silber als Unterpfand, während das Papier als Geld benutzt wird. Nach alledem, was bisher gesagt wurde, bietet der Boden als Unterpfand zweifellos einen sichereren Wert als das Silber. In England nahm man vor der Einrichtung der Bank die Noten der Goldschmiede als Zahlungsmittel entgegen, und man zog sie dem Gold und dem Silber sogar vor, was beweist, daß das Papiergeld in weit höherem Maße über alle notwendigen Eigen-
128 schaften, als Geld zu fungieren, verfügte als das Gold oder das Sil-

ber. Man nahm dabei sogar in Kauf, daß der betreffende Goldschmied Bankrott machen konnte, wofür es ja tatsächlich viele Beispiele gab. Locke schreibt auf der Seite 7 seines Buches über den Zins und das Geld[52], daß der Kredit eines Goldschmieds, welcher häufig nur aus einer Note bestand, welche von einem seiner Angestellten unterzeichnet war, sich manchmal in einem einzigen Betrag auf mehr als elfhunderttausend Pfund belief.

Die Noten der Bank von Schottland liefen um, obwohl diese Bank über keine Münzgeldreserve verfügte, so daß die Anerkennung dieser Noten allein auf Freiwilligkeit beruhte. Die Sicherheiten, die ich für mein Papier vorschlage, werden gut sein, die Verwaltung der Bank wird sicherer und in höherem Maße zufriedenstellend sein als das, was die Bank von England oder jedwede andere Privatbank bietet. Die genannten Vorteile wären der Tatsache geschuldet, daß diese Bank eine größere Öffentlichkeit besäße und daß die Kommission keinen Anteil an ihren Profiten haben würde. Außerdem setzte man sich mit dieser Bank nicht einmal den Zufällen aus, denen Banken unterliegen, die mit Aktien handeln.

Es ist wirklich seltsam, daß die Arbeit einer solchen Kommission Zweifel erwecken kann, wenn doch ihre Beamten vom Parlament ernannt wurden, wenn sie diesem Parlament rechenschaftspflichtig sind und wenn das Ausmaß der Geschäfte, die man ihnen anvertraut, so klein ist, daß neue Noten so lange nicht emittiert werden dürfen, wie noch 25 000 Pfund in den Kassen vorhanden sind. Zudem beauftragt das Parlament einen Ausschuß, welcher die Verwaltung der Einrichtung überwachen soll, während andererseits die Geschäftsbücher der Bank den Parlamentsmitgliedern zur Überprüfung vorgelegt werden müssen. Ferner besteht die Pflicht, die Lage der Einrichtung öffentlich und in gedruckter Form darzulegen.

Da der Umlauf der Banknoten lediglich auf freiwilliger Anerkennung beruhte, muß man vernünftigerweise davon ausgehen, daß das angebotene Papiergeld wenigstens ebenso günstig aufgenommen werden wird, denn dadurch, daß der Umlauf durch

Gesetz verordnet wird, würde doch der Wert nicht beeinträchtigt werden. Derjenige, der über Banknoten verfügte, konnte keineswegs sicher sein, daß die Bank in der Lage war, den Notenbetrag gegen Münzgeld einzuwechseln, ganz abgesehen davon, daß diejenigen, denen man Zahlungen in Münzgeld schuldete, die Entgegennahme von Banknoten möglicherweise verweigerten. Es entstand also für den Betroffenen mehr Unsicherheit, als wenn der Umlauf der Noten durch Gesetz garantiert sein würde.

Angesichts der Tatsache, daß das Silber in 3 Monaten um 8 bis 9 Prozent fiel, besteht kein Grund zu glauben, daß man das Silber dem Papiergeld vorziehen könnte. Das gleiche gilt für die Banknoten, welche lediglich einen bestimmten Fonds Silber repräsentieren und welche zum gewöhnlichen Zins gehandelt werden. Ferner war ihr Empfänger keineswegs sicher, daß dieses Geld zum Zeitpunkt der fälligen Zahlung noch gültig war, so wie umgekehrt die Person, der man etwas schuldete, ablehnen konnte, es entgegenzunehmen.

130 Man wird vielleicht einwenden, daß dieses Papier Umlauf hatte, weil man es sofort oder in kurzer Zeit in Silber umtauschen konnte, sobald man dieses haben wollte.

Ein derartiger Einwand erscheint vernünftig, er trifft jedoch nicht zu für unseren Fall. In dem genannten Beispiel bestand die Sicherheit für das Papiergeld im Silber. In unserem Fall besteht die Sicherheit für das Papiergeld im Boden. Damit hat dieses Geld keine engere Beziehung zum Gold oder zum Silber als zu allen anderen Waren auch. Aus diesem Grund wäre es unsinnig zu sagen, daß man 100 Pfund dieses Papiergeldes als Bezahlung für verkaufte Waren nicht annähme, weil man nicht sicher ist, daß man in 6 Monaten damit eine ganz bestimmte Menge Silber erwerben könnte, weil ja das Silber teurer werden könnte. Eine solche Überlegung wäre das gleiche, als wenn man sagte, daß man jetzt keine 100 Pfund Silbergeld entgegennähme, weil man nicht sicher sei, daß man mit diesem Silber in 6 Monaten eine bestimmte Menge Wein kaufen könnte, und dies einzig deswegen, weil der Wein teurer werden könnte.

Mit 4 Kronen läßt sich keine Guinee kaufen, obwohl beide Münzen zum gleichen Wert ausgeprägt wurden, und man kann damit nicht einmal den zehnten Teil der Waren erwerben, die man mit 4 Kronen vor 200 Jahren hätte kaufen können. Ungeachtet dessen nimmt man das Silber als einen Wert entgegen, man schließt Geschäfte über das Silber ab, und dies, obwohl sein Wert jährlich abnimmt und unabhängig von der Tatsache, daß es möglicherweise nicht einmal den dritten Teil des Wertes besitzt, zu welchem man es handelt und zu welchem die Geschäfte vereinbart werden. Dabei wurde der Gebrauchswert, den das Silber als Geld hat, nicht einmal veranschlagt. Demgegenüber würde das von uns vorgeschlagene Papier seinen Wert nicht nur bewahren, sondern es würde seinen Wert erhöhen, wenn die Nachfrage danach steigt, so wie es umgekehrt im Wert sinkt, wenn die Nachfrage abnimmt. Das Papiergeld bietet noch einen weiteren Vorteil dadurch, daß es den Boden als Sicherheit zur Grundlage hat, wobei dieser Boden, wenn man einmal von seinem Gebrauchswert, als Geld zu dienen, absieht, so viel Wert besitzt, wie Geld darauf ausgegeben wurde, ganz abgesehen davon, daß sein Wert steigt.

Mit guten Gründen könnte man die zuvor erhobene Einwendung gegen das Silbergeld richten, denn der Wert des Silbergeldes verringert sich weitaus schneller als der Wert der anderen Waren, und es ist durchaus möglich, daß er sehr bald auf seinen Metallwert reduziert wird.

Im Vergleich dazu verändert das von uns vorgeschlagene Papiergeld seinen Wert nicht, es entspricht unverändert einer bestimmten Menge anderer Waren, und es verfügt damit über eine Eigenschaft, welche andere Waren nicht haben können. Veränderungen sind also ausschließlich auf das Schwanken des Wertes der anderen Waren zurückzuführen. Sein Wert ist stabiler und sicherer als der Wert des Silbergeldes, und es besitzt zudem sämtliche 132
Eigenschaften, die es dazu bestimmen, als Geld zu fungieren, und zwar in einem größeren Ausmaß, ganz abgesehen davon, daß es auch noch Vorzüge hat, über die das Silber gar nicht verfügt, so

daß es aus allen diesen Gründen besser zum Geld geeignet sein dürfte als jede vorstellbare andere Sache. Der Boden ist das, was am meisten wert ist und was seinen Wert in stärkerem Maße als die anderen Waren erhöht. Daraus folgt, daß das Papiergeld, welches auf den Boden bezogen wird, aller Voraussicht nach nicht nur seinen Wert gegenüber den anderen Waren behaupten wird, sondern diesen sogar übersteigen wird.

Weil das Silber in Schottland außerordentlich knapp ist und weil es in der Bevölkerung sehr gefragt ist, nicht zuletzt darum, weil es früher lange Zeit als Geld in Gebrauch war, wird es vielleicht nötig sein, seinen Preis auf 5 Shilling, 2 Pence die Unze zu senken. Allerdings dürfte es gegenüber dem Wert des Papiergeldes sehr bald um diesen Wert fallen, wenn weiterhin größere Mengen dieses Metalls nach Europa eingeführt werden und wenn diese Mengen nicht wieder ausgeführt werden oder wenn sie nicht verbraucht werden.

Nehmen wir einmal an, eine Insel gehörte einem einzigen Menschen. Diese Insel sei in 100 Güter aufgeteilt. Jede Pachtwirtschaft bestehe aus einer zehnköpfigen Familie. Insgesamt beliefe sich die Einwohnerzahl der Insel auf 1 000 Personen. Die Insel soll von diesen ihren Bewohnern bewirtschaftet werden. Ein Teil des Bodens ist dazu bestimmt, Getreide zu erzeugen, der Rest wird als Weideland genutzt. Zusätzlich zu den Wirtschaften und ihren Familien leben auf der Insel 300 arme und beschäftigungslose Menschen, die ihr Leben von Almosen fristen. Es gibt kein Geld auf der Insel. Die Renten werden in Naturalien entrichtet. Sobald ein Landwirt bei seiner Produktion einen Überschuß erzielt und sobald es ihm und seiner Familie an anderen Produkten mangelt, tauscht er, und zwar Erzeugnis gegen Erzeugnis, mit dem Nachbarn.

Ferner sollen die Bewohner der Insel keinerlei Manufaktur kennen. Die Fruchtbarkeit der Insel ist derartig, daß sie alles zum Leben Notwendige hervorbringt. Darüber hinaus wirft die Insel noch Überschüsse ab, welche auf dem Festland gegen Kleider und andere gewünschte Güter eingetauscht werden. Die Überschüsse, die auf der Insel erzeugt werden, reichen aber lediglich dazu aus, die Warenmenge einzutauschen, die jährlich verbraucht wird, das heißt es gibt keine Warenspeicher, und dies weder für ausländische Waren noch für die Erzeugnisse der eigenen Produktion, womit man notfalls schlechten Ernten begegnen könnte. Ferner existieren keine Waffenmagazine und keine Munitionsdepots für die Verteidigung.

Dem Eigentümer der Insel wird vorgeschlagen, Geld auf der Insel einzuführen, um damit Löhne zu bezahlen. In diesem Fall könnten die 300 Armen beschäftigt werden, und sie könnten die Waren weiterverarbeiten, die zuvor im Rohzustand exportiert wurden. Ferner erreichte man dadurch, daß die 1 000 Personen, die den Boden bebauen und die bisher die Hälfte des Jahres untätig waren, sich noch weiter beschäftigen ließen, so daß die zusätzliche Arbeitsleistung, die dadurch erbracht würde, der Arbeit weiterer 500 Personen entspräche. Man erreichte auf diese Weise, daß die Einfuhren verringert würden, indem die Einwohner der Insel sich mit Waren, die sie vorher vom Festland bezogen, zum Teil selbst versorgten. Ferner erhöhte man damit die Ausfuhren drei- bis viermal über den ursprünglichen Wert. Schließlich 134
könnte man die Waren, die sich gegen diese Ausfuhren eintauschen ließen und die nunmehr die Menge, die man unmittelbar verbrauchen kann, übersteigen, als Reserve in den Speichern aufbewahren.

Auf diese Weise wäre das Geld eingeführt. Der Eigentümer der Insel gibt Papiergeldscheine aus, welche mit laufenden Beträgen 1, 2 usw. gekennzeichnet sind. Dem Betrag 4 entspräche ein Maß Getreide. Die Armen und die anderen Landarbeiter wären glücklich, wenn sie als Lohn eines Tagewerks den Betrag 4 erhielten, vorausgesetzt, es wäre gewährleistet, daß man mit dem Betrag 4 auch tatsächlich besagtes Maß Getreide kaufen könnte. Insofern sich das Getreide gegen andere Waren eintauschen läßt, könnte man nun ebenfalls mit dem Betrag 4 sämtliche andere Waren mit entsprechendem Wert erwerben.

Um den Betrag 4 als Äquivalent für das Maß Getreide zu etablieren, ruft der Eigentümer der Insel seine Pächter zusammen und erklärt ihnen, daß künftig Renten mit diesem Papiergeld gezahlt werden müssen. Die Folge wäre, daß er neue Pachten festsetzt und daß diejenigen, die bisher 100 Maß Getreide entrichteten, nunmehr beauflagt werden, den Betrag 400 zu zahlen. Sämtliche anderen Erzeugnisse, die man bisher dem Eigentümer entrichtete, werden neu festgelegt und nach dem Wert veranschlagt, den sie vorher beim Austausch gegen Getreide besaßen, auch sie werden als Pacht in Papier festgesetzt.

Der Eigentümer der Insel gibt Geld im Gegenwert einer Jahresrente heraus, und er beschäftigt diejenigen, die willens sind zu arbeiten, wobei er sie für ihre Arbeitsleistung mit Papiergeld entlohnt. Der Pächter seinerseits gibt seinen Arbeitern Getreide oder andere Waren, über die er gerade verfügt, und er nimmt dafür Papiergeld entgegen, womit er dem Eigentümer dann die Rente zahlt. Da der Verbrauch des Landarbeiters jedoch vermutlich nur dem Betrag 2 entsprechen wird, tritt ein, daß sich die Pächter die ganze Summe, die vom Eigentümer als Papiergeld herausgegeben wurde und die nötig wäre, um ihre Pachten aufzubringen, nicht werden beschaffen können. Wenn man dagegen nichts unternähme, wären die Landarbeiter bald im Besitz des restlichen Papiergelds. Weil diese nun aber keinen Anlaß hätten, dem Pächter eine größere Menge Waren abzunehmen, könnten sie den Wert des Papiergelds in die Höhe treiben. Um dem vorzubeugen, gibt der Eigentümer der Insel eine größere Menge Noten heraus, was zur Folge hätte, daß die Insel einen Teil der armen und beschäftigungslosen Bevölkerung des Festlands anzöge, was zu einem größeren Verbrauch führte. Dadurch werden die Pächter in die Lage versetzt, die Renten des Grundeigentümers, so wie es vereinbart worden war, in Papiergeld aufzubringen. Die Bevölke-
136 rungsvermehrung ist übrigens ein Vorteil für die Insel, sie erhöht dadurch ihre Macht, so daß die Arbeit dieser neuen Einwohner doppelt so viel wert ist wie das, was sie verbrauchen.

Obwohl das genannte Geld keinen anderen Wert besitzt als denjenigen, den ihm der Eigentümer der Insel gibt, wird man es dennoch den Erzeugnissen gleichsetzen, mit welchen man vorher in Naturalien bezahlte, und dies, weil der Eigentümer das betreffende Papiergeld als Bezahlung seiner Rente entgegennimmt.

Nehmen wir einmal an, der Eigentümer der Insel gäbe diesem Geld einen Wert, der dem Wert des Bodens entspräche, und er stellte folgende Rechnung an: Ein Morgen Land wirft den Betrag 100 ab. In diesem Fall ist der Morgen Land, auf 20 Jahresrenten berechnet, den Betrag 2 000 wert. Wenn man nun über einen solchen Grundbesitz und den entsprechenden Wert in Papiergeld verfügte, würde man da nicht sehr zufrieden sein, solches Geld zu empfangen und Geschäfte über dieses Geld abzuschließen, weil damit nicht nur die Erzeugnisse des Bodens, sondern ebenfalls das Grundeigentum selbst mit einem vernünftigen Preis veranschlagt wären?

Das Geld ist kein Wert an sich, für welchen man Waren hergeben würde. Vielmehr repräsentiert es den Wert, zu welchem die Waren ausgetauscht werden. Der Gebrauchswert des Geldes besteht darin, Waren zu kaufen, sogar das Silber selbst, solange es keine andere Verwendung findet.

Selbst wenn das Silber in unserem Land gewonnen werden könnte, wäre es trotzdem nicht so gut geeignet, als Geld zu dienen, wie der Boden. Dem Boden kann man alle Dinge abgewinnen, demgegenüber ist das Silber lediglich ein Erzeugnis des Bodens. Die vorhandene Bodenmenge läßt sich weder erhöhen noch verringern, was mit dem Silber und allen anderen Erzeugnissen durchaus geschehen kann. Daraus folgt, daß der Boden einen sichereren Wert als das Silber und jede andere Ware darstellt.

Der Boden bietet die Möglichkeit, daß man seine Fruchtbarkeit erhöht, auch kann es geschehen, daß sich die Nachfrage nach Boden vergrößert, was zur Folge hat, daß sein Wert steigt. Demgegenüber ist kaum vorstellbar, daß man für das Silber andere Verwendungen finden könnte als diejenigen, in denen man es gegenwärtig bereits nutzt. Ebenso dürfte sich die Nachfrage nach Silber schwerlich über die gegenwärtig vorhandene Menge hinaus erhöhen.

Der Boden kann keinen seiner Verwendungszwecke verlieren, also wird er auch nicht an Wert verlieren. Dagegen ist es denkbar, daß das Silber seine augenblickliche Verwendung als Geld einbüßt, wodurch es im Wert auf seinen Metallwert reduziert würde. Aber es kann ebenfalls einen Teil seiner Verwendungen als Metall verlieren, insofern es durch andere Dinge ersetzt wird. Dadurch würde es einen Teil seines Wertes, den es als Metall hat, einbüßen. Im Vergleich dazu ist der Boden in keiner Verwendung durch irgendetwas anderes ersetzbar.

138 Vermittels des Papiergeldes wird der Boden übertragbar, wodurch er sämtliche anderen Eigenschaften, die für das Geld erforderlich sind, gewinnt, und dies sogar in einem höheren Maße als das Silber.

Darüber hinaus verfügt der Boden über weitere Eigenschaften, die ihn dazu bestimmen, als Geld zu dienen, und die dem Silber fehlen. Sobald man den Boden als Geld benutzt, verliert er nichtsdestoweniger keine einzige seiner anderen Verwendungen. Demgegenüber kann das Silber nicht gleichzeitig als Geld und als Metall dienen.

Der Handel und das Geld hängen wechselseitig voneinander ab. Wenn der Handel zurückgeht, dann verringert sich das Geld, und wenn sich das Geld verringert, dann geht der Handel zurück. Die Macht und der Reichtum eines Landes werden durch den Umfang seiner Bevölkerung und von den Vorräten an einheimischen und ausländischen Waren bestimmt. Letztere hängen vom Handel ab, so wie der Handel seinerseits vom Geld abhängt. Sobald also der Handel oder das Geld, direkt oder indirekt, beeinträchtigt werden und sobald durch irgendeine Einwirkung dem Handel oder dem Geld, und damit allen beiden zugleich, Schaden zugefügt wird, werden die Macht und der Reichtum der Nation sehr bald geschwächt sein.

Wenn man in einem Land ein Geld einführt, welches keinen eigenen, inneren Wert hat oder dessen innerer Wert derartig ist, daß man es nicht ausführen will, und wenn die vorhandene Menge dieses Geldes ferner niemals unter der Nachfrage des betreffenden Landes liegt, dann ließen sich unter diesen Umständen die Macht und der Reichtum des Landes gewährleisten, und sie stünden auch nicht auf schwachen Füßen. Man liefe keine Gefahr, daß das Geld auf direktem oder indirektem Wege verringert würde, so daß im Gefolge davon der Handel einem Rückgang ausgesetzt wäre. Denn die Macht und der Reichtum des Landes werden nur von dem beeinträchtigt, was dem Handel unmittelbar schadet.

Nach alledem, was gesagt wurde, dürfte es offensichtlich sein, daß der Boden geeigneter ist, als Geld zu dienen, als das Silber. Der Boden wäre dem Silber auch dann vorzuziehen, wenn das Silber ein schottisches Landeserzeugnis wäre, denn der Boden ist ein sicherer Wert, ganz abgesehen davon, daß er alle notwendigen Eigenschaften in größerem Maße als das Silber besitzt. Er hat dar-
über hinaus sogar Eigenschaften, über welche das Silber nicht ver- 140
fügt. Also ist er sehr geeignet, als allgemeines Maß zu dienen, an welchem der Wert der Waren gemessen wird, das Maß zu sein, nach welchem sich die Waren zu ihren Werten austauschen und über welches die Geschäfte abgeschlossen werden.

Wenn 2 000 Pfund Papiergeld einem Grundstück im Wert von 2 000 Pfund in Silber ausgedrückt entsprechen, dann sind diese 2 000 Pfund Papiergeld 2 000 Pfund Silber wert.

Mit dem, womit man den Boden kaufen kann, wird man ebenfalls auch jedwedes Erzeugnis des Bodens kaufen können, und mit dem, womit sich die Erzeugnisse des Bodens erwerben lassen, lassen sich dann ebenso sämtliche anderen Waren beschaffen, ungeachtet dessen, ob es sich um einheimische oder ausländische Waren handelt. Wenn französischer Wein eingeführt wird, dann beabsichtigt der Kaufmann, sein Geld zinsträchtig in Waren oder in Boden anzulegen. Die Kommission nimmt kein Silbergeld entgegen, so daß er von der Kommission keinen Kaufbrief erwerben kann, es sei denn, er entrichtete den Gegenwert in Papiergeld. Andererseits wollen die meisten Grundeigentümer ebenfalls kein Silber für ihre Waren und für ihren Boden haben, weil sie das Papiergeld benötigen, um die Kommission zu bezahlen. Daraus folgt, daß der Kaufmann es vorzieht, seinen Wein für Papiergeld zu verkaufen, denn mit diesem Papiergeld vermag er Waren, Kaufbriefe oder Grundstücke zu erwerben, und er ist sicher, alle diese Dinge immer dann zu erhalten, wenn man sie für Silbergeld kaufen kann, aber auch in solchen Fällen, in denen das Silbergeld nicht entgegengenommen wird.

Alles das hieße anzunehmen, daß das Silber über die gleichen Eigenschaften wie der Boden verfügte, als Geld zu fungieren. Selbst unter diesen Umständen wird man dem Papiergeld den Vorzug vor dem Silber geben. Und dies weil der Wert des Silbers ungewiß ist, weil es über dem Wert gehandelt wird, den es als Metall hat, und weil es schließlich nicht alle notwendigen Eigenschaften des Geldes besitzt oder aber, weil es diejenigen, über die es verfügt, nicht in so hohem Maße besitzt wie das Geld.

Dem wird man entgegenhalten, daß ein Papiergeld, ungeachtet der Tatsache, daß es gut gesichert ist und im Lande umläuft, im Ausland niemals den gleichen Wert erlangen kann wie in Schottland.

Indessen werden die schottischen Waren im Ausland stets soviel wert sein wie die Waren der gleichen Gattung anderer Länder, sofern sie die gleiche Güte haben. Da man nun aber mit Papiergeld in Schottland Waren kaufen kann, wird man damit auch in anderen Ländern Waren oder Münzgeld erwerben können. Wenn eine bestimmte Menge Sersche, Leinwand und so weiter im Ausland, alle Kosten einbegriffen, 1 300 Pfund wert ist, dann wird der Kaufmann, der diese Waren ausführt, einen Wechsel auf dieses Geld ausstellen, dessen Kurs der Parität entspricht, so daß er 1 300 Pfund haben wird, für etwas, was ihn 1 000 Pfund kostete.

142 Wenn ein Land irgendein Geld bei sich einführt, wenn dieses Geld wertmäßig den gleichen Umfang wie das Geld hat, das es

ersetzt[53], und wenn es ferner über sämtliche Eigenschaften, die es zum Geld bestimmen, verfügt, dann sollte diese Nation unbesorgt sein, welchen Wert das betreffende Geld in den anderen Ländern haben wird. Vielmehr hat man in dieser Nation etwas durchgesetzt, was sich die anderen Nationen vergeblich bemühten, durch Gesetze zu erreichen, insofern davon ausgegangen wird, daß man sich in allen Ländern bemüht, das Geld auf dem Wege der Gesetzgebung im Lande zu bewahren, und daß die Einwohner aller Länder stets danach trachten, ein Geld zu finden, welches im Ausland nichts wert ist.

Keine Nation hält am Silber fest, weil man sich des Silbers in den anderen Ländern bedient, sondern weil man bisher nichts gefunden hat, was ebenso sicher und bequem wäre, um es zu ersetzen. Der Handel zwischen den Nationen wickelt sich durch den Austausch von Waren ab. Sobald ein Kaufmann Waren ausführt, die einen geringeren Wert haben als diejenigen Waren, die er einführt, wird er an einen anderen Kaufmann Geld ins Ausland zu liefern haben, der Waren zu einem geringeren Wert eingeführt hat, als er ausführte. Wenn im Ausland nun aber kein Geld geschuldet wird, dann befindet sich der Kaufmann, welcher einen größeren Wert einführte als er ausführte, in einer schlechten Lage, da er seiner Einfuhr nichts Gleichwertiges als Ausfuhr entgegensetzen kann. Das ist das Ziel der vielen Gesetze, vermittels derer man sich bemühte, den Handel zu beeinflussen.

Man wird nun einwenden, daß es für uns unabdingbar ist, Waren aus solchen Ländern einzuführen, die keine der unsrigen abnehmen werden. Dem ist zu entgegnen: Frankreich verbietet die Geldausfuhr, so wie es verhindert, daß irgendein Schiff Waren heranbringt, solange französische Waren, die ebensoviel wert sind wie die eingeführten Waren, nicht den französischen Hafen verlassen. Unsere Gesetze verbieten ebenfalls, daß Geld aus dem Lande ausgeführt wird. Ungeachtet dessen glaube ich nicht, daß man mit diesen Beispielen eine befriedigende Antwort gefunden hätte. Ich will vielmehr versuchen, eine bessere Antwort zu geben. Nehmen wir einmal an, unser Geld würde im Ausland keinen Wert haben, wir benötigten aber bestimmte Waren aus Dänemark, wobei dieses Land umgekehrt unsere Waren nicht abnimmt. Diese für uns notwendigen Waren würden ferner höher bewertet als andere Waren, die wir nicht so dringend brauchen. Nun kann der Gegenwert schottischer Waren, die in anderen Ländern verkauft wurden, nach Dänemark gebracht werden, entweder in Form von Waren, die man hier absetzen kann, oder in Form von ausländischem Geld. Danach führt man die für uns notwendigen Waren aus Dänemark ein. Das wäre deshalb möglich, weil der Kaufmann mit diesen Waren bei uns einen größeren Profit erzielte als mit solchen Waren, die aus Ländern stammen, in welchen sich die von uns ausgeführten Waren verkaufen lassen würden.

144 Da jedoch durch die beabsichtigte Vermehrung des Geldes viele Einwohner des Landes Beschäftigung erhalten, Menschen, die augenblicklich ohne Arbeit sind, und weil ferner diejenigen, die bereits arbeiten, mit größerer Produktivität arbeiten könnten, darf man vermuten, daß sich die landwirtschaftlichen Erträge erhöhen und die Manufakturen vervollkommnen werden. Wenn der Verbrauch in Schottland so bleibt, wie er gegenwärtig ist, wird die Ausfuhr den Verbrauch übersteigen, so daß uns ein Saldo geschuldet werden wird. Weil aber der Wechselkurs von der Außenhandelsbilanz abhängt, wird das Papiergeld bei uns einer größeren Menge Silbergeld im Ausland entsprechen.

Wir wollen das jährliche Wertprodukt Schottlands[54] einmal auf eineinhalb Millionen veranschlagen und dasjenige Englands auf 40 Millionen. Das besagt, daß das Wertprodukt Schottlands lediglich den 28. Teil desjenigen Englands ausmacht. Allerdings dürfte sich unter dem Gesichtspunkt des Umfanges und der Beschaffenheit des Bodens sowie hinsichtlich der Bevölkerungszahl ein Verhältnis von mindestens 1 zu 6 ergeben. Und wir könnten sogar in jeder Hinsicht auf das Niveau von 1 zu 6 gelangen, wenn wir über genügend Geld verfügten, um damit alle unsere Einwohner zu beschäftigen. Denn wir sind im Besitz von Vorteilen, die nur wir haben und die die überseeischen Pflanzungen und den Ostindienhandel mehr als ausgleichen.

England ist nicht so entwickelt, wie es durch mehr Geld sein könnte. Was uns betrifft, so könnten wir Geld entsprechend der Nachfrage nach Geld bei uns haben, wenn wir uns entschlössen, unseren Boden zu diesem Zweck einzusetzen. Das bedeutet, daß sich unser Land über das Verhältnis von 1 zu 6 hinaus gegenüber England entwickeln ließe. Aber selbst wenn durch die vorgeschlagene Vermehrung des Geldes das Verhältnis zu England lediglich auf die Relation von 1 zu 13 gebracht wäre, müßte unser jährliches Wertprodukt bereits 3 Millionen betragen. Andererseits ist unser Prokopfverbrauch nicht einmal halb so groß wie derjenige Englands. Wenn nun dieser Verbrauch sich weiterhin auf dem augenblicklichen Stand hielte, dann würde der Schottland geschuldete Betrag aus dem Handel mit England denjenigen, den Schottland gegenüber England schuldet, übersteigen.

Manche werden meine Annahme von der Erhöhung des jährlichen Wertprodukts in Schottland als wirklichkeitsfern abtun. Ich bitte aber darum, einmal die Auswirkungen zu betrachten, die reichlich vorhandenes Geld in anderen Ländern haben. In dem Maße, wie sich das Geld in England erhöhte, wuchs auch das jährliche Wertprodukt Englands, so wie umgekehrt das Wertprodukt in gleichem Verhältnis abnahm, wie sich das Geld in England verringerte.

Ich habe keinen Zweifel, daß die von mir vorgeschlagene Ausgabe von Papiergeld, sofern sie der Nachfrage entspricht, das jährliche Wertprodukt Schottlands auf 3 Millionen erhöhen könnte, und dies selbst unter der Voraussetzung, daß man den Fischfang und einige andere Zweige des Außenhandels, die sich sehr vorteilhaft entwickeln ließen, einmal außer acht läßt. Aber selbst dann, 146
wenn sich das Wertprodukt lediglich um eine halbe Million erhöhte und wenn ein Viertel dieses Betrages von einem größeren Verbrauch einheimischer landwirtschaftlicher Erzeugnisse und

einheimischer Manufakturerzeugnisse wieder aufgesogen würde, wenn ein weiteres Viertel für einen größeren Verbrauch ausländischer Waren und für Ausgaben im Ausland aufgebracht werden müßte, wenn ein weiteres Viertel zur Bevorratung ausländischer Waren zurückzuhalten wäre, selbst unter allen diesen Voraussetzungen würde immer noch ein Viertel übrig bleiben, ein Viertel des genannten Betrages, den man uns als Saldo schulden würde und der in Form von Silber ins Land gelangte.

Wenn jedoch der Verbrauch und die Ausgaben in gleichem Maße oder sogar stärker stiegen als die eintretenden Verbesserungen, dann würden, weil das Papiergeld sich nicht ausführen ließe, die Einwohner des Landes wenigstens nicht beschäftigungslos werden und die Manufakturen nicht verfallen, weil das Geld als überkommene Einrichtung erhalten bliebe[55]. Wir könnten also fortfahren, unsere jährlichen Erzeugnisse zu verbrauchen, und wir hätten gar nicht die Möglichkeit, das jährliche Wertprodukt zu verringern oder zu verarmen, selbst wenn wir das wollten.

Sollte der Wert der eingeführten Waren unsere Ausfuhren übersteigen und sollten wir einen Kredit für unsere negative Außenhandelsbilanz erhalten, würden die Ausländer, um den Betrag zurückzuerlangen, im nächsten Jahr eine geringere Menge Waren nach Schottland senden. Aber man könnte natürlich auch den Verbrauch einheimischer und ausländischer Waren einschränken, so daß uns ein Saldo im Ausland geschuldet würde.

Die Einnahmen der Kommission würden unseren Handel, der noch in den Kinderschuhen steckt, erheblich beleben. Das, was den Warenexport fördert, fördert immer gleichzeitig auch die Produktion dieser Waren. Man sollte die Ausgabe des Geldes aber nicht lediglich als eine Prämie zur Exportförderung und zur Manufakturförderung ansehen, sondern ebenfalls als eine Maßnahme, die geeignet wäre, den Ruf unserer Waren, der verlorengegangen war, wiederherzustellen, damit unsere Waren sogar ein besseres Ansehen erhalten als die Waren der anderen Länder.

Natürlich sollte die Exportprämie nicht allen Waren eingeräumt werden, sondern lediglich solchen Waren, die im Ausland keinen angemessenen Profit abwerfen, und wenn sie überhaupt eingeräumt wird, dann nur mit der Bedingung, daß die Waren von entsprechender Qualität sind. Das Gütesiegel des Exportbüros müßte auf allen Waren, die mit einer derartigen Exportprämie gefördert werden, eingeprägt sein. Ferner sollten sich alle diejenigen, die eine solche Förderung erfahren, verpflichten, den Preis der Waren einschließlich aller entstehenden Kosten zu erstatten, wenn sich deren Qualität als unzureichend herausstellt.

Wenn Industrie und Handel blühen, wird der Grundeigentümer 148
hohe und steigende Renten einnehmen, wenn Industrie und Handel stagnieren, werden die Renten schlecht bezahlt werden und abnehmen. Die Exportprämien stellen ein wirksames Mittel dar, um die Manufakturen und den Handel zu fördern und auszudehnen, so daß es sogar im Interesse des Grundeigentümers liegen müßte, sich eher selbst zu beauflagen, als daß anderenfalls eine Exportprämie nicht gezahlt werden kann, wo dies nötig sein sollte.

Exportprämien wären in unserem Land in höherem Maße erforderlich als in anderen Ländern, denn unsere Manufakturen sind im Vergleich zu denen anderer Länder schlechter entwickelt. Wir sind nicht in der Lage, unsere Erzeugnisse mit dem gleichen Profit abzusetzen, unsere Vorräte sind weitaus kleiner. Ganz abgesehen davon, daß die Waren anderer Nationen den unsrigen vorgezogen werden, weil unsere Waren von zweifelhafter Qualität sind.

Manche werden einwenden, daß mein Projekt neu sei und daß man es bisher noch in keiner Nation anwendete.

Indessen sollte uns das Beispiel einer anderen Nation nicht dazu veranlassen, den gleichen Weg zu beschreiten, ohne vorher geprüft zu haben, ob die betreffende Nation von den dort ergriffenen Maßnahmen auch wirklich profitierte oder ob ihr Nachteile daraus erwuchsen. Auch sollten wir vorher erwägen, ob nicht vielleicht unsere Lage von derjenigen der anderen Nationen abweicht, so daß bei uns etwas schädlich und unwirksam sein könnte, was der anderen Nation zum Vorteil gereichte. Im übrigen sollte man gegen ein Projekt, dessen Ziel die Herstellung des Gemeinwohls ist, nicht mit dem Argument Stellung beziehen, daß es neu sei und daß man es bisher niemals ausprobiert und angewendet habe.

Wenn irgendein Projekt bereits von anderen Ländern angewendet wurde, dann ist das nur ein Beweis, welcher für dieses Projekt spricht, so wie es umgekehrt als ein Anzeichen gegen das Projekt angesehen werden sollte, wenn man es anderswo ablehnte. Indessen sollte eine Nation, die vernünftig ist, sich niemals von einem Beispiel dazu verleiten lassen, etwas ohne eingehende vorherige Prüfung nachzuahmen oder zu verwerfen.

Das, was wir vorschlagen, wurde bisher nirgendwo abgelehnt. Der wichtigste Bestandteil dieses Projekts wird gegenwärtig in Frankreich angewendet, wo das Papiergeld Zwangskurs durch das Gesetz erhielt. Und obwohl dies dort in einer Weise geschah, die allem Anschein nach den Umlauf dieses Papiergeldes sogar hätte behindern müssen, erfuhr ich, daß ausländische Wechsel mit Papiergeld ebenso wie mit Silber oder Gold eingelöst werden.

Es wäre stets sehr gewagt, dem Beispiel anderer Nationen in Geldangelegenheiten zu folgen. Denn so wie ich bereits weiter oben sagte[56], wurden in verschiedenen Ländern entgegengesetzte Maßnahmen angewendet. Darüber hinaus ergriff man in ein und demselben Land sogar Maßnahmen, die dem widersprachen, was man hier gerade durchführte, und dies nicht etwa wegen veränderter Umstände, sondern aus der einfachen Überlegung heraus, daß, wenn eine Maßnahme nicht die gewünschte Wirkung zeigte, man es einmal mit einer entgegengesetzten versuchen müsse. Bei alledem kann man sich gut vorstellen, daß das Wesen des Geldes bisher nicht richtig begriffen wurde.

150 Unter allen mir bekannten anderen Einwendungen gegen mein Projekt gibt es keine einzige, die man nicht gänzlich zurückweisen könnte, und unter welchem Gesichtspunkt ich sie auch betrachte, ich fände bei aller Mühe, der ich mich unterziehe, nicht einen ein-

zigen Einwand, auf den ich nicht überzeugend antworten könnte. Auch ließe sich keine Schwierigkeit bei der praktischen Umsetzung denken, die man nicht leicht überwinden könnte. Wenn dennoch ein Fehler in den Vorschlägen, die ich unterbreitet habe, enthalten sein sollte, und wenn ich dennoch irgendwelche falsche Konsequenzen daraus abgeleitet haben sollte, dann bin ich selbst nicht fähig gewesen, diese zu entdecken.

Kapitel VIII
Die Lage Schottlands ist schlechter, als sie es angesichts der natürlichen Bedingungen sein dürfte.

Die natürlichen Vorteile Hollands für den Handel liegen darin, daß das Land an der Mündung der deutschen Flüsse sowie in unmittelbarer Nähe großer Handelsplätze liegt.

Die natürlichen Nachteile Hollands sind zu sehen in der geringen Ausdehnung des Landes, in der Unfruchtbarkeit seines Bodens, welcher, wenn überhaupt, nur bei intensiver Bewirtschaftung etwas abwirft, im Fehlen von Bodenschätzen, in den langen Wintern und im ungesunden Klima. Ein sumpfiger Boden erfordert große Ausgaben für die Fundamente der Gebäude, für die Anlage und die Unterhaltung der großen Straßen sowie deren jährliche Trockenlegung. Die Küsten des Landes sind gefährlich, der Zugang zu den Flüssen vom Meer her ist schwierig. Das Land muß sich von einer Seite gegen das Meer und von der Landseite gegen mächtige Nachbarn verteidigen. Schließlich bestehen lastende Steuern, welche als notwendige Folge aller anderen Nachteile angesehen werden müssen.

Ungeachtet dessen hat man die wenigen Vorteile derartig genutzt, daß eine reiche und mächtige Nation entstand. Zu diesem

Reichtum und dieser Macht hat die ständige Förderung, die der Staat dem Handel angedeihen ließ, erheblich beigetragen. Ebenfalls zu nennen wäre die Religionsfreiheit und die Freiheit des Handels gegenüber dem Ausland sowie das Beispiel der Führung der Wirtschaft. Aber auch die Vernachlässigung der Handelstätigkeit seitens anderer Länder, vor allem Spaniens, welches die Handel treibenden Bevölkerungsschichten nach Holland vertrieb, so daß sich der Handel von Flandern nach Holland verlagerte, haben dazu beigetragen.

Schottland verfügt von Natur aus über viele Vorteile für den Handel. Zunächst besitzt es ein großes Territorium, welches sich leicht verteidigen läßt, sodann sind vorhanden eine umfangreiche Bevölkerung, ein gesundes Klima, Bodenschätze, eine günstige Lage für den Handel mit dem Orient und den Handel mit dem
152 Westen, die Nähe der großen Handelsplätze, sichere Küsten, Flüsse, die leicht zugänglich sind, fischreiche Meeresgründe und Flüsse.

Bedauerlicherweise stellt unsere umfangreiche Bevölkerung eine Bürde für uns dar, während sie doch in den anderen Nationen den größten Reichtum des Landes ausmacht. So wird der Boden nicht intensiv bewirtschaftet, die Rohstoffe werden in keiner Manufaktur verarbeitet, und der Fischfang und die anderen möglichen Vorteile für den Außenhandel werden vernachlässigt. Als Begründung dafür führt man in der Regel an, daß Trägheit und Mangel an Rechtschaffenheit und natürliche Laster bei uns seien.

Wenn der Mangel an Rechtschaffenheit und die Trägheit wirklich naturgegeben wären, so träfe das für alle Menschen zu, oder wenn diese Eigenschaften tatsächlich typisch für ein bestimmtes Volk sein sollten, dann eher für Holland als für Schottland. Das Klima Hollands ist rauher, was notwendigerweise zu größerer Trägheit veranlaßt. Die Unfruchtbarkeit eines Bodens, der nicht einmal so viel abwirft, um seine Bewohner zu ernähren, müßte dazu verleiten, die Nachbarn zu täuschen beziehungsweise auszurauben, was dazu führen müßte, daß man sich gegenseitig bestiehlt. Indessen scheint es vernünftiger zu sein anzunehmen, daß es sich bei der Trägheit und bei dem Mangel an Rechtschaffenheit um Laster handelt, die der Armut angelastet werden müssen, während die Armut ihrerseits als die Folge eines fehlerhaften Regierens anzusehen ist. Wenn man in Schottland zur Förderung des Handels dieselben Maßnahmen wie in Holland ergriffen hätte, dann würden wir Holland hinsichtlich der Macht und des Reichtums übertroffen haben. Wenn sich Spanien, Frankreich und England oder eine dieser Nationen für sich allein, ebenso rechtzeitig und in der gleichen Weise wie Holland dem Handel zugewandt hätten, dann würde Holland heute nicht einmal bewohnt sein. Jedoch wegen der frühzeitigen Zuwendung zum Handel sowie andererseits wegen der schlechten Maßnahmen in den anderen Ländern war es Holland möglich, riesige Speicher mit allem, was zum Leben und zur Verteidigung erforderlich ist, anzulegen. Man verfügt über reichhaltige Warenvorräte, um sie den anderen Nationen zu verkaufen, über Materialien für den Schiffbau und so weiter sowie ferner schließlich über reichlich Silbergeld, welches als Geld über seinem Metallwert eingeschätzt wurde. Aller Voraussicht nach dürften diese gewaltigen Silbervorräte, sofern man sich auch weiterhin des Silbers als Geld bedient, verbunden mit der großen Sparsamkeit, die es den Holländern ermöglicht, die anderen Nationen im Handel zu unterbieten, ausreichen, dem Land den Rang zu erhalten, den es gegenwärtig im Handel einnimmt, so daß folglich seine große Macht unangetastet bleiben müßte, trotz aller natürlichen Nachteile und trotz der jetzigen Bemühungen der anderen Nationen, ihre jeweiligen natürlichen Vorteile zu nutzen.

Obwohl Schottland augenblicklich in einem sehr schlechten Zustand ist, könnte es einen Handel haben, der denjenigen jedes anderen europäischen Landes übertrifft. Aber der Handel liegt 154
darnieder, der nationale Reichtum wird verschleudert, die Einwohner verlassen das Land, die Grundrenten werden nicht bezahlt, die Häuser in den Städten und die Pachthöfe auf dem

Lande lasten auf den Schultern ihrer Eigentümer, die Geldverleiher beziehen von ihrem Geld einen Zins, der es ihnen nicht erlaubt, davon zu leben, und die Person des Schuldners sowie seine Habe wird gerichtlichen Verfolgungen ausgesetzt.

Der Grundeigentümer, der seine ganze Person sowie sein Eigentum einsetzt, damit die Bezahlung einer bestimmten Geldsumme erfolgen kann, die er nicht in der Lage ist aufzubringen, findet keinen Ausweg mehr. Durch das Gesetz wird er selbst und seine ganze Habe dem Gläubiger ausgeliefert, so daß sein Eigentum verkauft wird, damit aus dem Verkaufserlös das geschuldete Geld realisiert werden kann. Wenn zwei oder drei Geldkapitalisten ihr Geld mit der Absicht wieder einfordern, daß der Eigentümer dadurch genötigt wird, sich von seinem Eigentum zu trennen, und zwar zu einem Preis, der ihnen genehm ist und den sie bestimmen, dann haben sie die Möglichkeit, den Preis des Bodens auf 15 beziehungsweise auf zehn Jahresrenten herunterzudrücken. Sie würden keine Pfandbriefe als Bezahlung nehmen, weil es nur wenige oder überhaupt niemanden geben dürfte, der in der Lage wäre, in bar zu bezahlen.

Sobald eine Lebensmittelknappheit einträte, verfügten wir weder über Waren noch über Geld, um damit Getreide im Ausland zu kaufen, so daß wir lediglich einen Teil unserer Bevölkerung erhalten könnten. Die Wohlhabenderen könnten sich noch mit Brot versorgen, während die Bedürftigen, die Landarbeiter zum Beispiel, genötigt wären, das Land zu verlassen, wollten sie nicht Hungers sterben. In England erwartet sie allerdings kein besseres Los, denn die Geldknappheit hat auch dort einen großen Teil der Bevölkerung beschäftigungslos gemacht, so daß es in diesem Königreich schon mehr Menschen gibt, als Arbeit finden können. Unsere Landsleute würden also dort zum größten Teil das Schicksal erleiden, welchem sie entfliehen wollten.

Den Grundeigentümern würden die Arbeitskräfte fehlen, um ihr Land zu bestellen. Möglicherweise wären sie in der Lage, sich die Mittel ihres Lebensunterhalts und die Kleidung für sich und für ihre Familien zu beschaffen, allerdings könnten ihre Gläubiger ganz offensichtlich nichts von ihnen einfordern. Da der Fall allgemein ist und die Gläubiger die größere Partei bilden, werden sie es niemals zulassen, daß man ihnen ihre Freiheit und ihr Eigentum nimmt. Aber selbst wenn man die Gesetze anwendete und selbst wenn man das Eigentum der Grundeigentümer zum Kauf aussetzte, würde es doch nur wenige Käufer dafür geben, so daß der Preis des Bodens sehr stark fiele. Nehmen wir einmal an, daß die Gläubiger den Boden zu einem Preis von 15 Jahresrenten erwerben könnten, dann wäre ihnen dieser Boden immer noch teurer verkauft als das, was er wert ist, denn sie würden nämlich keine Leute finden, die ihn bewirtschaften. Auf diese Weise käme es dazu, daß viele leiden und niemand gewinnt.

Wenn keiner dieser genannten Fälle eintreten soll, dann müßte 156
man sich endlich darüber klar werden, daß Schottland nicht in der Lage verbleiben kann, in welcher es sich augenblicklich befindet. Versäumt man es, sofort zu handeln, oder geschieht es, daß falsche oder unwirksame Maßnahmen ergriffen werden, dann dürfte die Unordnung aller Wahrscheinlichkeit nach bald vollkommen sein, und das bevor sich eine neue Gelegenheit böte, etwas dagegen zu unternehmen.

Die Erhöhung des Nennwerts des Geldes oder die Verschlechterung durch Beimischungen, das Einmünzen von Silbergeschirr oder die Reglementierung des Handels sind Maßnahmen, die man ergreifen will, um der Geldknappheit zu begegnen. Allerdings wird uns keine dieser Maßnahmen aus den Schwierigkeiten heraushelfen. Wenn man sie aus der Nähe betrachtet, dann sieht man, daß die Erhöhung oder die Verschlechterung des Geldes nicht nur keine Lösung darstellen, sondern dem Land sogar schaden, wie immer die Umstände auch sein mögen. Die anderen beiden Maßnahmen dürften ebenfalls wirkungslos sein.

Man glaubt, daß im letzten Jahr unsere Einfuhren sowie unsere Ausgaben im Ausland unsere Ausfuhren um einen erheblichen Betrag überstiegen haben. Um das Außenhandelsdefizit auszugleichen, sind wir nicht nur genötigt, unsere Geldausgaben um den Betrag, den wir im letzten Jahr ins Ausland befördern mußten, einzuschränken, sondern wir erlitten auch den Verlust, der aus der Verringerung unseres jährlichen Wertprodukts wegen Geldmangel und wegen ungenügender Geldemission seitens der Bank entstand. Nun könnte man denken, daß sich durch die Einnahmen des Silbergeschirrs und durch die Reglementierung des Handels die Handelsbilanz zu unseren Gunsten gestalten ließe. Indessen ist zu befürchten, daß sich die Folgen nur zu deutlich offenbaren werden, daß dieser Weg wegen des soeben Gesagten sowie wegen der bereits weiter oben angeführten anderen Gründe[57] nicht gangbar sein dürfte.

Wie hilfreich solche Maßnahmen auch sein mögen, so muß man doch stets beachten, daß eine Reglementierung unserer Einfuhren dem Verkauf unserer Waren im Ausland keine Fesseln anlegt. Wenn wir dem nicht Rechnung tragen, dann werden wir durch den Verlust eines einzigen Marktes im Ausland mehr einbüßen, als wir durch die Einfuhren gewonnen hätten. Ungeachtet aller erdenklichen Vorsorgen dürften wir also von derartigen Maßnahmen, so hilfreich sie auch wären, nicht erwarten, daß wir uns wieder erholten. Sie würden uns vielmehr in der Lage belassen, in welcher wir uns augenblicklich befinden, das heißt die Unordnung im Lande und die Kränkungen im Ausland würden fortbestehen.

158 Viele Leute denken, daß die Geldknappheit einzig und allein der negativen Außenhandelsbilanz geschuldet sei und daß das einzig wirksame Mittel, die Bilanz zu unseren Gunsten zu gestalten, in der Geldvermehrung liegt.

Man schätzte die Zahl der Armen bei uns auf 200 000 Personen, und wenngleich unsere Bevölkerung früher größer war, als sie es heute ist, kann man die Zahl der Armen, die wir augenblicklich haben, durchaus so hoch veranschlagen. Aber nehmen wir einmal an, es gäbe nur 100 000 Arme und es ließen sich durch das Mittel der Vermehrung unseres Geldes 50 000 Personen zusätzlich beschäftigen. Wenn diese Personen lediglich die eine Hälfte des Jahres arbeiteten und wenn man ihre Arbeit mit 3 Pence bezahlte und wenn man berücksichtigte, daß sie für den Unternehmer noch 3 Pence mehr wert sind[58], und wenn schließlich ihr Verbrauch einen Penny mehr ausmachte als augenblicklich, dann würde sich das im Jahr erzeugte Einkommen der Nation auf Grund dieser zusätzlichen Arbeit um 208 333 Pfund, 6 Shilling, 8 Pence erhöhen. Wenn die Landbevölkerung aus der Umgebung von Perth und Stirling Tuche, Sersche und andere Manufakturerzeugnisse im Wert von 20 000 Pfund verkauft hat, dann würden diese Waren 20 oder 30 Prozent Profit zusätzlich zu dem Verkaufserlös abwerfen, wenn man sie exportierte. Allerdings fänden die Eigentümer keine Möglichkeit, die Ausfuhr zu bewerkstelligen, weil sich diese Waren in zu vielen Händen befinden und weil es an Handelskorrespondenten im Ausland mangelt, mit deren Hilfe sich der Verkauf der Waren abwickeln ließe. Nehmen wir an, A, B und C gäben sich mit dem genannten Profit zufrieden und nähmen die Mühen und die Risiken der Ausfuhr auf sich. Weil das Geld aber knapp ist, könnten sie selbst mit der Sicherheitsgarantie ihrer Waren nichts leihen, und sie könnten natürlich auch von der Vielzahl der Personen, denen sie gänzlich fremd sind, keinen Kredit erwarten. Und selbst wenn sie diesen Kredit bekämen, wäre es immer noch erforderlich, daß die Landbevölkerung bis zu dem Zeitpunkt müßig bleiben müßte, zu welchem A, B und C sie aus dem Verkaufserlös der Waren im Ausland bezahlt hätte. Aus diesem Grunde verlieren die Waren ihren Wert und gehen die Manufakturen zugrunde, denn es mangelt an Geld für den Austausch.

Es dürfte schwierig sein, die Geldbeträge, die für das Land notwendig sind, richtig zu veranschlagen, weil die Nachfrage nach Geld in dem Maße ansteigt, wie sich die Industrie und der Handel entwickeln. Jedoch die große Anzahl von Armen bei uns im Lande, die wir übrigens stets hatten, veranlaßt uns zu vermuten, daß wir bisher niemals über genügend Geld verfügten.

Man hat für England ausgerechnet, daß es 14 Millionen in
Gold- und Silbergeld habe und zusätzlich dazu eine große Summe
Papiergeld. Und trotzdem verfügte England niemals über genug
160 Geld, um seine Bevölkerung zu beschäftigen. Selbst 50 Millionen
würden dem Land nicht die Verbesserungen ermöglichen, die hier
vorgenommen werden könnten. Wenn die gesamte Bevölkerung
Arbeit fände und mit der größtmöglichen Wirksamkeit beschäf-
tigt würde, dann könnte durch mehr Geld eine größere Zahl von
Menschen aus anderen Ländern angezogen werden. Die Provinz
Holland[59] ist, weil sie über eine große Menge Geld verfügt und
weil sie als Folge dessen über eine zahlreiche Bevölkerung gebie-
tet, in der Lage, einen Teil der Lasten in den europäischen Kriegen
zu tragen, welcher, auf die Zahl der Morgen besten englischen
Bodens umgerechnet, den Anteil Englands mehrfach übersteigt.
Und trotzdem hat Holland nicht so viele gute Voraussetzungen für
den Handel wie England. Das besagt, daß ein Land, welches über
soviel Geld verfügt, daß es der Nachfrage entspricht, notwendiger-
weise mächtiger ist als jedes andere Land, dessen Geld, bei glei-
chen natürlichen Bedingungen, hinter der Nachfrage zurückbleibt.

Gäbe man der Bevölkerung eines Landes mehr Geld, als von ihr nachgefragt wird, dann würde dieses Geld an Wert verlieren. Hält man die Geldmenge jedoch auf dem Niveau, wo sie der Nachfrage entspricht, dann wird kein Wertverlust des Geldes eintreten.

Möglicherweise könnte das augenblicklich vorhandene Geld die Nachfrage um 300 000 beziehungsweise um 400 000 Pfund übersteigen. Da sich jedoch der Handel und die Industrie ausweiten, dürfte die Nachfrage nach Geld künftig anwachsen.

Um nun Schottland mit dem notwendigen Geld auszustatten, unterbreite ich folgenden Vorschlag: Wenn ein Bodenstück, welches eine Rente von 100 Pfund abwirft, 2 000 Pfund Silbergeld wert ist, wenn dieses Bodenstück in Papiergeld umgewandelt werden kann und wenn dieses Papiergeld beliebig teilbar ist, dann läßt sich das besagte Bodenstück in eine Summe von 2 000 Pfund umlaufendes Geld verwandeln, so daß ein jeder, der dieses Papiergeld erhält, einen Wert empfängt, der der gleichen Summe Silbergelds zum augenblicklichen Wert des Silbers entspricht. Wenn man nunmehr Papiergeld für 15 Jahresrenten des Bodens herausgibt, dann wird dieses Papiergeld mehr wert als das Silber sein, denn mit 1 500 Pfund dieses Papiergelds müßte man einen Boden im Wert von 2 000 Pfund kaufen können. Wenn demgegenüber Papiergeld für 25 Bodenjahresrenten in Umlauf gebracht wird, dann dürfte das Papiergeld nicht so viel Wert haben wie das Silbergeld, weil man mit 2 000 Pfund Silbergeld ebensoviel Boden erwerben würde wie mit 2 500 Pfund Papiergeld.

Da es sehr praktisch sein würde, dieses Bodengeld bei uns einzuführen, wäre es unvernünftig, unsere Industrie und unsere Bevölkerung dadurch einzuschränken, daß man sie vom Münzgeld abhängig macht, zumal das Münzgeld nicht in unserer Macht liegt, sondern in der Macht unserer Feinde. Demgegenüber könnten wir über ein eigenes Geld verfügen, welches in jeder Hinsicht besser geeignet wäre, als Geld zu dienen.

Wenn man abschließend die Lage unseres Landes aus der Sicht der großen Geldknappheit beurteilt, dann zeigt sich:

1. Der Wert des Bodens sinkt, die Renten werden nicht bezahlt,
die Pachthöfe verbleiben in den Händen ihrer Eigentümer, die 162
Person und das Eigentum des Schuldners werden gerichtlich verfolgt, weil sich der Schuldner verpflichtete, in Münzgeld zu bezahlen, welches im Lande kaum noch vorhanden ist.
2. Der Geldkapitalist ist dem Zufall ausgesetzt, weil der Wert des Münzgeldes ungewiß ist. Der Geldkapitalist läuft Gefahr, im Gefolge der Zerrüttung alles zu verlieren.
3. Der beklagenswerte Zustand unseres Handels. Ein Teil der vom Handel abhängigen Bevölkerung, die seinerzeit gut lebte, stirbt Hungers oder sieht sich gezwungen, das Land zu verlassen.
4. Die anderen Klassen unserer Bevölkerung leiden in dementsprechendem Maße.
5. Diese Zustände können unsere Nation in eine Unordnung stürzen, die sie ihren Feinden ausliefert.

Betrachten wir demgegenüber die Vorteile, welcher sich die Nation erfreuen könnte, wenn das Geld vermehrt würde, dann zeigt sich:

1. Das Land erfährt eine Erneuerung, so daß alles wertvoller wird, die Renten werden bezahlt und die Schuldner können, weil sie den Wert aufbringen, mit welchem sie sich verschuldet haben, ihre Person und ihre Habe den Gefahren entziehen, denen sie augenblicklich noch ausgesetzt sind.
2. Der Handelskapitalist empfängt seine Zahlungen fristgemäß, und zwar in einem Geld, welches einen sichereren Wert hat als das Silber oder jegliche andere Ware. Der Geldkapitalist läuft nicht mehr die Gefahr, durch die Zerrüttung geschädigt zu werden.
3. Der Handel wird aufblühen. Diejenigen, die vom Handel abhängen, werden ermutigt.
4. Die Lage der anderen Klassen der Bevölkerung wird sich verbessern.
5. Die Nation wird in der Lage sein, die Ordnung aufrecht zu erhalten und ihren Feinden zu widerstehen.

Überschaut man alle diese Überlegungen, dann sieht man, daß das Problem darin besteht, ob wir entweder unser Land in dem Maße verbessern, wie das möglich wäre, und zwar ohne jegliche Eingriffe in den Handel, oder ob wir wie bisher fortfahren, damit zu rechnen, daß das Silbergeld aus anderen Ländern zu uns kommt.

Ein großer Vorteil für unser Land dürfte darin bestehen, daß wir
164 mit Hilfe unseres Katasters in der Lage sind, unser Projekt in die Wirklichkeit umzusetzen, und daß wir dessen Früchte augenblicklich ernten könnten. Selbst wenn die anderen Nationen die Absicht hätten, solche Maßnahmen ebenfalls durchzusetzen, gelänge ihnen dies erst nach Ablauf einiger Jahre. Das ändert allerdings nichts an der Tatsache, daß es für die Wohlfahrt ganz Europas wünschenswert sein würde, daß England diesbezüglich über die gleichen Möglichkeiten verfügte wie wir selbst.

Es fehlte mir die Zeit, meine Gedanken in einer besseren Ordnung darzulegen. Desgleichen sehe ich mich genötigt, auf die

Niederschrift einiger Erwiderungen zu verzichten, die ich ursprünglich als Entgegnungen auf Einwände gegen mein Projekt vorgesehen hatte. Sollte das Parlament es jedoch für geboten halten, daß ich dazu Stellung nehme, dann würde ich meiner Überzeugung Ausdruck verleihen, daß dieses Projekt große und unbezweifelbare Vorteile besitzt, daß es der Nation in keiner Weise schaden kann und daß es sich durchsetzen läßt, daß es weder der Nation im ganzen noch irgendeinem einzelnen zum Nachteil gereicht, sondern daß das genaue Gegenteil eintreten wird.

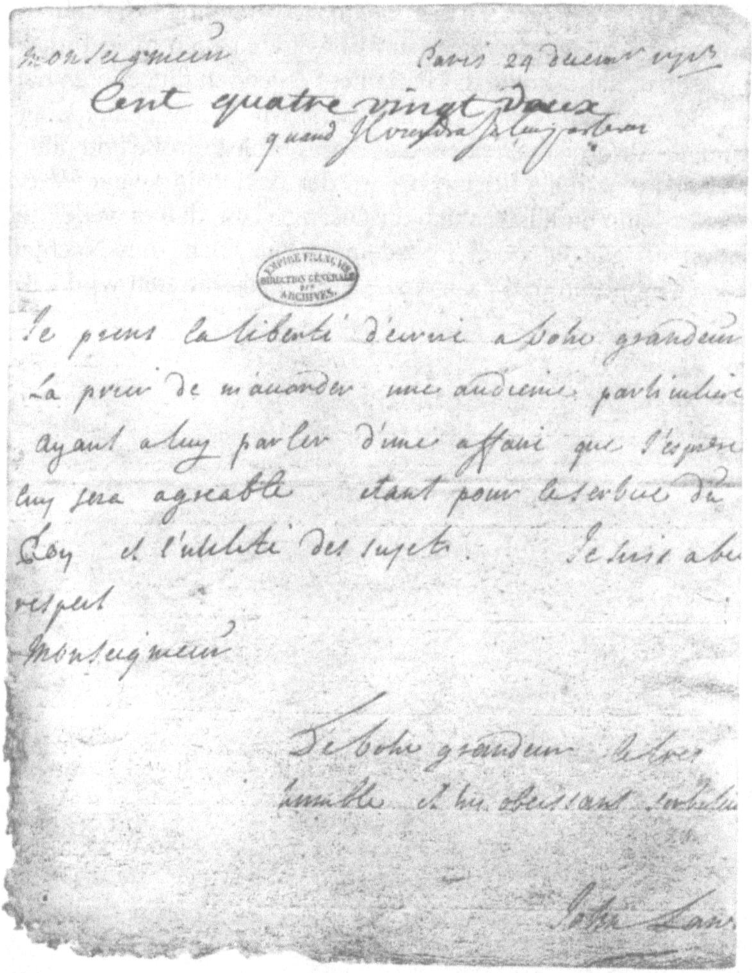

Monseigneur Paris 24 decemr 1713

Cent quatre vingt deux

quand [illegible]

EMPIRE FRANÇAIS DIRECTION GÉNÉRALE DES ARCHIVES

Je prens la liberté d'ecrire a votre grandeur la prier de m'accorder une audience particuliere ayant a luy parler d'une affaire que j'espere luy sera agreable etant pour le service du Roy et l'utilité des sujets. Je suis avec respect

Monseigneur

De votre grandeur le tres humble et tres obeissant serviteur

John Law

Reproduktion einer Bitte Laws um Audienz beim Regenten, dem Herzog Philippe von Orléans (Dez. 1713).

Bitte Laws um eine Audienz beim Regenten, dem Herzog Philippe von Orléans[1]

Transkription der Handschrift:

Paris, 24 décembre 1713

Monseigneur,
Je prens la liberté d'écrire à votre grandeur la prier de m'accorder une audience particulière ayant a luy parler d'une affaire qui j'espère luy sera agréable étant pour le service du Roy et l'utilité des sujets.
Je suis avec respect, Monseigneur, de votre grandeur, le très humble et le très obéissant serviteur

John Law

Paris, 24. Dezember 1713

Durchlaucht!
Ich nehme mir die Freiheit, Eurer Hoheit zu schreiben und darum zu bitten, mir eine Privataudienz zu gewähren, denn ich möchte eine Angelegenheit vortragen, von welcher ich glaube, daß sie Euch angenehm sein wird, weil sie dem König dient und seinem Volk nutzt.
Ich bitte Eure Durchlaucht, die Bezeugung der Hochachtung eines untertänigen und gehorsamen Dieners Eurer Hoheit entgegenzunehmen

John Law.

Brief Laws an den Regenten, den Herzog von Orléans[1]

Euer Gnaden, es gibt Ereignisse, denen man, obwohl sie unsere Mächte interessieren müßten, nicht die notwendige Beachtung schenkt. Die Entdeckung Amerikas war ein solches Ereignis. Vorher herrschte Geldknappheit. Allerdings war diese Geldknappheit überall anzutreffen. Der neue Handel lieferte dann riesige Geldmengen, ohne daß der Geldüberfluß allgemein geworden wäre.

Die Handelsnationen haben daraus größere Vorteile gezogen als die anderen Länder, so daß sie ihre Macht erheblich bestärken konnten.

Demgegenüber verloren Staaten, die wegen ihrer besonderen Lage von dieser Entdeckung nicht profitierten oder die ihren Handel vernachlässigten, den Rang, welchen sie ursprünglich innehatten. Die Vermehrung des Geldes führte zur Verringerung seines Wertes um ungefähr 90 Prozent, so daß man nunmehr 10mal so viel benötigt, um sich mit dem Lebensnotwendigen zu versehen. Die Ausgaben für die Unterhaltung der Streitkräfte sowie andere Kriegsausgaben sind dementsprechend angestiegen. Der Amerikahandel hat die Machtverhältnisse derartig durcheinander gebracht, daß zum Beispiel Schottland, welches sich früher gegenüber England auf einem Niveau von 1 zu 5 befand, gegenwärtig nur noch auf den zwanzigsten Teil der Macht von Großbritannien veranschlagt werden kann. Indessen hat Schottland gegenüber früher nichts von seiner Macht eingebüßt, allerdings vermochte England seine Macht zu vergrößern.

Ein zweites Ereignis, welches nicht weniger bedeutungsvoll als das erste sein dürfte, ist die Einführung des Kredits, eine Angelegenheit, die in Frankreich noch unbekannt geblieben ist, derer sich die Engländer aber bereits erfolgreich bedienen. Wenn Spanien Amerika den Engländern überlassen hätte, dann würde England im Amerikahandel nicht soviel gewonnen haben, wie es aus dem Kredit zu profitieren vermochte.

Vor dem Tode Karls II.[2], König von Spanien, lieferte der Amerikahandel den Engländern Silberprodukte im Wert von jährlich ungefähr 25 Millionen. Davon wurde ein Teil verbraucht, mit einem anderen Teil beglich man das Handelsdefizit gegenüber Frankreich und ein weiterer Teil schließlich wurde von der Ostindien-Kompanie[3] abtransportiert. Zurück blieben von der genannten Summe lediglich ungefähr 8 Millionen. Danach wären, wenn man das Geld in England um 400 Millionen vermehren wollte, 50 Jahre eines reibungslosen und ununterbrochenen Handels notwendig, wobei man die landwirtschaftlichen Erzeugnisse und die Manufakturerzeugnisse des Landes im Austausch gegen das Silber weggeben müßte.

Durch die Einführung des Kredits konnte England sein Geld über den genannten Betrag hinaus vermehren, ohne deswegen im Gegentausch irgendeinen anderen Warenwert aufgebracht zu haben, denn der Kredit, welcher allein in der Stadt London umläuft, übersteigt bereits jetzt das gesamte Münzgeld von Frankreich und England. Darum darf man sich nicht darüber wundern, daß das Geld in London so reichlich vorhanden ist, denn hier macht das Münzgeld lediglich den fünften Teil des Kredits aus.

Der Betrag dieser Geldvermehrung schlägt sich in einer Ausweitung der Industrie und der Manufakturen dieses Königreichs nieder, und er bringt jährlich mehr als doppelt soviel hervor, als der Amerikahandel hätte abwerfen können. Diese Industrieerzeugnisse gelangen weit über die Grenzen hinaus, so daß der größte Teil Europas damit versorgt wird.

Man sagt zu Recht, daß die Bedürftigkeit die Mutter der Erfindungsgabe ist. So haben die Engländer den Kredit im Handel eingeführt, weil sie dazu gezwungen waren. Der Krieg gegen Frankreich veranlaßte sie zu großen Ausgaben, damit die Truppen im Ausland unterhalten werden konnten. Man war genötigt, Münzgeld aufzubringen, um diese Ausgaben zu bestreiten. Da die Einnahmen aus dem Außenhandel nicht genügten und da der Handel mit Amerika wegen des Krieges unterbrochen war, würde England unterlegen gewesen sein, wenn es nicht andere Mittel zu seiner Unterhaltung gefunden hätte.

Bereits drei Kriegsjahre[4] versetzten England in diese Lage. Der König Wilhelm[5] mußte, wenn er Geld auf den Grund und Boden, der vom Parlament zur Verfügung gestellt wurde, leihen wollte, bis zu 50 Prozent Zinsen zahlen, und dies obwohl der Staat damals, im Vergleich zu heute, nichts oder fast nichts schuldete.

Die Gründung der Bank brachte wieder Ordnung in die Finanzangelegenheiten und sie erhielt diese Ordnung auch aufrecht. Der Handel blühte auf, und die Krone und der Staat konnten während zweier langer Kriege unterhalten werden, Kriege, die England verhältnismäßig erheblich mehr kosteten als Frankreich.

England unterhielt mehr als 200 000 Mann und ungefähr 300 Kriegsschiffe, hinzu kamen die Pensionen, die den Prinzen gezahlt werden mußten, und die Tatsache, daß der Kriegssold höher als in Frankreich lag. Man kann sich also denken, wozu Frankreich fähig gewesen wäre, wenn es über einen gut eingerichteten Kredit verfügt hätte, der geschickt eingesetzt worden wäre, zumal Frankreich gleichzeitig noch über den Amerikahandel verfügte, welcher Vorteile mit sich brachte, die den Engländern fehlten. Ganz deutlich ersieht man aus diesen hier angestellten Erwägungen, daß England auch ohne den Amerikahandel durch seine Bank aufrechterhalten wurde und daß umgekehrt der Amerikahandel ohne eine Bank Frankreich nicht vor dem Zusammenbruch bewahren konnte.

Während England mit dem Mittel des Kredits seine Macht vermehrte, trugen die Schuldverschreibungen, welche Frankreich bei sich einführte, dazu bei, das Land zu ruinieren.

Ein Volk, welches sich moderner Schußwaffen bedient, könnte keinen größeren Vorteil gegenüber einem anderen Volk, das mit

Pfeil und Bogen kämpft, haben, als die Engländer gegenüber Frankreich Vorteile hinsichtlich des Handels hatten. Ferner sollte darauf hingewiesen werden, daß Frankreich vor der Gründung der Bank von England seinen Widersachern überlegen war, daß aber danach die Engländer in die Lage versetzt wurden, größere Summen aufzubringen und den Krieg entschlossen zu führen, ohne daß der Kredit Englands deswegen Schaden nahm und ohne daß die Verbündeten darunter leiden mußten.

Vor der Einführung des Kredits war dasjenige Land am mächtigsten, welches über das meiste Münzgeld verfügte, aber gegenwärtig ist es dasjenige, welches sich am besten des Kredits bedient. Diejenigen Staaten, die es vernachlässigen, sich dieses Mittels zu bedienen, schaffen sich dadurch große Ungelegenheiten, die denen vergleichbar sind, die, wie im vorangegangenen Fall, aus der Mißachtung des Amerikahandels erwuchsen. Es genügt eben nicht, daß ein bestimmtes Land von Natur aus reich ist und daß die Menge des Münzgeldes im Verhältnis zu den anderen Ländern auf dem gleichen Niveau bleibt, man muß sich außerdem auch solcher Vorteile bedienen, die die anderen Nationen bereits bei sich nutzen, anderenfalls verlöre man seinen ursprünglichen Rang.

Selbst wenn Frankreich über zweimal soviel Münzgeld wie gegenwärtig verfügte, hätte es doch nicht genug, um seinen Handel so weit auszudehnen, wie dies durch England geschieht. Um in den Besitz amerikanischen Münzgeldes zu gelangen, muß man im Gegentausch Waren aufbringen. Es bedarf dazu eines mehrjährigen Handels, einer Zeit also, in welcher sich auch England in entsprechendem Maß verstärkt, so daß Frankreich schließlich, obwohl es sein Geld verdoppelt haben würde, gegenüber England in einer vergleichsweise schlechteren Lage sein wird, als es dies heute ist.

Das bedeutet, daß wenn sich Eure Königliche Hoheit nicht entschließen kann, den Kredit in Frankreich einzuführen, um dadurch die Geldmenge zu erhöhen, die Arbeiter das Land verlassen werden, um im Ausland Beschäftigung zu suchen, die Manufakturen niedergehen werden und der Staat vom Ruin bedroht sein wird. England befindet sich in der Lage, ganz allein den gesamten Handel in ganz Europa zu gewährleisten, und es wartet nur darauf, von der Nachlässigkeit seiner Nachbarn zu profitieren, damit es dieses große Ziel verwirklichen kann.

Und es gibt noch ein drittes Ereignis, welches zwar noch nicht deutlich zutage getreten ist, welches aber nichtsdestoweniger der Entscheidungen Eurer Königlichen Hoheit bedarf. Dieses Ereignis wird die europäischen Mächte noch stärker berühren als die zwei anderen, von denen ich bereits gesprochen habe, denn es wird Wirkungen hervorbringen, die noch außerordentlicher sein werden.

Eure Königliche Hoheit werden sich erinnern, daß eines Tages in Marly[6] mir die Ehre zuteil wurde, aus Eurem Munde zu hören, daß durch die Überlegungen, die ich die Gelegenheit hatte, Euch zu unterbreiten, Ihr nunmehr begannt, die Schwierigkeiten der Angelegenheiten des Landes zu durchschauen. Ich hatte die Ehre, Euch damals zu verstehen zu geben, daß meine Idee der Bank noch nicht mein wichtigstes Projekt sei und daß ich etwas plante, wodurch ich 500 Millionen beschaffen könnte, ohne daß dies das Volk auch nur das geringste kostete. Ich kann nicht glauben, daß Eure Königliche Hoheit diesen meinen Vorschlag vergessen haben kann oder daß Ihr ihn geringschätztet, denn er verdient unbedingt Eure Beachtung[7].

Ich habe mein Projekt der Gründung einer Bank ausführlich dargelegt, um Eurer Königlichen Hoheit zu beweisen, daß sie weder Euch, dem König, noch dem Volke irgendwie zum Schaden sein könnte. Vielmehr handelt es sich dabei um das schnellste, um das sicherste und um das harmloseste Mittel, welches den guten Glauben und das Vertrauen in den Handel wieder herzustellen vermag, der die eigentliche Machtbasis eines Staates bildet, so daß es geboten erscheint, an diesem Punkt alle seine Bemühungen anzusetzen.

Eure Königliche Hoheit hatten die Güte, mir zu sagen, daß Ihr darauf verzichten wolltet, über Einzelheiten der Durchführung meines Projekts unterrichtet zu werden, so daß ich mir die Freiheit nehme, die Ihr mir gewährt habt, um diesbezüglich Stillschweigen zu bewahren. Sobald ich jedoch ans Werk gehen werde, wird sich zeigen, daß die Monarchie die günstigste Staatsform darstellt, um den Kredit einzuführen und daß Ereignisse, die andere Banken in Gefahr bringen würden, den Kredit, welchen ich zu etablieren vorschlage, nicht im geringsten erschüttern könnten.

Durch dieses Vorhaben werde ich das Geld so reichlich machen, daß man es zu 4 Prozent leihen könnte. Zu diesem Preis wäre es für alle diejenigen zu haben, die genügende Sicherheiten geben könnten, um es zurückzuzahlen. Ich werde die Einkommen aus Hypotheken und die Staatspapiere auf den gleichen Wert wie das Münzgeld bringen.

Aber die Bank ist nicht das einzige und nicht einmal das größte meiner Vorhaben. Ich werde etwas unternehmen, was ganz Europa wegen der Veränderungen, die Frankreich zum Vorteil gereichen werden, überraschen wird. Diese Veränderungen werden größer sein als diejenigen, die aus der Entdeckung Amerikas und aus der Einführung des Kredits erwuchsen. Durch meine Unternehmungen wird Eure Königliche Hoheit in die Lage versetzt werden, das Königreich aus dem traurigen Zustand, in welchen es geriet, wieder herauszuführen, es mächtiger zu machen, als es jemals zuvor war, seine Finanzen wieder zu ordnen, die Landwirtschaft wieder in Schwung zu bringen und zu verbessern, die Manufakturen und den Handel zu beleben, die Bevölkerungszahl zu vergrößern, das nationale Einkommen des Königreichs zu vermehren, die Aufwendungen für die unnützen und lästigen Ämter zurückzuerstatten, die Einnahmen des Königs zu steigern, bei gleichzeitiger Entlastung des Volkes, und schließlich die Staatsschuld zu verringern, ohne deswegen den Gläubigern zu schaden.

Dieses große Königreich würde, sofern man es gut regierte, der Schiedsrichter in Europa werden, ohne daß man sich der Gewalt bedienen müßte. Die Macht Frankreichs müßte auf einem ausgedehnten Handel sowie auf der Anzahl und dem Reichtum seiner Einwohner begründet sein.

Die gute Regentschaft Eurer Königlichen Hoheit genügte, um die Bevölkerung auf 30 Millionen, das nationale Einkommen auf 3 000 Millionen und die königlichen Einnahmen auf 300 Millionen zu erhöhen.

Eine gut geführte Landwirtschaft wie auch ein gut geführter Binnenhandel und Außenhandel könnten dem Königreich zu diesem hohen Stand von Macht verhelfen, der seine Speicher mit dem füllte, was zum Leben notwendig ist und was das Leben angenehm macht und was die Verteidigung des Staates gewährleistet. Das Königreich wäre in der Lage, 300 000 Mann Landtruppen zu unterhalten sowie 300 Kriegsschiffe, ohne daß dadurch das Volk übermäßig belastet sein würde. Ganz im Gegenteil würde Frankreich das Land glücklicher Menschen und die Zuflucht der Unglücklichen werden. Um der Verteuerung des Geldes zu begegnen, ist augenblicklich der Amerikahandel erforderlich, was Frankreich gegenüber Spanien abhängig macht.

Durch mein Vorhaben dürfte der Amerikahandel überflüssig werden, so daß Frankreich der anderen Mächte nicht mehr bedürfte und in die Lage versetzt würde, seiner Bevölkerung Geld in reichlichen Mengen zur Verfügung zu stellen.

Ich werde den König und den Staat entlasten, indem ich die Geldzinsen verringere, und dies wird nicht durch Gesetze geschehen, sondern dadurch, daß das Geld im Überfluß vorhanden ist.

Das Geld, welches in Frankreich aus den Rohstoffen hergestellt wird, die aus Amerika eingeführt werden, verliert an Wert wegen der großen Mengen, die ständig nach Europa gelangen. Demgegenüber wird der Kredit, den ich einzuführen vorschlage, von sicherem Wert sein, und um 20 beziehungsweise 30 Prozent gegenüber dem Münzgeld gewinnen, ganz abgesehen davon, daß die Anlage von Münzgeld nur 2 Prozent und die von Papiergeld 3 Prozent einbringen wird.

Die falsche Entscheidung eines Ministers oder das unrichtige Verhalten der Kaufleute können die finanziellen Angelegenheiten des Königs und den Handel in Unordnung bringen, woraus das Ausland gegenüber Frankreich sofort Nutzen zieht und wodurch ein Außenhandelsdefizit entsteht, was den Abtransport von Geld zur Folge hat. Angesichts dessen werden meine Aktivitäten dem Königreich fortlaufend hilfreich sein. Weder falsches Verhalten der Minister noch einzelner Untertanen könnten diesen Beistand jemals zunichte machen oder auch nur einschränken. Stets wird das Geld reichlich und im richtigen Verhältnis zu der Menge, die die Bevölkerung benötigt, vorhanden sein, und es wird weder zu billig noch zu teuer zu haben sein.

Das sicherste Mittel, um dem Königreich den Frieden zu bewahren, dürfte darin bestehen, daß man sich in die Lage versetzt, einen Krieg zu führen. Ein gut regiertes Frankreich würde von den anderen Mächten derartig respektiert werden, daß sie es nicht wagten, in Alliancen einzutreten, die gegen das Land gerichtet sind. Sie würden ihre Sicherheit darin suchen, von Frankreich beschützt zu werden.

Das, was ich anbiete, ist frei von jeglichen Überraschungen: Ich bitte weder darum, daß mir vom König große Summen zur Verfügung gestellt werden, noch bedarf ich seines besonderen Vertrauens oder desjenigen der Bevölkerung. Um was ich allerdings bitte, ist, arbeiten zu dürfen und dabei unterstützt zu werden. Ebenfalls brauche ich nicht mit besonderen Befugnissen ausgestattet zu werden, mit denen ich dem Volk oder dem König dann irgendwie Schaden zufügen könnte. Die Unterstützung, die ich von Eurer Königlichen Hoheit erbitte, richtet sich nur auf Dinge, die an sich nützlich und notwendig sind und die Eure Königliche Hoheit einführen müßte, auch wenn Ihr nicht die großen Dinge sähet, die ich mich anschicke zu verwirklichen.

Eure Königliche Hoheit möge sich keine Sorgen darüber machen, daß das, was ich die Ehre habe vorzuschlagen, nicht von Erfolg gekrönt sein könnte, denn nicht der beste Schauspieler spielt die größte Rolle, sondern derjenige, der sie am besten repräsentiert. Ich kenne meine Kräfte und ich liebe viel zu sehr die Ruhe, als daß ich mich auf eine Sache einlassen würde, die ich nicht gründlich verstehe. Meine Vorstellungen sind einfach, die Grundsätze, auf welchen sie fußen, und die Folgen, die ich aus diesen Grundsätzen ableite, sind unanfechtbar.

Wenn alle Bankiers und Kaufleute Frankreichs und des Auslands mein Projekt mit Mißtrauen betrachteten, würden sie mich dennoch nicht daran hindern, erfolgreich zu sein. Ich werde ihr Vertrauen erzwingen, und ich ziehe es vor, dieses Vertrauen dem Wert meiner Arbeit und meinem Verhalten zu verdanken, als daß es aus einer Meinung, die man sich grundlos bildete, erwüchse. Ich versichere Eurer Königlichen Hoheit, daß hauptsächlich das Bestreben, einem Volk Gutes zu erweisen und die Gewißheit, die ich habe, dabei erfolgreich zu sein, mich mehr als das persönliche Interesse zur Arbeit veranlassen.

Der Kaiser[8] gewährt Steuereinzugsrechte, Schenkungen, Vorrechte und starke Begünstigungen, um dadurch die Gründung einer Bank zu fördern, die weder auf klaren noch überhaupt auf irgendwelchen Grundsätzen beruht. Dagegen schlage ich ein einfaches Unternehmen vor, welches ich auf meine eigenen Kosten zu etablieren anbiete, und ich stoße auf Schwierigkeiten, ans Werk zu gehen. Ich bitte Eure Königliche Hoheit, das, was ich die Ehre habe, Euch zu unterbreiten, der Beachtung für würdig zu befinden. Wenn Ihr es für richtig erachtet, mich in Eure Dienste zu nehmen, dann habt die Güte, mich gegen die Feinde des Königs und Eurer Königlichen Hoheit sowie des Staates zu unterstützen und gegen die Eifersucht, die Voreingenommenheit und die Sonderinteressen, damit ich zum Wohle des Staates und zu meiner eigenen Ehre arbeiten kann, denn je größer die Dienste sein werden, um so mehr muß ich damit rechnen, Widerständen zu begegnen.

Denkschrift über die Banken[1] 269

Die Bank bedeutet einen allgemeinen Kredit, welcher überall im Staat Bequemlichkeiten und Vorteile bewirkt, besonders jedoch im Handel.

Die Nützlichkeit dieser Einrichtung wird in ganz Europa anerkannt, in den monarchisch regierten Staaten ebenso wie in den Republiken. Da man es in Frankreich jedoch bisher vernachlässigte, sich der Banken zu bedienen und da sich Frankreich in dieser Angelegenheit nicht ganz auf der Höhe der Zeit befindet, will ich versuchen, eine nähere Erläuterung der Vorteile und Bequemlichkeiten, die die Bank mit sich bringt, zu geben. Ich werde auch zeigen, daß der Kredit in Frankreich auf sichereren Grundlagen und in größerem Umfang eingerichtet werden kann (und das selbst im Verhältnis zur Größe des Landes), als in jedem anderen europäischen Land.

Die ersten Banken, wie diejenige von Schweden und die von Amsterdam und so weiter, waren Depots, die man zur Erleichterung des Handels gründete.

Vermittels dieser Einrichtungen leisteten die Kaufleute ihre
Zahlungen durch Verrechnung, so daß keine Kassierer erfor- 270
derlich wurden. Die Kosten und die Risiken dafür ließen sich
vermeiden. Das galt für die Ausgabe für Transportkosten und für
Geldträger ebenso wie für beschädigte Säcke, falsche oder zu
leichte Münzen.

Ein zweiter Vorteil, den die Bank mit sich bringt, liegt in einer stärkeren Handelstätigkeit, denn Banknoten sind bei Geldeinnahmen und Zahlungen besser als Münzen geeignet, als Geld zu fungieren. Dazu ein Beispiel: A schuldet B 20 000 Taler. B schuldet die gleiche Summe an C und C wiederum schuldet an D. Alle sind verpflichtet, am 10. des Monats zu zahlen. Nehmen wir einmal an, daß A um 3 Uhr nachmittags zahlt. Unter diesen Umständen hätte B gerade noch die Möglichkeit, mit dieser soeben empfangenen Summe C zu bezahlen. Im weiteren könnten diejenigen, die noch Geld empfangen müßten, sofern sie nicht über zusätzliche Beträge in ihren Kassen verfügten, ihren eigenen Verbindlichkeiten nicht nachkommen.

Die Zahlungen mit Banknoten lassen sich also in kürzerer Zeit abwickeln, denn die gleiche Summe wird noch am gleichen Tage mehrmals dienen und in andere Hände überwechseln. Das besagt, daß eine bestimmte Summe von Banknoten, wenn sie zum Beispiel dreimal schneller als Münzgeld umläuft, im Handel einen dreimal so hohen Betrag repräsentiert. Auf diese Weise kann man, wenn man den Kredit der Bank von England auf einen Betrag von 50 Millionen schätzt, davon ausgehen, daß diese 50 Millionen Banknoten im Handel die gleiche Wirkung haben, als wenn stattdessen 150 Millionen Münzgeld umlaufen würden. Also bringt die Bank für England einen großen Vorteil mit sich und zwar so, als hätte sich die Menge des Geldes dieses Königreichs um 100 Millionen erhöht.

Fährt man in Frankreich jedoch fort, seine Zahlungen in Münzgeld abzuwickeln, während sich die anderen Nationen bereits des Kredits bedienen, dann verursacht man dem Handel einen großen Schaden, so daß man nur darüber staunen muß, wie ein gut regierter Staat so lange in einem derartigen Irrtum beharren kann.

Wenn ich einmal voraussetze, daß Frankreich lediglich über
271 Kupfergeld verfügt, dann bedürfte man, wenn alle Zahlungen ausschließlich in Kupfermünzen geschähen, eines Karrens, um 500 Pfund in diesem Geld zu transportieren. Drei Viertel ihrer Zeit wären die Kaufleute allein damit beschäftigt, Geld zu empfangen und Zahlungen vorzunehmen, ganz abgesehen davon, daß ein Teil der Bevölkerung, ein Teil der Transportmittel

und Pferde und so weiter damit beschäftigt sein würden, ganze Wagenlasten dieses Geldes von einem Haus zum anderen zu transportieren.

Ich will ferner einmal davon ausgehen, daß England und Holland über Silbergeld verfügen und daß sie sich der Münzen nur bei kleineren Zahlungen bedienen, so daß die englischen und die holländischen Kaufleute eine oder zwei Stunden benötigen, um die gleichen Zahlungen und Geldeinnahmen vorzunehmen, für welche die Franzosen einen ganzen Tag aufbringen müßten, wenn sie ihr Kupfergeld benutzten. Genau dies ist die augenblickliche Lage, in welcher sich Frankreich, im Vergleich zu den anderen Handelsnationen, befindet.

Es trifft zu, daß sich Frankreich auch des Goldes und des Silbers als Geld bedient, aber die anderen Länder haben bei sich ein Geld eingeführt, welches, wegen der größeren Bequemlichkeit im Handel, vorteilhafter als diese Metalle ist, ungeachtet dessen, daß das Gold und das Silber dem Kupfer noch vorzuziehen wären, und die Unterschiede bei Zahlungen in Banknoten und in Gold lassen sich schwer mit denen in Silbergeld und in Kupfergeld vergleichen. In der gleichen Weise, wie das Gold ein Geld darstellt, welches sich für große Zahlungen besser eignet als das Silbergeld, dürften die Banknoten noch vorteilhafter als das Gold sein.

Ein Engländer kann mit Hilfe von Banknoten in einer Stunde mehr Geld einnehmen und damit mehr Zahlungen vornehmen als ein Franzose an einem ganzen Tage. Diese Vorteile sind so weit bekannt, daß man sich in Amsterdam weigert, auf London ausgestellte Wechsel entgegenzunehmen, wenn auf diesen Wechseln nicht ausdrücklich vermerkt ist, daß die Zahlung in Banknoten erfolgen wird, denn anderenfalls würden die Handelskorrespondenten in London es ablehnen, den Auftrag auszuführen, und dies wegen der Beschwerlichkeiten, Geldeinnahmen und Zahlungen in Form von Münzgeld vornehmen zu müssen. Wenn ein Kaufmann in London einen Wechsel zu bezahlen hätte, den er sich anschickte in Guineen zu begleichen oder in Talern zu bezahlen, dann würde man diesen Wechsel kaum noch bereit sein entgegenzunehmen, weil man sich der Unbequemlichkeiten von Zahlungen in Münzgeld schwerlich aussetzen wollte.

Die Holländer sind auf diesem Wege der Vereinfachung von
272 Zahlungen noch weiter vorangeschritten als die Engländer. Sie behalten nicht einmal die Banknoten bei sich sowie sie ebenfalls nicht herumlaufen, um letztere einzutreiben, vielmehr haben sie kleine gedruckte Anweisungen, die sie ausfüllen, womit sie der Bank die Summe anzeigen, die sie zahlen müssen, und sie empfangen auf gleichem Wege die Zahlungen, die man ihnen schuldet. Auf diese Weise vermag ein Holländer in einer Viertelstunde, ohne mit jemandem gesprochen zu haben und ohne das Haus verlassen zu haben, Zahlungen oder Geldeinnahmen von 4 oder 500 000 Gulden mit 50 verschiedenen Personen zu tätigen, ohne die geringste Schwierigkeit zu haben. Man läuft so nicht die Gefahr, die Banknoten durch Diebstahl, Feuer und andere Einwirkungen zu verlieren. Der Betreffende verfügt über ein Bankkonto, er zahlt und empfängt Zahlungen über dieses Konto, ohne daß er sich deswegen der Banknoten oder gar des Münzgeldes bedienen müßte. Sollte einmal eine falsche Rechnung erfolgen, dann läßt sich der Irrtum leicht aufklären, und derjenige, der etwas empfing, was ihm nicht zustand, zahlt der Bank zurück, was er zuviel erhielt.

Diese Vorgehensweise ist die Hauptursache dafür, daß der Handel in London und in Amsterdam derartig schwungvoll ist. Ein Holländer ist in der Lage, zu 1 oder 2 Prozent Profit zu verkaufen, wenn er sein Geld auf der Bank bezahlen oder empfangen kann. Er würde einen derartig bescheidenen Profit ausschlagen, und er würde die Gelegenheit zu verkaufen auslassen, wenn er sich die Unbequemlichkeit zuzöge, die betreffende Summe in Münzgeld entgegennehmen zu müssen.

Die Holländer haben die Bank von Amsterdam in der ausschließlichen Absicht gegründet, den Kaufleuten dadurch die Möglichkeit zu geben, ihre Zahlungen durch gegenseitige Verrechnungen vorzunehmen, denn diese Bank gibt dem Münzgeld ja keineswegs einen schnelleren Umlauf. Man kann sich des herbeigeschafften Betrages nicht sogleich bedienen, das heißt, ihn noch am Tage des Abtransports benutzen, man muß erst noch den nächsten Tag abwarten, angeblich um den Buchhaltern der Bank die Zeit zu geben, die entsprechenden Eintragungen auf den Konten derjenigen vorzunehmen, für die die Zahlungen eingingen, und um Mißbräuche zu vermeiden. Indessen erkannten die Holländer, daß die Vorteile der Zahlungen über die Bank sehr groß sind. Das war für sie der einzige Grund, die ganze Sache mit diesem einzigen Ziel einzurichten.

Die Bank von England schafft außer den Bequemlichkeiten, die sie den Kaufleuten bietet, die Zahlungen zu vereinfachen, auch noch einen schnelleren Geldumlauf, so daß dadurch die gleiche Wirkung entsteht, als wenn die Geldmenge in England beträchtlich erhöht worden wäre. Aber auf diesen Umstand habe ich bereits hingewiesen.

Selbst wenn die vorgeschlagene Bank keine anderen Vorteile
mit sich brächte als die von mir bereits genannten, dürften diese 273
doch so groß sein, daß Eure Königliche Hoheit veranlaßt werden müßte, sie einzurichten.

Aber die Bank von England bewirkt weitere Vorteile für den Handel und für alle anderen Bereiche des Staates, denn sie bewahrt ja nicht sämtliche Beträge, für welche sie Noten ausgibt, in ihren Kassen auf. Einen großen Teil dieser Beträge legt sie günstig an. In der Regel werden ungefähr die gleichen Beträge Silbergeld zur Bank gebracht, um dagegen Noten zu empfangen, wie man umgekehrt auf der Bank Noten gegen Silber einlöst. Darum ist es nicht erforderlich, den gesamten Gegenwert sämtlicher Banknoten in den Kassen aufzubewahren. Da es jedoch häufig vorkommt, daß die Nachfrage nach dem einen die Nachfrage nach dem anderen um 2 oder um 3 Millionen übersteigt, muß die Bank eine bestimmte Reserve in ihren Kassen halten, damit sie ihren Kredit bewahrt. Mit 50 Millionen dürfte sie aber bereits über mehr Münzgeld verfügen als notwendig wäre, um einen Kredit von 100 Millionen Banknoten aufrechtzuerhalten. Dadurch schafft die Bank eine tatsächliche Geldvermehrung um 50 Millionen sowie einen Profit für die Bankgesellschaft.

Ich habe bereits darauf hingewiesen, daß in allen Zahlungen die Banknoten besser geeignet sind, als Geld zu dienen, und daß sie im Handel mindestens das Dreifache von einer gleichen Summe von Münzgeld bewirken.

Wenn also besagte 50 Millionen, die sich in der Kasse befinden, einen Kredit von 100 Millionen gewährleisten und wenn diese 100 Millionen die gleichen Wirkungen hervorbringen wie 300 Millionen Münzgeld, dann schafft die Bank über ihren Kredit und über den schnelleren Geldumlauf, den sie bewirkt, dem Staat einen Vorteil, der dem entspricht, als wenn die Geldmenge um 250 Millionen erhöht worden wäre, weil diese Banknoten im Handel und in allen Zahlungen akzeptiert werden. Sie werden den Münzen sogar vorgezogen, weil sie über die für das Geld notwendigen Eigenschaften in einem höheren Grade verfügen als das Gold und das Silber und weil sie nach Belieben in Münzgeld umgetauscht werden können.

Niemand wird bezweifeln, daß der Kredit einen großen Vorteil für den Staat und den Handel mit sich bringt, man ist jedoch der Ansicht, daß er in Frankreich nicht gelingen würde. Die Begrün-
274 dung, die man dafür anführt, besteht in dem Hinweis auf die besondere Eigenart der französischen Staatsform. Man glaubt, daß der Kredit lediglich in Republiken oder in konstitutionellen Monarchien[2], so wie in England, erfolgreich angewendet werden könnte. Eine derartige Begründung ist jedoch falsch, denn Banken werden mit Erfolg in Monarchien wie auch in Republiken gegründet, wie es die Beispiele von Rom, von Neapel, von Schweden und von Wien beweisen. Ich gehe sogar so weit zu behaupten, daß ein absoluter Herrscher, der etwas vom Regieren versteht, sehr wohl in der Lage wäre, seinen Kredit derartig auszudehnen, daß er sich alle Summen beschaffen könnte, derer er nur immer bedürfte, und dies zu einem niedrigeren Zins, als dies solche Herrscher vermöchten, deren Machtbefugnisse begrenzt sind.

Die eigentliche Ursache dafür, daß der Kredit in Frankreich fehlschlug, dürfte darin zu suchen sein, daß man ihn auf falschen Grundsätzen begründet, und ich bin durchaus bereit, dies zu beweisen.

Wenn der Kredit vernünftig eingeführt und ordentlich gehandhabt worden wäre, würde der König dadurch eine große Unterstützung erfahren haben. Der Minister[3] hätte die Verpflichtungen, die von Ihrer Majestät eingegangen wurden, einlösen können und wäre ferner in der Lage gewesen, das Geld im Handel im Überfluß zu bewahren. Auf diese Weise wäre es für Eure Majestät vermeidbar gewesen, sich der Kassenbestände zu bedienen, die für die Aufrechterhaltung einer für den Staat so nützlichen und notwendigen Angelegenheit unabdingbar waren.

Die Öffentlichkeit ist wegen des Notengeldes, wegen der Aufnahme von Anleihen und so weiter gegen die Bank eingenommen, denn all das hat dem Handel und den Bürgern sehr geschadet. Und obwohl die betreffenden Noten nicht mit einer Bank zu tun hatten, gibt es indessen nur wenige Personen, die den von mir vorgeschlagenen Kredit von minderwertigen Noten zu unterscheiden wüßten.

Das Münzgeld wirft seinem Eigentümer nichts ab. Solange er es behält und zögert, es gewinnbringend anzulegen, ist es nutzlos. Ebenso wird der Kredit demjenigen, der ihn in den Händen hält, nichts einbringen. Es handelt sich um einen Wechsel, welcher bei Vorlage in Geld verwandelt werden kann, so wie sich ein Louisdor gegen 4 Taler eintauschen läßt. Allerdings ist dieses Geld bequemer als das Gold sowie das Gold seinerseits bequemer als das Silber sein dürfte. Aber auch das Gold wirft von sich aus nichts ab, es sei denn, es böte sich die Gelegenheit, es wertbringend anzuwenden. Das bedeutet, daß die Noten, die in Frankreich im Handel eingeführt wurden, keine echten Kredite waren. Sie warfen lediglich Zinsen ab, es handelte sich um Anlagen.

Wenn man das Geld durch die Einführung des Kredits vermehren will, dann muß derjenige, der einen solchen Kredit vorschlägt, etwas von Geldangelegenheiten verstehen und wissen, welche Eigenschaften das Gold und das Silber dazu bestimmen, als Geld zu fungieren, so daß die schlechten Unternehmungen, die nur bis zu einer bestimmten Grenze Geld ausgeben können, ohne daß ihr Geld seinen Wert verliert, die Krone in die mißliche Lage gebracht haben, wegen der außerordentlichen Verluste, die sie bei derartigen Unternehmungen erleidet, den von ihr eingegangenen Verpflichtungen nicht mehr nachkommen.

275 Ein Minister der Finanzen muß alles, was mit dem Geld und mit dem Handel zusammenhängt, gründlich kennen. Er muß über erprobte Grundsätze verfügen, um in so wichtigen Angelegenheiten entscheiden zu können. Von seinem Verhalten hängt das Glück oder das Unglück eines Staates ab. Eine einzige Entscheidung, die gegen die guten Grundsätze verstößt, verursacht einen größeren Schaden als eine verlorene Schlacht. Letzteres wird offensichtlich, wenn man die Unordnung in Augenschein nimmt, welche durch die Wertminderung des Geldes, die letztlich eintrat, hervorgerufen wurde.

Darüber werde ich in einer gesonderten Schrift[4] sprechen. Ich will jedoch auf meinen eigentlichen Gegenstand zurückkommen und die Überzeugung aussprechen, daß es nicht die vorsätzliche Absicht der Minister war, die Bürger zu ruinieren, den Handel zu zerstören und das Königreich zu schwächen. Es ist anzunehmen, daß sie das öffentliche Vertrauen schon hätten erhalten wollen, wenn sie nur die Mittel gekannt hätten. Sicher wäre ihnen das lieber gewesen, als den eingegangenen Verpflichtungen nicht nachzukommen und sich dadurch die Feindschaft des Volkes zuzuziehen.

Aber gehen wir einmal davon aus, daß der Kredit in einer Art und Weise eingeführt worden wäre, daß er dem König die Beträge, derer er bedurfte, zu einem maßvollen Zins beschafft hätte und daß dieser Kredit den Handel befördert hätte und daß er ebenfalls sämtliche Angelegenheiten des Staates günstig beeinflußt hätte, dann vermag ich mir nicht vorzustellen, daß der König oder seine

Minister das Ansinnen haben könnten, diesen so nützlichen, so notwendigen Kredit zu zerstören. Ganz im Gegenteil, solange der Kredit der Krone dienlich ist, wird die Krone ihrerseits diesen Kredit fördern. Ein Minister dürfte kaum bereit sein, 50 Prozent zu geben, um das Geld zu beschaffen, wenn er das Geld auch zu 5 Prozent haben kann. Es war also keinesfalls die Krone, die den Kredit zerstörte, sondern es waren schlechte Noten, die übrigens nicht einmal diesen Namen verdienen, die die Krone ruinierten.

Man beweist, daß man das Wesen einer Bank und die Vorteile, die sie bietet, nicht begreift, wenn man glaubt, daß ein Herrscher beziehungsweise seine Minister die Absicht haben könnten, diese zu zerstören, indem sie sich der Kassenbestände bedienen.

Eine gut gegründete Bank ist die Grundlage der Macht eines Staates, sie ist die Stütze der Krone. Diese Bank zerstören zu wollen käme dem gleich, die Fundamente des Hauses, in welchem man wohnen will, einzureißen. Der König Ludwig XIV. gab gewaltige Summen dafür aus, um die Würde der Krone zu bestärken. Dieser Herrscher führte während vieler Jahre Kriege, zu Lande und auf See, gegen die vereinigten Mächte Europas[5]. Wenn sein Minister sich dabei eines gut begründeten und geschickt geführten Kredits bedient hätte, hätte er für alle diesbezüglichen Ausgaben aufkommen können, ohne zu Steuerpächtern Zuflucht nehmen zu müssen. Er würde die benötigten Beträge zu maßvollen Zinsen gefunden haben. Er wäre in der Lage gewesen, die Einnahmen des Königs zu erhöhen, wobei sich die Belastung des Vol- 276
kes gleichzeitig hätte mildern lassen, und dies auf Grund einer stärkeren Förderung der Industrie und der Manufakturen sowie auf Grund der allgemeinen Erhöhung der Einkommen im Königreich.

Das, was ich hier vortrage, erscheint ungewöhnlich. Wenn man jedoch die Führung der Geschäfte während des Krieges, die großen Summen, die er verschlang und die dem Staat dadurch entstanden, daß der König auf die Darlehen der Steuerpächter angewiesen war, näher in Augenschein nimmt, ferner die Verluste des Königs betrachtet, die er bei der Ausrüstung seiner Armeen und so weiter erlitt, indem er sie mit irgendwelchem Papier finanzierte, sowie den Diskont veranschlagt, den die Minister in Geld geben mußten, um dieses Papier einzulösen, und die Verluste sieht, die dem König durch Zahlungen im Ausland entstanden, dürfte es leicht fallen zu beweisen, daß, wenn Chamillart[6] bereit gewesen wäre, die Bank zu gründen, die ich damals die Ehre hatte, ihm vorzuschlagen, diese Einrichtung den Staat und die Krone erhalten hätte. Der Minister würde in diesem Fall den Bedürfnissen des Königs nachgekommen sein, ohne deswegen das öffentliche Vertrauen zu erschüttern. Der Handel hätte einen Aufschwung genommen, die Bevölkerung hätte sich vermehrt, und dies sogar während des Krieges, und die Einnahmen des Königreichs würden sich gegenüber dem augenblicklichen Stand verdoppelt haben.

Wenn wir England vor dem Krieg in Augenschein nehmen und sehen, was dieser Staat damals leistete und was er heute leistet, dann können wir vermuten, daß wenn Frankreich ebenso gut regiert worden wäre, es an Macht noch mehr zugenommen haben würde, weil es im Verhältnis zur Größe beider Königreiche weniger ausgegeben hätte.

England ist im Verhältnis zu Frankreich höchstens auf das Verhältnis von 1 zu 3 zu veranschlagen, wenn man die Fläche, die landwirtschaftliche und die industrielle Produktion, die Bevölkerungszahl, die vorhandene Menge von Münzgeld und die normalen Einkommen als Vergleichsbasis zugrunde legt. Demgegenüber hat England im Verlauf der letzten Kriege Ausgaben im Verhältnis von 1 zu 2 getätigt. Außerdem sind die Schulden Englands im Verhältnis zu denen Frankreichs größer, wenn man davon ausgeht, daß England 60 Millionen Zinsen für seine Schulden bezahlen muß[7]. Darüber hinaus wird in England ein Bürgerkrieg ausgetragen, welcher den Kredit des Staates mehr erschüttert als die Kriege, welche England gegen Frankreich führte. Ungeachtet dessen verlieren die schlechtesten Wechsel in England nicht einmal

5 Prozent, während gute Schuldverschreibungen in Frankreich 50 Prozent verlieren, und dies trotz des Umstandes, daß in diesem Königreich Frieden herrscht.

England kam für alle Staatsschulden auf, obwohl die Speku- 277
lanten diese Schuldverschreibungen zu 50 beziehungsweise zu 40 Prozent handelten. England fährt fort, für diese Schulden 6 Prozent Zinsen zu bezahlen, so daß diejenigen, die solche Papiere erwarben, sich eines Satzes von 12 Prozent erfreuen und beim Verkauf das Doppelte von dem erhalten, was sie aufgewendet haben. Demgegenüber sieht sich Frankreich, obwohl seine Schulden im Vergleich beider Königreiche geringer sind, genötigt, denjenigen, die ihr Geld in öffentlichen Anlagen verausgabten, beträchtliche Verluste zuzumuten.

Aber es ist nicht die jeweils andere Staatsform beider Länder, welche diesen außerordentlichen Unterschied in der Geschäftslage herbeiführt, denn ganz im Gegenteil verfügt Frankreich sogar über Vorteile, die England nicht aufzuweisen hat. In Frankreich erläßt der König, was vorher von seinen Räten verhandelt wurde, ohne daß dem Staat dadurch Kosten entstünden. Demgegenüber ist England genötigt, große Ausgaben zu machen, um zu erreichen, daß das Parlament bestätigt, was im Rat beschlossen wurde[8]. Und trotzdem steht fest, daß England in den Finanzangelegenheiten besser bedient wird als Frankreich, wobei es jedoch Frankreich freisteht zu erreichen, daß man ihm noch besser als England dient. Eine schlechte Führung bewirkte, daß die Schuldverschreibungen in Frankreich verloren, eine mittelmäßige Führung hatte zur Folge, daß sie sich in England halten konnten, eine gute Führung dürfte indessen noch größere Wirkungen hervorbringen und dazu führen, daß diese Papiere dem Münzgeld den Rang ablaufen.

Ich bin davon überzeugt, daß man mit mir darin übereinstimmt, daß es im Interesse des Königs liegt, daß der Kredit in seinem Lande aufrechterhalten wird. Allerdings fällt es der Bevölkerung nicht leicht, diesbezüglich das notwendige Vertrauen aufzubringen, denn oftmals handelten die Herrschenden, um ihre Ziele zu erreichen, diesen Grundsätzen zuwider. All das muß eingeräumt werden. Wenn aber die Herrscher erst einmal ihre eigenen Interessen richtig begreifen, dann dürfte nicht länger zu befürchten sein, daß sie dagegen verstoßen werden.

Wenn man meinen Vorschlag bezüglich einer Bank, die zur königlichen Kasse wird[9], mit Aufmerksamkeit überprüft, dann zeigt sich, daß damit das allergrößte Hindernis, welches der Einführung des Kredits in Frankreich im Wege steht, beseitigt worden ist. Ebenso dürfte offenbar werden, daß Seine Majestät ein großes Interesse daran haben müßte, dies zu fördern.

Alle existierenden Banken sind der Gefahr ausgesetzt, in Zahlungsschwierigkeiten zu geraten, wenn man bedenkt, daß der Herrscher beziehungsweise seine Beauftragten, weil sie die wahren Interessen des Staates nicht kennen oder weil sie sich in außerordentlichen Geldschwierigkeiten befinden, sich des gesamten Geldes, welches in der Kasse liegt, bedienen könnten. Aber, in der
278 Art und Weise, wie ich den Kredit in Frankreich einzuführen vorgeschlagen habe, dürfte diese Gefahr nicht bestehen, denn der König würde durch ein derartiges Verhalten die Bezahlung seiner Einkommen lediglich um eine kleine Zeitspanne vorziehen. Danach würde Ihre Majestät dann nur noch Noten empfangen, deren eigentlichen Wert man schon vereinnahmt hätte und welche von niemandem mehr akzeptiert werden könnten, weil der Kredit der Bank durch die Ausleerung der Kasse zerstört wurde. Aus diesem Grunde braucht man nicht zu befürchten, daß der König das Ansinnen haben könnte, den Kredit einer so nützlichen und notwendigen Einrichtung zu zerstören. Zumindest muß man eingestehen, daß diese Gefahr nicht so groß ist und daß eine derartige Bank, so wie ich sie vorschlage, weitaus weniger Vorkommnissen dieser Art ausgesetzt sein dürfte als die Banken von England und anderer Länder, wo in einem solchen Fall der Herrscher beziehungsweise sein Beauftragter zum Schuldner von Privatpersonen werden würde und fortführe, sich seiner normalen Einkommen zu erfreuen.

In Frankreich, wo der König seine eigenen Interessen kennt, braucht man nicht zu befürchten, daß er ein Interesse, welches nicht mit dem seines Volkes übereinstimmt, haben könnte. In den Staaten, in denen das Volk regiert[10], kann ein gekröntes Oberhaupt oder sein Beauftragter Sonderinteressen verfolgen und damit gegen das Wohl des Staates handeln, und weil man das benötigte Geld in anderer Weise nicht auftreiben kann, könnte man versucht sein, sich der öffentlichen Kasse zu bedienen. Demgegenüber braucht man einen König, welcher über andere Möglichkeiten verfügt, sich die entsprechenden Summen zu beschaffen, nicht zu verdächtigen, daß er sich die öffentliche Kasse aneignen könnte, zumal die Bank in der Lage wäre, alles Geld zu liefern, dessen Seine Majestät bedürfte, ohne deswegen den Kredit zu gefährden.

Die Volksregierungen und die gemischten Regierungen sind in Parteien gespalten, sie sind der Schauplatz wilder Auseinandersetzungen und anfällig für Aufruhr und Bürgerkrieg, alles Dinge, die natürlich die Kasse einer Bank in Gefahr bringen müssen. Demgegenüber sind die monarchisch regierten Staaten einer derartigen Unordnung nicht ausgesetzt.

Und wenn dann trotzdem ein Bürgerkrieg ausbrechen sollte, so wie ich es geschildert habe, dann würde die Bank in der Lage sein, sich zu erhalten. Das gilt auch bei anderen Vorkommnissen, welche möglicherweise ebenfalls eine starke Inanspruchnahme der Kasse bewirken, so wie das in England und in Schottland eintrat, wodurch diese Einrichtungen dann zahlungsunfähig wurden. Insofern sich jedoch der größte Anteil der Noten in den Händen der Beamten der Krone befindet, wäre die Bank, obwohl sie einen großen Teil ihrer Kassenbestände verausgabt, durchaus fähig, die Noten, welche man ihr zurückbrächte, einzulösen, so daß man den Kredit bewahrt haben würde.

Das bedeutet, daß mein Vorschlag, der darauf hinausläuft, die Bank
zur königlichen Kasse zu machen, eine derartige Unternehmung viel
sicherer werden ließe, und sie wäre Ereignissen, die den Kredit in 279
Gefahr bringen, viel weniger ausgeliefert als andere Banken.

Mein Vorschlag ist geeignet, die Kassenbestände der Bank sehr groß zu machen und ihren Kredit sehr auszuweiten. Die Noten können auf der Grundlage der königlichen Einnahmen gleichsam zu universell anerkannten Wechselbriefen werden, welche bei Vorlage in jeder beliebigen Stadt des Königreichs einlösbar sind.

Gerade Frankreich verfügt über die günstigen Voraussetzungen für die Einführung eines ausgedehnten Kredits, die die anderen Staaten nicht haben. In Frankreich gibt es mehrere Städte, die in anderen Ländern als Hauptstädte gelten könnten, in welchen die Noten dieser Bank umlaufen könnten, um den Provinzen alle nur erdenklichen Bequemlichkeiten zu verschaffen, wodurch sich dann auch wieder die Kassenbestände der Bank beträchtlich erhöhten.

Ich will einmal davon ausgehen, daß England, Holland und Italien etwa Frankreich entsprechen. Unter diesen Umständen könnte man sagen, daß der Kredit der Bank von Frankreich für sich genommen so groß wie derjenige aller Banken, die in diesen Staaten eingerichtet sind, sein könnte. Aber dieser Kredit könnte noch viel ausgedehnter sein. Frankreich, geeint unter einem einzigen Herrscher, würde seinen Noten einen umfassenderen Umlauf geben, als wenn es in viele kleine Fürstentümer zersplittert wäre, und dies obwohl sich in jedem dieser kleinen Staaten eine eigene Bank gründen ließe. Denn die Noten jeder dieser Bank würden lediglich in den Staaten anerkannt, in welchen der betreffende Fürst diese Bank eingerichtet hätte, während die vorgeschlagenen Banknoten überall in Frankreich entgegengenommen würden.

Aus den soeben dargelegten Gründen wird offensichtlich, daß der Kredit, so wie ich ihn einzurichten vorschlage, sicherer und von größerer Verbreitung sein wird, und dies selbst im Verhältnis zu jedem anderen Land in Europa.

In dem Rat, welcher zusammentrat, um über die Gründung der Bank zu beratschlagen, äußerten einige die Meinung, daß der Vorschlag zwar gut sei, daß aber die Zeit noch nicht herangereift sei, um die Bank schon jetzt zu etablieren, daß diese Bank das Mißtrauen erhöhen könnte und daß die Neigung sich verstärken könnte, das Geld noch krankhafter zu bewahren.

Diese Vermutung, daß die Gründung einer Bank gemäß den Vorschlägen, wie ich sie unterbreitet habe, das Mißtrauen vermehren könnte und die Neigung, das Geld bei sich festzuhalten, verstärken könnte, ist falsch. Denn einer Bank, die in der Lage wäre, ihren Verpflichtungen pünktlich nachzukommen, die ihre Noten bei Vorlage einlöste, dürfte es nicht schwerfallen, kreditwürdig zu werden, und dies ungeachtet des bestehenden Mißtrauens. Dieses Mißtrauen wird herbeigeführt durch die Erfahrung, die die Öffentlichkeit macht, daß Zahlungsverpflichtungen pünktlich nachgekommen wird und daß sie über die Fonds, die die Grundlage des Kredits bilden, unterrichtet ist. Die Bank, welche stets über Fonds verfügt, welche dem gesamten Umfang ihrer Noten entsprechen, kann niemals zahlungsunfähig werden. Aus diesem Grund wird es auch nicht daran mangeln, daß sie sich sehr schnell ein allgemeines Vertrauen erwirbt.

Mein Vorschlag zur Einführung des Kredits in Frankreich ist 280
gediegener und weitreichender als diejenigen, auf welchen die anderen Banken in Europa beruhen. Ich will jedoch einräumen, daß der Unternehmung eine Gefahr von seiten der königlichen Autorität droht und daß der Gedanke, die Bank zur königlichen Kasse zu machen, möglicherweise keine ausreichende Sicherheit bieten könnte, das Vertrauen zwischen Seiner Majestät und seinem Volk wieder herzustellen. Allerdings wird man mir darin zustimmen, daß eine Minderjährigkeit[11] der geeignete Zeitpunkt sein dürfte, um diese Angelegenheit unter Dach und Fach zu bringen und daß Seine Königliche Hoheit nicht in den Verdacht geraten kann, die Absicht zu verfolgen, diese Einrichtung zu zerstören. Die Einrichtung wird mit dem Ziel arbeiten, die Schulden der Krone zu ordnen und zu begleichen. Das bedeutet, daß dieser Herrscher es sich angelegen sein lassen müßte, für König und Staat eine so nützliche und notwendige Unternehmung zu unterstützen, eine Unternehmung, die sein eigenes Werk wäre und die unter seinem Schutz entstand.

Einwendung: Man ist davon überzeugt, daß, während der Minderjährigkeit, Seine Königliche Hoheit, die für das Wohl des Staates arbeitet, den Kredit der Bank aufrechterhalten wird, daß aber in der Folge ein Minister ihn mißbrauchen könnte.

Antwort: Das hieße, abermals auf die erste Schwierigkeit zu sprechen zu kommen. Ich werde jetzt nicht wiederholen, was ich dazu bereits vorgetragen habe, aber ich sage, daß im allgemeinen diejenigen, die über Geld verfügen, welches sie anlegen wollen, befürchten, daß der König diesen Kredit in der Folge mißbrauchen könnte, und daß sie darum niemals Geld leihen werden. Denn obwohl die Bank überhaupt noch nicht gegründet wurde, könnte Seine Majestät jeder Zeit ein anderes Papier in Umlauf bringen, welches zwar nicht den gleichen Wert wie das vorgeschlagene hätte, wodurch aber gezeigt würde, daß es völlig unmöglich ist, diese Leute von ihrem Mißtrauen zu heilen.

Diejenigen, die augenblicklich ihr Geld angelegt haben, müssen aus guten Gründen befürchten, daß sich der Wert des Münzgeldes erhöht. Sie verleihen bei einem Stand des Talers von 3 Livres 10 Sous, und sie können ihr Geld zurückverlangen beim Stand des Talers zu 5 Livres. Indessen werden 1 000 Taler in Münzgeld mit 700 Talern zurückgezahlt, was dem Gläubiger einen Schaden von 30 Prozent verursacht, einen Schaden, der vermeidbar gewesen wäre, wenn es eine Bank gegeben hätte. Geschäftsabschlüsse über die Bank böten die Gewähr, daß der Betreffende die gleiche geliehene Menge von Talern in Münzgeld zurückerlangt haben würde.

Man wird einen gut begründeten Kredit, welcher auf festen Grundsätzen beruht, dem Münzgeld vorziehen, weil er über alle notwendigen Eigenschaften verfügt, die ihn dazu bestimmen, als Geld zu dienen, und zwar in einem höheren Maße als das Gold und das Silber.

Wenn die Öffentlichkeit auf Sicherheiten und ganz handgreifliche und sichtbare Vorteile verzichten will, die die vorgeschlagene Einrichtung ihr verschaffen könnte, und wenn man sich über eingebildete und weit entfernte Gefahren erregt, dann ist es nur die

Erfahrung, die ihr die Augen öffnen könnte, und die Gründung einer Bank dürfte noch die harmloseste dieser Erfahrungen sein.

Um jegliches Mißtrauen gegenstandslos zu machen, könnte 281
Eure Königliche Hoheit die Sache zunächst für 5 Jahre einrichten. Wenn die Öffentlichkeit im Verlauf dieser Zeit nicht von der Nützlichkeit dieser Einrichtung überzeugt ist oder wenn irgendeine Gefahr bestünde, die Sache fortzusetzen, dann brauchte man die Erlaubnis nicht zu erneuern.

Ich will einmal annehmen, daß das Mißtrauen der Öffentlichkeit wohl begründet ist, so daß die Bank für einen längeren Zeitraum eingerichtet werden müßte, damit sie sich trotz dieses berechtigten Mißtrauens akkreditieren kann. In weiter Ferne drohende Gefahren dürften doch den augenblicklichen Kredit nicht verhindern. England ist fortwährend vom Bürgerkrieg oder von einem Regierungswechsel bedroht, was den Kredit der Bank in Gefahr brächte. Ungeachtet dessen ist ihr Kredit gut, und alle Kaufleute bedienen sich dieses Kredits. Ein Kaufmann aus Genua, welcher befürchten muß, daß es zwischen dem Kaiser[12] und der Republik Genua zu einem Zerwürfnis kommt und daß in der Folge eines Krieges dieser Staat, in seinem Geldbedürfnis, sich der Summen bedienen könnte, die in der Bank liegen, wird trotz der Voraussicht aller dieser Gefahren, denen der Kredit in diesem Fall ausgesetzt wäre, nicht darauf verzichten wollen, sich der Bequemlichkeiten zu bedienen, welche die Bank bei allen Zahlungen bietet. Er würde sein Geld in dieser Bank deponieren und davon überzeugt sein, daß es hier sicherer wäre als bei ihm zu Hause. Natürlich würde er sich nicht verpflichten, sein Geld dort für eine feste Zeitspanne anzulegen sowie er sich ebenfalls nicht bereitfinden würde, der Bank sein Geld für mehrere Jahre zu leihen. Allerdings wird er nicht zögern, sein Geld in der Bank zu halten, wenn gewährleistet ist, daß er es jederzeit daraus zurückziehen kann. Solange der Kredit der Bank gut bleibt, macht er sich keine Sorge über die Gefahren, denen sie durch Ereignisse, die in weiter Ferne drohen, ausgesetzt werden könnte. Diese Gefahren betreffen die

Aktionäre beziehungsweise alle diejenigen, die an den Fonds der Bank beteiligt sind. Die Anteile beziehungsweise die Aktien würden unter diesen Umständen zu einem niedrigeren Preis gehandelt werden. Ungeachtet dessen würden sich die Kaufleute, unter der Voraussetzung, daß der augenblickliche und tägliche Kredit gut ist, auch weiterhin der Bank bedienen, um ihre Zahlungen wie gewohnt abzuwickeln.

Einwendung: Man gibt vor, daß das Papiergeld dem Kredit nicht vorausgehen dürfe, sondern daß der Kredit dem Papiergeld vorausgehen müsse.

Antwort: Wenn diejenigen, die sich dieser Einrichtung entgegenstellen, einmal für einen Augenblick ihre Vorurteile, die auf dem bloßen Hörensagen beruhen, fallen ließen und bereit wären, folgerichtig zu überlegen, dann wäre es ganz leicht, sie zufriedenzustellen und zu beweisen, daß die Bank das Vertrauen wieder
282 errichtet, indem sie den Geldumlauf in Gang bringt, und daß sie keinesfalls das Mißtrauen vermehrt und daß sie nicht dazu beiträgt, daß das Geld noch mehr als bisher zurückgehalten wird.

Die staatliche Bank akkreditiert sich wie jeder private Bankier mit der Erfahrung, die man mit der Pünktlichkeit ihrer Zahlungen macht. Alle Banken haben sich in dieser Weise etablieren können, und sie gewinnen nicht das Vertrauen der Öffentlichkeit, bevor sie eingerichtet wurden, und der Kredit geht dem Papiergeld nicht voraus, denn erst die Erfahrung, die man macht, daß dieses Papier stets ordentlich eingelöst wird, bewirkt, daß sich das Vertrauen einstellt und daß das Papier akzeptiert wird.

Die Gründung der Bank von Schottland beweist, was ich soeben sagte: Die schottischen Kaufleute, die nicht gewohnt waren, ihre Zahlungen mit Banknoten vorzunehmen, weigerten sich, diese entgegenzunehmen. Es bedurfte allerdings nur kurzer Zeit, damit sie erkannten, daß die Noten, sofern man sie jederzeit in Münzgeld einwechseln konnte, viel besser zur Zahlung geeignet waren als Geldsäcke, so daß sie gegenwärtig nicht nur bei den feinen Leuten und bei den Kaufleuten im Umlauf sind, sondern ebenfalls in den Provinzen und von den Bauern anerkannt werden, obwohl es in den Provinzstädten keine Filialen gibt, in welchen man die Noten in Münzgeld umtauschen könnte, denn der Grundherr nimmt sie an, wenn man ihm die Renten bezahlt, und die Bevölkerung dürfte Betrügereien durch falsche Banknoten weniger ausgesetzt sein als mit Falschmünzen.

Dieses Beispiel macht deutlich, daß der Kredit dem Papiergeld nicht vorausgeht, sondern daß es umgekehrt die Erfahrung ist, die man mit guten Banknoten machte, die nun ihrerseits das Vertrauen und den öffentlichen Kredit nach sich zieht.

Es ist viel schwieriger, ein verlorengegangenes Vertrauen zurückzuerlangen, als ein solches zu begründen. Desgleichen dürfte es schwieriger sein, den Kredit einer Bank, die einmal zahlungsunfähig war, erneut zu befestigen, als dieser Bank zu Anfang den Kredit einzuräumen. Die Bank von England mußte ihre Zahlungsunfähigkeit erklären. Ihre Noten verloren damals bis zu 20 Prozent. Als die Bank dann jedoch ihre Zahlungen wieder aufnahm, stellte sich der Kredit wieder ein, und ihre Noten wurden bei Zahlungen erneut entgegengenommen, und sie wurden dem Geld sogar vorgezogen, als wenn sie niemals zahlungsunfähig gewesen war. Ungeachtet dessen bleibt diese Bank auch weiterhin gleichen Vorkommnissen ausgesetzt, und wenn der Bürgerkrieg 283
noch einige Monate andauern sollte, dann könnte sie abermals gezwungen sein, ihre Zahlungen einzustellen.

Ich habe dieses Beispiel angeführt, um zu zeigen, daß weder das, was geschah, noch Befürchtungen über das, was künftig geschehen könnte, jemals ausreichen werden, um zu verhindern, daß man den Kredit einer öffentlichen Kasse, die allen ihren Zahlungsverpflichtungen nachkommt, nutzt, weil die Bequemlichkeit der Bezahlung mit Banknoten so groß ist, daß sie die genannten Gefahren aufwiegt.

Wenn man die Menge einer Sache vermehrt oder wenn sich die Nachfrage danach vermindert, dann fällt ihr Preis, denn der Wert aller Dinge richtet sich immer nach dem Verhältnis von vorhandener Menge und Nachfrage, so daß eine Erhöhung oder eine Verringerung des einen oder des anderen eine verhältnismäßige Veränderung des Preises beziehungsweise des Wertes nach sich zieht.

Das gilt auch für den Fall, daß man eine andere Sache einführt, damit sie als Geld diene. Das bisherige Geld wird an Wert verlieren, und dies um so mehr, wie die andere Sache besser geeignet ist, die Geldfunktion wahrzunehmen.

Die Einführung des Kredits im Handel, die eine echte Vermehrung der Geldmenge herbeiführt und die die gleiche Wirkung hat, als wenn sich die Geldmenge tatsächlich erhöhte, indem der Kredit eine raschere Zirkulation bewirkt, muß zur Folge haben, daß sich der Preis beziehungsweise der Zins des Geldes vermindert, und sie muß das Vertrauen wieder herstellen und veranlassen, daß das Münzgeld, welches man der Zirkulation entzog, wieder darin zurückkehrt. Man wird nur wenig Geld bei sich bewahren wollen, wenn man sicher sein kann, daß man es sich bei Bedarf beschaffen kann, und zwar zu einem mäßigen Preis beziehungsweise Zins.

Wenn man einmal davon ausgeht, daß diese Einrichtung diese günstigen Wirkungen nicht hätte, so dürfte sie negative Auswirkungen nicht haben, eben weil sie die Geldmenge niemals vermindern wird. Denn für sämtliche Beträge, die sich in den Kassen der Bank befinden, wird es Banknoten geben, die den Gebrauch des Münzgeldes ergänzen werden, denn man darf vermuten, daß die Banknoten mindestens ebenso gut wie das Silber sind, weil man sie nach Belieben gegen das Münzgeld eintauschen kann.

Vorzubringen, daß der Zeitpunkt wegen des augenblicklichen starken Mißtrauens nicht günstig gewählt sei, obwohl das Vorhaben an sich begrüßenswert wäre, und zu verstehen zu geben, daß man abwarten müsse, bis das Geld in größerem Ausmaß in die Zirkulation zurückkehre, und daß das Vertrauen in den Handel erst einmal zurückerlangt werden müsse, all das würde bedeuten, daß man mit verkreuzten Armen angesichts einer unübersehbar drohenden Gefahr untätig bliebe.

Einwendung: Man behauptete, daß die ausländischen Kaufleute geschrieben hätten, daß, wenn die Bank eingerichtet würde, sie kein Münzgeld und keine Edelmetalle mehr nach Frankreich schicken würden.

Antwort: Diejenigen, die eine solche Einwendung machen, 284
wissen nicht, worum es sich handelt, denn die Bank, so wie sie vorgeschlagen wurde, kann im Ausland nicht den geringsten Anstoß erwecken. Wenn ausländische Kaufleute tatsächlich gegen die Einrichtung der Bank Stellung bezogen haben sollten, dann geschah das, weil sie glaubten, daß man beabsichtigte, Papiergeld als Banknoten in den Handel einzuführen, die nicht nach Belieben gegen Münzgeld eingetauscht werden können. Sobald sie jedoch das Vorhaben der Bank genau kennen werden, werden sie zugestehen, daß eine solche Einrichtung ihren Handel mit Frankreich und auf der Basis viel größerer Beträge als bisher erleichtern müßte.

Wenn sie allerdings als Engländer und als Holländer im Interesse ihres Vaterlandes sprechen, dann haben sie gute Gründe, sich der Einrichtung einer Sache entgegenzustellen, die Frankreich sehr mächtig machen würde. Als Kaufleute indessen werden sie alle darin übereinstimmen, daß die Bank ihnen sehr nutzen wird und große Bequemlichkeiten mit sich bringen wird und daß das Vertrauen und der Zahlungsverkehr sich auf diesem Wege beleben ließe und daß diese Einrichtung eine Reihe von Bankiers, die bisher niemals mit Frankreich in Geschäftsbeziehungen treten wollten, weil sie die Ungewißheit des dortigen Geldwerts fürchteten, nunmehr dazu veranlaßt werden müßten.

Alle Erlasse, die ein König auch immer veröffentlicht, werden nicht bewirken, daß man das Vertrauen des Auslandes in diesem Punkt zurückgewinnt. Einzig und allein eine Bank vermag das zu bewerkstelligen. Von diesem Augenblick an würden die Ausländer ihre Wechselbriefe, zahlbar in Bankgeld, ausstellen, welches keinen Schwankungen unterliegt, obwohl das Münzgeld seinen Wert erhöhen oder vermindern kann.

Weil aber das Königreich außerordentlich unter der Unterbrechung des Zahlungsverkehrs und des Handels mit dem Ausland zu leiden hat, wodurch der Verkauf seiner landwirtschaftlichen Erzeugnisse behindert wird, müßten Eure Königliche Hoheit, wenn Ihr das Gedeihen der Wirtschaft im Auge hättet, sich zur unverzüglichen Gründung der Bank entschließen.

Frankreich büßt viel ein, weil immer noch keine gut begründete und mit gutem Ruf ausgestattete Bank existiert. Die Wirren in England und Schottland zwingen viele Personen, ihr Geld ins Ausland zu bringen, und sie würden angesichts der Lage, in welcher sich die Angelegenheiten Europas augenblicklich befinden, die Sicherheit in Frankreich der Situation Hollands vorgezogen haben.

Ich glaube bewiesen zu haben, daß die Gefahren, die man von einer derartigen Einrichtung wegen des gegenwärtig vorhandenen Mißtrauens befürchtet, überhaupt nicht existent sind. Aber selbst wenn man einmal annähme, daß es irgend etwas zu befürchten gäbe, dann müßten doch zwei oder drei Monate ausreichen,
285 um die Probe aufs Exempel zu machen. Sollten dem Staat Nachteile aus der Angelegenheit erwachsen, dann wäre nichts leichter, als die Sache rückgängig zu machen, so daß das Übel nur von geringer Dauer gewesen sein würde.

Die Vorteile, die mit einer derartigen Einrichtung einträten, werden anderer Natur sein, von außerordentlichem Ausmaß und zeitlich unbegrenzt, für uns selbst und für unsere Nachkommenschaft. Die Vernunft gebietet es, sich klar zu machen, daß gerade das Beispiel Englands[13] ein Anlaß ist, zuversichtlich zu sein, und daß bisher niemals der Fall eintrat, daß eine einmal eingerichtete Bank wieder abgeschafft wurde. Diese Einrichtungen waren überall von einer derartigen Nützlichkeit, daß selbst dann, wenn sie wegen außerordentlicher Ereignisse in Zahlungsschwierigkeiten gerieten, man sie als unverzichtbar für den Staat sogleich wieder ins Leben rief.

Um der Öffentlichkeit zu beweisen, daß ich von der Gediegenheit der Angelegenheit überzeugt bin, habe ich vorgeschlagen, sie auf eigene Kosten einzurichten. Ferner biete ich an, daß mein persönliches Hab und Gut den Armen zufällt, in dem Fall, wo auch nur die geringste Gefahr oder der geringste Nachteil aus dieser Einrichtung erwächst und wenn die Vorteile, die ich in Aussicht stellte, nicht eintreten.

Ich bin mir bewußt, daß ein Pfand anzubieten etwas anderes ist, als lediglich über eine Angelegenheit zu reden, da man jedoch häufig falsche und zweifelhafte Begründungen für alles mögliche vorbringt, dürfte diese Art und Weise, mit dem Einsatz seines persönlichen Eigentums das zu stützen, was man für richtig hält, um dadurch die Gewähr des Erfolges zu geben, jedermann überzeugen, daß ich von der Güte und von der Nützlichkeit meines Vorhabens überzeugt bin. Auch wird man mir zugestehen, daß ich die möglichen Folgen, die es haben kann, genau abzuschätzen in der Lage bin.

Frankreich verfügt über einen Vorteil, über den England seinerzeit nicht gebot, nämlich die Erfahrung dessen, welche Vorteile das Projekt für den Staat mit sich brachte. Diese Vorteile sind derartig groß, daß man sie bestreiten würde, wenn sie nicht für ganz Europa offensichtlich wären. (Man vergleiche diesbezüglich meine Ausführungen in der vorhergehenden Denkschrift[14].)

Ich will einmal annehmen, daß es gefährlich ist, diese Sache zu diesem Zeitpunkt ins Leben zu rufen. Das augenblickliche Übel ist gewiß, während die Gefahr keineswegs gewiß und zumindest noch weit entfernt ist. Wenn man also schon ein Risiko eingehen muß, dann ist es sicher besser, dieses Risiko auf sich zu nehmen, als in der bisherigen Art und Weise fortzufahren.

Wird die Verweigerung dieses unmittelbaren Vorteils den
König und seine Minister davor schützen, schlechte Geschäfte
abzuschließen? Ich glaube nicht, denn mit der Ablehnung würde
sich die Krone einer großen Stütze berauben, was Seine Majestät
beziehungsweise seine Minister dazu zwänge, Geld von Zwi-
schenhändlern zu leihen, die die Krone, wie bereits in der Vergan- 286
genheit, zahlen lassen, und sie werden das Königreich in riesige
Schulden stürzen, Schulden, von denen nicht einmal die Hälfte des

Betrages in die Hände des Königs gelangte. Daß es so kommen wird, steht außer Zweifel, wenn man sich einmal vergegenwärtigt, was in England und in Frankreich geschah. Vor der Einrichtung der Bank borgte der König auf die vom Parlament gebilligten Beträge, und er mußte dann außerordentlich hohe Zinsen dafür bezahlen. Das hätte den Staat in wenigen weiteren Jahren in die Lage gebracht, seine Zahlungsunfähigkeit zu erklären, wenn ihn die Bank nicht gestützt haben würde.

Wenn man die eingebildeten und unbegründeten Befürchtungen von in der Ferne drohenden Gefahren, die aus den Mißbräuchen in der Verwaltung erwachsen könnten, ernst nehmen wollte, dann dürfte man nichts unternehmen. Es gibt keine Angelegenheit, die nicht der Gefahr ausgesetzt wäre, mißbraucht zu werden. Sobald eine Sache vorgeschlagen wurde, muß man prüfen, ob sie gut oder schlecht ist, und man muß erwägen, was man davon zu erwarten beziehungsweise zu befürchten hat. Wenn das Positive überwiegt und erreichbar scheint und wenn das Negative ungewiß ist und in weiter Ferne liegt, dann sollte man nicht zögern, und dies um so weniger, wenn man sich in einer bedrängten Lage befindet. Allerdings werden diejenigen, die die Angelegenheit ohne Vorurteil beurteilen, sogleich bemerken, daß die Sache bereits von Anfang an große Vorteile mit sich bringen wird und daß weder Gefahren noch Nachteile daraus erwachsen werden, und dies nicht im Augenblick noch in der Zukunft.

Ich erbitte kein besonderes Vertrauen, und ich erbitte ebenfalls keine öffentlichen noch privaten Geldmittel. Ich will die Angelegenheit auf meine eigenen Kosten einrichten, so daß der Staat kein Risiko eingeht, wenn er die Sache zur Ausführung bringt. Ich bin davon überzeugt, daß mein Projekt außerordentlich vorteilhaft ist, und ich mache das Anerbieten, mein persönliches Eigentum als Unterpfand gerichtlich zu hinterlegen. Aber selbst wenn man einmal annimmt, daß die Einrichtung nicht dem entspricht, was ich versprochen habe, wird man immer noch in der Lage sein, die Sache abzubrechen, und man wird dann etwas haben, womit man die Noten wieder aus dem Verkehr ziehen kann, ohne daß Eure Majestät beziehungsweise das Volk den geringsten Schaden zu erleiden hätte.

Frankreich befindet sich augenblicklich in einer Lage, in welcher die Bank erfolgreicher sein wird und dem Staat und seinen Bürgern mehr Dienste leisten wird als zu jedem anderen Zeitpunkt.

Die häufigen Bankrotte sowie der schlechte Zustand der öffentlichen Angelegenheiten haben das Vertrauen erschüttert. Das verhindert Geldüberweisungen, die zwischen Paris und den Provinzen üblich waren. Einzelpersonen sind also genötigt, das Münzgeld für die Provinzen wie auch von dort für Paris auf Wagen zu transportieren. Das erfordert viele Transportmittel und ist für den Handel ein großes Hindernis. Es verringert den Absatz der Nahrungsgüter und senkt ihren Preis derartig, daß man im Ausland 287
davon profitiert. Das Volk ist nicht in der Lage, dem Grundherrn weiter die Rente und dem König weiter die Steuern zu zahlen. Die Wagen, mit denen das Geld transportiert wird, fehlen in dieser Zeit, so daß sich der Warenumschlag in Paris und in den Provinzen verringern muß.

Wenn die Bank eingerichtet wäre, dann könnten ihre Noten wie Wechselbriefe auf die Provinzen gezogen werden, wodurch für die Empfänger die Wagen für Geldtransporte eingespart würden. Das Münzgeld, anstatt auf diesen Wagentransporten unnütz zu sein, könnte in Paris und innerhalb der Provinzen zirkulieren, so daß sich die Bank stets reichlicher Kassenbestände erfreuen würde.

Einwendung: In dem Rat, welcher sich zusammenfand, um über die Gründung der Bank zu beraten, vertrat Herr Heusch die Auffassung, daß die Versendung von Banknoten, welche in die Provinzen geschickt werden, sich auf den Geldumlauf nicht positiv auswirkt. Seine diesbezüglichen Überlegungen waren: 1. Der Gegenwert der Banknoten, welche in die Provinzen geschickt werden, würde in der Bank als Depot und damit unnütz bleiben, so daß sich der Geldumlauf nicht vermehrte. 2. Der Transport von

Münzgeld müßte trotzdem stattfinden, und zwar genauso, als wenn es keine Bank gäbe, weil die Warenlieferungen von einer Provinz in die andere sich nicht entsprechen.

Antwort: Derartige Begründungen können diejenigen zufriedenstellen, die es unterlassen, sich mit der Angelegenheit genau zu befassen. Sobald man die Sache jedoch näher in Augenschein nimmt, sieht man, daß es nicht so ist.

Ich will einmal davon ausgehen, daß der Gegenwert der Noten, die man in die Provinz sendet, unnütz in der Bank liegen wird. Es dürfte unbestreitbar sein, daß der Transport von 100 000 Talern in Banknoten von Provinz zu Provinz sich schneller und mit weniger Kosten bewerkstelligen ließe als der Transport von 100 000 Talern Münzgeld, was eine Erleichterung des Handels zur Folge hätte. Wenn die betreffenden Banknoten dann aber an ihrem Bestimmungsort eingetroffen sein werden, dann werden sie dort an einem einzigen Tag mehr umlaufen, als die entsprechende Summe Münzgeld in drei Tagen umlaufen könnte.

Wenn der Gefahr des Verlustes oder des Diebstahls der Banknoten begegnet werden soll, die angeblich ein großes Hindernis für die Zirkulation der Banknoten zwischen Paris und den Provinzen darstellt, dann könnten diejenigen, die sie in der Bank empfangen, um sie zu verschicken, dieselben indossieren. Auf diese Weise würden die betreffenden Banknoten gleichsam zu Wechseln werden, welche bei Vorlage eingelöst werden, mit dem Unterschied allerdings, daß diese Indossamente zu nichts verpflichten. Geld kann man stehlen, indossierte Banknoten wären für Diebe wertlos.

Aber ich sage ja nicht, daß der Gegenwert der Banknoten wäh-
288 rend ihrer Zirkulation in den Provinzen unnütz in der Bank festläge. Nehmen wir einmal an, die Bank hätte entsprechend des Notenumlaufs 200 Millionen in ihren Kassen. Sie könnte unter diesen Umständen sehr wohl 100 Millionen anwenden, ohne dadurch ihren Kredit zu gefährden, denn diese Noten würden ähnlich wie Wechselbriefe über das ganze Königreich verstreut

sein, und es wäre stets annähernd die gleiche Summe dieser Noten in dieser Verwendung gebunden. In dem Maße, wie ein Teil davon zur Bank zurückkehrte, würde ein anderer Teil die Bank verlassen, um in die Provinzen versandt zu werden.

Die Bank von England wendet mehr als die Hälfte dieser Depotsummen gewinnbringend an, und dies obwohl ihre Banknoten lediglich in der Stadt London Umlauf haben. Das besagt, daß die Bank von Frankreich drei Viertel der Summen, die sie für ihre Banknoten empfing und die in den Provinzen umlaufen, gewinnbringend verwenden könnte. Sollte sie jedoch nur die Hälfte anwenden, dann würden ihre Kassenbestände größer sein, als es zur Aufrechterhaltung der Zahlungsfähigkeit notwendig wäre.

Zu der Zeit, in welcher die Steuereinnehmer im allgemeinen die Steuern an den König entrichten, würden mehr Banknoten aus den Provinzen nach Paris gesandt werden als von Paris in die Provinzen, und da die Bank die Hälfte des Gegenwerts ihrer Banknoten verwendet hat, könnte die Nachfrage größer sein als die Beträge, die sich in ihren Kassen befinden. Da die Bank jedoch über Geldmittel verfügt, die aus dem Notenumlauf kommen, der aus den königlichen Steuereinnahmen herrührt, und da sie weitere Mittel hat, die aus dem Notenumlauf im Handel und zwischen Privatpersonen stammen, und weil zu alledem noch der Notenumlauf in den Provinzen hinzukommt, dürfte das Geld in Paris, angesichts dieser Steuerzahlungen an den König, sehr reichlich vorhanden sein, so daß man hier eine Vermehrung des Umlaufs von Noten beobachten kann, welche die Verringerung des Notenumlaufs in den Provinzen ausgliche, was bedeutete, daß der Ansturm auf die Kassenbestände nicht stärker als zu normalen Zeiten wäre.

Es gibt Fälle, in denen die Bank aufpassen muß und wo sie einen Teil der Summen, die sie angelegt hatte, zurückziehen muß, um dadurch die Menge der umlaufenden Banknoten zu verringern, aus Furcht vor einer Nachfrage, der sie nicht mehr gewachsen wäre. In dem von uns soeben angenommenen Fall dürfte allerdings nichts dergleichen zu befürchten sein.

Eine auf soliden Grundlagen eingerichtete Bank wird ihren Kredit niemals verlieren, es sei denn, der Herrscher hätte die Absicht, sie mutwillig zu zerstören. Alle anderen Ereignisse, die dies bewirken könnten, sind leicht vorhersehbar. Selbst wenn man einmal annimmt, daß die Kassenbestände der Bank aus einem Mangel an Vorsicht nicht groß genug wären, um die Noten, die man ihr zurückbringt, einzulösen, dann würde die Bank zwar ihre Zah-
289 lungsfähigkeit verlieren, sie würde jedoch ihren Kredit nicht einbüßen, weil sie ja über Fonds verfügt, die gut angelegt wurden und die dem Gegenwert der Noten mehr als entsprechen.

Die Bank von Schottland war genötigt, ihre Zahlungen einzustellen, weil sie einer außerordentlichen Nachfrage nicht mehr entsprechen konnte, die wegen des Gerüchts eines starken Kursanstiegs zustande kam. Ungeachtet dessen bewahrte sie ihren Kredit, so daß man ihre Noten auch weiterhin, entsprechend ihres Kurses gegenüber dem Münzgeld, im Handel entgegennahm, und obwohl sich kein Geld in ihrer Kasse befand, um die Banknoten einzulösen, weil die Öffentlichkeit sich mit der Zahlungsunfähigkeit der Bank, wie ich bereits bemerkte, durchaus zufrieden gab.

Ich will nun die andere Überlegung des Herrn Heusch näher in Augenschein nehmen, die Überlegung, daß ein Münzgeldtransport trotzdem stattfinden wird.

Ich stimme mit ihm darin überein, daß der Banknotenumlauf den Geldtransport in Wagen doch manchmal erforderlich machen wird, denn häufig schuldet eine Provinz einer anderen einen Saldo, wobei dieser Saldo möglicherweise in einer Wagenladung bezahlt werden müßte. Aber wenn es keine Banknoten oder Wechsel im Zahlungsverkehr zwischen den Provinzen gäbe, dann müßte der gesamte Gegenwert des Handels zwischen den Provinzen über Geldtransporte abgewickelt werden.

Angenommen, Frankreich empfing jährlich Waren im Wert von 120 Millionen aus Holland und Holland umgekehrt Waren zu 100 Millionen aus Frankreich. In diesem Fall entstünde ein Saldo von 20 Millionen, welcher nach Holland geschafft werden müßte.

Wenn es nun aber keine Wechsel gäbe, dann wäre man genötigt, von beiden Seiten aus große Summen zu transportieren, wobei die Unbequemlichkeiten derartiger Wagentransporte den Handel erheblich beeinträchtigten. Letzteres trifft jedoch augenblicklich für Frankreich zu, und es gilt für den Binnenhandel ebenso wie für den Außenhandel des Königreichs.

Im vorangegangenen Abschnitt war ich davon ausgegangen, daß der von Frankreich gegenüber Holland geschuldete Saldo 20 Millionen betrug und daß dieser Saldo in Form von Münzgeld transportiert werden mußte. Aber durch die viel bequemeren Wechselbriefe könnte man auch noch diesen Wagentransport vermeiden, wenn man einmal annimmt, daß die gesamte Außenhandelsbilanz ausgeglichen ist oder aber wenn sie sogar zugunsten Frankreichs ausfällt. In solchen Fällen würde Frankreich Wechsel nach Holland senden, die auf Italien oder Deutschland gezogen sind, wo man etwas zu empfangen hat. Desgleichen würden die Banknoten, wenn man einmal davon ausgeht, daß sie in den Pro- 290
vinzen angenommen werden, im ganzen Königreich wie allgemein anerkannte Wechsel fungieren und dadurch Wagentransporte mit Münzgeld gänzlich überflüssig machen. In dem Fall, wo Lyon mehr nach Paris liefert, braucht von Lyon kein Münzgeld nach Paris gebracht zu werden, denn die Banknoten, welche man von Paris empfing und mit welchen Lyon in anderen Städten einkaufen könnte, würden schließlich nach Paris zurückgelangen, insofern man davon ausgeht, daß die anderen Städte die Schuldner von Paris wären.

Wenn man annimmt, daß Lyon seine Reichtümer durch eine positive Handelsbilanz ständig steigert, die ihm aus seinem Handel mit den anderen Handelsplätzen des Königreichs erwächst, dann muß man einräumen, daß dieser Betrag in Form von Münzgeld nach Lyon transportiert werden müßte. Aber wenn die Banknoten sich allgemeinen Vertrauens erfreuten, dann würden sie den Goldmünzen sogar vorgezogen, so wie man das Gold gegenüber dem Silber bevorzugt, so daß sich in Lyon eine große Menge Banknoten ansammelte, wodurch jeglicher Wagentransport von Münzgeld erspart bliebe.

Nehmen wir einmal an, daß Lyon im Piemont[15] und an anderen ausländischen Handelsplätzen, von wo es die Rohstoffe für seine Fabriken bezieht, des Kredits bedürfte, so ist sicher, daß es diesen Kredit mit seinen Banknoten fände, genauso als wenn es mit Münzgeld bezahlte, so daß es nicht erforderlich wäre, Münzgeld in den Piemont zu senden, und dies alles immer unter der Voraussetzung, daß ein Außenhandelsdefizit Frankreichs gegenüber dem Ausland bestünde.

Häufig kommt es vor, daß Bankiers, um sich in Paris Geldmittel zu verschaffen, sich ihres Kredits in Lyon bedienen, indem sie Wechsel für die Marktmesse ausstellen. Wenn diese Messe bevorsteht, dann wäre man genötigt, gäbe es diese Wechsel nicht, Münzgeld zur Messe zu transportieren. Wenn nun aber eine Bank existierte, deren Noten in den Provinzen überall Vertrauen genössen, dann schickte man ganz einfach Banknoten nach Lyon, welche man dort als Zahlung entgegennähme und welche man dem Münzgeld sogar vorzöge.

Man darf vermuten, daß sich die Einnahmen aus Grundeigentum in Frankreich auf 800 Millionen belaufen und daß ein Viertel dieser Güter solchen Grundeigentümern gehört, die in Paris wohnen. Dies einmal vorausgesetzt, dürfte ein Betrag von 200 Millionen Rente aus Grundeigentum in Paris ausgegeben werden. Hinzu kämen die Summen, welche von den königlichen Steuereinnehmern nach Paris gesandt werden, und die Nachfrage nach Wechseln auf Paris ist in den Provinzen größer als die Nachfrage nach Wechseln auf die Provinzen in Paris. Folglich müßten diejenigen, die diese Wechsel ziehen, dabei gewinnen.

291 Sobald die Bank erst einmal eingerichtet ist, werden diese Grundherrn ihre Pächter vermutlich anweisen, die Renten möglichst in Banknoten zu entrichten. Da sie sich bei Vorlage und ohne weitere Anerkennungsformalitäten oder Protestmöglichkeiten[16] einlösen lassen und sicherer als private Wechselbriefe wären,

könnten sie gegenüber dem Münzgeld sogar um ein Prozent gewinnen[17]. Auf diese Weise würde ein Bankier, der in Lyon zahlen müßte, lieber Banknoten als Münzgeld oder Wechsel nach dort senden, und dennoch würde er wissen, daß bei dem Empfänger in Lyon kein Münzgeld in der Kasse wäre, womit die Einlösung in Silber erfolgen könnte. Diese Banknoten entsprächen nämlich den Wechselbriefen, die bei Vorlage eingelöst werden müssen, und zwar nicht nur in Paris, sondern in allen Städten des Königreichs, so daß sein Korrespondent die Möglichkeit fände, solche Banknoten mit Profit einzulösen.

Ich habe schon erwähnt, daß das geringe Vertrauen, das man den Wechseln von Kaufleuten entgegenbringt sowie die Unbequemlichkeiten, die mit den Geldtransporten verbunden waren, den Handel im Inneren des Königreichs stark herabgesetzt hatten. Der Außenhandel leidet noch mehr unter diesen Umständen. Mir wurde versichert, daß ein einziger Kaufmann aus Rotterdam, der zwanzigtausend Fässer Wein im Jahr umschlug, gegenwärtig nicht einmal mehr tausend Fässer entgegennimmt.

Mit der Gründung einer Bank könnte eine derartige Unordnung schnell bekämpft werden. Man würde das Vertrauen wieder herbeiführen, und der Binnenhandel wie auch der Außenhandel ließen sich erneut beleben. Der Umlauf von Banknoten in den Provinzen hätte die gleiche Wirkung, als wenn man das Münzgeld beträchtlich vermehrte, wodurch die Landwirtschaft und die Manufakturen gefördert und belebt würden. Dieser Umlauf von Banknoten träte also an die Stelle der Wagentransporte von Münzgeld, was ein Vorteil wäre und eine Bequemlichkeit für den Staat und seine Einwohner bedeutete. Der König könnte die Geldtransporte für die Unterhaltung seiner Truppen in den Provinzen und an den Grenzen einsparen, so wie die Steuereinnehmer keine Münzgeldtransporte aus den Provinzen nach Paris mehr vornehmen müssen. Die Münzen würden, anstatt während des Geldtransports unnütz zu sein, in Paris und in den Provinzen im Handel umlaufen.

Sobald die Bank eingerichtet ist, ließen sich die Wechselgeschäfte mit dem Ausland mit Bankgeld abwickeln, und man könnte dadurch die Verluste vermeiden, die aus den Kursschwankungen des Geldes entstehen. Das wäre ein vorteilhafter Umstand, welche die soliden ausländischen Kaufleute ermutigte, mit Frankreich Handel zu treiben. Ich gehe soweit zu behaupten, daß die Banknoten, sobald sie erst einmal in Frankreich akkreditiert sind, auch im Ausland entgegengenommen werden und daß sie gegenüber dem Münzgeld sogar an Wert gewinnen werden. Gegenwärtig fällt der Wechselkurs zugunsten Frankreichs aus.

Da im Ausland die Nachfrage nach französischen Waren größer ist als umgekehrt die Nachfrage der Franzosen nach ausländi-
292 schen Waren und da man genötigt ist, sich Geldmittel in Paris und in den Provinzen zu beschaffen, hielt sich der Wechselkurs um ungefähr 20 Prozent über dem Wert der Währung. 120 Unzen Silber werden in Amsterdam gegen einen auf zwei Monate auf Paris gezogenen Wechsel zu 100 Unzen gehandelt. In der gleichen Weise gewänne man mit einer Banknote von 100 Unzen Silber beziehungsweise mit 100 Talern Münzgeld 20 Prozent, das heißt die Banknote ließe sich gegen 100 Taler mit dem gleichen Gewicht und mit dem gleichen Nennwert eintauschen.

In dieser Art und Weise verschaffte die Gründung einer Bank von Frankreich dem Königreich einen Kredit gegenüber dem Ausland, ohne daß deswegen eine Prämie oder Zinsen für diesen Kredit gezahlt werden müssen. Die mit diesen Banknoten verbundenen Bequemlichkeiten, ihr Gebrauch als überall anerkannte Wechsel sowie die besondere Art, mit welcher die Zahlungen über die Bank abgewickelt würden, wodurch man gegen die Kursschwankungen des Geldes geschützt wäre, führten bald dazu, daß man sie den privaten Wechseln vorzöge und daß man sie im Ausland mit 1 oder 2 Prozent über ihrem Nennwert handelte, und dies, weil sie sicherer sind und weil sie bei Vorlage stets eingelöst werden.

Frankreich müßte wegen der Güte und der Reichhaltigkeit seiner Erzeugnisse sowie des Fleißes seiner Bevölkerung mehr für das

Ausland erzeugen, als es dagegen an Werten aus dem Ausland empfängt. Aber weil man der Unterhaltung und Förderung der Industrie und der Manufakturen wenig Beachtung schenkte und weil man den Binnenhandel und den Außenhandel vernachlässigte, wird dieses Königreich, das wegen seiner günstigen Lage und wegen seiner natürlichen Vorteile der Herr des Handels und infolgedessen der unumschränkte Gebieter Europas sein könnte, geschwächt, während die anderen Staaten an Macht gewinnen. Stellt man Frankreich und Holland gegenüber, dann drängt sich der Vergleich auf, der besteht zwischen einer wohlgeborenen, sehr reichen Persönlichkeit, die über ihre Verhältnisse lebt und die bei einem Bürgerlichen Geld leiht, der lediglich über seine Geschicklichkeit und über seinen Fleiß verfügt, um sich zu erhalten.

Frankreich begeht Fehler im Handel, die weit verbreitet sind und woraus das Ausland Vorteil zieht und die das Land jährlich beträchtliche Summen kosten. Ich will mich lediglich mit denjenigen beschäftigen, die sich auf das Geld und auf den Kredit beziehen, weil sie der eigentliche Gegenstand meiner Denkschrift sind.

Es ist ein ganz normaler Vorgang, daß man Anleihen auf den Kredit der Kaufleute im Ausland aufnimmt. Nehmen wir an, ich benötige für 6 Monate 50 000 Taler. In diesem Fall ziehe ich einen auf 2 Monate ausgestellten Wechsel auf Holland, indem ich einem Handelskorrespondenten den Auftrag erteile, sich den fälligen Betrag in London zu beschaffen, und von London aus zieht man dann auf mich. Die Vermittlungskosten, welche dabei entstehen, das heißt die Briefkosten und die Wechselkursdifferenzen, 293
sind für Frankreich verloren und für das Ausland gewonnen. Auf diese Weise ist Frankreich, welches eigentlich ganz Europa Kredite zur Verfügung stellen müßte, gezwungen, im Ausland zu borgen und dabei hohe Zinsen zu bezahlen.

Während der Wertverminderung des Geldes waren die Anleihen auf Wechselforderungen im Ausland beträchtlicher als gewöhnlich, weil die Franzosen gewohnt waren, daß sie für diese Anleihen nichts bezahlen mußten. Im Gegenteil waren sie davon überzeugt, daß sie dabei gewännen. Dazu ein Beispiel: Nehmen wir an, der Louis sei auf einem Stand von 16 Pfund und fiele in 6 Monaten auf 14 Pfund. Jetzt ziehe ich einen Wechsel von 50 000 Talern auf Holland, der Holländer seinerseits zieht zu meinen Lasten auf England und der Engländer zieht auf mich. In diesem Fall bezahle ich 48 000 Taler für die 50 000 Taler, die ich empfing. Der Engländer und der Holländer gewinnen mit Sicherheit. Ich selbst glaube zu gewinnen. Sobald ich jedoch die Menge Münzgeld, welches ich erzielt und jenes, welches ich als Zahlung weggebe, genauer betrachte, zeigt sich, daß ich einen echten Verlust erlitt.

Wenn man einmal davon ausgeht, daß ich die betreffenden 50 000 Taler in Paris verwendet habe und daß man mir die gleiche Menge in Pfund zurückerstattet, dann gewinne ich, obwohl meine Korrespondenten im Ausland die Möglichkeit hatten, daraus Vorteile zu ziehen. Aber der Verlust fällt jedoch stets auf Frankreich zurück.

Dieses Geschäft war weit verbreitet, und Frankreich hat dabei außerordentlichen Schaden erlitten. Ich kenne Bankiers, die die gleiche Manipulation während 15 beziehungsweise 16 Monaten auf alle Handelsplätze Europas ausgedehnt haben und die, indem sie 6 Prozent gewannen, die Ausländer 24 Prozent profitieren ließen, ohne daß die Ausländer dabei das geringste Risiko eingingen.

Paris könnte hinsichtlich der Wechselgeschäfte den ersten Rang in Europa einnehmen, und Frankreich wäre in der Lage, zu einem niedrigeren Zins als anderswo Anleihen an das Ausland zu vergeben.

Indessen werden ganz besondere Fehler[18] begangen, die ungeheure Verlustbeträge zur Folge haben und die dem Staat mehr Schaden zufügen als mehrere Jahre Krieg.

Diesbezüglich wären die Schwächung der Währung, die Ver-
294 bote der Geldausfuhr und andere Fehler zu nennen. Dies sind
jedoch Dinge, die ich bereits abgehandelt habe.[19]

Die Art und Weise, in welcher man in Frankreich verfuhr, um den Wert des Münzgeldes zu vermindern, hat dem Staat mindestens 100 Millionen reinen Verlustes verursacht, für welchen das Land nicht den geringsten Gegenwert empfing.

Vor diesen Wertverminderungen war der Tournois-Taler zu 3 Pfund[20] wegen des Wechselkurses gegenüber Holland ungefähr 64 Groschen und gegenüber England 36 Sous wert. Die Ursache dieses niedrigen Kurses lag in der Schwäche der Währung, denn der Louisdor war auf einem Stand von 20 Pfund, während sich der Taler auf einem Stand von 5 Pfund befand.

Nach dem Erlaß zur Herabsetzung des Geldes erkannten die ausländischen Kaufleute, daß man in Frankreich große Profite machen konnte und sie überstellten sofort beträchtliche Summen nach Frankreich. Anstatt nun diese Beträge für den Erwerb von Waren zu verwenden, was für Frankreich von Vorteil gewesen wäre, was den Ausländern allerdings lediglich den normalen Profit eingebracht haben würde, benutzten sie diese Summe und die Mittel, über die sie in Frankreich in Form von Banknoten bereits verfügten, um das Geld nach der Herabsetzung aus dem Lande abzuziehen.

Die Franzosen, die den Mißbrauch dieses Vorgehens nicht durchschauten, weil sie vom Wesen des Geldes nichts verstanden, ließen sich darauf ein, die gleichen Summen, die sie in minderwertigem Geld empfangen hatten, in Tournois-Pfunden zu bezahlen. Sie glaubten, daß dieses Pfund ebenso viel wert ist, wenn der Taler sich auf dem Stand von 100 Sous befindet oder wenn er mit drei Pfund, 10 Sous bewertet wird. Aber sie täuschten sich gröblich, denn dasjenige Pfund, welches den zwanzigsten Teil eines Louis ausmacht, ist natürlich nicht so viel wert wie das Pfund, welches den vierzehnten Teil eben dieser Goldmünze mit gleichem Gewicht und Feingehalt ausmacht.

Die Verluste, die in Frankreich daraus erwuchsen, müssen außerordentlich groß gewesen sein, denn die Ausländer, die ihre Beträge auf der Basis von Groschen nach Frankreich überstellten, vermochten das Geld zu 90 beziehungsweise zu 100 Groschen zurückzuziehen. So sandte ein einziger Bankier aus Genua 600 000 Piaster[21] auf der Basis von 97 Sous nach Frankreich. Die Kaufleute in Marseille bewerteten die Piaster nach der Herabsetzung des Geldes bei ihren Zahlungen mit 105 Sous, während der Wechselkurs dieser Piaster damals nur ungefähr 60 Sous betrug. Man kann sich also eine Vorstellung davon machen, welche Profite die Ausländer einsteckten, ohne daß sie irgendein Risiko eingingen, es sei denn dasjenige des Bankrotts.

Wenn ein Staat wegen eines zu großen Verbrauchs ausländischer Waren zum Schuldner wird, dann handelt er gegen seine
295 Interessen, wie eine Privatperson, deren Ausgaben die Einkommen übersteigen. Im betreffenden Fall hat man aber für das, was man schuldet, wenigstens einen Gegenwert erhalten.

Im soeben geschilderten Fall hat sich Frankreich auf eine riesige Schuld gegenüber dem Ausland eingelassen, ohne einen Gegenwert empfangen zu haben. Das ist so, als wenn eine Privatperson, welche 10 empfängt, sich verpflichtete, 15 zurückzugeben, wobei der Zins, den die betreffende Person bezahlt, über diesen unmäßigen Profit noch hinausgeht.

Da die Beträge, welche die Ausländer in Frankreich wertbringend anlegen, es den Kaufleuten sehr leicht machten, Geld aufzutreiben, haben sie im Ausland weit mehr Aufträge vergeben als gewöhnlich. Letzteres erhöhte den Preis der Waren im Ausland. So bezahlte man 2 000 Louis für etwas, wofür man vorher lediglich 1 000 Louis aufbringen mußte, und ungefähr 3 000 Louis, um den Betrag von 2 000 Louis, den man geborgt hatte, zurückzuzahlen.

Ich bin der Überzeugung, daß 100 Millionen die Verluste nicht aufwiegen, die Frankreich bei dieser Gelegenheit erlitt. Man braucht sich also überhaupt nicht darüber zu wundern, daß das Münzgeld ins Ausland gelangte und daß die Bankiers und die Kaufleute zahlungsunfähig wurden.

Da die königlichen Einnahmen wegen der außerordentlichen Verknappung des Münzgeldes und der Zerrüttung des Handels nicht normal eingingen und weil die königlichen Schuldverschreibungen zur gleichen Zeit an Wert verloren, bestand für die Minister keine Möglichkeit mehr, Anleihen aufzunehmen, so daß die Krone in die Lage geriet, daß sie ihren Zahlungsverpflichtungen nicht mehr nachkam. Letzteres ruinierte aber auch noch diejenigen Kaufleute, die sich trotz der Verluste, die Frankreich bereits erlitten hatte, gerade noch über Wasser gehalten hätten, wenn die königlichen Wertpapiere ihren Wert bewahrt haben würden. Der Wertverfall dieser Papiere, der sich auf 60 und sogar 80 Prozent belief, führte jedoch dazu, daß sich die Zerrüttung allgemein ausbreitete.

Ich habe nicht darauf gewartet, daß die Gelegenheit günstig war, um meine Ansichten darzulegen. Als ich vor ungefähr acht Jahren in Genua[22] weilte, sandte ich Denkschriften über das Geld an den Prinzen von Conti[23]. Nach dem Tode dieses Prinzen gelangten diese Denkschriften in die Hände von Herrn Desmarets[24]. Wenn sich dieser Minister herabgelassen haben würde, sie zu prüfen, noch bevor er seinen Entschluß über die Herabsetzung des Geldes[25] faßte, dann würde er den richtigen Weg, der einzuschlagen war, gefunden haben, so daß die genannten Verluste vermieden worden wären und noch andere, welche noch viel beträchtlicher waren und welche das Königreich erleiden mußte.

Was die Kaufleute anbetrifft, die zahlungsunfähig wurden, so 296
kann man gar nicht streng genug mit ihnen verfahren, sofern sich beweisen läßt, daß sie sich auch nur im geringsten betrügerisch verhielten. Man sollte sogar diejenigen bestrafen, die das Eigentum anderer zu gewagten Geschäften gefährdeten. Wenn man jedoch den Zustand betrachtet, in welchem sich die Geschäfte Frankreichs befinden und wenn man sieht, was dem Ausland geschuldet wird, dann dürfte es im Interesse des Staates liegen, daß noch mehr Bankrotte eintreten. Das besagt allerdings nicht, daß ich die Mittel gut heiße, derer man sich bedienen könnte, um die Zahl solcher Bankrotte noch zu erhöhen. Selbst wenn man darin übereinstimmt, daß die Bankrotte nützlich sind, so bleiben sie doch ungerecht.

Statt dessen sollten derartige Überlegungen und die Prüfung der Begleitumstände, die zu den Verschuldungen führten, die Richter veranlassen, die Betreffenden mit weniger Strenge zu behandeln, und dies auch in der Befürchtung, daß die anderen Kaufleute, weil sie in die gleiche Lage geraten könnten, gezwungen sein würden, das Königreich zu verlassen und die Guthaben ihrer Gläubiger mitzunehmen.

In Holland behandelt man die Kaufleute, die zahlungsunfähig wurden, mit Milde. Wenngleich ein derartiges Vorgehen dem Handel schadet, so geschieht es doch scheinbar in der Absicht, die betreffenden Personen im Lande zu behalten.

Soweit ich darüber unterrichtet bin, hat Frankreich nichts Vernünftiges aus den Bankrotten gemacht. Zu Beginn verfolgte man die Bankrotteure mit Strenge, was dazu führte, daß mehrere mit ihren Mitteln ins Ausland flohen.

Auf diese Weise wurden dann ausländische Gläubiger bezahlt, während die Franzosen verloren, was ihnen geschuldet war. England erfreute sich niemals so vielen Glanzes wie seit der Gründung der Bank. Ich wies bereits darauf hin, daß drei Kriegsjahre den Kredit dieses Staates zerstört haben. Daraus erwuchs die Notwendigkeit, die den König Wilhelm zwang, es einmal mit einer solchen Unternehmung zu versuchen, wodurch dieser Herrscher die Ordnung und das Vertrauen wieder herstellte. Seither unterlassen weder der Hof noch das Parlament etwas, was den Ruf einer so nützlichen und notwendigen Unternehmung fördern und bestärken könnte. England würde eher seine Ansprüche im Amerikahandel preisgeben, als auf diese Einrichtung zu verzichten. Die Erfahrung aller Handel treibenden Nationen bekräftigt, daß die Banken von Nutzen sind. Obwohl es eine Bank in Amsterdam
297 gibt, gibt es eine weitere Bank in Rotterdam. Es existiert eine Bank in London und eine Bank in Edinburg. Man findet mehrere Banken in Deutschland und in Italien. Es sind bereits mehr als 100 Jahre vergangen, seit die Bank von Amsterdam gegründet wurde. Die Bank von Genua ist mehr als 300 Jahre alt. Letzteres besagt,

daß die jeweiligen Staaten die Nützlichkeit dieser Einrichtungen sehr wohl erkannt haben mußten, wenn sie so lange daran festhielten und sich ihrer stets bedienten.

Es trifft zu, daß Spanien und Portugal nicht über Banken verfügen, aber bei diesen Ländern handelt es sich ja auch um schlechte Beispiele, sofern man den Handel veranschlagt.

Frankreich hingegen hat mehrere falsche Schritte getan, woraus die anderen Nationen Vorteile ziehen konnten. Das Silber Amerikas, welches nach Frankreich gelangte, rann hier durch ein Sieb in die Hände der Ausländer. Allerdings gäbe es ein Mittel, um alle diese Fehler zu beseitigen und um dieses Königreich in die Lage zu versetzen, daß es von den Fehlern der anderen Nationen profitierte.

Die Engländer verstehen mehr vom Geld, vom Kredit und vom Handel als die Franzosen. Und dennoch wurden in England jährlich mehrere Millionen verausgabt, die sich hätten einsparen lassen, wenn die Minister ihre Sache wirklich gut verwaltet hätten.

Frankreich hat seine Geschäfte viele Jahre ohne Prinzipien abgewickelt, und jetzt zögert man, eine Sache zu billigen, die auf soliden Grundsätzen beruht, und das mit der Begründung, daß ein Mißbrauch damit getrieben werden könnte. Man stellt sich einer Einrichtung entgegen, welche die Krone gestützt haben würde und welche im Verlaufe der letzten Regierungszeit für alle Ausgaben aufgekommen wäre, weil man befürchtet, daß sich in der Folge einmal ein schlechter Gebrauch davon machen ließe.

Aus welchen Gründen könnte ein Minister versucht sein, einen solchen Mißbrauch zu betreiben? Die Vorzüge der Ordnung zu kennen, ist das beste Mittel, um der Unordnung zu begegnen. Sobald man das Gute und das Schlechte kennengelernt hat, dürfte die Gefahr gering sein, daß ein Herrscher das Ansinnen haben könnte, seine Ehre und seine Interessen zu mißachten, indem er gegen das öffentliche Vertrauen handelt und damit eine Einrichtung zerstört, die ihm selbst, seinem Volk und dem Handel dienlich ist, wenn sich noch andere Wege beschreiten lassen, ohne den für alle Glieder des Staates so notwendigen Kredit zu gefährden.

Ich bin davon überzeugt, daß mein Projekt dem Königreich derartig große Vorteile bringen wird, daß kein Minister wagen wird, es anzutasten. Und sollte er es dennoch wagen, welche Gründe könnten ihn dazu veranlassen? Ich habe bereits gesagt, daß nie-
298 mand bereit ist, 50 Prozent Zinsen zu zahlen, sobald man ihm das Geld zu 5 Prozent leiht. Aber wenn man das Gute nicht kennt, läuft man stets Gefahr, dem Schlechten ausgeliefert zu sein.

Ich habe mir überhaupt keine Vorstellung davon gemacht, daß es so vieler Argumente und Wiederholungen bedurfte, um einen Rat von wohlgesinnten Persönlichkeiten zu veranlassen, damit eine Einrichtung gegründet wird, die weder den König noch den Staat etwas kostet. Diese Einrichtung kann notwendigerweise nur Vorteile mit sich bringen, und sie kann nicht die geringsten Nachteile haben, es sei denn, es geschähe ein Mißbrauch in ihrer Verwaltung. Letzteres ist allerdings nicht zu befürchten, weil das Projekt von einer derartigen Beschaffenheit ist, daß es stets im Interesse der Krone liegen wird, es zu fördern und zu bewahren.

Ich hatte erwartet, daß mir von seiten der Spekulanten und anderer Personen, die aus der Unordnung Vorteile ziehen, Schwierigkeiten gemacht würden, aber ich hoffte auch, daß mein Vorhaben von allen denjenigen gebilligt würde, die sich stets für das öffentliche Wohl einsetzten.

Das englische Parlament setzt sich aus vielen Personen zusammen, die bei ihrer Erziehung nicht mit den Geschäften vertraut gemacht wurden. Sie würden jedoch nicht zögern, einen zustimmenden Entschluß über einen Vorschlag dieser Art zu fassen, der ihnen in einer einleuchtenden Art und Weise vorgetragen worden wäre. Indessen gibt es in diesem Parlament einige Leute, die ganz andere Vorstellungen haben. Sie verfolgen bei ihren Regierungsgeschäften ihre eigenen Interessen, die sie dem öffentlichen Wohl voranstellen. Ungeachtet dessen dürfte ihre Voreingenommenheit aber noch schwerer zu bekämpfen sein.

Muß man sich der Begründung eines Kredits entgegenstellen, dessen Gegenwert als Depot hinterlegt wird und der zudem über alle notwendigen Eigenschaften verfügt, als Geld zu fungieren, nur weil ein Herrscher einmal mit Gewalt ein Papier in Umlauf brachte, welches weder Wert besaß noch geeignet war, um als Geld zu dienen?[26]

Nehmen wir an, irgendein Herrscher hätte Kupfergeld in den Handel eingeführt und dadurch das Silbergeld ersetzt, und nehmen wir ferner an, daß sich sein Nachfolger bemüht, dieses minderwertige Kupfergeld wieder zurückzuziehen und es neuerlich durch Silbergeld zu ersetzen, dann hätte das Volk unrecht, sich diesem Bestreben zu widersetzen.

Weil ein Herrscher das Münzgeld vermehrt, kann es deswegen seinem Nachfolger verwehrt sein, sich dieses Geldes zu bedienen, und kann man das notwendige Geld abschaffen, nur weil sich Mißbrauch damit treiben läßt? Kann man den Handel verbieten, nur weil einige Kaufleute Bankrott gemacht haben?

Man machte sich Gedanken darüber, daß der Herrscher, welcher ein Papier ohne Wert in Umlauf setzte, über seine Verhält- 299
nisse lebte[27], und daß sein Nachfolger, der zum Wohle des Staates und des Handels einen Kredit vorschlug, der durch entsprechende Rücklagen der Bank gesichert war, weniger ausgab und sich einschränkte, um die Staatsschulden zu bezahlen, wozu er nicht einmal verpflichtet sein würde, wenn er das Wohlergehen des Volkes und die Ehre der Krone nicht im Auge hätte. Sich dem entgegenzustellen, das hieße, den König[28] daran zu hindern, eine Sache ins Leben zu rufen, die von ganz Europa zustimmend aufgenommen werden würde, und dies nur, weil die Minister seines Vorgängers schlechte Einrichtungen gegründet hatten.

Es kann kein Zweifel darüber bestehen, daß Frankreich sich in einem schlechten Zustand befindet und darniederliegt. Das Volk ist mit übermäßigen Steuern belastet, die Staatsschuld hat sich beträchtlich erhöht, die Krone kann ihren Zahlungsverpflichtungen nicht mehr nachkommen, die Schiffahrt wird vernachlässigt, das Münzgeld fließt ins Ausland ab, die Manufakturen stehen still und der Handel kommt zum Erliegen, den Kaufleuten bleibt kein anderer Ausweg, als den Bankrott zu erklären, die Bevölkerungszahl und die Einnahmen des Königreichs sinken, der Luxus und seine Ausgaben erhöhen sich, es gibt eine große Ungleichheit der Güterverteilung, das heißt sehr Reiche, während gleichzeitig alle anderen Einwohner des Landes ihr Leben nur mit Mühe fristen. Schließlich steuert der Staat dem Verfall entgegen und verliert seinen hohen Rang, den er zwischen den anderen Mächten einnehmen müßte, während diese anderen Nationen an Macht und Reichtum zunehmen, indem sie das öffentliche Vertrauen und die Gewerbstätigkeit ihrer Bevölkerung aufrechterhalten.

Ein außerordentlicher Glücksumstand hat den Frieden für das Land herbeigeführt[29], aber das Königreich ist immer noch so schwach, daß man befürchten muß, daß, da es nicht mehr so geachtet wird, wie es geachtet werden müßte, Gefahr läuft, daß es diesen Frieden nicht lange wird bewahren können.

Man bemüht sich darum, die Wirtschaftstätigkeit wieder in Gang zu bringen, allerdings kann man die geeigneten Mittel nicht anwenden, wenn man die Ursachen nicht kennt, die die Zerrüttung bewirkten.

Wenngleich scheinbar mehrere Ursachen zusammenwirkten, damit es zu einer derartigen Zerrüttung der Wirtschaft kommen konnte, so werden sie doch alle aus einer einzigen Quelle gespeist, dem falschen Verhalten in den wichtigen Bereichen der Finanztätigkeit. Nichtsdestoweniger hätte man trotz der Ausgaben, in welche sich die Krone stürzte, alle die Summen beschaffen können, die der König benötigte, wenn die Minister von guten Grundsätzen aus entschieden haben würden, wenn sie das Interesse des Herrschers und des Volkes nicht voneinander getrennt haben würden und wenn sie es verstanden haben würden, sich geschickt des Kredits zu bedienen, und wenn sie gewußt hätten, wie man es anstellt, die Abgaben beim Volk zu erheben. Man hätte die Sum-
300 men beschaffen können, ohne zu Spekulanten Zuflucht nehmen zu müssen, und dies zu einem bescheidenen Zins, der 4 Prozent nicht überstiegen hätte. Die Staatsschuld wäre weniger hoch

gewesen, das öffentliche Vertrauen wäre erhalten geblieben und der Handel wäre weiterhin lebhaft gewesen.

Eine mittelmäßige Führung der Finanzangelegenheiten vermochte England am Leben zu erhalten, obwohl England größere Ausgaben tätigte und obwohl seine Schulden verhältnismäßig größer als in anderen Königreichen waren. Ich sage, eine mittelmäßige Führung, denn England wurde wirklich nicht gut gedient. Obwohl es also den Anschein haben könnte, daß die Zerrüttung, die dieses Königreich erdrückt, von mehreren Ursachen herrührt, wird sie doch nur aus einer einzigen Quelle gespeist, und zwar aus der schlechten Führung der finanziellen Angelegenheiten[30].

Das wichtigste bei der Verwaltung eines Staates ist die Verwaltung der Finanzangelegenheiten. Das Geld, der Kredit und der Handel sind die bedeutendsten Gebiete jeglicher Regierungstätigkeit.

Das Geld in einem Staat ist das gleiche wie das Blut im menschlichen Körper. Ohne das eine könnte man nicht leben, ohne das andere könnte man nicht handeln. In dem einen Fall wie auch im anderen ist die Zirkulation unabdingbar, und der Kredit ist der Geist beziehungsweise das Blut des Handels.

Eine gründliche Kenntnis und ein gut abgestimmtes Verhalten in diesem wichtigen Punkt und in diesen wichtigen Bereichen des Finanzwesens sind die einzigen Mittel, um die Wirtschaftstätigkeit wieder in Gang zu bringen. Auf diesem Wege könnte das Königreich zu einer höheren Stufe von Macht emporsteigen, die es bisher noch niemals erreicht hatte. Aber das Geld und der Kredit, obwohl von einer hervorragenden Bedeutung für einen Staat, werden beide noch längst nicht entsprechend verstanden. Diejenigen, die über diese Sachverhalte schrieben, gingen stets von falschen Grundsätzen aus. Anstatt den Gegenstand zu erhellen, haben sie die Angelegenheit noch weiter verdunkelt.

Ich bin darüber erstaunt, mit welcher Kühnheit die meisten, die den Herrschenden die verschiedensten Projekte unterbreiten, sich über Sachverhalte auslassen, von denen sie nichts verstehen. Sie greifen irgendwelche Punkte aus der Luft, ohne nachzuprüfen, woher sie kommen und welcher Art die Folgen sein würden. Vorausgesetzt, die betreffende Idee erscheint ihnen gut und vorausgesetzt, sie entspricht ihrem persönlichen Interesse, dann klammern sie sich an diesen ersten Anschein und entscheiden über die wichtigen Angelegenheiten des Staates. Weit davon entfernt, gründliche Erwägungen anzustellen, kennen sie nicht einmal die Bedeutung der Worte, die sie benutzen.

301 Im allgemeinen sind die Franzosen lebhaft und ungeduldig. Dieses Volk beschäftigt sich immer nur mit dem, was es im Augenblick gerade bedrückt. Sie dringen nicht zu den Quellen des Übels vor und können nicht den nächsten Tag abwarten, um davon befreit zu werden. Wenn es nach ihnen ginge, dann müßte man die Unordnung im Augenblick beseitigen, die Jahre andauerte. Sämtliche Projekte versprechen dieses Wunder, und es ist die Ungeduld, die dazu veranlaßt, sich in die Arme von Scharlatanen zu werfen, welche dann mit ihren gewaltsamen Kuren das Übel nur noch vermehren. Dadurch lebt man dann viele weitere Jahre in der Unordnung, weil man von einem Tag zum anderen davon befreit sein wollte. So wie es unmöglich ist, daß jemand, der durch eine lange Krankheit geschwächt wurde, sich in einem Augenblick von allen Folgen dieser Krankheit erholt, so braucht man andererseits eine gewisse Zeit und ein tadelsfreies Verhalten, um einem Staat wieder zu Lebensfähigkeit zu verhelfen, welcher durch eine schlechte Führung, die viele Jahre währte, geschwächt wurde.

Die Kaufleute drängten darauf, daß man den Preis des Münzgeldes heraufsetzte, obgleich es sich dabei um ein eingebildetes, sehr ungerechtes und gefährliches Heilmittel handelt. Sie sträubten sich gegen den Vorschlag einer Bank, die doch das sicherste Heilmittel sein würde, um die Ordnung und das Vertrauen im Wirtschaftsleben zurückzuerlangen und um einen Überfluß an Geld im Handel zu erreichen, eine Einrichtung, die in ganz Europa als nützlich und notwendig anerkannt wird. Dagegen fordern diese Kaufleute eine überhöhte Bewertung des Geldes, die die Unordnung nur vermehren kann und welche zudem die Gebühren- und Steuereinkünfte des Königs verringert, ganz abgesehen davon, daß die Güter derjenigen sich verringern, die Geschäfte abgeschlossen haben, die in französischer Währung zahlbar waren, was den Ausländern Gewinnvorteile verschafft und was dem Handel Frankreichs notwendigerweise Schaden zufügt, weil es den Wechselkurs verschlechtert und so weiter, wie ich bereits darlegte.

Der Vorschlag, die Staatspapiere zu einem Viertel in Zahlung zu geben, ist gleichermaßen ungerecht und schädlich, und dies für den Handel ebenso wie für den einzelnen Bürger. Man verschmähte einen Kredit, dessen Gegenwert durch Rücklagen in der Bank gesichert ist und der zu jedem beliebigen Augenblick in Münzgeld eingelöst werden kann, weil der Herrscher beziehungsweise seine Minister sich möglicherweise einmal der Kasse bedienen könnten oder aber diese Noten mit Zwangskurs ausstatten könnten. Man fürchtet die falsche Erscheinung eines Übels, welches in weiter Ferne liegt. Man fürchtet sich nicht vor einem größeren Übel, welches gewiß und gegenwärtig ist, denn Staatspapiere sind nicht durch Rücklagen gesichert, so daß man sie nicht gegen Münzgeld eintauschen kann. Aber man nimmt es sogar hin, daß sie gewaltsam zu Zahlungsmitteln gemacht werden. Welche Verblendung!

Man will sich einreden, daß man den Kredit der Schuldverschreibungen des Staates dadurch wieder herstellen kann, daß 302
man diese Papiere zu einem Viertel oder zur Hälfte in Zahlung gibt. Ich habe nichts gegen diese Papiere, aber ich sehe bereits den Mißbrauch voraus, den man von diesem Vorschlag machen wird. Das wäre so, als wenn der König ein neues Geld prägte, welches zu drei Vierteln aus Silber und zu einem Viertel aus einem anderen Metall, von geringerem Wert, bestünde. Das genannte Papier ließe sich durch die vorgeschlagene Maßnahme nicht verbessern, allerdings hätte man das Geld wertloser gemacht. Der Gläubiger würde eine solche Bezahlung so betrachten, als wenn der König ihn verpflichtete, dem Schuldner einen Teil seiner Schuld nachzu-

lassen. Daraus erwüchsen für den Staat außerordentliche Nachteile, denn die Wechselkurse würden sich zugunsten des Auslandes verändern, so daß die Zerrüttung, die gerade nachließ, sich abermals einstellte.

Eure Königliche Hoheit vermag Eurer Regentschaft mit nichts mehr zu dienen und zu gutem Ruf zu verhelfen, als das Geld für heilig zu erachten. Ein entschlossenes und auf guten Grundsätzen beruhendes Verhalten in dieser Angelegenheit würde zur Folge haben, daß das Geld ins Land zurückflösse, woraus es zuvor, durch ein fehlerhaftes Verhalten, vertrieben worden war, so daß Euer Name in Frankreich wie auch im Ausland hohes Ansehen gewänne.

Wenn man einmal davon ausgeht, daß der König Bankrücklagen von 50 Millionen schüfe, um die Staatspapiere dadurch zu stützen, daß er allen Wünschen auf Einlösung der Papiere in Münzgeld entspräche, dann würden die genannten Kassenbestände nicht ausreichen, der Nachfrage nach Münzgeld nachzukommen. Der Kredit erholt sich nur langsam und stufenweise. Bevor man ein Gebäude errichtet, muß man seine Fundamente legen. Wenn in der Zukunft Kassenbestände von 20 Millionen einen Kredit von 100 Millionen Papier durchaus aufrechterhalten können, so würde man zu Beginn sogar mit Rücklagen von 40 Millionen Gefahr laufen, die Zahlungen einstellen zu müssen. Zuerst muß man Vertrauen schaffen, erst dann kann man sich dieses Vertrauens bedienen.

Es gibt durchaus ein Mittel, um die Schuldverschreibungen des Staates wieder aufzuwerten und von 60 Prozent Verlust auf 50 und 40 Prozent Verlust anzuheben. Wenn dieses Vorhaben auf guten Grundlagen beruht und zielstrebig durchgeführt wird, ließen sich diese Papiere in kurzer Zeit sogar wieder auf ihren Nennwert bringen. Dabei muß man allerdings schrittweise vorgehen, denn ein Kind könnte doch ebenfalls nicht sogleich die Last eines erwachsenen Menschen tragen. Ich habe bereits dargelegt, welche Unordnung in den königlichen Finanzen und im Handel entstünde, wenn man ein Papiergeld, welches nicht durch Münzgeld gedeckt wäre, mit Gewalt einführte.

Eure Königliche Hoheit ist davon überzeugt, daß der Vorschlag, den Piaster in Umlauf zu bringen, gegen das Wohl des Staates gerichtet sein würde. Diejenigen, die diesen Vorschlag gemacht haben, hatten nichts anderes anzubieten, als die betreffenden Münzen beziehungsweise deren Rohstoff, der aus Amerika eingeführt wird, ins Land zu holen. Sie handelten nicht in gutem Glau- 303
ben, denn sie würden fortfahren, die Münzen ins Ausland zu schaffen, solange sie dabei noch Profit erhielten. Da jedoch der Wechselkurs zugunsten Frankreichs sie bewog, die genannten Münzen und ihr Material ins Land zu ziehen, wollten sie Eure Königliche Hoheit damit verblüffen, daß sie ein leichtes Geld mit sehr unterschiedlichem Feingehalt einführten.

Eure Königliche Hoheit werden es nicht als verlorene Zeit ansehen, einmal für einen kleinen Augenblick die Lage zu betrachten, in welche England mit einer ähnlichen Unordnung geraten war. Aus diesem Beispiel vermag man die Gefahren zu erkennen, die einem Staat daraus erwachsen, daß er sich von den wahren Grundsätzen entfernte.

Es gab zwei Sorten englisches Geld, das alte Geld, welches mit dem Hammer geschlagen wurde, und das neue Geld, welches mit der Walze geprägt wurde. Unsere Vorfahren bedienten sich dieses alten Geldes, ohne daß man Mißbräuche damit anstellte, denn diese Vorfahren waren nicht in der Lage, ein anderes Geld herzustellen. Auch besaßen die Menschen damals noch nicht so viel Erfindungskraft, um das Böse zu tun, und offensichtlich glaubten die Minister, daß kein Schaden entstünde, wenn man dieses Geld, welches mit dem Hammer geschlagen wurde, frei umlaufen ließ. Sie gaben sich damit zufrieden anzuordnen, daß das Geld künftig unter der Walze geprägt werden müßte.

Zur Zeit des Königs Wilhelm begann man zu bemerken, daß das Geld, welches mit dem Hammer geschlagen wurde, stark angenagt[31] war. Eine große Anzahl von Menschen haben die Falschmünzerei betrieben. Viele solcher Falschmünzer mußten sterben, denn der König kannte keine Gnade für dieses Verbrechen. Ungeachtet dessen gelang es ihm nicht, der Unordnung Einhalt zu gebieten. Sie breitete sich derartig aus, daß das ganze Königreich dadurch ernsthaft in Gefahr geriet. So wog ein Taler dieses verschlechterten Geldes bald nur noch 35 Sous. Das Geld, welches man unter der Walze prägte, war geschmolzen und als geringerwertiges Geld hergestellt. Man hat mir versichert, daß die Ausländer die guten Münzsorten sofort aus dem Lande brachten, sie im Ausland in geringerwertiges Geld umschmolzen und dieses Geld dann mit mehr als 30 Prozent Profit zurückschleusten. Die Wechselkurse fielen dadurch um ungefähr ein Drittel ihres normalen Wertes, und der gesamte englische Handel mit dem Ausland erlitt einen Schaden, welcher der Veränderung des Wechselkurses entsprach.

Das Parlament faßte den Beschluß, derartige Praktiken zu unterbinden, obwohl man sich damals mit Frankreich im Kriegszustand befand. Das Übel war so drückend und allgegenwärtig geworden, daß man gar keine andere Wahl hatte. Mehrere Vorschläge wurden unterbreitet, wobei einige Vorschläge von Persönlichkeiten gemacht wurden, die den Ruf besaßen, über Geschicklichkeit zu verfügen und Kenner in Geldangelegenheiten zu sein,
304 wie zum Beispiel Herr Lowndes, königlicher Unterschatzbewahrer, welcher anregte, den Nennwert des Geldes zu erhöhen, um dadurch eine Verbesserung des Geldes zu ermöglichen und um den Staat zu entlasten, welcher die Kosten dieser Umschmelzung zu tragen hatte.

Das Parlament war damals über diese Dinge so wenig aufgeklärt, daß man sich entschloß, dem Vorschlag von Herrn Lowndes zu folgen, als John Locke auf den Plan trat, um ihnen die Augen zu öffnen. Er deckte den Irrtum dieses Vorschlags auf, und mit seinen Begründungen bewog er das Parlament, das öffentliche Vertrauen aufrecht zu erhalten und die Ehre der Nation zu bewahren, indem man das Geld verbesserte, die Umschmelzung aber auf Staatskosten vornahm, ohne eine übermäßige Erhöhung des Nennwertes des Geldes.

Die ganze Aktion war um so bemerkenswerter, als damals Krieg herrschte und weil man an ein und demselben Geld zwei oder sogar dreimal Verluste erlitt, denn die Falschmünzer waren damals Tag und Nacht am Werke. In dem Maße, wie diese Leute die leichten Münzen gegen gute Münzen eintauschten, verwandelten sie die guten Münzen sofort wieder in leichte Münzen, welche sie abermals zur Münzstätte trugen. Allerdings war die Frist, die vom Parlament gesetzt worden war, um die leichten Münzen bei der staatlichen Münze umzutauschen, kurz, so daß diesem Handel und diesem Mißbrauch schnell ein Ende gesetzt werden konnte, die den Staat ruiniert hätten, wenn man nicht unverzüglich Abhilfe geschaffen hätte.

Die Augen ganz Europas richteten sich damals mit Interesse auf das große Ereignis in England, und England genießt den Ruhm, der ihm bei dieser Gelegenheit aus seiner Entschlossenheit und seiner richtigen Verhaltensweise erwuchs.

Ich habe vergessen zu sagen, daß derjenige, der die Münzstempel angefertigt hatte, womit das neue Geld geprägt werden sollte, mit diesen Stempeln nach Frankreich geflohen war, was die Umschmelzung um einige Zeit verzögerte. Vorher hatte man bereits sämtliche Anordnungen, die erforderlich waren, erlassen und veröffentlicht.

Was ich jedoch eigentlich zeigen wollte, das ist, daß weder eine übermäßige Erhöhung des Nennwertes des Geldes noch der Vorschlag, die Staatspapiere in Umlauf zu bringen und zu Zahlungsmitteln zu erklären[32], den Kredit im Handel noch in den Geldangelegenheiten des Königs wieder herbeizuführen in der Lage sind. Ganz im Gegenteil sind solche Gewaltmaßnahmen grundsätzlich so beschaffen, dem Staat und seinen Bürgern zu schaden.

Es scheint also, daß es kein anderes Mittel gibt, als abzuwarten, daß sich der Kredit und das Vertrauen durch eine bessere Verwaltung der finanziellen Angelegenheiten des Königs wieder einstellen und daß durch den Verkauf der Produkte an das Ausland sowie durch die Rückkehr der Schiffe aus Amerika das Geld wieder reichlicher vorhanden sein wird.

305 Dieser letzte Vorschlag scheint der vernünftigste zu sein. Wenn es jedoch möglich sein sollte, die gleiche Sache, die man vorschlägt, in 10 Jahren auszuführen, in einem Jahr zu bewerkstelligen, und zwar ohne daß der Staat dadurch irgendwelchen Gefahren ausgesetzt würde und ohne daß einzelnen Bürgern dadurch Unrecht widerführe, dann sollte man das oben genannte Mittel vorziehen, zumal man nicht sicher sein kann, sich während zehn Jahren eines Friedens zu erfreuen, und weil ein neuer Krieg den Staat abermals der Zerrüttung aussetzen würde.

Die Einführung des Kredits auf dem Wege der Gründung einer Bank würde die Geldmenge in einem einzigen Jahr stärker vermehren als ein erfolgreicher Handel in zehn Jahren. Frankreich befindet sich augenblicklich in der Lage, sich entweder des Kredits zu bedienen, oder weiterhin in seinem Schwächezustand zu verharren, verglichen mit den anderen Mächten, die den Kredit nutzen. Der Kredit ist das sicherste Mittel, um das Vertrauen in die Wirtschaft und die königlichen Finanzen zurückzugewinnen. Dabei handelt es sich gleichzeitig aber auch um das einfachste und das harmloseste Mittel, welches dem König und den Bürgern nicht den geringsten Schaden verursachen würde. Im Gegenteil, es erwüchse allen Teilen des Staates daraus ein großer Vorteil, was ich allerdings hinlänglich bewiesen zu haben glaube.

Selbst wenn Frankreich seine Industrie und seinen Handel nicht weiter ausdehnte, wäre es nichtsdestoweniger notwendig, sich des Kredits zu bedienen, um dadurch seine Geldmenge zu vermehren, denn gegenwärtig dürfte die Münzgeldmenge, die früher ausreichte, nicht mehr genügen.

Ich habe bereits darauf hingewiesen, daß das Silber, das man aus Amerika herbeischafft, den Wert dieses Metalls vermindert. Dadurch steigen die Preise der Produkte, so daß mehr Silber erforderlich ist, um den gleichen Umschlag zu gewährleisten. Umgekehrt führte die Verringerung der in Frankreich vorhandenen Silbermenge wegen des Abfließens des Münzgeldes ins Ausland notwendigerweise dazu, daß sich der Preis des Silbers beziehungsweise die Geldzinsen erhöhten. Denn, wie ich bereits darlegte, richtet sich der Preis jeder Sache nach dem Verhältnis von vorhandener Menge und Nachfrage.

Die einzelnen Bürger, die über freie Mittel verfügen, versuchen, bei jeder sich bietenden Gelegenheit, aus ihrem Geld einen Profit zu erzielen. Wenn man gestern noch 2 Prozent für das Diskontieren von Wechseln mit einer Laufzeit von einem Monat bezahlte, so wird man heute 2¼ Prozent fordern, und diejenigen, die Geld benötigten und die es anders nicht günstiger auftreiben können, sind genötigt, die ihnen aufgezwungenen Bedingungen hinzunehmen.

Desgleichen wird der Handel mit königlichen Schuldverschrei-
bungen, sobald mehr Verkäufer als Käufer vorhanden sind, den 306
Verlust auf diese Papiere von 20 auf 25 und 30 Prozent ansteigen lassen, und weil man die Mittel, die geeignet wären, dieser Unordnung zu begegnen, nicht kennt, steigt der Preis des Silbers, wodurch der Handel ruiniert wird.

Es dürfte völlig nutzlos sein, Gesetze zu erlassen, welche den Preis des Geldes und die Zinsen festlegen, um dadurch die Spekulation mit den königlichen Schuldverschreibungen zu unterbinden. Solche Gesetze können nichts Gutes bewirken. Im Gegenteil führen sie zum Preisanstieg des Silbers und zu Verlusten bei den Staatspapieren.

Es beruht auf einem Mißverständnis zu sagen, daß man der gegenwärtigen Unordnung begegnen könne, indem man das Vertrauen wieder herstellt. Das Vertrauen ist eine Folge des Überflusses von Geld, so wie das Mißtrauen als eine Folge der Geldknappheit angesehen werden muß.

Es kann kein Zweifel darüber bestehen, daß die zahlreichen Bankrotte von Kaufleuten und die geringe Wertschätzung der königlichen Schuldverschreibungen dazu beitrugen, daß sich das Mißtrauen noch verstärkte. Diese Umstände betreffen allerdings nicht diejenigen, die echte Sicherheiten in Form ihres Grund und Bodens geben können und die niemanden finden können, um ihnen Geld zu leihen, selbst dann nicht, wenn sie bereit sind, bis zu 10 Prozent Zinsen im Jahr zu bezahlen.

Das Vertrauen wird sich ganz von selbst wieder einstellen, wenn man das Geld vermehrt, was überhaupt keine Schwierigkeiten bereitet. Es dürfte allerdings sehr schwer sein, dieses Vertrauen zurückzugewinnen, so daß man jeder Zeit Geldbeträge zu 4 Prozent im Jahr leihen kann, solange die vorhandene Geldmenge nicht im richtigen Verhältnis zu diesem Zinssatz steht.

Ich will einmal annehmen, daß, weil die Außenhandelsbilanz Frankreichs günstig ist, das Münzgeld ins Königreich zurückkehrte und daß außerdem Silber aus Amerika ins Land gelangte. Da das Mißtrauen und die Befürchtung, daß es an Geld mangele, weit verbreitet ist, wird jeder das wenige, über das er verfügt, bei sich bewahren wollen, genauso wie diejenigen, zu denen das Geld gelangt, nicht bereit sein werden, sich wieder davon zu trennen, weil sie nicht damit rechnen können, es zurückzuerlangen, sobald sie es benötigen.

Ich will außerdem annehmen, daß Eure Königliche Hoheit regelmäßig die Renten auf die Staatsschulden bezahlen und daß Ihr Euch eines Teils dieser Schuld entledigt, ohne deswegen neue Schulden aufzunehmen, und daß auch die Kaufleute stets zahlungsfähig sind. Ein derartiges Verhalten Eurer Königlichen Hoheit und auch der Kaufleute müßte bewirken, daß das Vertrauen in den Handel und in die königlichen Finanzen zurückkehrte. Da diejenigen aber, die über Geld verfügen, welches sie anlegen wollen, ihrem persönlichen Profit den Vorrang geben, und zwar vor dem Wohl des Staates, werden sie bemüht sein, den Preis des Geldes beziehungsweise den Zinsfuß aufrecht zu erhalten.

Das einzige Mittel, um den Preis des Geldes herabzusetzen und es im Handel erscheinen zu lassen, wäre nun, daß Eure Königliche
307 Hoheit große Beträge in Umlauf brächte, so daß die Geldmenge erhöht würde, wodurch dann die königlichen Wertpapiere gewännen und wodurch sich die mangelnde Wertschätzung der Wechsel der Kaufleute verringerte. Da einem Herrscher am Wohl

eines Staates mehr gelegen ist als am Profit, den der König aus der Anlage seines Geldes ziehen könnte, müßte Eure Königliche Hoheit verfügen, daß diese Beträge zu einem niedrigeren Zins als dem, der auf dem Geldmarkt gerade üblich ist, angelegt werden, wodurch dann diejenigen, die über freie Geldmittel verfügen, gezwungen wären, ihr Geld zum selben Preis zu verleihen, der dann zum normalen Preis beziehungsweise Kurs werden würde.

Weil die königlichen Kassen aber nicht stark genug sind, um diese Wirkung hervorzubringen, sollte Eure Königliche Hoheit eine Bank beziehungsweise eine öffentliche Kasse einrichten, die mit ihrem Kredit in der Lage sein würde, das genannte Ziel zu erreichen.

Ich habe bereits darauf hingewiesen, daß der hohe Preis des Geldes die Industrie und den Handel beeinträchtigt. Man denkt gar nicht daran, seine Geldmittel für den Handel bereitzustellen, solange man sie noch zu 15 Prozent Zinsen im Jahr anderweitig anlegen kann.

Wenn man einmal annähme, daß das Geld durch irgendein besonderes Ereignis in Holland knapp würde und daß der Zinsfuß auf 10 Prozent anstiege, dann verlöre das Land seinen Handel, dann wären seine Städte unbewohnt und seine Ländereien unbebaut, denn es wäre ja unmöglich, daß sich die Gewerbetätigkeit dieses Staates bei einem derartigen Preisanstieg des Geldes halten könnte. Aus dem gleichen Grund dürfte es nicht überraschend sein, daß der Handel und die Manufakturen in Frankreich sehr stark zurückgingen. Die Holländer sind keineswegs arbeitsamer als die Franzosen, im Gegenteil arbeiten die Franzosen sogar mehr, allerdings findet die Hälfte der Bevölkerung in Frankreich keine Beschäftigung.

Das reichliche Vorhandensein von Geld, welches die Zinsen auf 2 Prozent senken würde, würde die Lage des Königs erleichtern, indem sich die Aufwendungen für seine Schulden und die anderen Lasten verringerten. Ebenfalls würde man dadurch die Lage der

Grundeigentümer erleichtern, sofern sie mit Schulden belastet sind. Letztere würden dadurch reicher, daß sie ihre landwirtschaftlichen Erzeugnisse teurer verkaufen könnten. Das gleiche gälte für die Kaufleute, die nunmehr Geld zu niedrigem Zinsfuß leihen könnten und die damit in der Lage wären, der Bevölkerung eine Arbeit zu geben.

Dieser Geldüberfluß würde schließlich sämtliche Einkommen des Königs erhöhen, weil ein Anstieg der industriellen Produktion und der Bevölkerung erfolgte. Das reichlich vorhandene Geld, welches übrigens in sehr großer Menge vorhanden sein müßte, daß dadurch der Geldzins auf 2 Prozent sänke, würde Frankreich in die Lage versetzen, den ganzen Handel Europas abzuwickeln, ganz abgesehen davon, daß dieses große Königreich bald wie Holland bewirtschaftet sein würde, daß es mit Städten und mit Dörfern und mit einer zahlreichen Bevölkerung besiedelt wäre und
308 daß auch seine Schiffahrt und seine Kriegsflotte wieder an Geltung gewänne. Millionen von Menschen, die augenblicklich dem Staat zur Last fallen, fänden eine Arbeit und soviel zu verdienen, daß sie angenehm leben könnten. Aus allen Ländern Europas kämen die Menschen nach Frankreich, so daß der Grund und Boden dieses Landes schließlich das Doppelte von dem abwürfe, was er gegenwärtig hervorbringt. Diese Erzeugnisse würden im eigenen Land weiterverarbeitet und danach auf französischen Schiffen ins Ausland transportiert. Welche Genugtuung müßte einem Herrscher daraus erwachsen, ein reiches und gut besiedeltes Königreich zu regieren, in welchem die Menschen gut ernährt und aus eben diesem Grunde mutig sind!

Ich habe bereits darauf hingewiesen, daß es nutzlos wäre, Gesetze zu erlassen, um dadurch den Zinsfuß zu senken und den Wucher zu bekämpfen. Allein mit reichlich vorhandenem Geld wird man in der Lage sein, dieses Ziel zu erreichen, und dies auf ganz natürlichem Wege und ohne jeglichen Zwang. Die Begründung des Kredits dürfte das geeignetste Mittel sein, um diesen Geldüberfluß zu schaffen, und es könnte der erste Anstoß gegeben werden, damit sich dann im weiteren Verlauf alle die bereits genannten Vorteile für Frankreich einstellen.

Ich will einmal davon ausgehen, daß die Bank als eine reine Depositenbank eingerichtet würde, ohne daß man es erlaubte, auch nur den geringsten Teil ihrer Rücklagen zu verwenden, so daß Eure Königliche Hoheit kein anderes Mittel verfolgte, als im Handel einen größeren Geldumlauf zu bewirken. Ihr dürftet keinen Augenblick schwanken, die Bank zu gründen, denn mit diesem Mittel würden sich der Handel und sämtliche anderen wirtschaftlichen Angelegenheiten des Königreichs sogleich vorteilhaft beleben, und zwar so, als wenn man die Menge des Münzgeldes erhöht hätte.

Wenn das in Frankreich vorhandene Münzgeld auf einen Betrag von 600 Millionen ansteigt und wenn sich nach der Bankgründung 200 Millionen in den Kassen befinden und wenn der Gegenwert dieser 200 Millionen in Papiergeld umlaufen würde, dann bewirkten diese 200 Millionen Banknoten, die die gleichen Wirkungen hervorbringen wie ansonsten 600 Millionen Münzgeld, einen Wohlstand für Frankreich, der dem entspräche, als wenn man die Geldmenge um 400 Millionen erhöht haben würde.

Dieser Wohlstand überträfe aber sogar noch das, was ich hier soeben darlegte, denn im Zahlungsverkehr bewirkt eine bestimmte Summe Papiergeld mehr als das Fünffache einer gleichen Summe Münzgeldes. Das Papiergeld wird nämlich an einem einzigen Tag durch mehr Hände gehen als die gleiche Summe Münzgeld in fünf Tagen.

Für diejenigen, die die gegenwärtige Lage Frankreichs kennen,
dürfte es offensichtlich sein, daß man in den Provinzen sehr darunter
leidet, daß die königlichen Steuern mit dem Wagen aus den Provin- 309
zen nach Paris geschafft werden müssen. Ungeachtet dessen, daß
diese Beträge wieder dahin zurückkehren, bedarf es dennoch eines
größeren Zeitaufwandes, um das Geld nach Paris zu transportieren
und um es dann anschließend wieder in die Provinzen zu bringen, als
wenn sich diese Zirkulation mit Papiergeld abwickelte.

Ich habe bereits gesagt daß das Geld im Staat dasselbe ist wie das Blut im menschlichen Körper. Sobald das Blut nicht in allen Teilen des Organismus zirkuliert, siecht der Körper dahin. Genauso ist es mit dem Geld. Wenn es in den Provinzen nicht umläuft, dann leidet der Staat darunter und wird geschwächt. Ich habe gezeigt, daß die Einrichtung einer Bank und die Einführung von Banknoten in den Provinzen die Wagentransporte von Münzgeld ersetzen könnten und große Bequemlichkeiten und Vorteile für die einzelnen Bürger mit sich bringen würde.

Wenn die Bank nicht berechtigt wäre, das Geld, über welches sie verfügt, anzuwenden und wenn sie lediglich als eine Depositenbank eingerichtet wäre, um die Handelstätigkeit zu erleichtern, dann brächte sie die gleichen Wirkungen hervor, als wenn man die Geldmenge beträchtlich erhöht hätte, und sie würde wenigstens zu einem Teil die Münzgeldtransporte in Wagen ablösen. Hierbei dürfte es sich aber bereits um zwei hinreichend bedeutsame Begründungen handeln, die Eure Königliche Majestät veranlassen müßten, die Bank ins Leben zu rufen, und dies um so mehr, als die ganze Angelegenheit weder dem König noch dem Volk auch nur den geringsten Nachteil verursachen kann, was von mir jedoch schon klar dargelegt worden ist, so daß Eure Königliche Majestät die Bank nunmehr aus eigener Machtbefugnis gründen sollte.

Mit der Gründung der Bank werden vom König keine Gesetze gemacht, Seine Majestät beauflagt dadurch nicht die Bewohner seines Landes. Vielmehr wird ihnen die Freiheit gelassen, sich der Banknoten zu bedienen oder aber ihre Zahlungen wie bisher in Münzgeld vorzunehmen. Diejenigen, die Vertrauen in die Bank setzen, werden von den Bequemlichkeiten profitieren, die diese Einrichtung mit sich bringt. Wenn sie erfolgreich ist, dann ist das ein großes Wohl. Wenn man dagegen einmal annimmt, daß sie sich nicht akkreditieren kann, dann werden weder der König, noch das Volk, noch der Handel dabei etwas verlieren. Es handelt sich dann lediglich um eine ganz harmlose Erfahrung, die alles erhoffen läßt und so gut wie nichts befürchten ließ.

Der Gründung der Bank in Wien wurde eine Verlautbarung des Kaisers vorausgeschickt, in welcher Seine Kaiserliche Majestät erklärt, daß sie die Absicht habe, ihre Finanzen besser zu ordnen, dem Wucher Einhalt zu gebieten, das Vertrauen wieder herzustellen, den Kredit zu begründen, den Handel zu beleben, die Steuern zu senken, ihre Staaten von den Lasten zu befreien und so weiter, und zutiefst davon überzeugt, daß unter allen erdenklichen Mitteln, um diese Ziele zu erreichen, es nichts Angemesseneres gibt als die Gründung einer Bank, hat Seine Majestät, in Übereinstimmung mit ihren Ministern, beschlossen, in ihren Staaten eine allgemeine Bank einzurichten und ihr die folgenden Rechte einzuräumen.

Das Vorhaben selbst beruht auf verschiedenen Vorstellungen. 310
Der erste Gedanke besteht darin, daß von Seiner Kaiserlichen Majestät in allen ihren erblich angestammten Ländern mehrere Steuern zugunsten der Bank erhoben werden.

1. Angeld zur Beglaubigung. Alle Fürsten, Lehensherren und andere Personen, die einen besonderen Rang, Ämter ziviler oder militärischer Art, Einkünfte, Pensionen, Beihilfen haben, nebst denjenigen, die danach streben, dergleichen zu erwerben, sowie diejenigen des Klerus, die mit weltlichen Würden ausgestattet sind, werden aufgefordert, in einer Frist von sechs Wochen einen Betrag entsprechend ihrer Einstufung an die Bank zu entrichten.

2. Alle diejenigen, die von den Vorteilen und der Freizügigkeit der Bank profitieren wollen, müssen sich im Bankregister eintragen lassen, und sie werden ihren Beitrag entsprechend der Klasse entrichten, in welcher sie aufgenommen werden.

3. Angeld als ein auferlegter Beitrag. Steuern, die von Juden erhoben werden, die man in den kaiserlichen Ländern duldet.

Diese drei Gebühren sind jährlich zu entrichten und mehr oder weniger hoch, entsprechend der verschiedenen Klassen, und zwar zwischen 300 und 3 Gulden.

4. Angeld zur Beglaubigung. Steuer von 6 Prozent zugunsten der Bank, erhoben auf Gehälter, Beihilfen und Pensionen von 500

Gulden und höher, welche für ein halbes Jahr im Voraus entrichtet werden müssen von denjenigen, die dergleichen in der Folge erhalten werden.

5. Angeld auf Vorbehalte. Steuer von 1 Prozent, welche von Personen erhoben wird, die in der Bank entsprechende Beträge zu Zinsen angelegt haben und die sich vorbehalten, ihr Kapital später zurückzuziehen oder es in Silber einzulösen, so wie das anderswo geschieht. Aber man ist schlecht unterrichtet, denn in anderen Banken läßt man sich derartige Vorbehalte nicht bezahlen.

Der zweite Gedanke, auf welchem das Vorhaben beruht, liegt in einer Schenkung, die Seine Kaiserliche Majestät der Bank übereignet.

1. Die Bank erhält das Recht, ausnahmslos alle Rückstände, die Seiner Kaiserlichen Majestät in den verschiedensten Angelegenheiten und Zahlungsverpflichtungen geschuldet werden und deren Abrechnung noch nicht vorgenommen wurde, festzustellen, einzutreiben und zu liquidieren, und zwar wie es die Bank für angemessen hält.

2. Seine Kaiserliche Majestät überläßt der Bank und weist ihr auf Dauer an die Beschlagnahmen, Güter, die aus dem Überschreiten von Verfallsterminen anfallen, beschlagnahmte Güter aus dem Schmuggel, Aufkommen aus Abwesenheit, die gezahlt werden müssen, wenn man das Land verläßt. Seine Kaiserliche
311 Majestät ordnet an, daß die für die Wahrnehmung dieser Rechte eingesetzten Beamten gegenüber der Bank rechenschaftspflichtig sind.

3. Seine Kaiserliche Majestät überläßt der Bank auf unbegrenzter Dauer die Steuer, die ihr in ihrer Eigenschaft als Herrscher zusteht, und die Geldstrafen.

Der dritte Gedanke besteht darin, die Bank zur kaiserlichen Kasse zu machen. Zu diesem Zweck wird verfügt, daß stets sämtliche Einkommen, die in Silbergeld aufgebracht werden, gleichgültig ob sie der Armee oder der Finanzkammer zufließen, durch die Kasse der Bank gehen müssen.

Der vierte Gedanke, der diese Einrichtung mit Leben erfüllt, liegt in den Vorrechten, die der Bank von Seiner Kaiserlichen Majestät eingeräumt werden. Diese Vorrechte schließen ein, daß die Bank den üblichen Formen von Gerichtsbarkeit nicht unterliegt und in eigener Verantwortung in allen Streitfällen entscheiden kann, die sich aus der Geschäftsabwicklung der Bank ergeben, ohne daß die betroffenen Parteien einer Revision und Berufung ausgesetzt werden können.

Seine Kaiserliche Majestät erklärt die Bank für frei und unabhängig. Sie ist nicht verpflichtet, weder Seiner Kaiserlichen Majestät noch Privatpersonen, einen Kredit zu gewähren, ohne dafür eine ausreichende Sicherheit, die die Bank vor Verlusten bewahrt, erhalten zu haben.

Die Bank verfügt über das Recht, ihre Beamten selbst auszuwählen und einzusetzen und so weiter.

Nur diejenigen, die ihre jährlichen Beiträge beziehungsweise Gebühren an die Bank entrichten, können zivile Ämter bekleiden, militärische Ränge einnehmen oder öffentliche Funktionen ausüben, die entweder durch die Staatskanzlei oder die Gerichtsbarkeit des kaiserlichen Hofes beziehungsweise auch durch andere gerichtliche Einrichtungen, die von den letzteren abhängen, zugesprochen werden. Darin inbegriffen sind Ärzte, Rechtsanwälte, Beamte und andere. Die betreffenden Persönlichkeiten müssen sich ferner, wenn sie ihre Ämter und Funktionen bewahren wollen, in die Bankregister eintragen lassen, und sie müssen ihre Beiträge beziehungsweise ihr Angeld zur Beglaubigung entsprechend ihrer Kasse entrichten, und dies in einer Frist von 6 Wochen nach der Veröffentlichung der Unterlagen.

Ausschließlich diejenigen, die in der genannten Frist von sechs Monaten aufgenommen werden und in die Register der Bank eingetragen werden, haben künftig Anspruch darauf, für die genannten Beschäftigungen zugelassen zu werden, irgendein Vorrecht zugesprochen zu bekommen, welches von Seiner Kaiserlichen

Majestät vergeben werden kann, oder aber von ihr bestimmte Gehälter, Beihilfen, Pensionen und andere Gunsterweisungen zu erhalten.

Es gibt noch weitere Vorrechte, die der Bank gewährt werden, zum Beispiel die Entbindung davon, für die in der Bank vorhandenen Summen Abgaben zahlen zu müssen. Die Gelder der Bank können ferner nicht beschlagnahmt werden, eine Ausnahme stellt das Verbrechen der Majestätsbeleidigung dar. Die Ausländer erfreuen sich bezüglich ihrer Einlagen in der Bank der gleichen Sicherheit wie die Untertanen Seiner Kaiserlichen Majestät, ohne
312 daß diese Gelder im Kriegsfall Seiner Kaiserlichen Majestät mit dem Herrscher des Landes, aus welchem der Fremde stammt, beschlagnahmt werden dürfen.

Es gibt dann noch andere Festlegungen bei diesem Vorhaben, die die Leitung und Verwaltung der Bank betreffen. Diesbezüglich wurde verfügt:

1. Die Beamten der Bank werden verpflichtet, in der Kasse der Bank einen Kapitalbetrag zu hinterlegen, welcher denjenigen Summen entspricht, mit welchen sie in der Bank umgehen müssen, wobei sie für dieses Kapital jährlich 5 Prozent Zinsen erhalten. Und da jeder Nachfolger im Amt dazu angehalten wird, die Summe, die sein Vorgänger in der Bank hinterlegt hatte, nun seinerseits mit eigenen Mitteln zu übernehmen, wird sich daraus ein fester Sicherheitsfond und Garantiefond ergeben.

2. Jeder Teilhaber der Bank hat die Möglichkeit, sich aus den Mitteln der Bank eine Summe zuzueignen, die im Verhältnis zu den Beiträgen oder des Angelds, was er entrichtet hatte, steht. Unter diesen Umständen wird er, wenn er 200 Florins aufbrachte, Anspruch auf 20 000 Florins zu 3 Prozent haben, dies natürlich unter der Voraussetzung, daß die Bank über entsprechende Mittel verfügt.

Jeder Teilhaber der Bank bezieht Zinsen von 3 Prozent auf die Beträge, die er in die Bank eingebracht hat, und obgleich er den Kapitalbetrag als Schuldverschreibung assigniert, wird er sich trotzdem stets der 3 Prozent Zinsen erfreuen, zumindest solange, wie er sein Kapital selbst nicht als Münzgeld aus der Bank abzieht, was er nur kann, wenn er dies sechs Monate vorher ankündigt.

Um eine noch größere Sicherheit der Bank zu gewährleisten, setzt Seine Kaiserliche Majestät einen obersten Verwaltungsrat ein, welcher ausschließlich dem Kaiser, dem höchsten Gönner der Bank, unterstellt ist. Dieser Verwaltungsrat wacht über die Rechte und die Vorrechte der Bank, zum Beispiel darüber, daß die kaiserlichen Einkommen, die künftig durch die Bank fließen müssen, nicht mit Schuldverschreibungen belastet werden, die höher sind als das, was sie einbringen. Zu diesem Zweck erstellt der Verwaltungsrat jährlich eine Endabrechnung über die Einnahmen und die Ausgaben der Bank, die im Zusammenwirken von Finanzkammer, Bankverwaltungsrat und der Bank selbst vorgenommen wird. Auf diese Weise können diejenigen, die in der Bank als Teilhaber eingeschrieben sind, regelmäßig, in jedem Quartal, bezahlt werden, ganz abgesehen davon, daß man an jedem Tag den Bilanzstand der Bank ausweist.

In dem Fall, wo im Verlaufe eines Jahres Seine Kaiserliche Majestät den Kredit der Bank in Anspruch nehmen wollen, um unvorhergesehene Ausgaben zu finanzieren, ist die Bank keineswegs verpflichet, Summen zur Verfügung zu stellen, die über die Sicherheiten hinausgehen, die Seine Kaiserliche Majestät geben müßte, damit die Rückzahlung der Schuld gewährleistet ist.

Wenn der Verwaltungsrat der Bank irgendeiner Unregelmäßig- 313
keit oder nachteiligen oder gefährlichen Geschäften auf die Spur kommt, dann wird er augenblicklich die angemessenen Maßnahmen ergreifen. Damit diese auch schnell durchgeführt werden können, wurden dem Verwaltungsrat der Bank von Seiner Kaiserlichen Majestät ausreichende Anweisungen erteilt, damit Veruntreuungen zuvorgekommen werden kann und damit die Ordnung wieder hergestellt werden kann und die Einhaltung der Vorschriften aufrechterhalten werden kann.

Der Kaiser verspricht sich von der Gründung der Bank, daß sich die Einnahmen erhöhen und daß durch die Ordnung, die diese Einrichtung herbeiführen wird, er bald in der Lage sein könnte, sich seiner Schulden zu entledigen. Die unrechtmäßigen Schuldansprüche würden erkannt werden, die zu Recht bestehenden Ansprüche würden mit größerer Zuverlässigkeit bezahlt werden. Die Angehörigen der Streitkräfte, welche für die Bezahlung ihrer Dienste Ansprüche an die Bank geltend machen, könnten nunmehr mit größerer Regelmäßigkeit entlohnt werden und in gutem Zustand unterhalten werden. Die Bank wäre ferner in der Lage, betrügerische und gefährliche Machenschaften zu verhindern, die Untertanen Seiner Kaiserlichen Majestät würden in ihr eine große Stütze finden, insofern sie in die Lage versetzt würden, ihre Steuern mit größerer Leichtigkeit zu entrichten. Der Wucher, der Seiner Kaiserlichen Majestät wie auch allen ihren Staaten einen außerordentlichen Schaden zufügt, wäre endlich unterbunden. Der Kredit würde sich erhöhen, und der Handel würde sich beleben. Auf diese Weise begründete die Bank dann unweigerlich den allgemeinen Wohlstand.

Alle diese Vorzüge, die die Bank mit sich bringt, werden Seiner Kaiserlichen Majestät und der Öffentlichkeit eine Garantie gegen die Befürchtung sein, daß diese Einrichtung jemals in Gefahr geraten könnte, zusammenzubrechen.

Seine Kaiserliche Majestät sollte angesichts der Vorteile, die die Einrichtung einer Bank dem Staat verschafft, anordnen, daß die besagte staatliche Bank so schnell wie möglich eröffnet wird. Zu diesem Zweck sollte Seine Kaiserliche Majestät einen Verwaltungsrat einsetzen, der mit allen möglichen Vollmachten ausgestattet sein müßte, um die notwendigen Verhandlungen führen zu können und um den entsprechenden Vertrag[33] zugunsten der Bank in angemessener Form abzuschließen, wobei es auch um Ausnahmeregelungen und andere durchgesetzte Vorrechte, überlassene Kapitalien und so weiter ginge. Seine Kaiserliche Majestät geben allem, was besagter Verwaltungsrat unternimmt, die volle

Billigung und versprechen, als höchster Gönner und Beschützer dieser Bank, mit allen erdenklichen Versicherungen, deren Seine Kaiserliche Majestät überhaupt fähig ist, diese Bank zu schützen, zu verteidigen und zu akkreditieren, so daß im Bedarfsfall alles sogar noch weit mehr als notwendig geschieht. Seine Kaiserliche Majestät versprechen, daß weder von ihr selbst, noch von ihren Nachfolgern, jemals etwas getan werden wird, was dem Wohl dieser Einrichtung zuwiderlaufen könnte, noch zuzulassen, daß man der Bank irgendein Unrecht zufügt.

Dieses Projekt zeigt den stark empfundenen Wunsch Seiner Kaiserlichen Majestät zur Herstellung des Kredits in allen ihren Staaten sowie die aufrichtige Bestrebung, es zu fördern. Ungeachtet
dessen verstand derjenige, der diese Bank vorschlug, nichts von die- 314
sen Angelegenheiten. Diese Bank beruht, wie wir sahen, auf mehreren verschiedenen Gedanken, die das ganze Projekt unübersichtlich machen und welche zu seinem Scheitern führen könnten. Ebenfalls entsprechen die vorgeschlagenen Mittel nicht dem, was Seine Kaiserliche Majestät von dieser Einrichtung erwarten müßte.

Um die Bank erst einmal zu akkreditieren, hat man alles, was man für notwendig hielt, zusammengetragen, und vom Herrscher wurde zu allem die Zustimmung erteilt. Da man jedoch über das Geld und den Kredit nicht gründlich unterrichtet war, ist es durchaus möglich, daß das gesamte Vorhaben trotz der großen Vorteile, die Seine Kaiserliche Majestät dieser Bank bei ihrer Gründung und Akkreditierung einräumten, scheitern kann.

Indessen läßt die Entschlossenheit, mit welcher dieser Herrscher durchführt, was er einmal angepackt hat, vermuten, daß er im Verlaufe der Zeit Erfolg mit dieser Einrichtung haben wird. Ich würde mich mit dem vierten Teil der Vorteile und Privilegien, die Seine Kaiserliche Majestät gewährten, verpflichten, eine Bank in ihren Staaten ins Leben zu rufen, deren Kredit sich weiter ausdehnen würde als derjenige Englands und Hollands, ungeachtet der großen Unterschiede, die gegenwärtig im Handel zwischen diesen Staaten und den Erbmonarchien herrschen.

Eure Königliche Hoheit werden diesem Projekt entnommen haben, daß der Kaiser die Bank als eine sehr nützliche Angelegenheit betrachtet[34]. Bisher hat man niemals sagen hören, daß eine derartige Einrichtung das allgemeine Mißtrauen vermehren könnte, daß man das Geld zurückhält. Die Bank ist dagegen stets als das sicherste Mittel angesehen worden, um dem Wucher Einhalt zu gebieten, indem reichlich Geld zu günstigen Bedingungen in den Umlauf gebracht wird und indem das Vertrauen zurückgewonnen wird. Alle Banken, die in Europa eingerichtet worden sind, brachten diese wohltuenden Wirkungen stets hervor, und England stellt einen unwiderleglichen Beweis dafür dar, wie nützlich ein umsichtig geführter Kredit sein kann.

Ich habe bereits darauf hingewiesen, daß sich England, als es seine Bank gründete, in einer ähnlichen Lage befand wie gegenwärtig Frankreich. Das Geld war sehr knapp, das Vertrauen war gänzlich verlorengegangen und der Wucher hatte sich derartig ausgebreitet, daß der König Wilhelm 40 bis 50 Prozent Zinsen im Jahr für Gelder bezahlte, die er sich, weil er sie dringend benötigte, auf Fonds vorschießen lassen mußte, die vom Parlament gebilligt waren, und dies obwohl die englische Nation damals nur geringfügig verschuldet war. Dieses Königreich befand sich damals im Krieg mit Frankreich, so daß aus diesem Grund der Erfolg dieser Einrichtung noch fragwürdiger wurde. Indessen gelang es mit der Bank, der Unordnung Herr zu werden. Sie sorgte dafür, daß das Geld wieder reichlicher vorhanden war, daß sich das Vertrauen wieder einstellte, daß der Wucher erfolgreich bekämpft wurde, sie
315 stützte die Regierung und den Staat während zweier Kriege, welche ungeheure Summen verschlangen, und sie beschaffte alle Mittel, die der König dringend benötigte, zu einem bescheidenen Zins. Wenngleich die Staatsschuld gewaltig anstieg, vermochte die Bank mit ihrem Kredit das Münzgeld zu unterstützen, welches, um die Kriegsausgaben zu finanzieren, nach Flandern und an andere Orte gebracht wurde. Und obwohl es damals im Königreich nicht einmal einen Betrag von 150 Millionen Silbergeld, auf

französisches Geld umgerechnet, gab, erzielte die Bank mit ihrem Kredit sowie durch den schnelleren Umlauf, den sie auslöste, die gleichen Wirkungen, als wenn 500 oder 600 Millionen vorhanden gewesen wären. Der König war nicht mehr gezwungen, sich wie bisher an die Wucherer zu wenden. Die Bank diente ihm besser und zu günstigeren Bedingungen, und dies im Lande wie auch im Ausland, ganz abgesehen davon, daß sie den Kredit ihrer Schatzanweisungen[35] aufrechtzuerhalten wußte und so weiter.

Die Umsicht, mit welcher der König von England sich augenblicklich bemüht, daß der Kredit der Bank erhalten bleibt, dürfte ein Beweis dafür sein, daß dieser Herrscher die Bank außerordentlich hochschätzt. Er kennt die großen Dienste, die die Bank dem Staat leistete, und die Unterstützung, die sie im Bedarfsfall stets geben könnte.

Abhandlung über die königlichen Steuern[1] 38

Durchlaucht!
Ganz Europa kennt den Zustand, in welchem sich die Finanzen befanden, als Eure Königliche Hoheit die Regentschaft übernahm[2].

Die königlichen Kassen waren leer, die Einnahmen des Königs hatten stark abgenommen, man konnte sie nur mit Mühe eintreiben, und sie wurden außerdem schon im voraus aufgebraucht. Das Geld war knapp, man konnte nicht leihen, gleichgültig welchen Zins man zu zahlen bereit war. Der öffentliche und der private Kredit waren vollständig zum Erliegen gekommen und Bankrotte waren an der Tagesordnung, so daß Geld im Königreich nur noch durch Wagentransporte überwiesen wurde. Jeglicher Handel war eingestellt, und im Ausland kaufte man weder unsere landwirtschaftlichen Produkte noch unsere Manufakturwaren. Die Manufakturen lagen darnieder, die Arbeiter mußten, weil sie im Lande keine Beschäftigung fanden, ihr Heimatland verlassen und versuchen, anderswo eine Beschäftigung zu finden, oder von Almosen leben.

Die wichtigsten Bodenerzeugnisse fanden keinen Absatz beziehungsweise verkauften sich zu einem derart niedrigen Preis, daß der Bodenbebauer gezwungen war, den Anbau des Bodens einzustellen.

Alles änderte sich allerdings durch die weitsichtigen Entscheidungen, die Eure Königliche Hoheit durchsetzte, und wegen der Festigkeit, mit welcher Ihr an den einmal eingeführten Maßnahmen festhieltet, und dies obwohl sie von allen sozialen Ständen im Königreich bekämpft wurden.

Gegenwärtig sind die königlichen Kassen wieder gefüllt, steigen die Einnahmen des Königs, lassen sich diese Einnahmen leicht einziehen, so daß man erwarten kann, daß Eure Königliche Hoheit bald aus den Schulden heraus sein werden. Das Geld läuft wieder um, man kann Geld leihen, und der öffentliche wie auch der private Kredit sind wieder eingerichtet. Bankrotte gibt es nicht mehr, Geldzahlungen im Königreich und gegenüber dem Ausland werden wieder über Sichtwechsel abgewickelt, so daß dabei keine Kosten entstehen und keine Risiken mehr eingegangen werden.
39 Der Handel blüht, im Ausland fragt man unsere landwirtschaftlichen Erzeugnisse ebenso nach wie man die Manufakturwaren nachfragt. Die Manufakturen arbeiten auf Hochtouren und können der Nachfrage kaum noch gerecht werden. Die Arbeiter kehren in ihre Heimat zurück und finden hier einen ausreichenden Lebensunterhalt. Die Bodenerzeugnisse lassen sich absetzen, der Bodenbebauer erweitert die Bebauung seines Bodens, und in allen Teilen des Königreichs findet man eine rege Bautätigkeit seitens der Bürger.

Was jedoch noch mehr in Erstaunen versetzt, das ist die Tatsache, daß der Kredit des Königs zum meistgeschätzten Kredit in ganz Europa wurde. Ursprünglich borgte der König, jetzt verleiht er, Frankreich, ehemals Schuldner, wurde zum Gläubiger, man beherrscht die Wechselgeschäfte mit dem Ausland, und das Münzgeld, welches unaufhaltsam aus dem Lande abfloß, kehrt jetzt mit großer Schnelligkeit dahin zurück.

Die Bank, welche das Werk Eurer Durchlaucht darstellt, hat ihre segensreichen Wirkungen hervorgebracht.

Sie ist die Hauptantriebskraft des Finanzgeschehens, sie bestimmt das Wachstum, sie schafft Ordnung und die richtigen Proportionen in allen Bereichen der Wirtschaft. Allerdings wäre diese Maschine unvollkommen, wenn ihr erster Anstoß eine Bewegung in die falsche Richtung veranlaßte und wenn in den anderen Bereichen nicht ebenfalls eine dementsprechende konstruktive Tätigkeit ausgelöst würde.

Ich habe die Ehre, Eurer Königlichen Hoheit meine Überlegungen über die Leitung der finanziellen Angelegenheiten zu unterbreiten, die ich in vier Teile aufgegliedert habe.

Erster Teil: Anwendung der allgemeinen Grundsätze einer angemessenen Verwaltung der Finanzen.

Zweiter Teil: Anwendung der allgemeinen Grundsätze in der gegenwärtigen Verwaltung der Finanzen, wobei zu zeigen sein wird, daß diese allgemeinen Grundsätze nicht beachtet werden.

Dritter Teil: Neues System der Verwaltung der Finanzen, in welchem die allgemeinen Grundsätze eingehalten werden.

Vierter Teil: Antworten auf Einwendungen gegen das System der Steuerbeauflagung auf den Grund und Boden.

Erster Teil
Allgemeine Grundsätze einer angemessenen Verwaltung der Finanzen.

Die Verwaltung der Finanzen hat zwei Ziele: Die Einnahmen und die Ausgaben.

Die Einnahmen bestehen im Erheben von Steuern.

Die Ausgaben haben drei Ziele: Die Schuldverschreibungen, 40
die laufenden Ausgaben und die außerordentlichen Ausgaben. Die Einnahmen wie auch die Ausgaben müssen auf bestimmten Regeln und Grundsätzen beruhen.

Die erste Regel besagt, daß der Gesamtbetrag der Einnahmen mit den Ausgaben übereinstimmt beziehungsweise den Gesamtbetrag der Ausgaben übersteigt. Wenn die Einnahmen geringer sind, dann gerät der Herrscher in die Lage, seinen Zahlungsverpflichtungen nicht mehr nachkommen zu können, oder er muß zu

Anleihen Zuflucht nehmen, deren angesammelte Zinsen die künftigen Einnahmen verschlingen.

Die zweite Regel besagt, daß der tägliche Einnahmebetrag dem täglichen Betrag der Ausgaben entspricht. Wenn die Einnahmen den Ausgaben hinterherhinken, dann wird der Herrscher, um seine Ausgaben zu finanzieren, um Vorschüsse anhalten, die die gleiche Zerrüttung wie die Anleihen verursachen.

Die dritte Regel besagt, daß die Einnahmen aus den Steuerbeauflagungen nicht zwischen König und Steuerpächtern geteilt werden dürfen, sondern daß das, was an Steuern vom Volk erhoben wird, ungeteilt in die königlichen Kassen fließt.

Die vierte Regel besagt, daß die Steuerbeauflagung übersichtlich sei, daß die Steuern mit geringem Kostenaufwand und mit wenig Personal eingezogen werden. Diese Kosten stellen einen reinen Verlust für den König und das Volk dar, und diejenigen Personen, die mit der Einziehung der Steuern beschäftigt werden, werden dem Handel, der Industrie und der Bodenbearbeitung entzogen.

Es ist ausgeschlossen, daß sich der Herrscher mit Einzelheiten der Steuererhebung befaßt, denn es handelt sich dabei um eine komplizierte Angelegenheit, und die Mißbräuche würden seiner Wachsamkeit ohnehin entgehen. Statt dessen sollten die Steuerbeauflagungen übersichtlich sein und auf eine einzige Steuer beschränkt werden, denn dann könnte der Herrscher diese einzige Steuer überblicken.

Die fünfte Regel besagt, daß die Steuerbeauflagungen so beschaffen sein sollten, daß sie dem Handel nicht schaden. Mit der Einführung und der Durchsetzung von Steuern, die den Interessen des Handels zuwiderlaufen, würde man die Basis dessen zerstören, was die laufenden Ausgaben gewährleistet.

Die sechste Regel besagt, daß die Beauflagung mit Steuern für alle gilt, Ausnahmen und Privilegien sind als Mißbrauch anzusehen, welcher dem allgemeinen Wohl des Staates abträglich ist und welcher sich nicht einmal mit den Sonderinteressen der Begünstigten vereinbaren läßt.

Die siebente Regel besagt, daß die Verteilung der Steuerlasten den Möglichkeiten der Steuerpflichtigen entspreche. Wenn der Arme genauso belastet wird wie der Reiche, dann wird der Arme zuerst unter der Last erdrückt werden, aber der Reiche wird ebenfalls erliegen, weil er genötigt sein wird, die Last des Armen mitzutragen. Wenn man so verführe, dann handelte man, als wenn man eine Last von dreihundert Pfund zwischen einem erwachsenen Mann von dreißig Jahren und einem Knaben von fünfzehn Jahren so verteilte, daß man jedem von ihnen hundertfünfzig Pfund zu tragen gäbe. In diesem Fall bräche zuerst der Knabe unter der Last zusammen, welche dann, dem erwachsenen Mann von dreißig Jahren noch aufgebürdet, auch diesen erdrücken müßte. Hätte man dagegen dem Erwachsenen zweihundert und dem Knaben 41
hundert Pfund zu tragen gegeben, dann wäre es möglich gewesen, die Last zu bewältigen.

Die achte Regel besagt, daß die Verteilung der Steuerlasten nicht willkürlich vorgenommen werde. (Diese Regel ergibt sich aus der vorhergehenden Regel.) Jede willkürliche Beauflagung wird ungleich, ungerecht und ruinös werden, und dies zunächst für denjenigen, welcher überlastet wird, und in der Folge dann ebenfalls für denjenigen, welcher geschont wurde, denn daß der Herrscher die Steuern von seinem Volk erhebt, die für die Unterhaltung des Staates unabdingbar sind, das ist eine unvermeidbare Notwendigkeit. Außerdem sind willkürliche Steuererhebungen der Gefahr ausgesetzt, daß man unsichere Ausstände[3] einzieht, deren Betrag ungewiß ist.

Die neunte Regel besagt, daß die Steuerbeauflagung von betrügerischen Machenschaften verschont bleibe. Der Betrug ruiniert diejenigen, die ihn begehen ebenso wie diejenigen, die ihn nicht begehen, und der Verlust der einen wie der anderen fällt dann auf den König zurück.

Die zehnte Regel besagt, daß die Steuerbeauflagung nicht den Verbrauch von Nahrungsgütern verringere, deren Verbrauch notwendig ist.

Die elfte Regel besagt, daß der Herrscher keine Reichtümer anhäufen solle, er muß einnehmen, um wieder auszugeben. Ein Herrscher, welcher nur anhäuft, wäre einem Bodenbebauer zu vergleichen, welcher stets nur Ernten einbringen wollte, ohne noch die Aussaat auf seinem Boden vorzunehmen.

Die zwölfte Regel besagt, daß der Herrscher die Pflicht hat, das öffentliche Vertrauen aufrechtzuerhalten und die Verpflichtungen seiner Vorgänger zu erfüllen.

Die dreizehnte Regel besagt, daß die laufenden Ausgaben des Staates zu festen Terminen, gemäß einem Voranschlag des Etats der Ausgaben, gezahlt werden müssen, welcher ohne Bevorzugungen und besondere Gunsterweise erstellt werden muß. Ferner sollte dieser Etat jeweils am ersten Tag eines Jahres veröffentlicht werden, zumindest aber an jedem ersten Tag eines Monats.

Die vierzehnte Regel besagt, daß außerordentliche Ausgaben auch von außerordentlichen Fonds erhoben werden müssen, und daß die normalen Fonds weiterhin dazu dienen müssen, daß die laufenden Ausgaben getreulich finanziert werden.

Zweiter Teil
Anwendung der allgemeinen Grundsätze in der gegenwärtigen Verwaltung der Finanzen, wobei gezeigt wird, daß diese allgemeinen Grundsätze nicht beachtet werden.

Die Regeln, die ich soeben dargelegt habe und die sich nicht in Zweifel ziehen lassen, wurden in der Verwaltung der königlichen Finanzen nicht beachtet.

42 Erstens und zweitens: Weil die Ausgaben größer waren und schneller getätigt wurden als die Einnahmen eingingen, war der

verstorbene König[4] genötigt, Anleihen aufzunehmen, auf künftig zu erwartende Einnahmen vorzugreifen und sich auf drückende Geschäfte einzulassen. Es ist leicht zu beweisen, daß die Zinsen dieser Anleihen und die Geschäfte, die das Doppelte kosteten, als wenn die Zahlungen garantiert gewesen wären, dem Staat Schuldenlasten verursachten, die ihn stark bedrückten.

Drittens: Jedermann weiß, daß von den erhobenen Steuern und aus außerordentlichen Geschäften nicht einmal die Hälfte in die Kassen des Königs floß. Der größte Teil dieser Beträge blieb in den Händen der Steuerpächter oder derjenigen Personen, die mit der Verwaltung dieser Mittel betraut worden waren.

Viertens: Gegenwärtig sind vierzigtausend Personen in der Finanzpacht und in der Verwaltung der königlichen Steuern beschäftigt. Diese Personen sind nicht nur vollständig nutzlos, sondern sie fallen darüber hinaus dem Staat mit den Vergütungen, die sie beziehen, und den steuerlichen Begünstigungen, derer sie sich erfreuen, zur Last. Die Kosten für die Verwaltung der Aides, Douanes, Gabelles, Capitation, Tailles[5] und andere belaufen sich im Jahr auf mehr als zwanzig Millionen. Dabei soll gar nicht gesprochen werden von Gerichtskosten, von Kosten, die nach gerichtlichen Auflagen entstehen, von denen sich die Bevölkerung nur mit Geld loskaufen kann und die, weil sie die industrielle Tätigkeit und den Handel verringern, den Staat viermal mehr kosten, als diese Steuern überhaupt einbringen. Es ist völlig ausgeschlossen, daß der Herrscher in eigener Person alle Vorgänge eines derartig komplizierten Systems kennt und durchschaut, welches eine Unzahl unterschiedlicher Sachverhalte aufweist.

Fünftens: Die Aides und die Zölle behindern den Binnenhandel und den Außenhandel. Man ist verpflichtet, Erklärungen abzugeben, die heikel und gefahrvoll sind. Die Kontrollen der Steuergehilfen führen zum Verderb der Waren, und sie halten die Fuhrwerke auf, so daß sie die Transporte dadurch verteuern. Die Kaufleute müssen die Steuern beziehungsweise die Zölle im voraus bezahlen, was sie veranlaßt, diese Beträge auf den Preis der Waren aufzuschlagen.

Sechstens: Außer dem Klerus und dem Adel gibt es noch eine Unzahl weiterer Steuerbegünstigter, so daß die ganze Last der Steuern auf den Bauern und den Arbeiter in der Industrie fällt. Indessen sind es diese Bauern und diese Industriearbeiter, die es den Reichen und dem Staat ermöglichen zu existieren, so daß allein aus diesem Grund diese Menschen geschont werden müßten.

Siebentens: Die Steuern sind ohne Rücksicht auf die Möglichkeiten der jeweiligen Steuerpflichtigen umgelegt. Das bewirkt, daß in jedem Jahr die Zahl derjenigen, die zum Steueraufkommen beitragen, abnimmt, so daß die Steuern nur noch von wenigen Unglücklichen bezahlt werden, die alsbald zahlungsunfähig sein werden. Der Bauer, welcher lediglich über ein Einkommen von hundert Livres verfügt, verbraucht in seinem Haushalt mehr Salz beziehungsweise müßte in seinem Haushalt mehr Salz verbrauchen, als der Grundherr mit einem Einkommen von hunderttau-
43 send Livres, denn der Bauer hat mehr Vieh als der Grundherr Diener hat, und der eine wie der andere braucht das Salz, was bedeutet, daß die Steuer auf den Salzverbrauch nicht als gerecht angesehen werden kann.

Achtens: Die Taille und die Kopfsteuer sind willkürlich, sie haben bei ihrer Umlegung keine andere Grundlage als Gunst und Haß, als Dankbarkeit und Rachegefühle.

Neuntens: Man kann davon ausgehen, daß ein Viertel oder sogar ein Drittel des Lebensmittelverbrauchs und des Verbrauchs anderer Waren, die mit Steuern belastet sind, betrügerischen Machenschaften ausgesetzt sind.

Zehntens: Die Salzsteuer hat den Salzpreis derartig in die Höhe getrieben, daß die Menschen und die Haustiere eines Nahrungsmittels beraubt sind, welches sie unbedingt brauchen. Diese Steuer kostet alle Jahre einer großen Anzahl von Menschen das Leben, es ist dies ein ständiger Krieg, der im Inneren des Landes ausgetragen wird.

Elftens: Der verstorbene König hatte nicht den Fehler, Reichtümer anhäufen zu wollen, aber seine Minister waren einzig und allein damit beschäftigt, dem Volk das Geld abzupressen, und sie dachten gar nicht daran, diesen Schatz wieder aufzufüllen.

Zwölftens: Die Finanzminister waren nur immer darum bemüht, Anleihen aufzunehmen, ohne sich indessen um die Möglichkeiten der Rückzahlung zu kümmern, ganz abgesehen davon, daß es ihnen gleichgültig war, ob die Glaubwürdigkeit der Zahlungsverpflichtungen, die sie eingegangen waren, auch wirklich erhalten blieb.

Dreizehntens: Ihr erleidet einen ständigen Zeitverlust und schafft Euch fortwährend Ungelegenheiten, wenn Ihr, Königliche Hoheit, Euch in die Lage bringt, daß Ihr auf die Bittgesuche derjenigen antworten müßt, die den Wunsch äußern, in der Steuerverwaltung beschäftigt zu werden.

Vierzehntens: Jedermann weiß, daß die außerordentlichen Beauflagungen noch unübersichtlicher waren als die normalen Steuern und daß man doppelte oder sogar dreifache Zahlungsanweisungen ausstellte, so daß es zu einem totalen Chaos in allen Bereichen des Finanzwesens kam.

Dritter Teil
Neues System der Verwaltung der Finanzen, in welchem die allgemeinen Grundsätze eingehalten werden.

Ich nehme mir die Freiheit, Eurer Königlichen Hoheit ein neues System vorzuschlagen, von welchem ich glaube, daß es den Mißbrauch unmöglich macht und daß es mit den allgemeinen Regeln einer guten Verwaltung übereinstimmt. Dieses System läßt sich auf drei wesentliche Grundsätze zurückführen.

- Die Unterstützung und Ausdehnung der Tätigkeit der Bank.
- Die Abschaffung der Taille, der Kopfsteuer, der Salzsteuer, der 44
  Aides, der Zölle sowie aller anderen Steuern.

- Die Ersetzung dieser abgeschafften Steuern durch eine einzige Steuer[6] auf die Besitztümer[7] im Königreich.

Es handelt sich darum, dieses System anhand der bereits dargelegten Regeln einer guten Verwaltung zu messen.

Erstens: Eure Königliche Hoheit kann aus den Steuererklärungen der Grundeigentümer ersehen, auf welchen Betrag sich der Wert des Bodens im Königreich beläuft. Davon ausgehend dürfte es leicht sein, den Steuerbetrag festzulegen, welcher gewährleistet, daß die Einnahmen die Ausgaben des Königs übersteigen.

Wenn zum Beispiel die Steuererklärungen für den Grund und Boden einen Betrag von vierzigtausend Millionen ergeben und wenn der König zweihundert Millionen benötigt, dann genügt es, mit einem Satz von zwei Hundertstel zu beauflagen.

Die Vorkehrungen, die getroffen werden müssen, damit die Grundeigentümer Erklärungen abgeben, die der Wahrheit entsprechen, lassen sich in der Praxis verwirklichen. Ihr habt die Möglichkeit, Durchlaucht, Euch darüber ein Urteil zu bilden, wenn Ihr meinen Vorschlag zu einem diesbezüglichen Erlaß[8] prüft. An dieser Stelle will ich lediglich festhalten, daß, wenn der König wirklich danach trachtet, eine für die Öffentlichkeit und alle sozialen Stände des Königreichs günstige Lösung durchzusetzen, es darauf ankommt, alle diejenigen unnachsichtig zu bestrafen, die den Erfolg der Maßnahmen verhindern oder verzögern wollen.

Zweitens: Wenn der König Vorschüsse benötigt, dann können diese Gelder in seiner Bank gefunden werden, und dies um so leichter, als die Steuereinnahmen Eurer Majestät täglich in dieser Bank über den Umlauf Eurer Wechsel, die in den Filialen der Provinzen anstatt von Geld entgegengenommen werden, eingehen. Hierbei handelt es sich um eine ständige, ununterbrochene Bewegung, die nicht zum Stillstand gebracht werden kann, solange der König Ausgaben tätigt und solange seine Untertanen ihm Abgaben entrichten.

Drittens: Wenn die Steuereinnahmen gesichert sind und wenn der König die erforderlichen Vorschüsse ohne Zinsen beschaffen kann, dann wird die Einschaltung von Steuerpächtern überflüssig[9], und der gesamte Ertrag der neuen Steuer kann gänzlich und ungehindert in die königlichen Kassen fließen.

Viertens: Wenn alle diese verschiedenen Steuern auf eine einzige Steuer reduziert sein werden, dann wird die Verwaltung einfach sein. Tausend Personen anstelle von bisher vierzigtausend Personen werden für diese Arbeit genügen. Wie viele Bürger ließen sich dadurch für den Handel, für die Industrie und für die Landwirtschaft freistellen! Die Kosten der Verwaltung der Steuern würden unter diesen Umständen nicht einmal mehr vier Millionen ausmachen, während sie augenblicklich noch mehr als zwanzig Millionen betragen. Besondere Kosten für Gerichtsverfahren und die Durchsetzung drückender gerichtlicher Auflagen werden nicht mehr anfallen. Es dürfte nicht übertrieben sein zu sagen, daß die dadurch entstehenden Einsparungen, wenn man sie den Summen hinzurechnet, die als Zinszahlungen für Vorschüsse eingespart werden und die als Profite für bestimmte Geschäftsleute nicht mehr gezahlt werden müssen, sich auf hundert Millionen im
Jahr belaufen. Wenn also der König in diesem Fall seine Einkom- 45
men um fünfzig Millionen erhöhte, dann würde er zur gleichen Zeit die Belastung des Volkes immer noch um fünfzig Millionen verringern. Hinzu käme, daß die Aufmerksamkeit Eurer Königlichen Hoheit unter diesen Umständen nicht mehr von so vielen Einzelvorgängen in Anspruch genommen sein würde, so daß es Euch leichter fiele, nunmehr selbst alle Einzelheiten des neuen Systems zu überblicken und die daraus erwachsenen konkreten Maßnahmen zu beeinflussen.

Fünftens: Mit diesem System würde Eure Königliche Hoheit die Freiheit des Handels gewährleisten. Für die Industrie und für die Landwirtschaft gäbe es keine Beschränkungen mehr. Die Kontrollen der Steuergehilfen sowie die gerechten oder die ungerechten, aber stets schädlichen Beschlagnahmungen nach eigenem Ermessen dieser Gehilfen, wären beseitigt, der Krieg zwischen dem König und seinem Volk wäre endlich eingestellt.

Sechstens: Sämtliche sozialen Stände des Königreichs, gleichgültig ob begünstigte oder nicht begünstigte, werden dieser neuen Steuer unterworfen. Wenn es Befreiungen von der Steuer gibt, dann werden sie den Armen und der Industrie gewährt.

Siebentens: Die neue Steuer wird entsprechend den Möglichkeiten der Steuerpflichtigen umgelegt, derjenige, der mehr hat, wird mehr bezahlen, derjenige, der weniger hat, wird weniger bezahlen, und derjenige, der nichts hat, wird nichts bezahlen.

Achtens: Diese Steuer schließt jede Form von Willkür aus, niemand wird begünstigt, niemand erfährt eine besondere Bedrükkung. Der Reiche wird es wagen, seinen Reichtum zu zeigen, der Arme wird es wagen, reich zu werden, er muß nicht mehr fürchten, daß die Früchte seiner Arbeit einer willkürlichen Beauflagung zum Opfer fallen.

Neuntens: Steuerbetrug ist nur noch möglich von seiten der Grundherren, insofern sie falsche Angaben in ihren Steuererklärungen machen können. Dieser Möglichkeit kann allerdings mit Maßnahmen begegnet werden, die uns absolut sicher erscheinen. Übrigens dürfte ein großer Unterschied darin bestehen, daß man sich dann lediglich nach einer Seite hin absichern muß, während es doch jetzt tausend Schleichwege gibt, die dem Steuerbetrug offenstanden.

Zehntens: Die Menschen, das Vieh und der Boden können sich künftig ungehindert des Salzes erfreuen[10], dieser segensreichen Nahrung, die die Gunst des Himmels dem Königreich im Überfluß gewährte.

Elftens: Die Bank stellt in Wirklichkeit eine Schatzkammer dar, die dem König, seinem Volk und auch den Ausländern als ein sicheres Depot dient, aber die Einzahlungen wie ebenfalls die Abhebungen von dieser öffentlichen Kasse unterliegen keinerlei Beschränkungen, so daß der Herrscher niemals ein Interesse, weder ein echtes noch ein eingebildetes, daran haben könnte, ihre Geldzirkulation zu unterbrechen.

Zwölftens: Die Erhöhung der Einkünfte Eurer Majestät, die mit der Einführung dieses neuen Systems einhergeht, wird es Euch erlauben, die Zahlungsrückstände, die in der Régence bisher entstanden sind, zu begleichen.

Dreizehntens: Es wäre wünschenswert, wenn Eure Königliche Hoheit sich entschlösse, zu Beginn eines jeden Jahres einen Voranschlag über die Verteilung der Steuern zu veröffentlichen, aus welcher jeder den genauen Tag ersehen könnte, an welchem er seine 46
Bezahlung vornehmen muß, ohne daß es erforderlich wäre, Bittgesuche einzureichen, die Eure Königliche Hoheit beziehungsweise die Minister belästigen.

Vierzehntens: Wenn unvorhergesehene Ereignisse eine Erhöhung der Ausgaben erforderlich machen, dann kann Seine Majestät diese Mittel dadurch aufbringen, daß man den Steuersatz, der vom Grund und Boden erhoben wird, entsprechend erhöht, so daß bei der Einziehung dieser zusätzlichen Beträge weder Kosten noch Zinsen oder Profite für die Steuerpächter anfallen.

Vierter Teil
Antworten auf Einwendungen gegen das System der Steuerbeauflagung auf den Grund und Boden.

Unter den Einwendungen, die ich Eurer Königlichen Hoheit unterbreiten will, werden sich mehrere befinden, die derartig schwach sind, daß es kaum der Mühe wert sein dürfte, daß Ihr meine Antworten darauf zur Kenntnis nehmt. Aber ich hielt es für richtig, nichts zu übergehen, denn oftmals scheint dem einen ein Problem gering zu sein, während es doch für den anderen eine unüberwindbare Schwierigkeit darstellt.

Einwendung: Das System, welches darauf beruht, eine einzige Steuer auf den Grund und Boden im Königreich einzuziehen und gleichzeitig alle anderen Steuern abzuschaffen, ist neu. Es wird die

Regierungsform gänzlich verändern, und es ist darauf gerichtet, die ältesten Gepflogenheiten im Königreich und die geheiligten Rechte der Krone abzuschaffen.

Antwort: Erstens: Immer nur gut finden, was neu ist, oder umgekehrt alles zu mißbilligen, was neu ist, das sind zwei extreme Standpunkte, die gleichermaßen schädlich sein dürften. Stets nur das Neuartige lieben, das bedeutet Eigenliebe und Anmaßung. Stets das Althergebrachte bevorzugen, das wäre Schwäche und Aberglauben.

Zweitens: Als Philippe der Schöne[11] im Jahre 1286 die Salzsteuer einführte, als Karl VI.[12] im Jahre 1388 die Taille ins Leben rief, waren diese Systeme neu und bis dahin nahezu neun Jahrhunderte im Königreich unbekannt. Warum sollten also unsere Könige gegenwärtig nicht das gleiche Recht haben, Steuern einzurichten, zu erhöhen, abzuschaffen oder zu berichtigen?

Drittens: Um sich für ein bestimmtes Steuersystem zu entscheiden, ist es überhaupt nicht erforderlich, daß sich der Herrscher Gedanken darüber macht, ob es alt oder neu ist, sondern man muß einzig und allein prüfen, ob es für den König und das Volk nützlich oder schädlich ist. Sollte das alte System für König und Volk vorteilhaft sein, dann sollte man es bewahren, sollte es dagegen Nachteile haben und sollte man gleichzeitig in der Lage sein, es durch ein anderes, besseres zu ersetzen, dann gibt es keinen Grund, mit seiner Entscheidung zu zögern. Also habe ich in meiner Schrift die
47 Unangemessenheiten und die Mißbräuche, die mit dem alten System untrennbar verbunden sind, und die Vorteile, die mit dem neuen System einhergehen, aufgezeigt.

Viertens: Wenn das Steuersystem, welches ich vorschlage, in Frankreich auch neu sein mag, so ist es doch jedenfalls nicht neu für seine Nachbarn. In Holland, das heißt in einem Land, in welchem man das Wohlergehen des Volkes so bewundert, wird ein Steuersatz von einem Fünfzigstel auf jegliche Form von Grundbesitz erhoben, mit dem Unterschied, daß in diesem Land gleichzeitig noch mehrere andere, sehr starke Steuern eingezogen werden, und dies sogar mit der äußersten Unnachsichtigkeit, während ich im Vergleich dazu vorschlage, diese Steuer in Frankreich auf der Basis eines Satzes von einem Hundertstel und vielleicht sogar nur von zwei Hundertstel einzuführen und darüber hinaus, zur gleichen Zeit, sämtliche anderen Steuern abzuschaffen. In England und in Holland ist das Volk glücklich, wohlgenährt und gut gekleidet, der Boden wird gut bebaut, und Industrie und Handel blühen. Dagegen lebt das Volk in Frankreich im Elend, die Menschen sind unterernährt und kaum bekleidet, lediglich ihr Antlitz erinnert noch daran, daß es sich um Menschen handelt. Große Teile des Bodens bleiben in diesem Königreich unbebaut. Die Industrie und der Handel liegen darnieder. Ungeachtet dessen wird vom englischen König und den holländischen Generalständen das Dreifache an Steuern erhoben im Vergleich zu dem, was der König in Frankreich einnimmt. (Ich setze hier diese Zahl ins Verhältnis zur Größe, zur Bevölkerungszahl und zur umlaufenden Geldmenge des jeweiligen Landes.) Die Ursache dafür ist, daß die königlichen Steuern willkürlich und ohne Rücksicht auf die Möglichkeiten der Steuerpflichtigen erhoben werden.

Fünftens: Die wahren Rechte des Königs sind nicht abhängig von irgendwelchen Sonderrechten, die Taille, die Kopfsteuer, die Salzsteuer oder die Aides zu erheben, sondern sie liegen vielmehr in dem Recht und der absoluten Macht des Königs, das Volk so mit Steuern zu beauflagen, wie er es für notwendig hält, desgleichen wie diejenigen Steuern abzuschaffen, die er nicht für angemessen hält. Da sich das Interesse des Königs vom Interesse seines Volkes nicht trennen läßt, wird es für den König kaum eine günstigere Gelegenheit geben, seine Macht zu gebrauchen, als alte Steuern, die sein Volk bedrücken, abzuschaffen und diese durch eine einzige Steuer zu ersetzen.

Einwendung: Die Einziehung eines bestimmten Satzes vom Grund und Boden würde vom Volk als bedrückender empfunden als die Steuern, die man in Form von Aides, Zöllen, Salzsteuern und so weiter erhebt. Die Aides, die Zölle, die Salzsteuern und so weiter werden kaum wahrgenommen, weil man sie laufend und im Verhältnis zu den täglichen Ausgaben bezahlt, während im Gegensatz dazu eine königliche Steuer, welche in vier gleichen Raten aufgebracht werden muß, die Steuerpflichtigen noch viel weniger zufriedenstellen dürfte und von ihnen noch viel schmerzlicher wahrgenommen werden wird.

48 Antwort: Bei der Behauptung, daß man die Einziehung der Aides, der Zölle und der anderen Steuern angeblich nicht bemerken würde, handelt es sich um einen eingebildeten Vorteil, den man dem Volk einreden will, anstatt es von den Steuern von mehr als fünfzig Millionen im Jahr zu entlasten. Die Freiheit des Handels und eine Reihe weiterer Vorteile zu gewährleisten, von denen ich nachgewiesen habe, daß die Bevölkerung sie in der Einheitlichkeit und Einfachheit einer königlichen Steuer fände, wäre ein echter Vorteil. Wenn ich 90 Livres Steuern im Jahr in kleinen Raten von 5 Sous bezahle, dann ist das nur ein eingebildeter Vorteil, wenn ich dagegen lediglich 60 Livres in vier gleichen Raten bezahle, anstelle der bisherigen 90 Livres in 360 winzigen Raten, dann handelt es sich um eine echte Wohltat und eine wirkliche Erleichterung. Dabei dürfte außer Zweifel stehen, daß in dem neuen System, welches ich vorschlage, die Verwaltungskosten, die Gerichtskosten, die Zinsen für Vorschüsse, die Profite der Steuerpächter und anderer Zwischenhändler, die sich auf mehr als hundert Millionen im Jahr belaufen, nicht mehr anfallen und nicht mehr gezahlt werden müßten. Dadurch wäre der König in der Lage, seine Einnahmen um fünfzig Millionen im Jahr zu erhöhen, während zur gleichen Zeit dem Volk die Bezahlung von fünfzig weiteren Millionen Steuern erspart bliebe. Dem soeben Gesagten muß man hinzufügen, daß das Volk auch noch an dem Betrag derjenigen fünfzig Millionen, um die sich die königlichen Einnahmen erhöhten, gewänne, weil diese fünfzig Millionen von Seiner Majestät tagtäglich für das Volk ausgegeben würden, um Rückstände in den laufenden Verpflichtungen zu bezahlen und einen Teil der Staatsschuld zu begleichen. So wie es im Interesse des Königs liegt, daß das Volk

nicht mit Steuern überlastet wird, so liegt es im Interesse des Volkes, daß die Einnahmen des Königs ausreichen und daß sie seine Ausgaben sogar übersteigen, weil feststeht, daß eine Unordnung in den königlichen Finanzen gleichzeitig auf alle anderen Teile des Staates übergreift.

Einwendung: Die Abschaffung der Aides, der Zölle, der Salzsteuer und so weiter könnte nur dann als vorteilhaft für das Volk betrachtet werden, wenn die Beseitigung dieser Steuern eine Herabsetzung der Preise der Nahrungsmittel und anderen Waren nach sich zöge. Statt dessen sei jedoch zu befürchten, daß, sobald diese verschiedenen Steuern erst einmal beseitigt worden sind, die Preise für Nahrungsmittel und andere Waren nicht sinken oder aber nicht in genügendem Maße sinken, um die Belastung, die durch die neue königliche Steuer für das Volk entsteht, aufzufangen.

Antwort: Erstens. Es steht fest, daß die Abschaffung der Aides, der Zölle, der Salzsteuer, der Taille und der Kopfsteuer eine Verringerung der Lasten bedeutete, tatsächlich spürbar und unabhängig von der guten oder schlechten Absicht der Kaufleute bei der Preisgestaltung ihrer Nahrungsmittel und anderen Waren. Es hieße die grundsätzlichen Prinzipien jeglicher Handelstätigkeit verkennen und den gesunden Menschenverstand außer Kraft zu setzen, wenn man sich einbildete, daß die Kaufleute, die keine Steuern mehr zu zahlen hätten, die keine Risiken mehr eingehen würden, die keinen ärgerlichen Nachforschungen und Kontrollen mehr ausgesetzt wären und die keine Rückstände mehr zahlen
müßten, die Preise ihrer Nahrungsmittel und anderen Waren nicht 49
verringerten. Das Bestreben, Gewinne zu erzielen, ist eine natürliche Anlage im Menschen, so daß, sobald die genannten Belastungen nicht mehr bestünden, man es sogleich erleben würde, daß die Kaufleute die Preise senkten, weil der eine es dem anderen nicht gönnte, sich einen größeren Absatz zu sichern. In der Landwirtschaft würde man, nunmehr von diesen vielen Steuern befreit, den Anbau ausdehnen und Böden, die bisher unbebaut waren, bewirt-

schaften. Das führte zur Vermehrung des Angebots an Nahrungsmitteln und mit Sicherheit zur Senkung der Preise. Angesichts dessen zu glauben, daß die Preise der Nahrungsmittel und anderen Waren nicht sänken, das hieße glauben, daß eine bestimmte Menge Wasser, welches sich auf einem bestimmten Niveau über einem Abhang ansammelt, sich nicht seinen Weg bahnen und ablaufen würde.

Weit entfernt davon zu denken, daß die Senkung der Preise der Nahrungsmittel und anderen Waren als Folge der Abschaffung der Aides, der Zölle, der Salzsteuer und so weiter, derer sich das Volk erfreuen würde, nicht ausreicht, um es für die neue, einzige königliche Steuer zu entschädigen, bin ich sogar davon überzeugt, daß es dabei mindestens ein Drittel gewänne, das heißt, daß der einzelne Bürger lediglich zwei Drittel von dem bezahlte, was ihn die Aides, die Zölle, die Salzsteuer, die Taille, die Kopfsteuer und die anderen Steuern kosten.

Zweitens. Wenn man jedoch befürchtet, daß diese Senkung der Preise nicht schnell genug vor sich geht, dann gibt es immer noch die Möglichkeit, sie mit Hilfe der Bank zu beschleunigen und zu gewährleisten. Die Bank verfügt über ausreichende Fonds, um die Preise der Nahrungsmittel und der anderen Waren wirksam zu beeinflussen, indem sie selbst Waren aufkauft und lagert, so daß sich die Preise stets auf dem Niveau eines gerechten Wertes[13] erhalten und daß sie weder zu teuer noch zu billig sind. Man erkennt hier, welchen außerordentlichen Nutzen der Staat aus der Bank ziehen kann, so daß das Königreich vor dem Unglück einer Hungersnot aber auch gegen die Nachteile eines zu großen Überflusses ein für allemal geschützt sein würde.

Drittens. Nachdem ich bisher besondere Erwägungen darüber angestellt habe, welchen Profit jedermann aus der Abschaffung aller bisherigen Steuern und aus der Einführung einer einzigen Steuer wird ziehen können, will ich nunmehr grundsätzliche Überlegungen darüber unterbreiten, in welchem Zustand sich das Königreich augenblicklich befindet und in welchem Zustand es künftig einmal sein wird.

Ich vermute, daß sich das nationale Einkommen des Königreichs gegenwärtig auf eine Milliarde beläuft und daß die verschiedenen Arten von Zollrechten und Steuerrechten, die der König dem Volk auferlegt, 250 Millionen im Jahr, vielleicht aber auch nur 200 Millionen betragen, wenn man die Kosten für die Einziehung der Steuern, die Gerichtskosten und die Profite derjenigen, die mit der Einziehung beschäftigt sind, mit einberechnet.

Dieser Betrag macht ein Fünftel des Einkommens jedes einzel- 50
nen beziehungsweise den hundertfünfundzwanzigsten Teil seines Grundbesitzes aus, wenn man diesen Boden mit einem Satz von 25 veranschlagt.

Ich will jetzt einmal davon ausgehen, daß alle Steuern abgeschafft wären und daß der König die neue Steuer auf der Basis eines Satzes von einem Hundertfünfundzwanzigstel eingeführt habe. Die Arme des Volkes wären von Fesseln befreit, jegliche Bedrückung wäre eingestellt, jedermann könnte arbeiten, der Handel wäre frei, so daß er sich gänzlich entfalten könnte. All das würde dann aber notwendigerweise zur Folge haben, daß sich das nationale Einkommen im Königreich verdoppelte und auf einen Betrag von 2 Milliarden erhöhte.

Es dürfte dem Volk leichter fallen, 4 von 20 aufzubringen, als 2 von 10 zu zahlen. Das bedeutet, daß der König von diesem Augenblick an von seinem Volk 400 Millionen mit größerer Leichtigkeit einziehen könnte als bisher 200 Millionen.

Da sich der König jedoch wie ein Vater zu seinen Kindern verhalten muß und da er ihr Hab und Gut als seinen kostbarsten Schatz ansehen sollte und weil Seine Majestät mit einem Betrag von 200 Millionen übrigens bereits über ein Einkommen verfügen würde, welches seine Ausgaben überstiege und welches sogar ausreichte, allmählich die Staatsschulden abzutragen, kann es überhaupt nicht im Interesse des Königs liegen, seine Einnahmen über 200 Millionen hinaus zu erweitern.

Einwendung: Es scheint, daß eines der Hauptziele, welches mit der Einführung der königlichen Steuer verfolgt wird, darin besteht, die Freiheit des Handels herbeizuführen. Man behindert und zerstört diesen Handel mehr denn je, wenn man den Grundeigentümern ein Gesetz auferlegt, welches es ihnen untersagt, über den Preis ihrer Steuererklärungen hinaus etwas zu verkaufen oder zu verleihen.

Antwort: Erstens. Die augenblickliche Einschränkung, die man den Grundeigentümern auferlegt, dürfte mit der Behinderung, die durch die Aides, die Zölle und die Salzsteuer verursacht wird, überhaupt nicht zu vergleichen sein. Sie trifft lediglich einen einzigen Teil des Eigentums, das heißt das Grundeigentum, welches, um einmal offen zu sprechen, den Handel, zumindest den täglichen Handel, nicht unmittelbar berührt. Die anderen Behinderungen treffen im Gegensatz dazu jegliches Eigentum, mit welchem überhaupt Handel getrieben werden kann, welches dadurch Beauflagungen, Kontrollen, Steuererklärungen unterworfen wird. Es gibt nur eine geringfügige Anzahl von Personen, die Grundeigentum kaufen und verkaufen. Der überwiegende Teil des Grundeigentums ist meist unverkäuflich, aber jedermann kauft und verkauft Wein, Salz, Tuche und so weiter.

Zweitens. Wenn man das neue System, das ich vorschlage, zerstören will, dann reicht es nicht aus, dessen Nachteile aufzuzählen, sondern man müßte in diesem Fall nachweisen, daß diese Nachteile ebenso groß sind und in ebenso großer Zahl vorhanden sind, wie bei dem alten System.

Einwendung: Man täuscht sich, wenn man glaubt, daß die Grundeigentümer ihre Steuererklärungen wahrheitsgemäß abgeben würden. Jeder wird Anstrengungen machen, um sich der
51 Steuer zu entziehen oder doch zumindest möglichst von ihr verschont zu bleiben. In dem hier vorgeschlagenen System bilden die Steuererklärungen der Grundeigentümer jedoch den Dreh- und Angelpunkt der Umlegung der königlichen Steuer.

Antwort: Erstens. Ich bin nicht so naiv zu erwarten, daß sämtliche Grundeigentümer sich zusammenfinden, um gemeinsam und mit den besten Absichten zusammen zu wirken, damit das öffentliche Wohl erreicht werde. Auf jeden Fall werden sie alle erst einmal der Abschaffung der alten Steuer lebhaft zustimmen, und dann wird ein jeder, für sich allein, versuchen, sich der neuen Steuer zu entziehen. Das sollte uns dazu veranlassen, alle nur erdenklichen Vorkehrungen dagegen zu treffen, um die Grundeigentümer zu zwingen, ihre Erklärungen der Wahrheit entsprechend abzugeben. Diese Vorkehrungen sind so geartet, daß ich mir kaum vorstellen kann, daß es jemanden geben wird, der sich der Gefahr einer falschen Erklärung aussetzt.

Zweitens. Welches Ziel könnte zum Beispiel ein Hausbesitzer haben, eine falsche Steuererklärung zu machen? Sollte er dadurch bezwecken, daß sein Haus geringer veranschlagt wird? Der Profit, den er daraus zöge, käme ihm nicht zugute, da ja die Steuer auf die Mieter des Hauses verteilt wird. Es dürfte also wenig wahrscheinlich sein, daß die Hauseigentümer sich zum Vorteil ihrer Mieter Strafen aussetzen, die durch den geplanten Erlaß angedroht werden.

Drittens. Die Vorkehrungen, die ich in dem Entwurf dieses Erlasses vorschlage, damit die Grundeigentümer dazu angehalten werden, wahrheitsgemäße Erklärungen zu machen, bestehen in der Androhung sehr strenger Strafen. Wenn aber der Herrscher, im Interesse des öffentlichen Wohls, eine solche Anordnung erläßt, dann würde er bereits durch das Vorhandensein dieser Anordnung diejenigen strafen, die sich seinen guten Absichten widersetzen wollten. Er müßte sie als Feinde des Staates betrachten, die sich dem König entgegenstellen, indem sie ihm die Abgaben, die ihm zustehen, verweigern. Sie handelten ebenfalls auch ungerecht gegen ihre Mitbürger, weil sie danach trachteten, daß man ihren Anteil an den öffentlichen Lasten auf die Schultern der anderen verteilt.

Einwendung: Wenn die Steuer auf das Grundeigentum einmal eingeführt ist, dann ist zu befürchten, daß sie auch in Zukunft bestehen bleibt, während bereits nach kurzer Zeit die anderen Steuern, die man abschaffte, wiederbelebt werden.

Antwort: Erstens. Diese Einwendung zielt in jedem Fall auf die Denkweise des Volkes ab, welches, sobald man die Steuer auf das Grundeigentum einführt, befürchten wird, daß man in der Folge die inzwischen abgeschafften Steuern wiedererrichtet. Den Herrscher sollten derartige Bedenken des Volkes aber nicht daran hindern, auf der neuen Steuer zu beharren, wenn er ansonsten von der Gediegenheit und Nützlichkeit des neuen Systems überzeugt ist. Es wurde häufig auf die Befürchtungen und auf das Mißtrauen der
52 Öffentlichkeit verwiesen, wenn man sich der Gründung einer Bank entgegenstellte. Eure Königliche Hoheit, die die Nützlichkeit und die unerschütterliche Gediegenheit dieser Einrichtung erkannte, entschloß sich, trotz aller dieser Befürchtungen und trotz des allgemeinen Mißtrauens zu handeln. Heute erfreut man sich der segensreichen Auswirkungen Eurer damaligen Entschlossenheit.

Zweitens. Die Befürchtung, daß die alten Steuern wiederbelebt werden könnten, bedroht uns lediglich mit einer in weiter Ferne liegenden Gefahr, während das augenblickliche Einziehen eben dieser Steuern ein ganz handgreifliches und gegenwärtiges Übel darstellt. Erfreuen wir uns doch erst einmal der naheliegenden Entlastung, die uns vom Herrscher gewährt werden soll, ohne wieder gleich zukünftiges Unglück heraufzubeschwören.

Drittens. Warum eigentlich bildet man sich überhaupt ein, daß der Herrscher danach trachtet, die alten Steuern wieder einzuführen? Er dürfte in der neuen königlichen Steuer eine Quelle finden, die reichlicher sprudelt und auch leichter abzuschöpfen ist und die sich in dem Maße, wie es für den Staat notwendig ist, erhöhen ließe. Eine derartige Erhöhung, so stark sie auch immer ausfallen möge, würde immer sehr vorteilhaft für das Volk bleiben, weil sie die Freiheit des Handels nicht antastet und weil nicht sogleich wieder Verluste durch Kosten, Leistungen für Vorschüsse und lästige Maßnahmen entstünden. Solange man bei den alten Steuern bleibt und solange auch weiterhin außerordentliche Fälle eintreten, muß der König, wenn er 30 Millionen benötigt, 60 Millionen von seinem Volk erheben. Wenn dagegen die königliche Steuer eingeführt wäre und wenn der König weiterhin zusätzlich 30 Millionen haben wollte, dann würde es eben ausreichen, die königliche Steuer genau um diesen Betrag zu erhöhen. Aus diesem Grund bin ich der festen Überzeugung, daß eine Steuer, die in Form eines bestimmten Steuersatzes vom Grundeigentum erhoben wird, das gilt für die Einrichtung dieser Steuer ebenso wie für alle denkbaren Erhöhungen, die man genötigt sein könnte, einmal vorzunehmen, für den König immer die einfachste Lösung darstellt und für das Volk die geringsten Kosten mit sich bringt. Damit dürfte jedoch ausgeschlossen sein, daß ein Herrscher jemals das Ansinnen haben könnte, die alten Steuern wieder einzuführen.

Einwendung: Indem man die Geschäftsleute zurückdrängt, beraubt man den König der Möglichkeit, Kredite aufzunehmen, die für ihn besonders dann notwendig sind, wenn man sich in Kriegszeiten befindet.

Antwort: Erstens. Ich behaupte, daß gerade diese Vorschüsse, die derartige Geschäftsleute in den letzten Kriegen gemacht haben, den König, und in der Folge davon, das Königreich ruiniert haben. Hinzu kommen die hohen Zinsen, die man dem König abverlangte, und die Schuldverschreibungen, die man ihnen mit bis zu 80 Prozent Verlusten ausstellte. Die Verträge, die man mit ihnen abschloß und die so vereinbart wurden, daß man nur die Hälfte und manchmal nur ein Drittel erhielt, was diese dann an Werten einbrachten, kosteten das Volk enorme Summen, wovon nur der geringste Teil in die Kassen des Königs floß, so daß man Seiner Majestät und dem Staat keinen größeren Dienst erweisen 53
könnte, als ihm die Mittel zu geben, auf derartige Vorschüsse nicht mehr angewiesen zu sein.

Zweitens. Warum war denn der König in der Vergangenheit auf derartige Vorschüsse angewiesen? Weil ein dringender Geldbedarf bestand und weil das Einziehen der Steuern, die der König erhob, um diesem Bedarf gerecht zu werden, ein langwieriger Prozeß war. Dieser Nachteil dürfte aber durch die neue Steuerform, die königliche Steuer, behoben werden. Der König kann sie, in dem Maße, wie es nötig ist, erhöhen. Und da diese Erhöhung quartalsweise, wie die Steuer selbst, eingezogen wird, brauchte man nicht lange auf ihren Eingang zu warten, so daß die Einnahmen Seiner Majestät, die laufenden ebenso wie die zusätzlichen, in jedem Fall pünktlich entrichtet werden würden. Dadurch geriete der König überhaupt nicht mehr in die Lage, um große und langfristige Vorschüsse nachzusuchen. Aber wir wollen einmal annehmen, daß der König zum Beispiel einen Betrag von zehn Millionen benötigen würde. Er wird sie zinslos in seiner Bank finden und sie ihr vom gleichen Augenblick an und täglich mit den Beträgen, die aus der königlichen Steuer oder aus ihrer Erhöhung einkommen, zurückerstatten. Langer Rede kurzer Sinn, das große Geheimnis, daß der König künftig nicht mehr auf die genannten Vorschüsse angewiesen ist, die den Staat unter der vorhergehenden Regierung ruiniert haben, liegt darin, daß der Herrscher seine laufenden Ausgaben mit zusätzlichen Einnahmen bestreitet. Die königliche Steuer und die königliche Bank werden dies gewährleisten.

Einwendung: Was wird aus den 40 000 Personen, die augenblicklich in den königlichen Finanz- und Steuerangelegenheiten beschäftigt werden und die von dieser Beschäftigung leben und die damit den Unterhalt ihrer Familien bestreiten?

Antwort: Erstens. Was wird aus den Ratten, die auf meinem Hausboden leben, wenn ich mein Getreide an einen besseren und sicheren Ort schaffe? Ich bitte Eure Königliche Hoheit um Entschuldigung für diesen freimütigen Vergleich.

Zweitens. Diese Geschäftsleute und Angestellten sind unnütz im Staat, und sie haben keinen Anteil an den gemeinschaftlichen Lasten. Im Gegenteil fallen sie dem Staat mit den rechtmäßig und unrechtmäßig erworbenen Profiten, die sie aus ihrer Beschäftigung ziehen, zur Last. Die Aufwendungen dafür sind, so wie ich es schon mehrfach an anderer Stelle gesagt habe, ein reiner Verlust für den König und seine Untertanen.

Drittens. Diese Geschäftemacher, besonders diejenigen mit den großen Kapitalien, die ihre Bemühungen nicht länger auf die riesigen Profite richten können, die sie mit dem König erzielten, werden genötigt sein, ihre Gelder im Handel anzuwenden oder für die Verbesserung des Bodens bereitzustellen. Was dagegen die kleineren Geschäftemacher anbetrifft, die über nicht so große Mittel verfügen, so werden sie sich der Bebauung des Bodens und der Industrie zuwenden müssen. Die drei wichtigsten Angelegenheiten eines Staates wie Frankreich sind nämlich Handel, Landwirtschaft und Industrie. 54
Gerade sie werden jedoch gegenwärtig vollständig vernachlässigt. Dagegen ist der Angestellte nur ein Kostgänger der Öffentlichkeit, der seinen Mitbürgern in der Regel lediglich viel Ungemach bereitet. Der einzelne Bürger, der über Geld verfügt, verleiht es an diese Geschäftemacher, die ihm dafür 10 Prozent Zinsen bezahlen oder versprechen. Diese Geschäftemacher wiederum verleihen den öffentlichen Reichtum an Seine Majestät, den sie so zu ihrem Profit ausbeuten. Muß man sich darüber wundern, daß bei einem solchen System der Handel, die Landwirtschaft und die Industrie darniederliegen?

Einwendung: Wenn man sich dazu entschließt, die Vielfalt der steuerlichen Beauflagungen abzuschaffen, wäre es da nicht vorteilhafter, sie auf eine Steuer auf ein einziges Erzeugnis, zum Beispiel auf das Getreide, zu reduzieren?

Antwort: Erstens. Ein Nahrungsmittel, welches von jedem verbraucht und benötigt wird, darf niemals und unter gar keinen Umständen mit einer Steuer belastet werden, weil anderenfalls der Verbrauch dieses Nahrungsgutes eingeschränkt werden würde.

Zweitens. Eine derartige steuerliche Beauflagung verstieße gegen eine der Grundregeln guter Verwaltung, die besagt, daß die Beauflagung im Verhältnis zu den Möglichkeiten der Steuerpflichtigen stehen muß. Nun läßt sich jedoch nicht bezweifeln, daß der Arme ebenso viel und sogar noch mehr Getreide verbraucht wie der Reiche, so daß mit einer solchen einzigen Steuer auf das Getreide der Arme genauso viel und noch mehr Steuern als der Reiche bezahlte.

Drittens. Sollte man ein Steuerrecht auf ein einziges Nahrungserzeugnis aufrechterhalten, dann lieferte man sich den gleichen Nachteilen aus, die augenblicklich für die Aides und für die Zölle typisch sind. Das heißt, sämtliche Nahrungsmittel wären auch weiterhin Kontrollen und Erklärungen unterworfen. Das bedeutet, daß die Verwaltung dieser einzigen Steuer fast ebensoviel Kosten verursachte und Menschen beschäftigte wie bisher. Anstatt die Freiheit des Handels einzuführen, würde man also dadurch die alten Mißbräuche fortbestehen lassen, so daß das Volk genauso belastet bliebe, wie es dies heute ist.

Einwendung: Es ist völlig unverständlich, wie man den Betrag einer Steuer auf den Grund und Boden auf 150 Millionen oder auf 200 Millionen bringen will, auf einen Betrag also, auf welchen sich augenblicklich die königlichen Einnahmen belaufen, wobei dieser Betrag durch diese einzige Steuer, die man vorschlägt, abgelöst oder sogar erhöht werden soll. Die Irrigkeit eines derartigen Vorhabens wird deutlich an dem Beispiel einer Zehntsteuer, die im Jahre 1710 auf die Einkommen im Königreich gelegt wurde[14]. Diese Zehntsteuer hat niemals mehr als 30 Millionen jährlich erbracht. Wenn man also den Grund und Boden des Königreichs mit einer Steuer von zwei Hundertstel belastete, was ungefähr dem gleichkäme, als wenn man die Einkommen mit einem Achtel auf der Basis von 4 Prozent besteuerte, dann würde eine solche Steuer lediglich 37 500 000 Livres einbringen. Beauflagte man dagegen mit einem Hundertstel, was einer Besteuerung der Einkommen von einem Viertel entspräche, dann erzielte man nur 75 Millionen.

55 Antwort: Erstens. Wenn es zutrifft, daß der Betrag einer Zehntsteuer, die im Jahre 1710 eingeführt wurde, so groß war wie man behauptete, dann brauchte man den Grund und Boden lediglich auf der Basis von einem Fünfzigstel zu besteuern, damit der König über Einnahmen von 150 Millionen verfügte. Ich behaupte nun, daß eine Steuer auf der Basis von einem Fünfzigstel auf den Grund und Boden immer noch eine Wohltat und einen Vorteil für den Staat darstellen würde. Letzteres will ich beweisen.

Das, was vom Volk über mehrere Steuern aufgebracht werden müßte, läßt sich ebenso gut mit einer einzigen Steuer entrichten, sobald man sämtliche anderen Steuern abschafft, und dies in der gleichen Art und Weise wie ein Wasserbehälter mit einem einzigen großen Rohr die gleiche Wassermenge liefern kann, die er durch mehrere kleinere Rohre spendete, bevor diese verstopft waren.

Nun trifft es zu, daß das Volk mit den Aides, mit den Zöllen, mit der Salzsteuer, mit der Kopfsteuer, mit der Taille und mit anderen Steuern tatsächlich 150 Millionen für den König aufbringt.

Wenn also eine Steuer auf den Grund und Boden festgelegt würde, gleichgültig ob man sie auf der Basis von zwei Hundertstel oder einem Fünfzigstel erhöbe, vorausgesetzt, sie erbrächte einen Betrag, welcher 150 Millionen nicht überstiege, dann könnte sie dem Volk nicht zur Last fallen. Vielmehr gewänne man dabei jährlich 100 Millionen, die bisher als Verwaltungskosten, Gerichtskosten, Kosten für die Durchsetzung gerichtlicher Beauflagungen, Profite für Zwischenhändler anfielen. Dabei soll von den anderen Vorteilen, wie zum Beispiel der Freiheit des Handels, der Gleichheit und der Befreiung von willkürlichen Gesetzen, die als Folge der neuen Steuer anzusehen wären, nicht einmal gesprochen werden.

Ich muß in diesem Zusammenhang anmerken, daß die Holländer diese Steuer auf der Basis von einem Fünfzigstel auf den Grund und Boden bezahlen und daß sie zur gleichen Zeit sogar noch einige weitere Steuern aufbringen.

Zweitens. Die Schlußfolgerungen, die man aus dem Beispiel der Zehntsteuer aus dem Jahre 1710, welche lediglich 30 Millionen erbrachte, glaubt ableiten zu müssen, sind ungerechtfertigt: 1. Man erhielt lediglich die Hälfte der erforderlichen Steuererklärungen. 2. Diejenigen, die tatsächlich gemacht wurden, wurden nur zur Hälfte ihres wirklichen Wertes realisiert. Dies braucht uns indessen überhaupt nicht in Erstaunen zu versetzen, da die Minister des Königs das Einziehen einer neuen Steuer nur halbherzig betrieben,

die eine Erhöhung der vielen anderen schon bestehenden Steuern, der normalen und der außerordentlichen Steuern, darstellte, so daß alle zusammengenommen wahrscheinlich sogar einen Satz von einem Fünfundzwanzigstel überstiegen. Das war aber auch
56 der Grund dafür, daß sich die Minister damit zufrieden gaben, das von der Zehntsteuer einzuziehen, was gerade möglich war.

In dem System, welches von mir vorgeschlagen wird, ist alles ganz anders. 1. Die alten Steuern werden abgeschafft, so daß sich das Volk nicht mehr über die Strenge beklagen kann, mit welcher man auftreten wird, um durchzusetzen, daß sie ihre Steuererklärungen der Wahrheit entsprechend abgeben. 2. Die Aufmerksamkeit des Herrschers und seiner Minister braucht nicht mehr auf so viele Sachverhalte bei einer großen Vielzahl von Steuern gerichtet zu sein, so daß es leicht wird, die Durchsetzung der Steuer auf den Grund und Boden zu verfolgen, so daß es niemandem gelingen kann, sich dieser Steuer zu entziehen und sich von ihr belästigt zu fühlen.

Drittens. Ich habe mir die Steuererklärungen, die sehr detailliert aufgestellt und mit großer Sorgfalt abgefaßt waren, angesehen. Aus diesen Steuererklärungen lassen sich die Einkommen im Königreich auf einen Betrag von 2 Milliarden, 400 Millionen veranschlagen, was auf der Basis eines Steuersatzes von einem Fünfundzwanzigstel umgerechnet einen Grundstückwert von 60 Milliarden ergäbe. Wenn diese Schätzung richtig ist, dann würde eine Steuerbeauflagung auf der Basis von zwei Hundertstel 300 Millionen einbringen, und wenn man glaubt, daß dieser Betrag um die Hälfte zu hoch geschätzt wurde, dann würde der Satz von zwei Hundertstel noch einen Betrag von 150 Millionen abwerfen.

Viertens. Ich bin zu der Überzeugung gelangt, daß der Ertrag des Zehnten, den man im Jahre 1710 auferlegte, ganz erheblich unter dem Wert lag, welcher hätte einkommen müssen, und dies anhand des Beispiels der Häuser von Paris, von welchen der Zehnte lediglich 1 200 000 Livres einbrachte, was bedeuten würde, daß die Einkommen aus Häusern in Paris nur 12 Millionen betrugen. In Wirklichkeit überstiegen die Einkommen, die man aus den Pariser Häusern erzielte, aber 36 Millionen. Wenn also die Veranschlagung und die Beauflagung des Zehnten in Paris um zwei Drittel niedriger ausfiel als notwendig gewesen wäre, dann kann man sich gut vorstellen, daß der Irrtum bei den Gütern, die von den Augen des Herrn noch weiter entfernt lagen und die sich noch leichter verbergen ließen, noch entschieden größer gewesen ist. Angesichts all dessen darf man vermuten, daß der Zehnte auf die Einkommen im Königreich, anstelle von 30 Millionen, einen Betrag von 100 Millionen hätte hervorbringen müssen.

Einwendung: Die Steuer auf den Grund und Boden, welcher vor allem auch die Geistlichkeit, der Adel, die einzelnen Provinzen des Staates und andere Privilegierte unterworfen werden sollten, wird berechtigte Klagen heraufbeschwören. So wird sich die Geistlichkeit beklagen, daß man Hand an ihre Unantastbarkeit legt, der Adel wird vorbringen, daß man seine Vorrechte einschränkt, die Provinzen werden sich auf ihre Verträge mit der Zentralgewalt berufen, und die anderen bei der Steuerbeauflagung Begünstigten werden sagen, daß sie die Steuerbefreiung ihren Diensten oder ihren Geldgaben verdanken.

Antwort: Erstens. Die Unantastbarkeit, die Privilegien und die Steuerbefreiungen müssen als Mißbräuche angesehen werden, die so schnell wie möglich zu beseitigen sind. Geistliche, Adlige und Bürgerliche, wir alle sind gleichermaßen Untertanen ein und desselben Königs. Es widerspricht dem Wesen des Untertanen, darauf zu pochen, sich von den anderen dadurch zu unterscheiden, daß man das Vorrecht hat, dem Herrscher keinen Tribut zahlen zu müssen. Und das, was ich hier von den Untertanen sage, das gilt in gleichem Maße für die Provinzen, wenn man sie miteinander vergleicht. In ganz besonderem Maße gilt das für die Geistlichkeit und den Adel, die die zwei oberen Stände im Königreich sind und die sich gerade darum durch die Eilfertigkeit, mit welcher sie an den Lasten des Staates mitzutragen bereit sind, besonders auszeichnen müssen, anstatt auf ihre Unantastbarkeit und ihre Vorrechte zu pochen. Nichts hat größere Bedeutung für das Gedeihen eines 57 Königreichs als die vollständige Gleichheit, und es muß angestrebt werden, daß diese Gleichheit herrscht bei den Gesetzen, in den Lebensgewohnheiten und bei der steuerlichen Beauflagung.

Zweitens. Die Geistlichkeit und der Adel entrichten mit Ausnahme der Taille bereits alle anderen normalen und außerordentlichen Steuern, ganz abgesehen davon, daß die Geistlichkeit mit den freiwilligen Abgaben sogar noch mehr bezahlt. Man muß darauf verweisen, daß selbst bei der Einrichtung der Taille nach einem Erlaß Karls VI. im Jahre 1388[15] sämtliche Untertanen des Königs, einschließlich des Adels und der Geistlichkeit, diese Steuer bezahlen mußten. Es dürfte also nicht mehr als recht und billig sein, daß, wenn die Geistlichkeit und der Adel aus der Abschaffung der Aides, der Zölle, der Salzsteuer, der Kopfsteuer und anderen Steuern Vorteile ziehen, sie wenigstens der neuen Steuer, die die alten Steuern ablöst, unterworfen werden.

Drittens. Als im Jahre 1710 der Zehnte eingeführt wurde, haben die Geistlichkeit und der Adel diese Steuer bezahlt. Mit welchen Gründen könnten sie sich also beklagen, nun ebenfalls dieser neuen Steuer auf der Basis eines Achtels oder eines Viertels unterworfen zu werden, wenn man sie doch zur gleichen Zeit von allen anderen Steuern entlastet?

Viertens. Es ist nicht zu bezweifeln, daß die Geistlichkeit und der Adel aus dieser neuen Steuerform große Vorteile ziehen können. Zunächst einmal, weil sie niemals so viel kosten wird, wie augenblicklich die anderen Steuern, denen man unterworfen ist. Man würde aber zumindest einen Teil der Verwaltungskosten, der Gerichtskosten, der Zinsen für die Vorschüsse, der Profite für die Zwischenhändler einsparen, die sich insgesamt und im ganzen Königreich auf mehr als 100 Millionen belaufen und die bei der neuen Art der Besteuerung, so wie ich sie vorschlage, vollständig wegfallen.

Ein zweiter Vorteil dürfte für die Geistlichkeit und für den Adel daraus erwachsen, daß ihre Vasallen, die nunmehr keine Taille, keine Kopfsteuer, keine Aides, keine Zölle, keine Salzsteuer noch jegliche andere Form von Beauflagung mehr zu zahlen hätten, in der Lage sein würden, die Pachthöfe zu einem höheren Preis als früher zu verpachten, und an Stelle eines Pächters würden sich der Geistlichkeit und dem Adel nunmehr hundert Pächter anbieten, die alle zahlungsfähig wären und die sich untereinander aus Neid überbieten würden, denn die Wohlhabenheit wäre bei den Bauern und den Handwerkern, wegen der Abschaffung der alten Steuern, wieder eingekehrt. Die Bewirtschaftung der Ländereien würde ausgedehnt und der Verbrauch und der Handel würden unweigerlich ansteigen. Gerade dies sind jedoch die drei Faktoren, von denen der Reichtum derjenigen abhängt, die den Grund und Boden besitzen.

Ich würde mich überhaupt nicht wundern, wenn wegen des neuen Steuersystems die Einnahmen vom Grund und Boden sehr bald um die Hälfte anstiegen, was ein Einkommensanstieg wäre, der es dem Grundeigentümer erlaubte, seine Anteile an dieser neuen Steuer aus der Einkommenserhöhung selbst zu bezahlen 58
und sogar noch mehr, so daß die Abschaffung der alten Steuern ein reiner Profit für ihn wäre.

Fünftens. Was die einzelnen Provinzen des Königreichs anbetrifft, so hatten sie stets ihren Anteil an den außerordentlichen Steuern, die von der Krone auferlegt wurden, zu bezahlen. Das gilt für die Kopfsteuer, für die Zehntsteuern und für andere Steuern. Nun stimmt es zwar, daß die normalen Steuern, die an den König entrichtet werden mußten, freiwillige Abgaben genannt wurden, um aber diese freiwilligen Abgaben aufzubringen, war man jedoch genötigt, jetzt seinerseits Steuern zu beauflagen. Man weiß aus Erfahrung, daß diese Provinzsteuern die gleichen Mißstände erzeugten, wie ich sie im Zusammenhang mit den Steuern, die im Namen des Königs im übrigen Königreich erhoben wurden, bereits beschrieben habe. Man würde also keineswegs Hand an die Vorrechte dieser Provinzen legen, wenn man sie von allen Beauflagungen befreite und wenn man die Steuern künftig auf eine einzige Steuer begrenzte. Im Gegenteil begünstigte man die Provinzen, versetzte man sie in die Lage, sich der Vorteile zu erfreuen, die Seine Majestät gewillt ist, seinen Untertanen dadurch zu gewähren, daß diese einzige Steuer eingeführt wird. Die Provinzen hätten also viel eher einen Grund, sich zu beklagen, wenn Seine Majestät sie bei der Gewährung einer derartigen Wohltat übergehen würde.

Sechstens. Über die Personen mit sogenannten Vorrechten will ich erst gar nichts sagen, denn jedermann weiß, wie die meisten solcher Vorrechte erworben werden. Niemand wird darum in Abrede stellen, daß diese Vorrechte schon von der Sache her einen Mißbrauch darstellen, ganz abgesehen davon, daß sie noch verwerflicher sind in dem Ausmaß, in welchem man sie gegenwärtig antrifft.

Siebentens. Sollte es Seine Majestät jedoch für angemessen halten, Vorrechte zu gewähren, dann könnte man der Geistlichkeit, dem Adel und den Provinzen des Staates einige einräumen, oder man könnte einige Vorrechte wiederbeleben, die inzwischen außer Gebrauch gekommen sind, zum Beispiel folgende:

Was die Geistlichkeit anbetrifft, so sollte man anordnen, daß man den Ertrag der königlichen Steuer, die von dem Grund und Boden erhoben wird, welcher sich in kirchlichem Besitz befindet, gänzlich dazu verwendet, um die Schulden der Geistlichkeit bis zur vollständigen Tilgung abzutragen.

Das gleiche könnte für die Provinzen des Staates angeordnet werden. Man könnte es den Provinzen gestatten, bei ihren regelmäßigen Zusammenkünften über die Art und Weise der Erhebung der neuen Steuer selbst zu befinden, wobei man allerdings den allgemeinen und vorgeschriebenen Rahmen der Steuererhebung, welcher vorgegeben wird, zu respektieren hätte. Man sollte den Provinzen ferner einige alte Vorrechte, die verloren gingen, wiedergeben, und man sollte, um dies zu bewerkstelligen, die Abordnungen der Provinzen anhören.

Der Adel könnte ein für allemal von der Pflicht zur Heeresfolge[16] entbunden werden, und man könnte ihm einige andere

Privilegien gewähren, die die Ehre berühren, zum Beispiel das Vorrecht, daß es ausschließlich Edelleuten gestattet ist, einen Degen zu tragen.

Einwendung: Wäre es nicht vorteilhafter, wenn man sich bei den ländlichen Gebieten an dem Plan der Zehntsteuer orientierte, 59
die man bereits mit Erfolg erprobte[17], und wenn man für die Städte eine Steuer auf die Häuser einführte?

Antwort: Ich billige zu, daß das System einer Zehntsteuer für die Landwirtschaft und einer Steuer auf die Häuser in den Städten dem alten System der Taille, der Kopfsteuer, der Zölle, der Aides, der Salzsteuer vorzuziehen wäre, ich glaube jedoch darauf verweisen zu müssen, daß dieser neue Plan mehr Nachteile mit sich brächte als der Plan, den ich unterbreitete.

Erstens. Mein System ist unbestreitbar einfacher, weil es auf einer einzigen und einheitlichen Besteuerung beruht. Dagegen setzt sich der andere Plan aus vier Arten von Steuern zusammen: Zehntsteuer auf die Bodenerzeugnisse, Steuer auf den Viehbestand, Steuer auf die Industrieerzeugnisse und Steuer auf die Häuser. Die Kosten, die bei der Einziehung dieser Steuer entstünden, würden das Vierfache von dem ausmachen, was für die Durchsetzung meiner Steuer erforderlich wäre.

Zweitens. Die Zehntsteuer müßte jeweils gerichtlich verordnet werden. Kann man es sich überhaupt vorstellen, daß mehr als 30000 derartiger Verordnungen ohne Begünstigungen und Bevorteilungen erlassen werden? Wir wissen alle sehr gut, daß es niemanden gibt, der, so sehr er auch immer auf seine Interessen bedacht sein möge, Geschäftemacher daran hindern könnte, ein „Fäßchen Wein"[18] aus der gerichtlichen Verordnung der Zehntsteuer auf die landwirtschaftlichen Erzeugnisse für sich abzuzweigen. Wie könnte der König so etwas verhindern? Solche „Weinfäßchen" würden einen reinen Verlust für den König und das Volk bedeuten.

Drittens. Der gesamte Ertrag der Zehntsteuer wird nicht in die königlichen Kassen fließen, und ein Teil davon wird in den Händen derjenigen verbleiben, die diese Zuerkennungen für die Steuereinziehung vergeben.

Viertens. Der gesamte Betrag der Zehntsteuer ist in den Jahren schlechter Ernten ungewiß. Welche Maßnahmen könnte Seine Majestät gegen solche Administratoren ergreifen, die ruiniert oder zahlungsunfähig sind? In den guten Jahren werden sich die Administratoren erheblicher Profite erfreuen, in den schlechten Jahren werden sie außerstande sein, die Verluste zu tragen.

Fünftens. Die Steuer auf den Viehbestand, so gering sie auch immer sein möge, wird unweigerlich den Viehbestand verringern.

Sechstens. Die Steuer auf die Industrieerzeugnisse setzt die Bevölkerung der Willkür aus.

Siebentens. Die Steuer auf die Häuser bringt die Schwierigkeiten mit sich, die man meinem System einer Steuer auf den Grund und Boden auch entgegenhalten könnte.

Achtens. Unter den zur Zahlung der Taille verpflichteten Steuerzahlern vermag die überwiegende Mehrzahl nicht zu erkennen, wieviel vorteilhafter für sie die Zehntsteuer im Vergleich zur Taille wäre. Im Gegensatz dazu wird es bei meinem System niemanden geben, der die Vorteile dieses Systems nicht sogleich erkennt, weil der Kaufmann wie auch der Arbeiter und der Bauer von Steuerzahlungen befreit sind. Es bedarf der Aufklärung, um das Volk davon zu überzeugen, daß die Einführung einer Zehntsteuer in Naturalien[19] für sie einen Vorteil gegenüber der Taille darstellen würde. Es wäre ganz leicht, die Bevölkerung davon zu überzeugen,
60 daß die gänzliche Abschaffung sämtlicher Steuern für das Volk vorteilhaft ist. Auf diese Weise werden gegen einen Adligen oder gegen einen Geistlichen, die sich beklagen, hundert Personen stehen, Kaufleute, Handwerker und Bauern, die die Hand des Königs preisen, welche sie aus dem Elend befreite.

Einwendung: Das, was mit diesem System vorgeschlagen wird, läuft den Grundsätzen einer guten Politik vollkommen zuwider, denn eine gute Politik erlaubt es nicht, daß der Herrscher dem Volk eine zu große Wohlhabenheit gewährt. Geht es den Untertanen zu gut, dann werden sie schnell anmaßend, um nicht noch schlimmeres zu sagen. Im übrigen würde es eine große Ungerechtigkeit bedeuten, den Kaufmann, den Bodenbebauer und den Arbeiter von der Steuer gänzlich zu befreien und die Last der Steuern und Abgaben auf die Grundeigentümer zu verlagern. Das ist nun wirklich ein Grund, worüber sich die Geistlichkeit und der Adel beklagen müssen.

Antwort: Erstens. Ich glaube, daß es niemanden gibt, der es wagen würde, eine derartige Einwendung Seiner Durchlaucht dem Regenten gegenüber vorzubringen, denn diese Einwendung ist unmittelbar gegen die Menschlichkeit gerichtet, von welcher Seine Königliche Hoheit dem Volk tagtäglich die rührendsten Beispiele liefert.

Zweitens. Der genannte politische Grundsatz ist ebenso falsch wie rücksichtslos, denn der Geist des Widerstandes ist bei Untertanen, denen es schlecht geht und die nichts zu verlieren haben, viel mehr zu fürchten als bei Untertanen, denen es gut geht und die etwas zu verlieren haben.

Drittens. Es trifft zu, daß in dem System, welches ich vorschlage, der Grundeigentümer scheinbar der einzige ist, der alle Bürden und Lasten des Staates trägt. In Wirklichkeit sind es jedoch die Kaufleute, die Bodenbearbeiter und die Arbeiter, die diese Lasten tragen.

Dazu ein Beispiel: Ich besitze einen Boden im Wert von 100 000 Livres. Auf der Basis eines Satzes von einem Hundertstel würde der Boden mit 1 000 Livres beauflagt. Da jedoch der Handel, nunmehr frei, sich erheblich erweitern wird, da ein Arbeiter nunmehr billiger leben kann, da der Boden, welcher nunmehr von der Taille entlastet ist, besser bebaut werden wird und da auch der Bodenbebauer, nunmehr von allen Abgaben befreit, wohlhabend sein würde, hätte das zur Folge, daß ich als Grundeigentümer für meine landwirtschaftlichen Erzeugnisse einen leichteren und sicheren Absatz fände. Der Arbeiter[20] könnte mir seine Produkte billiger verkaufen, mein Boden würde viel mehr Produkte abwerfen, so daß der Bodenbebauer den Preis der Pacht über die 1 000 Livres hinaus erhöhen würde, die ich bei einem Satz von einem Hundertstel an Steuern zu zahlen hätte.

Man muß den Grund und Boden als die ursprünglichste Quelle ansehen, welche alle Nahrungsmittel, alle Bekleidungsgegenstände und alle Rohstoffe für die Wohnungen für sämtliche Einwohner des Königreichs liefert. Aus diesem Grund vollzieht sich die weitere Verteilung der Lasten, wenn eine einzige Steuer vom Grund und Boden erhoben wird, gewissermaßen von selbst und
61 gleichmäßig auf alle diejenigen, die sich ernähren, die sich bekleiden und die wohnen. Dabei verhält es sich genau so, daß alle diejenigen, die aus der gleichen Quelle schöpfen, notwendigerweise und gleichzeitig die gute oder die schlechte Qualität des Wassers zu spüren bekämen.

Anders gesagt, in dem System, welches ich vorschlage, wird es keine Lasten mehr geben, weder für die Adligen, noch für die Geistlichen, noch für den Kaufmann, noch für den Arbeiter, noch für den Bodenbebauer, denn mit diesem System fänden sie die Einfachheit, die Freiheit und die Gleichheit, die ihnen allen eine Vermehrung des Reichtums ermöglichte, die größer wäre als das, was sie an Steuern zu zahlen hätten.

Leitgedanken eines neuen Systems der Finanzen[1] 77

Erster Teil
Darstellung des Systems

Es steht außer jedem Zweifel, daß der wahre Reichtum eines Staates in dem, was die Natur hervorbringt, und in dem, was der Mensch daraus macht, besteht. Wenn man daher die Landwirtschaft und die Manufakturen eines großen, fruchtbaren und dicht besiedelten Königreichs fördert, dann verfügt man nicht nur über alles, was man braucht, um seine Bedürfnisse und die Bequemlichkeitsansprüche sämtlicher Einwohner eines Landes zu befriedigen, sondern man hat sogar einen Überschuß an Reichtümern, an welchem man die anderen Völker teilhaben lassen kann.

Frankreich mit seinen fruchtbaren und ausgedehnten Ländereien sowie mit seiner zahlreichen Bevölkerung verfügt über ungeheure Reichtümer, die sich nur verbrauchen lassen, wenn man den Überschuß gegen Güter eintauscht, die man den anderen Völkern abkaufen muß. Diese Güter, die aus dem Ausland nach Frankreich gebracht werden, sind minderwertiger als die eigenen, so daß die anderen Völker notwendigerweise Frankreichs Schuldner werden. Da also die Handelsbilanz zugunsten Frankreichs ausfällt, ist es erforderlich, daß die Ausländer, um sie zu begleichen, ihr Geld nach Frankreich schaffen, ohne daß Frankreich verpflichtet wäre, das seinige ins Ausland zu bringen. Damit aber diese Außenhandelsbilanz durch Agrikultur und handwerkliche Tätigkeit noch günstiger gestaltet werden kann, muß man darauf achten, daß niemand müßig lebt, alle müssen sich mit ihrer Arbeit und mit ihrem Eigentum an den öffentlichen Unternehmungen beteiligen.

Das erste Mittel, dies zu erreichen, ist eine königliche Bank, welche das Geld im Lande vermehrt. Man zählt 18 Millionen Menschen in Frankreich. Um eine so zahlreiche Bevölkerung zu beschäftigen, bedarf es enormer Summen, damit die täglichen Ausgaben bestritten werden können, und es bedarf ferner eines fortwährenden Umlaufs einer großen Menge Geldes.

Die Erfahrung, die man zu allen Zeiten gemacht hat, beweist zweifelsfrei, daß ein mangelnder Geldumlauf, sofern er in irgend-
78 einem Staat anzutreffen ist, die Gewerbstätigkeit, die Landwirtschaft und den Handel beeinträchtigt. Oftmals wird selbst der Wert des Bodens und der Häuser zerstört, wenn es an der ausreichenden Zahl von Bewohnern und Geld mangelt, um sämtlichen Handwerkern und sämtlichen Arbeitern Beschäftigung zu geben, damit der wahre Wert des Grund und Bodens erhalten werden kann.

Da aber die häufigen Schwankungen in der Menge der Edelmetalle und des Münzgeldes immer wieder nicht nur zahllose Familien aus der Bahn werfen, sondern ebenfalls ganze Staaten[2] in Unordnung stürzen, sollte man, um derartigem Geldmangel vor-
79 zubeugen, um den Unannehmlichkeiten, die mit dem Gebrauch des Münzgeldes verknüpft sind, zu begegnen und um schließlich den Binnenhandel und den Außenhandel zu erleichtern, zum Mittel des Kredits greifen.

Ganz allgemein versteht man unter Kredit ein schriftliches oder mündliches Zahlungsversprechen einer oder mehrerer Personen, welches an die Stelle des Geldes tritt. In dieser Weise wird überall auf unserer Erde der größte Teil des Handels täglich und ausschließlich vermittels des Papiers abgewickelt. Dadurch sind die Kaufleute der Notwendigkeit enthoben, extra Kuriere auszusenden und Schiffe auf die Reise zu schicken, um das Münzgeld an alle die Orte zu schaffen, an denen man über Kredit verfügt, denn die schriftlichen Zahlungsversprechen genügen, und dies nicht lediglich in einem bestimmten Land, sondern ebenfalls in allen anderen Ländern, um alle nur erdenklichen Summen, die man benötigt, auszuleihen, und sie genügen selbst, um ganze Schiffe mit Dingen, die man begehrt, zu beladen. Allein durch den Gebrauch des

Papiers lassen sich aller Orten sämtliche Reichtümer der Natur und des Gewerbefleißes mit Leichtigkeit umschlagen, und zwar ohne Risiken, Kosten und Verluste, die mit dem Transport von Münzgeld verbunden sein würden.

Der Gebrauch des Papiergeldes, welches man in Frankreich einführte, und das Vertrauen seitens der Öffentlichkeit gegenüber diesem Papier, bestätigt also lediglich, was die privaten Bankiers mit ihrem privaten Kredit vorher schon gemacht haben, wenngleich dieser private Kredit stets schwankend, ungewiß und tausend ärgerlichen Vorfällen ausgesetzt war.

Der öffentliche Kredit, den die Republiken Holland, Venedig, Genua sowie das Königreich England und sämtliche anderen Handel treibenden Nationen einführten, ersetzte das Münzgeld hier seit mehr als einem Jahrhundert.

Allein durch den Kredit waren diese Länder in der Lage, ihren Handel aufrechtzuerhalten und Kriege zu führen, die sie ansonsten ruiniert haben würden, wenn sie ihren Geldumlauf nur aus der einzigen Quelle der Vorräte an klingender Münze hätten speisen müssen.

In Frankreich versteht man unter Kredit einen solchen Kredit,
der vom König getragen wird, wobei der König zum Bürgen des 80
Papiers erklärt wird und wobei er seinen ganzen Staat einbringt, die beweglichen Güter ebenso wie die unbeweglichen, um dadurch den Wert des Papiers zu garantieren.

Der Kredit der französischen Nation, welcher in der Person ihres Königs konzentriert ist, dürfte demjenigen aller anderen Nationen unendlich überlegen sein, weil diese Staaten viel schwächer sind und zudem von der Menge regiert werden[3]. Sobald es nämlich nur ein Interesse, nur einen einzigen Kredit und nur eine einzige Macht in einem großen, fruchtbaren, gut gelegenen und gut bevölkerten Königreich gibt, wird alles aus ein und derselben Antriebskraft in Bewegung gehalten. Das öffentliche Interesse wird gleichzeitig auch das Interesse für jede einzelne Privatperson, das Interesse des Hauptes wird untrennbar von demjenigen seiner Glieder, wobei das eine nicht ohne das andere bestehen kann.

Man darf die Banknoten nicht als ein einfaches Versprechen ansehen, nach welchem die darauf verzeichneten Summen in Gold und Silber eingelöst werden, sondern man muß sie vielmehr als eine Übereinkunft betrachten, die vom König und seinen Untertanen wechselseitig eingegangen wurde und nach welcher, beim Umlauf dieses Papiergeldes, nicht lediglich Münzgeld empfangen werden kann oder ausgezahlt werden muß, sondern wobei dies außerdem zum wahren Wert zu geschehen hat.

Sämtliche Reichtümer des gesamten Königreichs garantieren den Wert dieses neuen Geldes: Alles wird man dafür geben, alles kann man damit bezahlen. Auf diese Weise verfügt der König stets über die Möglichkeit, zu jeder Zeit und an jedem beliebigen Ort alles, was gekauft und was verkauft werden kann, von welcher Beschaffenheit es auch immer sein möge, in die Zirkulation einzubringen.

Das Papiergeld, welches mit dem neuen System eingeführt
81 wird, hat gegenüber dem Metallgeld sogar den Vorteil, daß seine Menge mit der Nachfrage stets in Übereinstimmung gebracht werden kann und daß es nicht den Schwankungen des Metallgeldes unterliegt.

Die zweite Möglichkeit, die das neue System bietet, um die Natur reicher werden zu lassen, besteht in der Gründung einer Gesellschaft, in welcher die Wohlhabenden ihr Geld einbringen können, um es im Handel zu beschäftigen. Nichts war ruinöser als der Abschluß von Rentenverträgen: Der Borger zu 5 Prozent mußte in einem einzigen Menschenleben dreimal den Rentenbetrag aufbringen, ganz abgesehen davon, daß seine Nachkommen-
82 schaft für alle Zeiten mit diesem Betrag belastet blieb. Es war also völlig richtig, diese Rentenverträge zu annulieren und den Geldzins zu senken, um dadurch die Möglichkeit zu schaffen, alles in eine Handelsgesellschaft einzubringen, die vom Staat garantiert war. Diese Handelsgesellschaft wird eines Tages in der Lage sein, ihren Aktionären mehr Dividenden zu zahlen als den jährlichen Zins des Geldes, welches zu 5 Prozent angelegt

wurde, wobei in diesem Fall weder der Staat noch der einzelne darunter zu leiden haben.

Man sieht also, daß die Gründung einer Gesellschaft der Niederlassung des Handels im Ausland und der Einrichtung einheimischer Manufakturen vorausgehen muß, wobei die ganze Nation an dieser Angelegenheit interessiert sein sollte. Der König und seine Untertanen müßten von ihren Schulden entlastet werden, und es würde notwendig sein, alle Glieder des Staates in eine derartige Gesellschaft einzubeziehen, welche riesiger Kapitalien bedarf, damit sie alle Hindernisse, die ihr in Form von Eifersucht benachbarter Nationen entgegentreten, überwinden kann und damit sie die außerordentlichen Ausgaben machen kann, die erforderlich sein werden, um den Handel in einem Landstrich zu begründen, welcher die Ausdehnung Frankreichs besitzt.

Es gibt grundsätzlich drei Fonds, die die Dividende erhöhen: Die Finanzen[4], die Bank und der Handel, wenn man hier einmal von den königlichen Einnahmen absieht, die allerdings, wenn man sie mit Umsicht verwaltet, beachtliche Summen ausmachen.
Diese letzteren Beträge sind nur erforderlich, um das System in 83
Gang zu bringen.

Was nun die jährlichen Profite anbetrifft, die die Bank rechtmäßigerweise beanspruchen kann, so dürfte es, um ein gesundes Urteil darüber zu erlangen, ausreichen zu beachten, daß die privaten Bankiers aller Handelsnationen mit ihrem Kredit 10, 15 und sogar 20mal mehr gewinnen als sie gewinnen würden, wenn sie ihr Geld als einfaches Bargeld benutzen würden, denn die ununterbrochene Zirkulation ihres Kredits bewirkt, daß sie durch den Wechselkurs ebensoviel gewinnen, als wenn sie ihre Kapitalien in sämtlichen Ländern, in denen sie Handelsniederlassungen unterhalten, stationiert hätten.

Es ist unbestreitbar, daß die Handelsbilanz bereits gegenwärtig zugunsten Frankreichs und zuungunsten der anderen Nationen ausfällt und daß man sie noch erheblich verbessern könnte, wenn man die Landwirtschaft und die Gewerbe fördern würde, so daß sich der Wechselkurs auf diesem Wege auf 30, 40, 50, 60 und sogar auf 100 Prozent Gewinn steigern ließe.

84 Kann ein System, welches auf derartigen Grundsätzen beruht,
85 ein Produkt der Phantasie sein? Liefert das Beispiel und der Erfolg der Holländer, der Engländer, der Portugiesen und vieler anderer Nationen, die weniger mächtig und weniger reich als Frankreich sind, nicht einen hinreichenden Beweis für seine Gediegenheit und seine Durchführbarkeit? Läßt es sich denn überhaupt bezweifeln, daß die Reichtümer, die man selbst nutzt, den Aktionären nicht eines Tages ein erheblich größeres Einkommen abwerfen werden als das Geld, das zu 5 Prozent Zinsen angelegt wurde?

Zweiter Teil
Antworten auf Einwendungen

Wie groß die Geistesgaben der französischen Nation auch immer sein mögen, so muß man doch einräumen, daß diese Nation die Geheimnisse des großen Handels bisher verkannte. Und darin liegt auch die Wurzel fast aller Einwendungen gegen das System, was ich nunmehr beweisen will.

Erste Einwendung. – Das seit kurzem eingeführte Papier ist eine Staatsschuld.

Antwort. – Die Banknoten stellen ein echtes Geld dar, sie genü-
86 gen allen Ansprüchen. Sie haben in der ganzen Nation Umlauf, der König selbst empfängt sie, wenn man ihm die Abgaben entrichtet, so wie er seinerseits damit die Entlohnungen für Staatsämter bezahlt. Sie stellen einen Kredit dar, der im Ausland, in dem Maße, wie der Saldo der Handelsbilanz für Frankreich sich erhöht, entgegengenommen wird.

Die Aktien sind von einer anderen Beschaffenheit: Es handelt sich um ein Versprechen der Ostindischen Kompanie, den Aktionären jährlich die Gewinne zu verteilen, die sie in ihrem Handel erzielt. Diese Aktien sind echte, gewinnträchtige Effekten, denn sie werfen ein sicheres Einkommen ab, welches gegenwärtig bereits dasjenige des Grund und Bodens und anderer Liegenschaften übertrifft.

Man sollte sich also von dem primitiven Vorurteil lösen und diese Papiere nicht länger als einen einfachen Ersatz des Münzgeldes ansehen, ein Vorurteil, welches mit dem Glauben verbunden ist, daß es sich dabei um ein eingebildetes Gut handele, weil die Menge, die davon im Königreich vorhanden ist, die Gold- und Silberbestände übersteigt. Die außerordentlichen Profite, die im Binnenhandel und im Außenhandel realisiert werden, machen den Wert dieser Papiere aus, und zwar in der gleichen Art und Weise, wie die jährlichen Zinsen den Wert von Rentenverträgen bestimmten.

Zweite Einwendung. – Das neue System ist mit einer monarchischen Staatsform unvereinbar.

Antwort. – So wie die französische Staatsform besser als jede andere für die Einrichtung des neuen Systems geeignet ist, so gewährleistet sie gleichzeitig auch die besten Bedingungen dafür, daß dieses System erhalten werden kann. Man hat bisher vergeblich versucht, die absolute Herrschergewalt gegen Generalstände[5], gegen Parlamente oder gegen Gesetze abzuwägen. Man würde indessen die menschliche Natur und die Geschichte verkennen, wenn man vorgäbe, die höchste Gewalt mit so schwachen Mitteln mildern zu wollen. Es gibt nur eine einzige Antriebskraft, die das Handeln aller Menschen bestimmt, und dies ist das Interesse. In dem neuen System dürfte der Herrscher nun aber sein einziges Interesse verwirklicht finden, und dies aus folgendem Grunde.

Man erfaßt alles Münzgeld des Königreichs in einem öffentlichen Schatzamt, und dies nicht etwa in der Absicht, daß es hier tot 87
und unnütz liegen bleibt, sondern in dem Bestreben, daß es jeder-

zeit und in den Provinzen ausgestreut werde, und zwar in der Art, daß durch seinen Umlauf, der sämtliche Glieder des öffentlichen Organismus erreichen soll, alle diese Glieder belebt werden, alles in Schwung gebracht wird, indem man die ihnen innewohnenden Kräfte und Reichtümer für den Handel und das Gewerbe nutzbar macht.

Der König wird stets der Verwahrer des Geldes sein, und er kann es durch den Kredit, in Form von Papiergeld, vermehren. Mit diesem Papiergeld läßt sich der Mangel an Münzgeld beheben, welches notwendig ist, um die Landwirtschaft und die Gewerbe zu fördern, wodurch dann ebenfalls der Außenhandel begünstigt würde, so daß dieser Außenhandel, der die anderen Völker zu Schuldnern Frankreichs machen würde, jedes Jahr deren Münzgeld in den Schoß des Königs lenkte. Wenn der König eine derartige Einrichtung zerstören würde, dann würde er dadurch eine unerschöpfliche Quelle von Reichtum zum Versiegen bringen, und er zerstörte damit einen Kredit, welcher nur durch die Her-
88 stellung der für das Land typischen Produkte aufrechterhalten werden kann, ein Kredit, der den Umschlag der Produkte nicht allein im Königreich selbst, sondern darüber hinaus auch in sämtlichen anderen Ländern unseres Erdballs bewirkt, ein Kredit, der den König zum Herren des gemünzten Geldes macht, welches dadurch ständig vermehrt wird, weil es aus dem Ausland in seine Kassen fließt. Wenn man die Güter minderjähriger Nachkommen in Aktien anlegt, dann dürfte diese Anlage unendlich viel sicherer sein, als wenn man die betreffenden Güter im Rathaus deponierte.

Die Rentenverträge stellen Aktien dar, die auf den König oder andere Privatpersonen bezogen waren und welche letztere ruinierten. Dagegen handelt es sich bei den Aktien um Papiere, die auf eine Gesellschaft von Kaufleuten bezogen sind, die ihre Gewinne, die sie aus der Anwendung ihrer Fonds in nützlichen Gewerben erzielt, mit den Aktionären teilt. Die Originalurkunden der Rentenverträge wurden bei Notaren aufbewahrt, sollte es dagegen weniger sicher sein, seine Aktien bei einer Handelsgesellschaft, die den Schutz des Staates genießt, zu hinterlegen?

Dritte Einwendung. – Der Handel schadet in großen Staaten, und früher oder später zerstört er die militärischen Tugenden, welche in einem Königreich unabdingbar sind.

Antwort. – Durch die Geschichte wird bestätigt, daß selbst die kriegerischsten Völker zu allen Zeiten den Handel begünstigten. Letzteres wurde sehr eindrucksvoll von Huet[6] in dessen gelehrter „Geschichte des Handels und der Seefahrt antiker Völker" beschrieben, eine Schrift, die auf Anordnung Colberts, des damaligen Generalkontrolleurs der Finanzen, entstand. In den großen Monarchien folgt man stets einer grundsätzlichen Verhaltensregel, welche besagt, daß man militärische Tugenden lediglich aus dem Grunde fördern sollte, um dadurch das Vaterland zu verteidigen und nicht etwa zu dem Zweck von Eroberungen.

Ein fruchtbares, ausgedehntes, gut gelegenes und gut bevölkertes Königreich verfügt über weitaus sicherere Mittel, um seine Macht zu vergrößern, denn es braucht bloß seine
Gewerbe, die Bewirtschaftung seiner Ländereien und seinen 89
Handel zu beleben. Durch diese Vermehrung seiner Reichtümer wird sich eine Verstärkung seiner Macht sehr bald einstellen, die bewirkt, daß keiner seiner Nachbarn es wagen würde, dieses Königreich anzugreifen.

Ein arbeitsames und gut ernährtes Volk, welches weder im Elend noch im Überfluß lebt, ist viel eher in der Lage, im Notfall die Waffen zu tragen als eine müßige und ausgehungerte Bevölkerung, die an den Vorteilen keinen Anteil hat, welche ein blühender Handel notwendigerweise in allen Teilen des Staates verbreitet. Diejenigen, die sich nicht unmittelbar mit dem Handel befassen können, weil sie dadurch den kirchlichen oder zivilen Gesetzen zuwiderhandeln würden, haben die Möglichkeit, ihre Mittel der Handelsgesellschaft zur Verfügung zu stellen, um dadurch an den Gewinnen dieser Gesellschaft teilzuhaben, ohne dadurch ihren

Stand zu entehren oder ihre Beschäftigung in der Armee, in der Kirche oder in der Verwaltung aufgeben zu müssen.

Auf diese Weise hängen bei dem neuen System die Interessen des Herrschers von denjenigen seiner Untertanen ab, ohne daß dadurch die königliche Autorität vermindert werden würde.

Vierte Einwendung. – Die Eifersucht der benachbarten Völker kann das System zerstören und seine Einrichtung verhindern.

Antwort.– Die Engländer und die Holländer, die die einzigen
90 Rivalen der Franzosen im Handel sind, dürften nicht in der Lage sein, sich dagegenzustellen, und dies selbst dann nicht, wenn sie die Kühnheit besäßen, es zu tun, denn Frankreich hätte die Möglichkeit, ihren Kredit zu ruinieren.

91 Man weiß, daß England und Holland nicht annähernd die gleichen Ressourcen haben, über die Frankreich verfügt, was bedeutet, daß sie das Papiergeld als alleiniges Geld und ohne Münzgeld bei sich nicht einführen können, denn: Erstens erlaubt ihnen ihre Regierungsform nicht, alle Interessen zu vereinigen, um einen einzigen Kredit unter einer einzigen Herrschergewalt einzuführen. Zweitens ist Frankreich die einzige Nation in Europa, die mit dem Absatz ihrer Nahrungsgüter alle anderen Nationen zu seinen Schuldnern machen kann. Sobald sich die Außenhandelsbilanz erhöht, tritt ein, daß die anderen Nationen das Papiergeld Frankreichs erhalten, während Frankreich nicht verpflichtet ist, das ihre entgegenzunehmen. Darin dürfte auch der Grund zu suchen sein, der es sämtlichen anderen Ländern Europas unmöglich macht, dieses System nachzuahmen.

Fünfte Einwendung. – Es gab inzwischen häufige Änderungen am System, und die Mittel, derer man sich bediente, damit das Münzgeld bei der Bank abgeliefert wurde, waren gewaltsam.

Antwort. – Der eigentliche Grundgehalt des Systems blieb stets unangetastet. Niemals wurde der Gedanke einer königlichen Bank[7] in Frage gestellt, die, im Falle des Mangels an Münzgeld, mit dem Kredit einer Handelsgesellschaft Abhilfe schafft, deren Handelstätigkeit an die Stelle der Rentenverträge tritt. Dieses Grund-

anliegen des Systems wurde niemals angetastet, wenngleich man sich verschiedener Mittel bediente, um es durchzusetzen, und diese Maßnahmen mußten wenig unterrichteten Personen als ein Zeichen mangelnder Entscheidungsfähigkeit erscheinen. In dem Maße, wie das Mißtrauen wuchs, mußte man Zwangsmaßnahmen ergreifen, damit das Volk gezwungen wurde, sein eigenes Glück herbeizuführen, und man mußte dem Volk klarmachen, daß, wenn der Boden, wenn die Waren ihm tatsächlich gehörten, kein Herrscher jemals das Recht haben würde, sich diese Dinge anzueignen, ohne damit ein Unrecht zu begehen, welches früher oder später die Zerstörung dieser Herrschergewalt nach sich zöge. 92
Das Geld, welches die Zirkulation der materiellen Güter vermittelt und welches alle Glieder eines Staates nacheinander mit diesen Gütern versorgt, gehört dem König und niemals einem einzelnen Bürger oder einer Privatperson, die sich dieses Geldes nur bedienen kann, denn der Gebrauch geschieht in der Zirkulation, wobei diese Zirkulation dem gesellschaftlichen Körper erst Leben verleiht. Jeder, der diesen Umlauf unterbricht, begeht eine blutige Freveltat, ganz abgesehen davon, daß derjenige ein schlechter Bürger ist, der das Münzgeld bei sich bewahrt, ohne Gebrauch davon zu machen, so daß er dadurch den Gewinn verhindert, der aus seinem Umlauf erwachsen würde. In diesem Fall sollte der König das Recht haben, den Betreffenden zu verpflichten, das Geld dem Staat zum Gebrauch zu übereignen. Aus alledem ersieht man jedoch, daß die besagte Gewalt, die lediglich die Übelgesinnten beeinträchtigt, dem Staate nützlich ist und daß sie darum auf keinen Fall den Namen Gewalt verdient.

Sechste Einwendung. – Der plötzliche Rückgang der Rentenverträge und die außerordentliche Verteuerung aller Waren haben sehr viele Familien ins Elend gestürzt.

Antwort. – Die Verringerung der Renten war eine unbedingte Notwendigkeit für das Wohl des Staates. Wir haben bereits dargelegt, daß die Rentenverträge eine ruinöse Angelegenheit waren, weil sie Schuldner übermäßig belasteten und den Müßiggang der

Gläubiger begünstigten. Es ist eine allgemein anerkannte und unbezweifelbare Tatsache, daß die Herausbildung des Zinsfußes für Darlehen, was durch die Einrichtung eines Kredits bewerkstelligt werden kann, welcher Frankreich in die Lage versetzen würde, auf die Edelmetalle zu verzichten und welcher zudem ein
93 unfehlbares Mittel zur Geldvermehrung darstellen würde, das Volk zur Arbeit und zur Handelstätigkeit veranlassen würde. Sich über die Verringerung der Renten zu beklagen, käme dem gleich, daß man Beschwerde darüber führte, daß das Münzgeld zu reichlich vorhanden sei und daß sich die Nation durch die Entdeckung eines unerschöpflichen Schatzes bereichert habe. Seinerzeit, als der verstorbene König[8] Anleihen zu 10, 20, 30, 40, 50 und sogar zu 100 Prozent aufnahm, war es das Volk, welches erdrückt unter gewaltigen Steuerlasten, die Zinsen für eine kleine Zahl reicher Leute aufbringen mußte, die ohne Bestrafung vom Wucher lebten.

Es wohnen 18 Millionen Menschen in Frankreich. Kann man da von Gerechtigkeit sprechen, wenn sie alle für eine kleine Anzahl ihrer Mitbürger leiden müssen, welche im Müßiggang leben und welche in der Republik völlig nutzlos sind, nur weil sie drückende und für den Staat ruinöse Rentenverträge abschließen konnten?

Bezüglich der Verteuerung aller Waren, über die man sich so sehr beklagt, wäre zu sagen, daß sie entweder notwendig oder unvermeidlich oder vorteilhaft war, und dies jeweils in Abhängigkeit von drei Ursachen, die sie bewirkten: Erste Ursache – der hohe Kurs des Münzgeldes, zweite Ursache – die geringen Erträge der Landwirtschaft im vorangegangenen Jahr und schließlich die dritte Ursache – der starke Verbrauch.

Der hohe Kurs des Münzgeldes war notwendig, weil anderenfalls die Ausländer die französischen Waren viel zu billig aus dem Lande ausgeführt haben würden, und weil die Franzosen solche Waren zu einem viel zu niedrigen Preis verkauft haben würden, die sie im Ausland sehr teuer hätten bezahlen müssen.

Die Unfruchtbarkeit des vorangegangenen Jahres war unvermeidlich, sie hat nur geringfügig zur genannten Verteuerung beigetragen. 94

Hinsichtlich des hohen Warenverbrauchs kann man sagen, daß er mehr zu der Verteuerung beitrug, daß er aber gleichzeitig auch durch einen raschen Umlauf von Münzgeld aufgewogen wurde, welcher stets eine gute Auswirkung haben dürfte, weil er ja diesen Verbrauch erst ermöglicht, was zur Folge hat, daß sämtliche Glieder des Staates in nützlicher Weise beschäftigt werden. 95

Wenn man es nicht ablehnt, einmal ohne Vorurteil nachzudenken und zu urteilen, dann wird man den außerordentlichen Unterschied, der zwischen dem augenblicklichen Zustand Frankreichs und demjenigen, der vor noch gar nicht allzu langer Zeit herrschte, bemerken. Jedermann weiß, daß sich die Schulden des Königs[9] auf mehr als 2 Milliarden Livres beliefen und daß er oftmals Anleihen zu 40, 50 und selbst zu 100 Prozent aufnahm, wobei seine einzigen Geldquellen in der Einführung von Beauflagungen bestanden, die auf dem Staat lasteten oder aber in neuen Steuern, die ihn nicht einmal in die Lage versetzten, die Zinsen für seine ungeheuerlichen Schulden aufzubringen.

Der Adel und die Grundeigentümer waren nicht weniger verschuldet, sie erzielten von ihrem Grund und Boden nicht einmal die Hälfte dessen an Einkommen, was er abwerfen konnte, und sie waren genötigt, einen Teil ihrer Erbgüter zu niedrigem Preis zu verkaufen, um überhaupt existieren zu können. Kurz gesagt, fast alle Glieder des sozialen Organismus waren leblos und gleichsam wie gelähmt. Auf diese Weise verharrte das blühendste, das fruchtbarste und das ausgedehnteste Königreich Europas in einem Zustand der Entkräftung und Verarmung, und dies, weil man die Geheimnisse des Kredits und des Handels nicht kannte.

Mit Hilfe des neuen Systems könnten sämtliche Schulden des Königs und ebenfalls deren Zinsen bezahlt werden (wenn man einmal davon absieht, was er der Indischen Kompanie schuldet, welche sehr große Vorschüsse gewährte), ohne daß man deswe-

gen zu neuen Steuern Zuflucht nehmen müßte. Ebenfalls finanzierbar wären die königliche Armee, die Leibrenten, die Beamten der Krone, die Einkommen für Ämter in der zivilen und in der militärischen Verwaltung und die Einnahmen für sämtliche Ämter des königlichen Hauses. Man schuf schöne Einrichtungen für die Polizei, für die Marine, die nahezu ruiniert war und die jetzt im
96 Begriff ist, wieder zu gesunden, schließlich erhöhten sich die königlichen Einnahmen, und die neue Verwaltung der Finanzen ermöglichte es dem König, die Einkünfte jährlich zu erhöhen, und dies nicht dadurch, daß die Untertanen mit Abgaben überlastet wurden, sondern indem man ihnen die Möglichkeit gab, sich dabei selbst zu bereichern, dadurch daß man den Handel förderte und daß man die Industrie begünstigte.

Eine große Anzahl von Personen vermochten ihre Ländereien wiedereinzulösen und ihre Schulden zu bezahlen, und in ganz kurzer Zeit werden die Schulden des Königs und seiner Untertanen beglichen sein. Die Landwirte, die Handwerker sowie alle diejenigen, die von ihrer Arbeit leben, werden Beschäftigung finden. Inzwischen sandte man mehr als 70 Schiffe nach Amerika aus, der Orienthandel erhöhte sich, in den überseeischen Gebieten des Westens entstehen neue Kolonien, und die einheimischen Manufakturen, die man aller Orten errichtet, und die sich rasch vermehren, werden ihre Waren in diesen doppelten und blühenden Handel einbringen.

Man sieht, was mit dem neuen System bereits vollbracht worden ist, damit Frankreich wieder aufatmen kann, nachdem die Finanzen neu geordnet wurden. Was aber könnte noch alles geschehen, um die Mißstände in der Verwaltung abzustellen, um die militärische Macht zu verstärken und um die Ausübung der drei großen Rechte der Souveränität des Herrschers[10] neu zu begründen. Verdienen es denn alle diese Vorteile nicht, daß man die vorübergehenden Unbequemlichkeiten, die notwendigerweise mit allen großen Umwälzungen verknüpft sind, ohne Klagen hinnimmt? Statt dessen erschöpfen sich diejenigen, die noch nicht

genügend in die Materie eingedrungen sind, in Unruhe und 97
Befürchtungen. Sie sähen es gern, daß das System auf einen Schlag fix und fertig eingerichtet sein würde, während demgegenüber diejenigen, die über das System gut unterrichtet sind, mit Recht sagen, daß, wer auch immer sich seiner Einführung entgegenstellen möge oder lediglich seine Zustimmung dazu verweigerte, als sein eigener Feind und als Feind des Vaterlandes anzusehen sei.

Briefe über das neue System der Finanzen[1]

Erster Brief

Geschrieben an M... über das neue System der Finanzen[2]

Sehr geehrter Herr, zweifellos erweisen Sie mir sehr viel Ehre, indem Sie sich an mich wenden, um mir Ihre Sorgen über die neue Handhabung der öffentlichen Angelegenheiten mitzuteilen, ich wage jedoch zu hoffen, daß der Vorzug, den Sie mir geben, zu Ihrem Vorteil gereichen wird. Sie hätten sich an viele Leute wenden können, entweder an schlecht unterrichtete oder nicht wohlmeinende, die, anstatt Ihre Klagen abzuschwächen und Ihre Ängste zu zerstreuen, sich für sehr verständig und sehr beredsam gehalten hätten, indem sie Sie endgültig hätten verzweifeln lassen: Ich will im Gegenteil versuchen, Sie mit einem System wieder zu versöhnen, welches jeden Tag eine neue Stufe von Stabilität erreicht, das bereits alle Teile des Staates erfaßt, und zwar selbst seine Widersacher, so daß es folglich in Ihrem Interesse liegen dürfte, danach Ihren Geist zu schulen und Ihre Ansichten zu gestalten.

Ich stelle mit Freude fest, daß Sie ihm von sich aus den Namen System verleihen, einen Namen, den bisher wahrscheinlich noch kein Staat seiner Verwaltung der Finanzen gegeben hat. Und in der Tat, während die jetzige Verwaltung, die durch große Minister auf ein sehr hohes Niveau gehoben wurde, lediglich eine besser verstandene Einnahmen- und Ausgabenordnung darstellte, erkennt man hier eine Folge von Ideen, die sich gegenseitig stützen und die immer stärker das Prinzip hervortreten lassen, von welchem sie ihren Ausgang nahmen. Die alte Verwaltung, weit davon entfernt, aus sich selbst irgendeinen Reichtum hervorzubringen, hatte für die ständig neuen Bedürfnisse lediglich die Hilfsquelle der steuerlichen Beauflagungen und der Anleihen. Diese hingegen, indem ihre Seele der Kredit ist, welcher die einzige Quelle des Gedeihens und der Wohlhabenheit darstellt, bezahlt den König bei Aufhebung der Steuern, indem sie die in Verruf geratene Kasse seiner Anleihen in ein Ausleihinstitut verwandelt. Wenn man Ihnen, sehr geehrter Herr, dieses System vorgeschlagen und erläutert hätte, noch bevor es in der Öffentlichkeit überhaupt bekannt wurde, dann hätte ich Sie verpflichtet geglaubt, es zu billigen. Jetzt bitte ich Sie lediglich, darüber nach Ihrer Erfahrung zu urteilen und seine Wirkungen einzugestehen. Ich selbst räume ein, daß Sie mich gleich zu Beginn mit einer Einwendung angreifen, die mir nahegeht, weil Sie davon persönlich betroffen werden. Ihr sämtliches Hab und Gut bestand in Leibrenten[3], deren Auszahlung bereits geschehen ist oder demnächst erfolgen wird. Diese beiden Fälle, die in Ihrer Vorstellung gleich sind, sind in der meinigen sehr verschieden, denn ich kann Ihnen keinen Vorwurf machen bezüglich des Geldes, welches sich noch nicht in Ihren Händen befindet, während es hinsichtlich des Geldes, über das Sie verfügten, es nur an Ihnen gelegen haben würde, daraus ein Vermögen zu gewinnen. Dabei sage ich nicht, daß Sie die Sache von ihrem ersten Beginn an hätten erahnen müssen, allerdings hätten Sie es können von dem Augenblick an, wo Sie sahen, daß von einem Tag zum anderen riesige Gewinne erzielt wurden.

Aber wir wollen uns noch einmal auf den allgemeinen Grundsatz besinnen, bei welchem selbst Sie noch rechtzeitig Ihren Rat und Ihre Hilfsquelle finden könnten. Eines der ersten Gesetze einer Regierung, die auf dem Handel und der Zirkulation beruht, ist, daß in einem Staat nur Grund und Boden und Handel eine Rolle spielen dürfen, indem man selbst den Boden, wie Mißtrauische dies tun, nicht wie einen Zufluchtsort oder wie einen Hafen, im Falle eines Schiffbruchs, ansieht, sondern als eine der Quellen des Handels, wegen der Früchte, die er hervorbringt. Das Gut der Rente ist diesem Grundsatz direkt entgegengesetzt. Derjenige, der Geld verleiht, bedingt sich aus, daß sein Geld keinesfalls für irgendwelche Waren aufgewendet wird, während er es demgegenüber für einen genau bestimmten Boden angewendet wissen will. Das Kapital stirbt für den Verleiher, und er willigt ein, es niemals wieder zu sehen. So bleibt das in Renten angelegte Geld zwischen zwei Personen, die sich aneinandergekettet haben, unbeweglich. Eine derartige Verwendung macht Geld im Handel seltener und teurer.

Da es in jedem Staat immer eine gewisse Anzahl schüchterner und fauler Leute gibt, die nur an ihren persönlichen Vorteil denken und denen das öffentliche Wohl eines Staates völlig fern liegt, bewirkt die Trägheit, derer sie sich mit ihren Leibrenten[4] zu erfreuen scheinen, daß sich diejenigen von ihnen abwenden, die ihr Geld im Handel anwenden oder an Geschäftsleute verleihen würden. Nun gibt es indessen kein sichereres Warnsignal in einem Staat, der nicht gerade wohlhabend ist und der zum Elend neigt, als teures Geld. Es wäre wünschenswert, daß man es immer für nichts leihen könnte oder mit der einzigen Maßgabe, mit dem Verleiher den Profit teilen zu müssen, den er daraus erzielen wird. Dies wäre ein Handel, den jedermann machen könnte, ohne Kaufmann zu sein, das wäre auch die einzige Form, Geld zu verleihen, die weder dem Verleiher noch dem Borger schaden würde.

Seit jeher habe ich voll Mitleid das Joch betrachtet, welches ein Borger beim Erwerb einer Leibrente erdulden muß. In der Regel gibt er dem Verleiher den ganzen Preis, den das Geld gerade wert ist[5], und er bleibt, um es einmal so auszudrücken, sein eigener Kommissionär bzw. Agent, und dies mit der Gefahr des Verlustes seines Vermögens. Noch schlimmer ist es, wenn er das Geld, welches er borgt, in Grund und Boden anlegt, dessen Ertrag stets unter dem Leibrentenertrag liegt, oder wenn er es für Ämter in der Justizverwaltung verwendet, die nichts abwerfen. So kann man ganz allgemein davon ausgehen, daß man sich eine Leibrente nur darum aufbürdet, um sich dadurch aus einer mißlichen Lage zu befreien, und dies oft nur für kurze Zeit oder aus ruinöser Eitelkeit, die den inneren Halt so vieler Familien erschüttert. Man ist im allgemeinen davon überzeugt, daß man, so sehr man das kann, vermeiden müsse, Güter zu erwerben, die mit Grundrenten belastet sind. Und während ein Kaufmann das Geld, das er schuldet, zum Verfallstag nur mit Bedauern zurückerstattet, weil er es noch profitbringend verwenden könnte, bezahlt der Schuldner einer Rente so schnell wie nur möglich, als wenn es sich um eine unerträgliche Belastung handelte. Wenn man darüber verärgert sein wollte, daß man sein Geld nicht mehr in Leibrenten anlegen kann, dann käme das dem gleich, verärgert darüber zu sein, daß das Geld reichlich vorhanden ist und daß es keine Unglücklichen mehr gibt.

Ich weiß nicht, ob Sie mir in Ihrer augenblicklichen Anschauungsweise das lächerliche Beispiel jenes Arztes verzeihen können, welcher eine Stadt verfluchte, wo alle Welt sich bestens fühlte. Die Rechtsgelehrten haben uns die Erinnerung an die Widerstände überliefert, die man der Leibrente entgegensetzte, als man sie in Frankreich einzuführen begann. Die Ungerechtigkeit und die Unbilligkeit der Verleiher, an die man sich inzwischen gewöhnt hat, wurde damals als öffentlicher Wucher gebrannmarkt, sowie ebenfalls die Bedenken, nachdem die geistliche und weltliche Obrigkeit diese Verwendung des Geldes gestattete, noch lange danach andauerten. Ebenfalls könnte man sagen, daß das eigentliche Wesen des Wuchers jenes Verleihen einschließt, welches, mit dem Anschein der Wohltat, diesem Wohltäter wohl bekommt, während es den Borger, den es hätte erleichtern müssen, dem Ruin entgegentreibt.

Ohne jedoch die Frage des Gewissens zu berühren, täte ein Herrscher gut daran, eine Gepflogenheit abzuschaffen, die einen Teil seiner Untertanen unterdrückt, sowie ebenfalls diejenigen, die von den Gesetzen stets begünstigt wurden, ich meine die Verleiher. Weiterhin könnte man zur Erleichterung der Lage der Verleiher ganz allgemein nur dadurch beitragen, daß man zur gleichen Zeit auch für die Sicherheit der Gläubiger sorgt. Sieht man denn nicht, worauf die meisten Leibrenten hinauslaufen? Nachdem sie den Schuldner lange Zeit geängstigt haben, verlieren sie sich oder wandeln sie sich schließlich beträchtlich für den Gläubiger. Es handelt sich dabei um ein auf Zwang beruhendes Gut, welches niemals von Dauer gewesen ist, und man kennt ja die Rückstände, die am Ende der vorigen Regierung geschuldet wurden. Damals sehnte man die Rückzahlung herbei, während man sie heute bereits mit Ungeduld erwartet. Weil das neue System den König und den größten Teil der Öffentlichkeit zahlungsfähig gemacht hat, wurde man nunmehr auch gut bezahlt. Aber das neue System selbst bedarf der Beseitigung der Renten, um alles zu vereinheitlichen, sowie es Ihnen eine neue Art von Wohlhabenheit böte, bei welcher Ihr Kapitel der gesamten Nation von Nutzen wäre und ebenfalls Ihr Einkommen anwachsen würde. Sie sollten, mein Herr, Ihre Einkünfte, über die Sie schon verfügen, und diejenigen, die Sie noch erwarten, gleichgültig wann sie eingehen, so verwenden, denn auf lange Sicht werden Sie mehr daraus erzielen als aus Ihren alten Leibrenten.

Ich gestehe, daß eine vollständige Veränderung des Staates hinsichtlich der Finanzen im Augenblick eine Erschütterung bewirken würde, die vorübergehend einige Leute beeinträchtigt. Das ist der Nachteil, der mit allen Veränderungen verbunden ist, ein Nachteil, der indessen um so unvermeidbarer ist, weil die Veränderungen notwendiger und dringender geworden sind. Man hätte sich gewünscht, daß man für das gesamte Königreich eine Lösung gefunden hätte, ohne dabei einen einzigen Menschen zu verletzen. Gott allein könnte so etwas machen, und er könnte dies nicht einmal im Rahmen der natürlichen Ordnung machen. Die allgemeinen Gesetze obsiegen stets über die Wünsche und die Bedürfnisse der Menschen.

Aber sehen wir uns einmal an, wie wenig diejenigen, die leiden, im Verhältnis zur großen Zahl ausmachen, wobei diejenigen unter ihnen, die Vertrauen haben, nur eine begrenzte Zeit leiden, während die Mißtrauischen nur aus eigenem Verschulden leiden. Wenn wir das Königreich in zwanzig Klassen untergliederten, würden die Inhaber von Leibrenten lediglich eine Klasse ausmachen, und wenn wir diese Klasse mit den anderen verglichen, dann würde sie nur den hundertsten Teil der Gesamtheit darstellen. Von diesem hundertsten Teil würde abermals nur ein Hundertstel einzig und allein auf dieses Gut angewiesen sein, und allein dieses Hundertstel würde nicht bei allen anderen Gütern viel mehr gewinnen, als es bei diesem Gut verlöre. Denn welcher Stand, welche Berufsgattung hätte es nicht gefühlt, daß sich aus dem neuen System Reichtümer erschließen lassen? Der Grund und Boden und die Häuser erhöhten sich für den Verkäufer auf das Doppelte und das Dreifache ihres Preises, sowie die Einkommen daraus für den Käufer beträchtlich ansteigen. Beamte der Armee und Justiz beziehen Pensionen und Gehälter, an die man schon lange nicht mehr denken konnte. Kaufleute und Arbeiter können der Nachfrage der Käufer nicht mehr nachkommen. Auch die kleinen Leute, selbst diejenigen, die wegen der Geringfügigkeit ihres Besitzes, um es einmal so auszudrücken, schon gar keiner Klasse mehr angehören, alle finden einen Unterhalt, können gewinnen und zu Reichtum gelangen. Und selbst unter den Mißtrauischen, unter denen der üblen Nachrede, unter den Verblendeten und den Widersachern, wie viele Schuldner vermochten sich aus der Abhängigkeit ihrer Gläubiger zu befreien! Wie viele Gläubiger konnten bereits verloren geglaubte Schulden eintreiben! Ich halte Sie für zu gerecht, als daß Sie dem Wahren nicht Gerechtigkeit widerfahren ließen, obwohl es Ihnen bisher noch nicht von Nutzen sein konnte. Aber, widmen Sie sich dieser Wahrheit, sprechen Sie wohlmeinend darüber, und Sie werden Ihren eigenen Vorteil davon haben, weil Sie das Vertrauen derjenigen bestärken werden, die mit Ihnen leben, und dieses Vertrauen wird dazu angetan sein, die Sache zu fördern.

Ein Guthaben an Münzgeld läßt sich durch Worte nicht vermehren, dem Gut Kredit wird damit allerdings vortrefflich geholfen. Das System wird sich ohne Sie durchsetzen, weil es auf Grundsätzen beruht und weil diese Grundsätze früher oder später über die hartnäckigsten Meinungen obsiegen werden. In gewissem Maße hängt es jedoch von der Öffentlichkeit ab, alles viel schneller geschehen zu lassen, damit man unverzüglich die unermeßlichen Früchte zu ernten vermag, die es uns verspricht. Diese letztere Überlegung würde mich natürlich bereits zur Erläuterung des Kredits und seiner Anwendung geleiten, was aber der Gegenstand eines zweiten Briefes sein wird, wenn diesem letzteren das Glück widerfahren sollte, Ihnen einige Befriedigung zu bereiten. Ich verbleibe, etc.

Zweiter Brief
In welchem über den Kredit und seine Anwendung gesprochen wird.[6]

Sehr geehrter Herr, die Erklärung des Kredits und seiner Anwendung, die ich Ihnen versprochen hatte, am Ende des ersten Briefes zu schreiben, bildete den wirklichen Zugang zu einer generellen Erklärung des neuen Systems. Jedoch veranlaßte mich die Unruhe, in welcher ich Sie bezüglich der Auszahlung Ihrer Renten sah, zunächst diesen Sachverhalt zu behandeln. Ich sende diesen zweiten Brief bereits, ohne Ihre Antwort empfangen zu haben, weil ich glaube, daß die Darlegung der Grundsätze, auf welchen das gesamte System beruht, Sie in noch höherem Maße zufriedenstellen müßte als alles das, was ich über einen speziellen Sachverhalt gesagt habe bzw. was man darüber sagen könnte, insofern dies lediglich eine Folge davon darstellt und sich in Abhängigkeit davon befindet.

Es handelt sich um einen bei Bankiers und Kaufleuten allgemein anerkannten Grundsatz, daß ein gut gehandhabter Kredit ihre eigenen Fonds um das Zehnfache übersteigt, das heißt, daß sie mit diesem Kredit genau so viel gewinnen, als wenn sie zehnmal über ihre Fonds verfügt hätten. Das kommt daher, daß ihr Kredit beträchtliche Summen anzieht, die ihnen große Profite abwerfen, und dies selbst noch, nachdem die Zinsen, die sie ihren Gläubigern schuldeten, abgezogen wurden. Allerdings ist der Kredit der Bankiers sowie der Kaufleute in vieler Hinsicht begrenzt. Zunächst einmal dadurch, daß es sich um Privatpersonen handelt, die nur über sehr geringe Fonds verfügen und die übrigens allen Veränderungen, die die Streitigkeiten der Herrschenden, ihre Bedürfnisse, ihre Erlasse dem Handel von Privatpersonen verursachen, unterworfen sind.

Alle diese Unzuträglichkeiten, alle diese Hindernisse schlagen bei einem Herrscher, der sich des Kredits bedienen will, in Vorteile und in Möglichkeiten um. Seine Reichtümer, zumindest im hiesigen Königreich, sind unermeßlich, so daß nicht lediglich die Verzehnfachung seiner Fonds fabelhafte Summen erreicht, sondern daß es durchaus möglich ist, daß dieses Verhältnis des Zehnfachen noch überschritten werden kann, eine Proportion, die für private Bankiers und Kaufleute die Grenze darstellt. Der Herrscher, der sich zunehmend der Bedeutung seines Kredits bewußt wird, entschließt sich damit, einen Krieg zu unternehmen, von dem man ganz allgemein sagen kann, daß der König von Frankreich ihn stets unumschränkt beherrschte und in Zukunft noch unumschränkter beherrschen wird. Seine Bedürfnisse veranlaßten ihn, die Vermögen von Privatpersonen zu beeinträchtigen und in gewisser Weise sein ganzes Königreich durcheinander zu bringen. Ein gut geführter Kredit wird allen seinen Bedürfnissen gerecht, und sein Finanzrat wird nicht mehr in Verlegenheit sein, ihn zu versorgen.

Die Erlasse und Erklärungen, die oftmals den Handel der Untertanen zerstörten, werden alle dazu beitragen, den Kredit des Königs, das heißt das öffentliche Vertrauen, zu stützen, was nur auf der Zufriedenheit und auf dem Reichtum im ganzen Königreich beruhen kann. Auf diese Weise wird die höchste Gewalt, so furchtbar sie bei einem stets bedürftigen König und einer stets einfallslosen Regierung sein mag, in einem System, das dem König den Kredit für seinen Staatsschatz einräumt, nur wohltätig spürbar werden.

Indessen, welchen Gebrauch macht der König, im Einvernehmen mit den Grundsätzen des neuen Systems, von diesem Kredit? Es handelt sich darum, ihn an eine Handelsgesellschaft zu verleihen, in deren Schoß nacheinander alle handelsfähigen Effekten des Königreichs fallen, um hier in einer riesigen Masse vereinigt zu werden. Die gesamte Nation wird eine Handelsvereinigung, deren Kasse die königliche Bank ist, in welcher folglich sämtliche Vorteile des Geld- und Warenhandels zusammenfließen. Letzteres bewahrt vor einem Nachteil, dem man in England begegnet, wo die Interessenten der Bank und die Aktionäre der Ostindischen Kompanie[7] einander entgegenstehen und Gefahr laufen, sich gegenseitig den Kredit zu nehmen und sich wechselseitig zu ruinieren.

Zu allen Zeiten glaubten die Völker, daß die Geschäftstätigkeit der einzelnen gleichzeitig auch schon den größten Reichtum eines Staates bewirken würde. Was soll man darum von einem Staat halten, der die Handelstätigkeit im großen macht, ohne sie indessen den Privatpersonen zu untersagen? Und wenn ein Geschäftsmann zu großen geschäftlichen Unternehmungen um so befähigter ist, wie er über größere Mittel verfügt, könnte der König unter diesen Umständen alle seine Untertanen überhaupt genug ermuntern, ihr Geld zu vereinigen, um mit Vorschüssen diesen allgemeinen Handel zu fördern, den Frankreich sich anschickt zu unternehmen? Auch darin liegt eine der hauptsächlichsten Gründe für die Auszahlung der Leibrenten. Selbst wenn diese Renten für die Einzelpersonen vorteilhaft wären, so ist es doch gewiß, daß sie dem Staat in seiner Gesamtheit in keiner Weise dienen. Und wenn sich viele Einzelpersonen im Verborgenen auch darüber freuen mögen, unabhängig vom allgemeinen Wohl, für ihr persönliches Vermögen zu sorgen, so sollte sich der König indessen vielmehr dazu beglückwünschen, alle seine Untertanen vor die Notwendigkeit zu stellen, ihr persönliches Vermögen nur im Überfluß und im Glück des gesamten Königreichs zu finden. Letzteres ist in verkürzter Form das System, das dem Herrscher[8] in dem erbärmlichen

Zustand, in welchem der verstorbene König[9] uns zurückgelassen hatte, unterbreitet wurde. Auf diese Weise konnte ein Arrangement, das schon an sich vorteilhaft genug war, um in jeder Lage und zu jeder Zeit angenommen zu werden, ein notwendiges Heilmittel und das einzige Heilmittel überhaupt darstellen, mit welchem man die Übelstände in Frankreich bekämpfen konnte.

Ich will hier nicht darauf verfallen, Ihnen mit eitler Beredsamkeit ins Gedächtnis zurückzurufen, in welch außerordentlicher Weise der König und sein Volk verelendet waren[10]. Diese Verelendung wirkte sich nicht nur auf die Franzosen aus, sondern auf alle diejenigen Nationen des Erdballs, mit denen wir irgendeinen Handel unterhielten. Die Schulden des Königs waren so ungeheuerlich, daß, selbst wenn das gesamte Gold und Silber des Königreichs sich in seinem Schatz befunden hätten, er immer noch nicht und nicht einmal annähernd diesen Schulden hätte nachkommen können, aber seine Kassen waren völlig leer. Der Kredit, so wie man ihn seinerzeit kannte, das heißt die Hoffnung, am Ende einer kurzen Frist in Münzgeld bezahlt zu werden, war unwiderruflich verlorengegangen, und um die Wahrheit zu sagen, es dauerte noch erheblich länger, als man es überhaupt befürchtet hatte, denn, weil der König einen außerordentlichen Zinsbetrag für das Geld bezahlen mußte, welches er weder in der Landwirtschaft noch im Handel anlegte, war die Schuld bereits am Tage des Ausleihens verloren.

Die erste Lösung, die sich bot, war die eines Staatsbankrotts[11]. Wenngleich sich die Ehre des Herrschers dagegen auflehnte, hätte ihn die Notwendigkeit dazu führen müssen. Aber ich sage auch, daß der Staatsbankrott ihn nur für eine gewisse Zeit hätte retten können, und das nicht nur weil der König, indem er seine Schulden nicht bezahlte, für immer darauf verzichtete, sich der Quelle des Kredits zu bedienen, sondern ich möchte klarstellen, daß, auf dem Niveau, wo die notwendigen Ausgaben heute angelangt sind, sämtliches Münzgeld, welches sich in Frankreich befindet, dem König und den Privatpersonen nicht mehr genügen würde. Das neue System hat mittels des Bankgeldes dagegen Abhilfe geschaffen, so daß das Vertrauen der Öffentlichkeit es auf das Zehnfache ansteigen lassen konnte, im Vergleich zu dem, was es zu Anfang war. Der König, der allen voran diesem Bankgeld Vertrauen entgegenbringt, vermochte daraus auch als erster Vorteil zu ziehen, insofern sich alle seine Einnahmen erhöhten und beschleunigten.

Bevor der Regent das System jedoch annahm, unterwarf er es allen nur erdenklichen Proben, Überprüfungen, setzte er es allen möglichen Einwendungen und Erfahrungen aus. Das vorgeschlagene System konnte sich gegenüber allen, die man darüber befragte, glänzend behaupten. Es gab eine befriedigende Antwort auf alle ihre Anfragen und auf alle ihre Widerreden. Es hatte sogar einen Erfolg, der all das überstieg, was man bei dem kühnsten Zutrauen hätte erwarten können. Gegen das System ist lediglich die gewöhnliche Borniertheit alter Vorurteile gegen die Vernunft, die sich im Gewand der Neuheit präsentiert, geblieben. Das alte Vorurteil hat nicht einen einzigen Augenblick aufgehört, lautstark von sich reden zu machen, und dies nicht etwa, um so die Wahrheit zu sagen, indem es seine Schreie mit dem geringsten Anschein von Vernunft gestützt hätte, nein, das Vorurteil hat so etwas nicht nötig, sondern indem man immer nur die Gepflogenheit der alten Zeit und den Widerstand der übrigen Welt dagegen vorbrachte.

Und tatsächlich folgt das Vorurteil lediglich der Gewohnheit des reinen Instinktes, und es hat keinen anderen Führer, als die Gedanken und Gefühle aller Welt. Und da es darüber hinaus in seinen Wahrnehmungen beschränkt ist, bildet es sich stets ein, daß seine Fürsprecher die ganze Welt ausmachen. Ungeachtet dessen dürfte gewiß sein, daß die Wahrheit oder die Vernunft, so neuartig sie hinsichtlich eines Sachverhalts auch immer sein mögen, zu Anfang immer den Blick der überlegenen Geister auf sich ziehen. Sobald diese davon ergriffen wurden, werden sie ihr auch bald die Oberhand verschaffen, so daß die Wahrheit oder die Vernunft, gegen welche man zunächst das Gefühl der Öffentlichkeit geltend machte, allmählich ganz von selbst zu diesem Gefühl der Öffentlichkeit wird.

Dieses Phänomen hat man bereits in der Philosophie beobachten können. So stellte man den Grundsätzen des Descartes das Gefühl aller Welt entgegen, die Einzelpersonen, die Gesamtheit sowie diejenigen, die wegen ihrer Gelehrsamkeit oder ihrer Doktorentitel einen höheren Rang einnahmen und welchen man natürlich Glauben schenken mußte. Alle entschieden gegen ihn, und dennoch gelangte die Philosophie durch alle Hindernisse hindurch ans Licht. Ein vernünftiger Mensch legt also überhaupt keinen Wert darauf, dem Gefühl der Öffentlichkeit, so wie es sich bei der Geburt einer Neuheit zeigt, zu folgen. Wenn er darin einer großen Anzahl von Menschen ähnelte, die man für fähige und schöne Geister hält, dann würde er sich der großen Zahl von Unwissenden und Bornierten angleichen, die nur immer dem breiten Strom folgen. Der vernünftige Mensch wird dagegen eher darauf Wert legen, dem öffentlichen Gefühl zu folgen, welches nach einer gewissen Zeit hinsichtlich einer auf Wahrheit und Vernunft beruhenden Neuheit herrschen wird. Er wird also mit dem Fühlen aller Welt übereinstimmen, weil die ganze Welt seiner Gefühlsweise folgen wird.

Das gleiche gilt aber für das neue System der Finanzen, und sein Erfolg ist sogar noch überzeugender gewesen und noch rascher eingetreten. Angesichts seiner Gegner hob der Kredit die Aktien auf einen Kurs von zweitausend[12], und trotz der Befürchtungen und Ungewißheiten selbst derjenigen, die sie bis auf diesen Preis gebracht hatten, wuchs der Kredit, um es einmal so auszudrücken, sogar im Schoße des Mißtrauens an. Die Grundsätze des Systems, zunächst noch wenig bekannt, geleiteten die Meinungen. Was aber wird erst zu erwarten sein, wenn sie sich als richtig erwiesen haben, wobei ich nicht einmal sage, daß dies durch Schriften erhärtet werden müsse, sondern lediglich durch ihre Wirkungen, die allein das Volk aufzuklären vermögen, und wenn dann alle Geister sich an ein Arrangement gewöhnt haben werden, das dem Königreich zum Wohle gereicht, weil es in jedem einzelnen Fall die Interessen des Königs mit denen der Privatpersonen vereint?

Die Notwendigkeit dieses Flusses des Reichtums zwischen Herrscher und Volk ist ein weiterer, allgemein anerkannter Grundsatz, der die Basis des neuen Systems bildet. Es geht darum, das alte Laster, welches seit langem mit der alten Verwaltung verbunden war, zu korrigieren, und wo man sich gegenseitig sagte: „Bloß keine Geschäfte mit dem König und nicht einmal Geldverleih an diejenigen, die mit ihm Geschäfte machen." Was sollte aus einem Herrscher werden, was sollte aus seinen Untertanen werden, solange ein derartig nachteiliges Vorurteil bestand, wenngleich es auch wohl begründet sein mochte? Das fehlende Vertrauen erstreckte sich selbst auf den Nächsten. Der königliche Schatz, unter welcher Verwaltung er auch immer stehen möge, und der die hauptsächlichste Geldquelle bildet, die sich im ganzen Königreich verteilt, diese Quelle könnte nicht versiegen, ohne daß man es in allergrößter Entfernung schmerzlich bemerken würde. Den Beweis dafür lieferte die ungeheuer große Zahl von Bankrotten, die am Ende der letzten Regierung sogar von denjenigen verursacht wurde, die die geringsten Verbindungen zum König hatten. Welcher Regierungsgrundsatz könnte einem so großen Übel begegnen? Ich antworte darauf, daß trotz des anfänglichen Entsetzens, das der einfache Mensch dabei empfinden könnte, man das ganze Geld zum König tragen sollte, und zwar nicht als Darlehen, denn der Zins dafür würde zu sehr auf ihm lasten, noch auf dem Wege der Steuereinzahlung, denn sein eigener Vorteil wäre, sich dieser Steuern zu entledigen, sondern als einfache Bankeinlage, von wo man es dann entsprechend seiner Bedürfnisse wieder abziehen könnte. Aber, wird man einwenden, der König ist der Herr, und die absolute Gewalt beeinträchtigt jegliches Vertrauen. Diese Einwendung wäre gerechtfertigt, wenn das Vertrauen, das man diesem absoluten Herrscher entgegenbringt, für diesen nicht gleichzeitig ein Gut darstellte, das den Geldbetrag, welchen er von euch erhält, um das Zehnfache übersteigt, und wenn er nicht gerade deswegen stets in der Lage wäre, euch die Summe zu geben, um die ihr ihn anhaltet.

Und in der Tat, wenn sogar der ehemalige Kredit des Königs, der lediglich darin bestand, das Geld mit der Verlockung eines stets belastenden Zinses anzuziehen und mit der Versprechung, das Kapital am Verfallstag zurückzuerstatten, eine gute Sache war, was könnte man dann nicht alles von einem besser begründeten Kredit erhoffen, einem Kredit, der allein diesen Namen verdient und welcher sich darauf begründet, daß er auf Gelddepositen beruht, von denen man keine Zinsen bezieht und dessen Zahlung, allein weil er bei Sichtvorlage zahlbar wäre, ihm mit der Zeit und mit dem Vertrauen eine unbegrenzte Laufzeit gäben? Der alte Kredit, so vorteilhaft er auch immer gewesen sein mochte, könnte nur dazu dienen, den König auf kurze Dauer zu stützen. Derjenige jedoch, der von Natur aus beständig und dauerhaft ist, hat dagegen bereits vorteilhafte Vergleiche bei den alten Schulden hervorgebracht sowie er ebenfalls den künftigen Bedürfnissen entsprechen dürfte. Man muß jedoch gleichzeitig hinzufügen, daß nur der Herrscher allein diese zweite Art von Kredit begründen kann, weil dadurch immer auf diese oder jene Art und Weise der Staat haftbar wird und weil die Anerkennung, die er selbst seinem Papier gibt, dieses gegenüber seinen Untertanen akkreditiert, wobei, letzteres sei am Rande vermerkt, diese Anerkennung seitens der Untertanen seine Akkreditierung gegenüber den Ausländern notwendigerweise nach sich zieht.

Letzteres wohl verstanden und gut eingerichtet ist es überhaupt nicht denkbar, daß der König jemals Hand an das System legen könnte. Denn warum auch sollte er dies tun? Um sich des Geldes des Königreichs zu bemächtigen, welches er seinem Kredit vorziehen würde? Durch meinen Vorschlag hat er dieses Geld ja bereits und verlöre er absichtlich einen Kredit, der zehnmal so groß ist wie dieser Betrag. Das käme dem gleich, als wenn ein Eigentümer von zehn Häusern, der, um eines zu bewahren, das ihm niemand streitig macht, die anderen neun Häuser zerstören würde. Der König selbst könnte niemals auf den Gedanken verfallen, seinen Kredit auch nur im geringsten anzutasten, weil anstatt eines Guthabens in Münzgeld, das sich immer nur schrittweise verringert, der Kredit ein Gut von solcher Art ist, das entweder insgesamt besteht oder gar nicht vorhanden ist.

Wenn Sie es jedoch ablehnen, das Depot zu machen, das ich Ihnen vorschlage, das heißt, wenn Sie wieder auf die alte Verwaltung verfallen, dann wird der König, der der absolute Herrscher ist, um seinen Ausgaben nachzukommen, Ihnen das Geld aus Ihren Truhen ziehen, und dies entweder durch Zwangsanleihen, die, um die Wahrheit zu sagen, ihn ruinieren werden, die aber auch Sie mit ihm ruinieren werden, oder aber er wird dies tun über vermehrte Steuern, wobei Sie die entsprechenden Beträge niemals wiedersehen werden. Übrigens wäre es nicht einmal neu, daß sich das gesamte Geld des Königreiches in den Händen des Königs befindet, denn die Umschmelzungen des Münzgeldes lassen es ohnehin zu ihm gelangen, wann immer es ihm gefällt.

Um hier einmal die Wahrheit zu sagen, sollte allein der König heutzutage über das Münzgeld verfügen, weil er allein Münzgeldschuldner sein kann, während Privatpersonen sich untereinander immer nur Banknoten schulden. Die Bank ist, hinsichtlich der Finanzen, das Herz des Königreichs, wohin alles Geld zurückströmen muß, um einen neuen Kreislauf zu beginnen. Diejenigen, die es anhäufen und zurückhalten, verhalten sich wie die Teile oder Extremitäten des menschlichen Körpers, die das Hindurchströmen des Blutes aufhalten, welches sie versorgt und ernährt. Dadurch würden sie bald das, was das Leben eigentlich ausmacht, im Herzen, in allen anderen Teilen des Körpers und schließlich sich selbst zerstören. Das Geld gehört Ihnen lediglich als Anspruch, der Ihnen das Recht gibt, es herbeizurufen und es durch Ihre Hände gehen zu lassen, um damit Ihre Bedürfnisse und Wünsche zu befriedigen. Außerhalb dieses Falles fällt dessen Gebrauch Ihren Mitbürgern zu, und Sie können sie dessen nicht berauben, ohne eine öffentliche Ungerechtigkeit und ein Staatsverbrechen zu begehen, wozu ich Sie übrigens nicht fähig glaube. Das Geld trägt das Signum des Herrschers und nicht das Ihrige, dies sei gesagt, um Sie darauf hinzuweisen, daß es Ihnen nur auf dem Wege des Umlaufs gehört und daß es Ihnen nicht gestattet sein kann, es sich in einer anderen Weise anzueignen.

Die Monopole auf die öffentlichen Ämter haben nicht annähernd so verhängnisvolle Auswirkungen wie das Monopol auf das Geld, welches alle anderen Monopole in sich vereinigt. Zu allen Zeiten ist der Herrscher gegen diejenigen vorgegangen, die es zum Zeitpunkt des Umschmelzens zurückhielten. Was müßte er aber nicht alles bei einem Kreditsystem gegen sie tun? Ich bewundere diejenigen, die ich sagen höre, daß Beschlagnahmungen Unmut hervorrufen werden. Glauben sie denn wirklich, daß das Volk Leute beklagen wird, die ihnen ihre Lebensgrundlage entreißen wollen und die in dem Bestreben, sich eines Tages ganz allein zu retten, gegenwärtig bereits, so sehr sie es nur können, daran arbeiten, die ganze Welt untergehen zu lassen? Das Volk, welches die geizigen Reichen natürlich haßt, wird es denn nicht fühlen, daß es bei der Bank seinen Anteil am Geld haben wird, welchen es nicht hatte bei denjenigen, die es horten? Ich werde es allen sagen, daß man diese Reichen verabscheut, und ich werde es nicht allein dem Volk sagen, sondern allen ehrenhaften Menschen, die wissen, welche Bedeutung gegenwärtig der Erhaltung des Systems zukommt, selbst wenn sie seine Einrichtung damals nicht billigten.

Diese Besessenheit zusammenzuraffen rührte von dem außerordentlichen Anstieg der Aktien her. Die meisten, überrascht von ihrem eigenen Gewinn, glaubten, daß sie davon Gold- und Silberberge anhäufen müßten, etwas, was sie dann realisieren nannten. Sie achteten nicht darauf, daß die angestiegenen Aktien weniger ein umlaufendes Geld waren, als vielmehr Kapital repräsentierten, und dies um so mehr, als sie an die Stelle vieler ihrer ehemaligen Kontrakte traten. Diese Tatsache wurde indessen greifbar deutlich durch die erstaunliche Höhe, auf welche die

Aktien gestiegen waren, denn sie übersteigen augenblicklich im Wert alles Gold und alles Silber, das sich jemals im Königreich befinden wird.

Nun könnte man indessen an dieser Stelle einwenden: Gerade daran liegt es ja, daß die Aktien ein falsches und ein eingebildetes Gut sind und daß man schon recht daran tat, wenn man aus dem glücklichen Augenblick profitieren wollte. Darauf erwidere ich, daß alle in Paris befindlichen Häuser, wenn man sie kapitalisierte, in ihrem Preis vielleicht das gesamte Münzgeld, welches sich im Königreich befindet, übersteigen würden. Der Grund und Boden Frankreichs wäre mit allem Gold, welches noch in den Minen Perus lagert, nicht aufgewogen. Haben die Häuser und der Boden deswegen lediglich einen eingebildeten Preis, und werden angesichts dieser Überlegung, die ich den meisten von ihnen vielleicht zum ersten Mal in ihrem Leben unterbreite, nun alle am gleichen Tag den Entschluß fassen, alle diese Grundfonds zu realisieren und in Geld umzuwandeln? Dieser Irrsinn, wenn er denn geschähe, würde doch die Häuser und die beträchtlichsten Böden zu nichts werden lassen, und es würden diesen unsinnigen Verkäufern lediglich die Käufer fehlen. Was hält denn den Grund und Boden auf seinem gerechten Wert, so hoch er auch immer sein möge? Es ist die Tatsache, daß man ihn nicht verkauft, um zu realisieren, denn man verkauft ihn nur, wenn man seine Geschäfte in Ordnung bringen will. Im allgemeinen gibt man sich mit den Einnahmen zufrieden, die er abwirft, so daß er aus diesem Grund äußerst selten zum Verkauf ansteht, was bedeutet, daß sich stets so viele Käufer wie Verkäufer finden.

Es ist also notwendig, daß die Menschen hinsichtlich ihrer Aktien mit der gleichen Einstellung und mit dem gleichen Bestreben nach Ordnung verfahren wie bei ihren anderen Gütern. Es scheint, daß es ihnen Mühe bereitet, sich selbst dazu zu bequemen. Nichts ist schwieriger, als der Menge ihre wahren Interessen vor Augen zu führen sowie sie dazu zu bringen, diese dann auch zu befolgen. Wenn das System etwas zu befürchten hat, dann ist es nicht die despotische Macht, so wie man es manchmal sagen hört, denn im Gegenteil wird die despotische Macht, der wir hier viel verdanken, es aufrechterhalten, sondern zu befürchten wären Unruhe, Hektik und Fehlverhalten selbst derjenigen, die bekennen, daß sie das System im wesentlichen für gut halten und daß es sich nur darum handele, sich ihm zu widmen, damit es so gefestigt wird, wie es nützlich ist.

Die Öffentlichkeit ist, um es einmal so auszudrücken, der Gebieter ihres eigenen Vermögens, und sie behindert es. Und gerade bei diesen Gelegenheiten spürt man den wohltätigen Einfluß der absoluten Gewalt. Das Gesetz ist erforderlich, damit die Menschen vor sich selbst geschützt werden. Manche sehen die verschiedenen Verordnungen, die bezüglich des Geldes und des Bankgeldes erlassen wurden, als eine Art von gewaltsamem Eingriff an. Damit gewährt sich der König, so sagen sie, lediglich gewaltsam einen Kredit. Diejenigen, die so reden, vergessen dabei, daß es sich um eine neue Einrichtung handelt, der man wünschte, daß ihr alsbald das ganze Königreich beiträte. Schon die Darstellung des Systems würde ihm langfristig alle vernünftigen Geister gewinnen, und das Vertrauen in dieses System ist der Natur seiner Grundsätze geschuldet. Immer, wenn ich in diesem Brief solche Grundsätze vortrug, habe ich Ihnen angemerkt, daß es sich dabei um allen Geistern geläufige Begriffe handelt, um Grundsätze, die man in allen Herzen eingeprägt findet. Man kann den vorangegangenen Verwaltungen lediglich vorwerfen, daß sie ihnen stets entgegenhandelten. Mit einem Wort, nichts dürfte so althergebracht sein, nichts dürfte so alt sein, wie die Grundsätze, die man Ihnen hier unterbreitet, allerdings wurden sie bisher nicht miteinander verknüpft, wurden sie nicht angewendet. Das System hat sie alle zusammengeführt, und aus diesem Grunde erschien es als neu, und darum auch war es dem Widerspruch ausgesetzt. Dieser Widerspruch läßt sich nicht an einem einzigen Tag beheben, und es ist notwendig, daß die Gewalt zu Hilfe kommt.

Auch die Philosophie wurde auf Grundsätzen des gesunden Menschenverstandes begründet. „Laßt uns jedes Ding auf seine

Grundidee zurückführen: Verlassen wir uns nicht auf die Urteile der anderen Menschen bei Angelegenheiten, die wir selbst überprüfen können."[13] Diese Sätze sind weder außerordentlich, noch sind sie neu. Die Philosophie benötigte allerdings vierzig Jahre, um sich damit zu etablieren, jedoch war es nicht dringend, daß sie schnell zum Erfolg kam, ganz abgesehen davon, daß sie den Staat nicht interessierte. Ganz anders ist es dagegen mit der neuen Ordnung der Finanzen. Das erfordert Schnelligkeit und sei es nur zugunsten derjenigen, die bei dem Übergang leiden müssen. Darum ist die feste Hand des Herrschers erforderlich, damit die Menschen, vom heutigen Augenblick an, die Wege beschreiten, die sie sonst erst nach einer Reihe von Jahren einschlagen würden. Das System eines Jahres darf nicht zehn Jahre benötigen[14], man muß zunächst Hand anlegen, bevor es dann in der Lage ist, sich selbständig weiterzuentwickeln. Das ist es, mein Herr, was sich mir an ganz Allgemeinem zu diesem Sachverhalt aufdrängte. Es liegt nun an Ihnen, mir anzuzeigen, welche Erläuterungen und Einzelheiten Sie noch zu erhalten wünschen, ich werde versuchen, Sie dann zufriedenzustellen. Ich verbleibe etc.

Antwort auf die zwei Briefe über das neue System der Finanzen[15].

Sehr geehrter Herr, ich bin Ihnen sehr verbunden für den Anteil, den Sie an meinen Befürchtungen nahmen. Der Anteil, den ich an den öffentlichen Angelegenheiten nehme, hat mich veranlaßt, Ihre zwei Briefe über das neue System der Finanzen leidenschaftslos zu prüfen. Es ist mir daraus Tröstung erwachsen, und ich zweifele nicht daran, daß, sobald sie erst einmal allgemein bekannt geworden sein werden, sie zur Befestigung des Vertrauens beitragen werden. Nichtsdestoweniger haben sie mir einige Schwierigkeiten belassen, und, in der ungeduldigen Erwartung der Klarstellungen, die Sie mir versprachen, habe ich nochmals alles mit einer Person durchgelesen, die Ihre Ansichten teilt und die darüber hinaus Gelegenheit hatte, sich über das, was die Finanzen und den Handel betrifft, zu unterrichten.

Ich werde Sie eingehend über die Überlegungen dieser Person unterrichten. Ich will mit Ihrem zweiten Brief beginnen, welcher natürlich, wie Sie selbst sehr richtig bemerken, der erste sein müßte. Im folgenden finden Sie annähernd das, was er mir über den einen wie über den anderen sagte:

Der Kredit der Kaufleute wird nicht nur ausschließlich an ihren Fonds bemessen. In dem Vertrauen, das man ihnen entgegenbringt, richtet man sich nach ihrer Rechtschaffenheit, sie gibt uns die Gewißheit, daß wir nicht getäuscht werden, nach ihrer Geschicklichkeit, sie läßt uns hoffen, daß sie sich selbst nicht täuschen, nach ihrer Förderung, die ihnen vom Herrscher oder von seinen Ministern zuteil wird, denn wir versichern uns, daß die höchste Gewalt, weit davon entfernt, sie in ihren Geschäften zu behindern, sie unterstützen wird, nach der Gediegenheit ihrer Geschäfte, sie beziffert die Aussicht auf den Profit, den wir davon erwarten, und schließlich nach ihrem Fonds, der den unserigen sichert. Man sieht diesen Fonds wie eine Zusatzversicherung gegen die Verluste, die eintreten könnten, an, und als eine Versicherung gegen die Wechselfälle des Glücks.

Auf der Kenntnis aller dieser Umstände gemeinsam, beziehungsweise eher auf der Meinung, die man sich davon bildet, beruht der Kredit.

Dieser Vorstellung folgend war bisher niemals der Kredit eines Kaufmanns so fest begründet wie derjenige der Indischen Kompanie.[16]

Wenn die sorgfältige und ausgewogene Auswahl derjenigen, die ihre Geschäfte führen, uns nicht bereits ihrer Rechtschaffenheit versicherte, so müßte sie aus ihrem Interesse erwachsen, sich eine so ehrenvolle und nützliche Beschäftigung zu bewahren. Dann sind da noch dic Fonds, die ihre Amtsführung gewährleisten, die gegenseitige Wachsamkeit zwischen Amtsbrüdern, deren Ehrgefühl sie mitverantwortlich macht, die Augen der auf sie gerichteten Öffentlichkeit, die der Obrigkeit, die über das Recht verfügt, ihre Rechnungsbücher zu überprüfen und selbst die Augen des Neids, den ihr Vermögen erzeugt, und die sie an ihre Pflicht gemahnen würden und sogar daran hindern würden, diese zu verletzen.

Es war die allerseits anerkannte Befähigung eines jeden von ihnen für die besondere Art von Beschäftigung, die die Kompanie veranlaßte, sie zu berufen, und sie setzten in ihrem Verantwortungsbereich nur das fort, was sie ihr ganzes bisheriges Leben mit Erfolg und Auszeichnung taten. Und ferner wird das gesamte System von dem gleichen Genie geführt, welches es ersann und welches es, inmitten aller Widerstände, zu dem machte, wie wir es heute sehen. Bei der Gewalt, die die Kompanie fördert, handelt es sich um jene despotische Gewalt, welche von den privaten Unternehmungen, die auf ihrem Wege das wirkliche oder das eingebildete Wohl des Staates anstreben, so sehr gefürchtet wird, die jedoch eine starke und mächtige Hilfe für eine Unternehmung allgemeinen Charakters darstellt, die man nicht antasten könnte, ohne damit sogleich alle Teile des Staates zu erschüttern, und die die Verwaltung der Finanzen und aller Arten von Handel, deren Quelle sie sind, in sich vereint, so daß auf diesem Wege das Interesse des Herrschers mit demjenigen der Kompanie unteilbar und fühlbarer verknüpft wird.

Die Erwartung der Aktionäre beruht darauf, daß die Geschäfte der Kompanie mit Klugheit und Entschlossenheit geführt sein werden und daß die Verteilung der Profite in gutem Glauben und mit Gerechtigkeit geschehen wird.

Es bleibt nun zu prüfen, ob die Einnahmen und die Geschäfte derartig sind, daß die Aktionäre daraus einen Ertrag erwarten dürfen, der ihren Vorschüssen entspricht, und ob ihre Fonds in Sicherheit sind. Dieser Sachverhalt verdient eine etwas längere Erörterung.

Sobald ich von dem Ertrag spreche, der den Fonds der Aktionäre entspricht, meine ich nicht lediglich den ursprünglichen Betrag, welcher in die Kompanie eingebracht wurde, um damit Aktien zu erwerben. Wenn sich ihr wahrer Wert darauf begrenzen würde, dann hätten diejenigen, die sie seitdem zu einem höheren Preis erworben haben, einen Verlust erlitten.

Ich vermute sie augenblicklich auf einem Stand von zweitausend[17], was den höchsten Preis darstellt, zu welchem man sie bisher öffentlich kaufen konnte. Bei diesem Stand muß man sich fragen, ob diejenigen, die sie erwarben und in die Handelsgesellschaft eintraten, vermittels der festen Rente der Kompanie und des Ertrages der Geschäfte, die sie unternimmt, ebenfalls ein Einkommen von sechs Millionen in Münzgeld aus ihren bestplazierten Fonds hätten erwarten können, denn auf diesen Betrag steigt gegenwärtig der Preis sämtlicher Aktien an, die man mit zweitausend veranschlagt.

Wenn man die Aktien einmal mit den Fonds vergleicht, die man reale nennt, zum Beispiel mit dem Grund und Boden und den Häusern, dann dürfte feststehen, daß sie ihren gerechten Wert noch nicht erreicht haben, weil auf dem Stand, zu welchem man heute diese realen Fonds kauft, allein die festen und festgelegten Einkommen der Kompanie fast das gleiche wie die in Grund und Boden und in Häusern angelegten sechs Millionen erbrächten.

Ich verstehe unter festen Einnahmen die Renten, die auf die Kompanie aus den königlichen Pachten angewiesen werden und die sie aus den Händen des Königs empfängt, von der Geistlichkeit, von verschiedenen Städten und von verschiedenen Provinzen des Königreichs, die der Staatsdomänen und so weiter. Allein diese Einnahmen werden annähernd ein Prozent der sechs Milliarden ergeben, auf welchen ich den Fonds der Aktionäre veranschlage. Gegenwärtig dürfte man den Grund und Boden und die Häuser annähernd auf diesem Niveau kaufen können. Wenn man jedoch davon ausgeht, daß die Kompanie stets einen Teil ihrer Aktien in ihren Kassen hält und daß die Erträge dieser Aktien genau wie diejenigen der anderen ansteigen werden, dann werden ihre festen Erträge wenigstens eineinhalb Prozent ergeben. Und wenn man dann noch veranschlagt, daß der Wertverlust des Münzgeldes die Einnahmen vom Grund und Boden und aus den Häusern verringert, und daß das Geld, das man dafür verwendet, einen zweckentfremdeten Fonds darstellt, mit dem man nicht so leicht umgehen kann wie mit den Aktien, dann wird man zubilligen, daß bei den festen Einnahmen der Kompanie die Aktien mehr abwerfen als der Grund und Boden und die Häuser, und dies selbst zu dem Preis, zu welchem man diese augenblicklich erwirbt.

Aber die Renten stellen lediglich den vierten Teil des Profits dar, den die Kompanie berechtigterweise aus den Geschäften, die sie unternimmt, erwarten darf. Sie umfaßt die Bankgeschäfte und den Warenhandel der gesamten bewohnten Welt sowie gleichzeitig alle Finanzen des Königreichs.

Die Aufzählung aller dieser Unternehmungen im einzelnen würde mehr Platz erfordern, als ich hier einräumen kann, und es genügt bereits, darauf einen flüchtigen Blick zu werfen, um sich eine Vorstellung von den ungeheuren Profiten zu machen, die die Kompanie jedes Jahr zu erzielen vermag.

Wir haben immer noch den Eindruck vor Augen, welche sagenhaften Vermögen in Frankreich aus dem Westindienhandel[18] erwuchsen. Die Kompanie[19] wird dies zum Vorteil ihrer Aktionäre wiederholen. Sie wird einen Handel wieder befestigen, welcher wegen der aufgesplitterten Interessen von Einzelpersonen in der Folge ruinös geworden war. Ihre Warenlieferungen werden dem Verbrauch entsprechen, und sie werden sich nicht selbst herabsetzen wegen der Maßlosigkeit ihrer Mengen. Die Preise der Waren, welche nicht von Konkurrenten herabgedrückt werden, lassen sich auf ihrem Stand erhalten. Franzosen werden nicht länger Franzosen vernichten, und sie werden sich ganz und gar des Vorteils erfreuen, den dieses Frankreich ihnen bietet, bei sich die Leinwand, die Stoffe, das Geld und Silber und alle die anderen Waren, über die es verfügt, vorzufinden.

Aus dem gleichen Grund wird der Handel mit Ostindien und China eine weitere und ebenso sichere wie noch ausgedehntere Reichtumsquelle für die Kompanie sein. Wir wollen ihren Handel nicht mit demjenigen jener schwachen französischen Handelsgesellschaften vergleichen, die ihn vorher betrieben haben.[20] Jene verfügten weder über den Reichtum, noch über die Kenntnisse, noch über die Autorität der unserigen. Das persönliche Interesse derjenigen, die sie führten, war hier dem öffentlichen Interesse entgegengesetzt. Die Verfallstermine ihrer Verpflichtungen zwangen sie zur Unzeit zu kaufen und zu verkaufen. Sie bezahlten riesige Zinsen, und allein die Zeit mußte ihren Ruin herbeiführen, so wie die Art ihrer Verpflichtungen sie außer Stand setzte, diesen nachzukommen. Dieser Handel für sich genommen hat indessen eine Nation wohlhabend gemacht, deren Boden es fast an allen natürlichen Gaben fehlt.[21]

Unsere Verbindung mit dieser Nation wird uns genauso nützen wie ihr selbst, und dies in Asien ebenso wie in Europa. Denn niemals kann die Anzahl der Kaufleute einen Handel zerstören, er wird dadurch eher bereichert, denn nirgends ist er blühender und nützlicher als in den Ländern, in welchen er vielfältiger und von mehreren, verschiedenen Nationen betrieben wird. Wenn diese Nationen unter sich einig sind, dann wird ihre Schiffahrt durch ihre gegenseitigen Hilfeleistungen sicherer und einfacher werden. Ihre vereinten Kräfte bieten einen sicheren Schutz gegen Beleidigungen, welchen Fremde in entlegenen Ländern nur zu sehr ausgesetzt sind. Die Entdeckungen der einen werden ebenfalls der anderen Nation dienen. Der Kredit, den sie sich gewähren, vervielfacht ihre Fonds. Auf diese Weise werden wir den Asienhandel mit dem Europahandel in Asien selbst zusammenführen, ganz abgesehen davon, daß wir die Früchte des Friedens, derer wir uns hier erfreuen, bis in die entferntesten Weltgegenden tragen können.

Es ginge zu weit, wollte man hier über die anderen Seehandelsunternehmungen, die die Kompanie betreibt, sprechen, so wie zum Beispiel über diejenigen im Senegal und diejenigen in Louisiana, die gegenseitig aufeinander angewiesen sind.[22] Die Unternehmung in Louisiana ist ein riesiges Vorhaben, und ich weiß ganz genau, daß es einiger Zeit bedarf, um eine solche Kolonie zu begründen, um dann alles das herauszuholen, was man sich erhoffte. Wenn man jedoch die ersten Früchte, Tabak, Seide, Indigo, Silber, die hier gewonnen wurden, betrachtet, und das günstige Klima, welches dort herrscht und die gute Qualität des Bodens mit der Möglichkeit seiner ungehinderten Wahl in diesen unermeßlichen Weiten, berücksichtigt, und wenn man ferner die friedfertigen Sitten seiner Ureinwohner veranschlagt und wenn man sich die Anzahl der Niederlassungen, welche reiche Privatpersonen und Handelsgesellschaften täglich dort einrichten, vor Augen führt, dann darf man wohl erwarten, daß sie in kürzester Zeit blühender sein wird als es, selbst nach Verlauf vieler Jahre, diejenigen unserer Nachbarn und sogar die unserigen gewesen waren, welche ja nicht über derartige Möglichkeiten verfügten.

Aber wir haben in Frankreich näherliegende und auch ergiebigere Betätigungsfelder. Wie viele verschiedene Kanäle gibt es doch, über welche das Gold und das Silber in nützlicher Weise in den Schatz der Kompanie einströmen kann!

Der Handel mit Rohstoffen, welcher nur ihr erlaubt wird, läßt diese durch ihre Hände gehen, wenn sie von überall in das Königreich gelangen. Die Bank verschafft ihr fortlaufend das gesamte Geld des Handels, und durch die Verwaltung der Finanzen fließen die unermeßlichen Schätze, welche bisher unnütz in den königlichen Kassen schlummerten, in ihre Kassen. Alles Münzgeld gelangt zu ihr, weil sie für die Herstellung des Geldes zuständig ist[23], so daß unabhängig davon, daß sie durch diese fabelhafte Geldmenge jeglichen Handel, den sie unternehmen will, beherrscht, die Quellen, die es herbeischaffen und die bisher die Grundlage der glänzendsten Vermögen waren, ihr jeden Tag beträchtliche Profite ermöglichen.

Zu allen Zeiten betrachtete man plötzlich entstehende Vermögen, die von einer großen Anzahl von Personen im Bankhandel und im Handel mit Wechseln realisiert wurden, mit Mißvergnügen, weil sie scheinbar auf Kosten der Öffentlichkeit entstanden. Im vorliegenden Fall wird der Vorteil der Kompanie aber eine öffentliche Wohltat sein, weil sie davon den größten Teil abwickelt und weil, indem sie sich mit einem bescheidenen Profit zufrieden gibt, sie gleichzeitig den Verlust verringern wird, welchen jeder andere bei seinen Geschäften haben würde.

Ich weiß, daß die Kompanie bei dem Gebrauch ihrer Mittel nicht die Profite erzielen wird, die von den Finanziers des ehemaligen Regimes mit Verträgen gemacht wurden, die für das Volk so belastend waren, wie sie für diese Geldgeber wenig erträglich waren. Jedoch wird diese Verringerung, die für das Volk eine Differenz von mehr als hundertvierzig Millionen ausmacht, eine Summe, die man ihm jedes Jahr für außerordentliche Angelegenheiten aufbürdete, ihrer wirtschaftlichen Aktivität zum Vorteil gereichen sowie ebenfalls das normale Steueraufkommen erleichtern und erhöhen, denn wenn man den Grundsatz der Finanzen „das Recht zerstört das Recht“[24] als wahr ansieht, dann muß das Gegenteil davon ebenfalls wahr sein, was besagt, daß sich durch die abgeschafften Rechte diejenigen, die verbleiben, erweitern, so daß die Kompanie stets ihre berechtigten Profite einnehmen wird, die durch eine gute Geschäftsführung, durch die Vermehrung des Geldes, durch einen erhöhten Verbrauch und durch das öffentliche Wohl ständig reichlicher fließen werden.

Selbst die Einschmelzung des Geldes wird ihr, nach der angeführten Verringerung, einen Profit von zehn Prozent auf das gesamte Geld des Königreichs einbringen, und dieser Profit wird sich im Verlauf von neun Jahren so viele Male wiederholen, wie das allgemeine Interesse und die Interessen der Kompanie nicht entgegengesetzt sind.

Nach dem Ursprung der Profite der Kompanie zu fragen, hieße so viel, wie nach der Quelle aller derjenigen Vermögen zu fragen, die bisher in Frankreich entstanden sind, unabhängig davon, welcher Natur sie auch immer sein mögen. Aber mehr noch, alle diese vielfältigen Vorteile, so gewaltig sie auch immer gewesen waren, dürften niemals mit sämtlichen vereinigten Vorteilen vergleichbar sein, die von ein und derselben Kompanie geboten werden. Die Kompanie vereinigt die Interessen und deswegen braucht sie die Hindernisse, die aus entgegengesetzten Interessen erwachsen, nicht zu befürchten, Unannehmlichkeiten, die dazu angetan sind, die besten Geschäfte zu verringern und zu zerstören, und sie findet darüber hinaus in dem einen Zweig ihrer Geschäftstätigkeit, in einem ihrer Geschäfte, all das, was ihr zur Stützung des anderen notwendig ist.

Der Westhandel begünstigt den Orienthandel, das Vorrecht auf die Rohstoffe erleichtert den Kauf ausländischer Waren, die Manufakturen, die von ihr unterhalten werden, geben ihr alle Möglichkeiten, zu diesen Rohstoffen zu gelangen. Der Sklavenhandel befördert die Entwicklung der Kolonien, die Nachfrage nach ihren Aktien erhält diese auf dem Stand ihres gerechten Wertes, die Finanztätigkeit, die Bankgeschäfte, der Warenaustausch stützen sich wechselseitig und befördern dadurch deren jeweiliges Anwachsen. Das Zusammenwirken aller dieser Dinge läßt ihre Macht auf ein Ausmaß anwachsen, welches bisher noch von keiner Gesellschaft jemals erreicht wurde. Aber das ist noch längst nicht alles, denn es wird dadurch ihr Bestand für alle Zukunft gesichert, und jede umfassende geschäftliche Unternehmung des Staates läßt sich nur über sie abwickeln.

Oftmals sah man, daß bestimmte Güter gefährdet waren und daß gewisse Teile des Staates unter bestimmten Veränderungen in der Regierung litten, was man jedoch niemals sah und auch niemals wird sehen können, das ist, daß irgendeine Veränderung auf einmal sämtliche Vermögen angreift und alle Welt zur gleichen Zeit ins Elend stürzt, denn im allgemeinen wird bei diesen Veränderungen lediglich ein Teil des Staates angegriffen, welcher, indem er seine Macht mißbraucht, den anderen Teil zu seinem eigenen richtig oder falsch verstandenen Vorteil mißbraucht, ganz abgesehen davon, daß sich ein allgemeines Übel mit keinem Anschein von Wohlstand verschleiern läßt. Es wäre nämlich so offensichtlich, daß es dem Herrscher unmöglich wäre, diesen Anschlag gegen seine Autorität nicht wahrzunehmen. Die Vereinigung aller Vorteile bietet also die Gewähr dafür, daß die Kompanie fortbestehen wird, und dieser gesicherte Fortbestand ist bei der Kompanie auf Kapital begründet, im Gegensatz zu den bisher immer nur zufälligen Profiten. Dieser Umstand verdient eine besondere Beachtung.

Die Kaufleute, die Bankiers, die Finanzleute haben ihre Geschäfte niemals als einen berechenbaren Fonds betrachtet, ebensowenig wie sie die Profite, die sie daraus gewannen, als ein festes Einkommen ansahen, weil Tod, Krankheit, Widerruf, ihre Konkurrenten, die Wechselfälle des Glücks sie der Mittel berauben konnten, mit denen sie sich diese Profite beschafften, was übrigens in Wirklichkeit oft genug geschah, so daß, mit einem Wort gesagt, ihr Handel und ihre Aktivitäten auf keinem festen Kapital beruhten. Das ist anders bei einer Gesellschaft, die nicht stirbt und die wegen ihres unermeßlichen Reichtums und wegen ihrer vielfältigen Profitquellen in der Lage ist, Mißhelligkeiten und Wechselfällen des Glücks die Stirn zu bieten und die, indem sie den Ruhm, den Reichtum und die Macht des Staates und des Königs begründet, von dieser königlichen Autorität überhaupt nichts befürchten muß, sondern im Gegenteil alles von ihr erwarten darf. Diese Kompanie, ich sage es noch einmal, kann ihren Profit als ein festes Einkommen ansehen, und sie kann die Quelle, die diesen Profit liefert, als ein sicheres Kapital betrachten, als ein unermeßliches Kapital, dessen Preis die anderen realen Fonds in Frankreich ebenso übersteigt, wie die Profite, die man in der Industrie erzielt, die Einkommen aus diesen realen Gütern übertreffen. Es handelt sich um feste und gesicherte Fonds, weil sie immer nur auf der Fortschreibung der dieser Kompanie eingeräumten Vorrechte beruhen, so daß, wollte man ihr diese Fonds wegnehmen, dies nicht bedeuten würde, daß man sie sich selbst oder für andere aneignete, sondern daß man sie überhaupt zerstörte. Eine übergeordnete Gewalt könnte auf diese Weise sehr wohl Frankreich und sich selbst ruinieren, sie würde indessen niemanden dadurch bereichern, und dies selbst dann nicht, wenn sie die ganze Welt vernichtete. Ungeachtet aller fortwährenden Einwendungen gegen das System stößt man hier auf die Gewähr gegen alle Anwandlungen despotischer Macht! Hier sehen wir jetzt das Kapital der Aktien, wonach man so oft gefragt hat. Die Kompanie sah ihre Einkommen immer als weit unter ihrem Wert und unter dem Ertrag ihrer Geschäfte liegend an. Auf der Grundlage der Einschätzung dieses Ertrages veranschlagte sie das Anrecht, das sie mit den Aktionären teilt, und sie sieht dieses Anrecht als einen Fonds an. In dem Maße, in welchem sie ihre Geschäfte erweiterte, mußten ihre Profite und folglich auch ihre Fonds steigen, was sie zur Erhöhung des Preises ihrer Aktien veranlaßte. Da sie diese aber immer noch nicht auf ihren wahren Wert erhöhte, damit diejenigen, die sie erwarben, dabei gewinnen konnten, wurden sie nunmehr von der Öffentlichkeit, die sich darum riß, täglich weiter erhöht. Hier liegt die Wurzel jener großen Vermögen, die selbst diejenigen, die sie erzielten, überraschten.

Die ersten Aktionäre profitierten von jedem Anstieg, welcher durch die Vereinigungen bewirkt wurde, und ihr Vermögen, obgleich plötzlich entstanden, war ebenso wohlbegründet wie alle diejenigen, die sich bis zu diesem Zeitpunkt in Frankreich herausgebildet hatten, und dies weil es auf den gleichen Grundlagen beruhte. Es war jedoch weitaus ehrbarer, weil es nicht auf Kosten anderer entstanden war.

Wegen der wechselseitigen Verflechtung aller Dinge im Handel kann im allgemeinen der eine nur das gewinnen, was der andere verliert. Das gilt allerdings nicht bei neubegründeten Gütern und auch nicht bei Kapitalien, die anwachsen und die sich in den Händen ihrer Eigentümer vermehren. Diejenigen, denen sie gehören, können sich jedoch damit beruhigen, daß der Reichtum des Staates mit dem ihrigen anwächst und daß, sollte irgend jemand ihnen Neid bezeugen, niemand Grund dazu hätte, sich zu beklagen.

Unter all diesen Vermögen gab es tatsächlich unehrenhafte Vermögen, die dann Anlaß zu Spott und Gerede wurden und die alle diejenigen verletzten, die keinen Anteil daran hatten. Ungeachtet dessen, um hier einmal ohne Leidenschaft zu sprechen, dürfte es für den Staat bedeutsam sein, daß seine Untertanen reich sind. Dabei ist es ihm völlig gleichgültig, in wessen Hände die Reichtümer fallen, wenn sie nicht vom König angeeignet werden. So wie die Reichtümer seiner Untertanen auch die seinigen sind, stellen andererseits die Güter, die er erwirbt, gleichzeitig ein für die Öffentlichkeit erworbenes Gut dar, so daß, je mehr er davon hat, er um so mehr über sein Volk ausstreuen kann, was bedeutet, daß er von ihm weniger einfordern muß, ganz abgesehen davon, daß dann auch der König seinen guten Anteil an dem Anwachsen hatte.

In wessen Hände die Reichtümer aber auch immer gefallen sein mögen, sie laufen im Handel um. Alle diejenigen, die schnell zu Vermögen gelangt sind, geben es auch leichter wieder aus. Bei den einen bewirkt die Eitelkeit, was bei anderen das Gefühl zuwege bringt. Der lächerliche Prunk bei einer falsch verstandenen Ausgabe macht diese für die Gesellschaft deswegen nicht weniger nützlich, und die kopflose Verschwendung gleicht die Ungerechtigkeit des Schicksals und seine Parteilichkeit bei der Verteilung seiner Gaben besser wieder aus als eine wohlüberlegte Verwendung. Das kleine Volk, welches in engster Verbindung zu den Reichen steht, wird deren Wohlergehen am ehesten verspüren, unmerklich und mit der Zeit wird jedoch alle Welt dieses Reichtums teilhaftig werden!

Nachdem wir nunmehr dargestellt haben, worauf die Profite der Kompanie beruhen und worauf das Aktienkapital begründet ist, dürfte es nicht schwerfallen, die Sicherheit der Banknoten aufzuzeigen.

Zunächst muß daran erinnert werden, was wir bereits gesagt haben. Ein Teil des Aktienkapitals stellt einen neu begründeten Reichtum dar, während der andere Teil des Reichtums, welcher in

Renten besteht, bisher fast gar nicht im Handel war. Der Wert beider beläuft sich auf sechs Milliarden, und dieser Wert, der jetzt umläuft, erhöhte die Funktionen des Münzgeldes, welches den täglichen Austausch vermittelt, in phantastischer Weise. Es war also notwendig geworden, ein neues Geld einzuführen, das auf einem sicheren Fonds beruhte und das dem alten als Konkurrent beigegeben wurde, wobei es den neubegründeten Fonds entsprechen mußte.

Was wäre ohne diese Hilfe geschehen? Die Aktien wären nicht auf den Preis angestiegen, auf welchem sie gegenwärtig sind, und die anderen Güter, deren Wert im Verhältnis zu dem der Aktien steht, wären beträchtlich gefallen. Allein das Geld wäre davon nicht betroffen worden, weil nicht genügend vorhanden gewesen wäre, um den Austausch der alten Reichtümer des Königreichs und der neu im Handel befindlichen Reichtümer zu gewährleisten. Diese Schwierigkeit hätte zu einer Stagnation im Handel geführt, und das wäre dann der Augenblick gewesen, an dem man sich berechtigterweise beklagt hätte, daß nicht genug Münzgeld zur Abwicklung der Geschäfte im Königreich vorhanden sei.

Um hier Abhilfe zu schaffen, gab die königliche Bank[25] zunächst Banknoten an ihre Aktionäre heraus, und zwar zum vierten Teil des Werts der Aktien, wobei sie diese bei ihr als Depot hinterlegten. Bis zu diesem Augenblick standen die in Umlauf gebrachten Banknoten noch im Verhältnis zu dem Münzgeld, was man zur Bank gebracht hatte.

In der Folge nahm die Bank, die inzwischen mit der Kompanie vereinigt worden war,[26] diese Aktien zu ihrem laufenden Kurs in Zahlung, wobei sie ihre Noten gegenwärtig unterschiedslos entweder gegen Münzgeld, das man zu ihr trägt, oder gegen Aktien, die sie zu achtzehnhundert entgegennimmt, ausgibt. Der Fonds dieser Banknoten ist also gesichert entweder durch Münzgeld oder durch Aktien, deren sicheren Wert wir bereits aufgezeigt haben. Mit dieser Unterstützung vermag die Bank sämtliche Fonds auf dem Niveau ihres gerechten Wertes zu erhalten, und sie verringert die Verluste derjenigen, die ihre Aktien, entweder aus Notwendigkeit oder aus Mißtrauen, verkaufen wollen, indem sie sie zwar unter ihrem augenblicklichen Preis, aber ungefähr zu ihrem Wert, entgegennimmt, um sie dann erneut zu verkaufen, womit sie verhindert, daß das blinde Vertrauen, welches stets eine geringe Weitsicht aufweist, sie über das hinaus erhöht, was sie wirklich wert sind. Gleichzeitig vermag sie auf diese Weise mit mäßigen, aber wiederholten Profiten ihre Einkommen beträchtlich zu erhöhen, womit sie die Lage derjenigen, die Aktien von ihr haben, wie gleichfalls auch derer, die solche zu erwerben trachten, absichert. Diese Operation setzt allerdings den Umlauf der Banknoten neben dem Münzgeldumlauf voraus. Um das zu gewährleisten, war es erforderlich, die Privatpersonen daran zu hindern, Münzgeld und Edelmetalle aufzuhäufen, wobei sie selbst, wie ebenfalls der Staat, in dieser Einschränkung ihren Vorteil finden.

Die Vorzüge, mit denen der König diese Banknoten aus seinen Kassen ausstattete, ihre Sicherheit, für die er bürgte, sowie der Vorteil, den sie von Natur aus haben, zu allen Zeiten von Abwertungen verschont zu bleiben, all dies sollte zweifellos bewirken, daß man ihnen den Vorzug gegenüber dem Münzgeld gibt. Wenn schon mangelnde Kenntnis über die realen Fonds, von denen wir bereits sprachen, bis zum gegenwärtigen Augenblick gewisse Personen veranlaßten, das Münzgeld zu bevorzugen, so wollen wir, ohne diese Personen anzugreifen, uns damit begnügen, sie aufzuklären, und wir wollen hier die Klugheit des Herrschers walten lassen, der über das öffentliche Wohl wacht, sowie seine Güte wirken lassen, die Abwertungen zuvorkommt, wodurch Einzelpersonen kaum merkliche Verluste erleiden, während jedermann nur über so viel Münzgeld verfügt, wie er gerade benötigt. Vor allem wollen wir jedoch nicht den Gedanken aufkommen lassen, daß die auf dem Münzgeld aufgedruckte Prägung des Herrschers ihr persönliches Eigentum antasten könnte.

Diese Prägung des Herrschers weist uns darauf hin, daß er das Recht hat, dessen Gebrauch zu regeln, seine Menge den Bedürfnissen des Staates oder des Handels entsprechend zu erhöhen oder zu verringern, sogar sie durch Papiergeld zu ersetzen, allerdings nur durch solches Papiergeld, das auf sicheren Fonds beruht und dem Münzgeld entspricht, das es vertritt, in der Art, wie ich das im Zusammenhang mit den Banknoten bereits aufgezeigt habe. Und wenn der König dabei das Wohl seiner Untertanen wie sein eigenes Gut betrachtet, dann ist das in dem Sinne zu verstehen, daß er immer nur so reich sein kann, wie seine Untertanen reich sind, so daß durch ihre Wohlhabenheit letztere in der Lage sind, sich in ihren Aktivitäten gegenseitig zu helfen, eine Verbesserung des Bodens des Königreichs vorzunehmen, die Bodenfrüchte zu vermehren und sie in ihrer Gesamtheit dem Verbrauch zuzuführen.

Bis zu diesem Punkt haben wir darzustellen versucht, was man unablässig von uns verlangte, nämlich zu zeigen, worauf die Profiterwartung der Kompanie begründet sei, auf welchem Kapital die Aktien und die Banknoten basieren, das heißt, in einem Wort, worauf der Kredit der Kompanie beruht. Sehen wir uns aber nunmehr an, welchen Gebrauch sie von den Fonds gemacht hat, den ihr Kredit ihr einräumte. Einen Teil ihrer Fonds, die sie aus dem Verkauf ihrer Aktien gewann, benutzte sie, um ihren Handel einzurichten, den anderen Teil benutzte sie, um die festen Renten aufzukaufen, um dadurch den König von seinen Schulden zu entlasten und um die Privatpersonen auszuzahlen.[27]

Mit der ersten Verwendung dieser Fonds setzte sie ihre riesigen Unternehmungen in Gang. Dabei kann sie nicht handeln, ohne allen realen Gütern sowie allen Gütern der Industrie des gesamten Königreichs Wert zu verleihen.

So wurde von ihr die Marine, die fast gänzlich zerstört war, wieder errichtet. Bei ihrer Wiederbelebung kamen alle auf ihre Kosten, diejenigen, die mit ihrer Tätigkeit, mit ihrer Fertigkeit und mit ihrem Fleiß in der Zeit des größten Glanzes Frankreichs bei ihr tätig waren, die Eigentümer der notwendigen Nahrungsmittel und der Fonds, womit man diese herstellt, und schließlich diejenigen, die ohne Hab und Gut und ohne Ausbildung sich selbst und dem Staat zur Last fielen, und die nunmehr nützlich bei ihr beschäftigt werden. Auch der Staat zieht daraus seinen Vorteil. So erhöht die Kraft seiner Schiffahrt seine Macht in dem Maße, wie er sie in den Dienst aller anderen Nationen unserer Erde stellt. Ihre vielfältige Handelstätigkeit belebt die Manufakturen und alles was damit in Verbindung steht. Im ganzen Staat gibt es nicht einen einzigen Bereich, der davon nicht erfaßt würde, alles wird belebt, die Arbeiter verkommen nicht länger im Müßiggang und im Elend, denn, der Früchte ihrer Anstrengungen künftig sicher, widmen sie sich ganz ihrer Arbeit, vermehren und vervollkommnen sie sich. Die Nahrungsgüter, die nur dann von Wert sind, wenn sie verbraucht werden, erzielen ihren Preis, ohne daß sie wegen mangelnden Gebrauchs umkommen. Der Boden wird besser bebaut, wobei die Eigentümer, wegen der Bodenpreise, die Mittel dazu haben, denn der Verkauf eines Teils ihres Bodens ermöglicht es, den anderen Teil von seinen Belastungen zu befreien und zu verbessern.

All das zusammengenommen bewirkt, daß die Waren ihren ganzen Wert erlangen, so daß man einer außerordentlichen Verteuerung zuvorkommen kann. Um diese beiden gleichermaßen vorteilhaften Auswirkungen zu erklären, muß man die Gründe der Preiserhöhung der Waren näher in Augenschein nehmen. Ganz abgesehen davon, daß eine derartige Erwägung mit zum System gehört, wird sie in der gegenwärtigen Lage ebenfalls ganz tröstlich sein.

Es gibt drei Gründe dafür, daß Waren teuer sind: Der Mangel, der Kaufkraftverlust beim Geld oder, was auf das gleiche herausläuft, die Vermehrung des Münzgeldumlaufs und schließlich der Verbrauch.

Der erste Grund, der Mangel, ist zweifellos ein Übel für den Staat. Es handelt sich um ein Übel für den Käufer, weil der Preis der für das Fortbestehen unbedingt notwendigen Dinge in keinem Verhältnis zu seinen Fähigkeiten steht, was ihn dem Elend preisgibt. Es bedeutet aber ebenfalls keinen Vorteil für den Verkäufer, weil, obgleich er teuer verkauft, er ebenfalls nur wenig zu verkaufen hat.

Der Kaufkraftverlust des Geldes ist ebenfalls eine Ursache für die Verteuerung, weil die ausländischen Waren, die in diesem Fall in unsere Manufakturen gelangen, die Privatpersonen zwar mehr Livres kosten, den Staat aber nicht mehr Silber kosten, ganz abgesehen davon, daß die Ausländer wegen der außerordentlichen Nachfrage nach unseren Waren diese im Preis unmerklich und in gleichem Maße anheben, wie die Kaufkraft des Geldes schwindet, denn ihre Nachfrage besteht solange fort, bis sich unsere Preise denen unserer Nachbarn angeglichen haben.

Man hat sich häufig gefragt, ob die Verteuerung, die von dieser Ursache herrührt, ein Übel darstellt. Es wäre keines, wenn der feste Zusammenhang, der zwischen Waren besteht, derartig sein würde, daß sich dadurch gleichzeitig auch die Preise der ausländischen Waren erhöhten, beziehungsweise derjenigen Waren, die von Ausländern nachgefragt werden, sowie ferner derjenigen Waren, die in Frankreich erzeugt und verbraucht werden. Wenn übrigens alle Güter des Königreichs in Grund und Boden oder in Industriegütern bestünden, dann würden sämtliche Proportionen bewahrt werden, so daß niemand unter dem Preisanstieg der Waren zu leiden hätte.

Die dritte Ursache für die Verteuerung liegt im Verbrauch. Der Verbrauch ist ein Ausdruck der öffentlichen Wohlfahrt, er stellt aber gleichzeitig auch ein Mittel dar, diese aufrechtzuerhalten. Allein der Verbrauch verleiht allen Fonds ihren Wert so wie er ebenfalls alle Güter der Industrie belebt. Wenn wir nun diese verschiedenen Ursachen für teure Waren mit unseren gegenwärtigen Verhältnissen in Verbindung bringen, dann zeigt sich, daß die gegenwärtig herrschende Verteuerung auf alle diese drei Gründe zurückgeführt werden kann: Der Mangel an Subsistenzmitteln bewirkt einen Teil davon, durch den Kaufkraftverlust des Geldes wird er erhöht und schließlich trägt ein überhöhter Verbrauch, der durch die Vermehrung der Reichtümer entsteht, ebenfalls erheblich dazu bei.

Ich wage es, kühn zu behaupten, daß wir von den genannten drei Ursachen künftig nur noch die erste zu befürchten haben werden, das heißt, den Mangel. Die Kompanie mit ihren Fonds, mit ihrem Kredit, mit ihren Schiffen, mit ihren Verbindungen wird jedoch in der Lage sein, diesem Mangel zuvorzukommen oder schnellstens Abhilfe zu schaffen.

Ob nun die Verteuerung, die vom Kaufkraftverlust des Geldes herrührt, ein Übel darstellt oder nicht, das wird uns künftig nicht mehr betreffen. Die angezeigten Verminderungen garantieren uns, daß die Ausländer uns alsbald ihre Waren zu einem Preis, der ein Drittel des Livres-Preises, zu welchem sie uns diese gegenwärtig verkaufen, geben werden. Ferner bietet der Kredit, den man den Banknoten gibt, sofern er sich erst einmal durchgesetzt hat, die Gewähr dafür, daß man nicht mehr vor der Notwendigkeit steht, das Münzgeld zu erhöhen.

Was indessen teure Waren anbetrifft, was vom Verbrauch herrührt, und was man eher als den gerechten Wert der Waren bezeichnen sollte, so kann man nur hoffen, daß die Ursache dafür fortbesteht. Der Verbrauch kann erhalten bleiben, während gleichzeitig der Staat aufblüht und alle seine Teile belebt werden, wobei der Staat nur durch ihn in dieser Lage verbleibt. Niemand wird darunter zu leiden haben, solange das Hab und Gut jedes einzelnen in realen Fonds oder in Industriegütern besteht, so wie das ja vom gegenwärtigen System angestrebt wird. Die Waren erlangen ihren ganzen Wert, allerdings einen proportionalen Wert aller Waren untereinander[28], der gleichfalls im proportionalen Verhältnis zu den Fähigkeiten jedes einzelnen steht. Wenn wir eine Verteuerung der Waren nur vom Verbrauch zu befürchten hätten, dann hätten wir lediglich öffentliches Wohlergehen zu befürchten, weil das eine mit dem anderen einhergeht und weil es keinen umfassenden Verbrauch geben kann, ohne das gleichzeitig alle Welt imstande wäre, diesen Verbrauch zu tätigen.

Den zweiten Gebrauch, den die Kompanie von ihrem Kapital machte, bestand darin, dem König ausreichende Mittel zur Verfügung zu stellen, damit er die Staatsschulden loswerden konnte. Dabei kaufte sie die festen Renten zu dreihundert Prozent auf, wobei sie Kapitalien, die bis dahin nicht zirkulierten, in den Handel brachte, wodurch sie schließlich den König von einem Viertel dieser Renten, die er Einzelpersonen schuldete, befreite.

Es kann kein Zweifel darüber bestehen, daß dies eine Wohltat für den ganzen Staat gewesen ist, wurde er doch auf diese Weise von einem Viertel seiner Rentenverpflichtungen entlastet. Man muß sich jedoch fragen, ob die Kompanie dadurch ihre Anleihen auf die realen Fonds entwertete? Hat sie die Rentenbezieher ruiniert? Das ist es, was wir abschließend noch in Augenschein nehmen wollen.

Anleihen auf den Grund und Boden und auf Häuser sind nicht nur nützlich, sondern sogar notwendig. Sie dienen dazu, daß diese Fonds erhalten, repariert werden und verbessert werden. Es stimmt natürlich, daß sie zu Lasten des Schuldners gehen, und sie sind sogar undurchführbar, wenn sie zu viel kosten. In diesem Fall sieht sich der Eigentümer genötigt, seine Fonds verfallen zu lassen, und zwar aus Mangel an Geld, das zu den Reparaturen benötigt wird, oder aber er muß es erleben, wie Teile seiner Fonds in fremde Hände übergehen, und dies weil er die Zinsen für das ausgeliehene Geld nicht aufbringen konnte. So muß es der Staat mit ansehen, daß wegen einer fehlenden Verordnung seine besten Böden wegen dieses Mißverhältnisses, das zwischen den Preisen der Bodenfrüchte und der Bodenbeschaffenheit besteht, zugrunde gehen.

Die von der Kompanie vorgenommene Auszahlung der Renten begegnet diesen Hindernissen. Es gelangen dadurch Kapitalien in den Handel zurück, die sich für den Grund und Boden und für die Häuser aufwenden lassen. Das Kapital, das sie ins Leben ruft, kann dazu noch beitragen, und sie setzt sogar ihren Kredit dafür ein, daß sie zu einem sehr bescheidenen Zins ausleihen können. Das bedeutet, daß sie die nützlichen Anleihen nicht verhindert, sondern daß sie diese sogar erleichtert, wobei sie sie für die Gläubiger sicherer und für die Schuldner weniger belastend macht.

Aber auch die Rentenbezieher, die allein vom gegenwärtigen System erschreckt sind, wollte man damit nicht ruinieren, sondern man wollte sie sogar bereichern. Die Absicht lag darin, daß diejenigen, die man auszahlte, mit diesem Geld Aktien erwarben, die die Kompanie unter ihrem wahren Wert zum Verkauf anbot, und indem sie sich selbst einen festen Ertrag gegen jedwedes Ereignis sicherte, entlastete sie den König und bereicherte sie die Rentenbezieher.

Letzteres widerfuhr denjenigen, die sich diesen Absichten gemäß verhielten, so wie es ebenfalls geschah, daß es mehreren anders erging. Wenig gewohnt, Überlegungen über den Handel und die Finanzen anzustellen, zeigten sie dem System, daß sich nur schrittweise entfaltete, die kalte Schulter. Muß man ihnen deswegen einen Vorwurf machen oder muß man sie deswegen für übelgesonnen halten? Das wäre sicherlich eine Ungerechtigkeit. Allein zu sagen, daß es Übelgesonnene gäbe, hieße bereits, solche ins Leben zu rufen. Sollten sie tatsächlich existieren, lassen wir ihnen die Beschämung, sich allein zu wähnen.

Es wäre nicht weniger unberechtigt zu sagen, daß die Rentenbezieher müßige Personen und dem Staat eine Bürde seien. So haben die einen, die dazu bestimmt sind, die öffentlichen Angelegenheiten zu leiten, oder die Rechtsprechung vorzunehmen, oder das Vaterland zu verteidigen oder Wissenschaft und Künste zu betreiben, ihr Hab und Gut in einer Weise angelegt, die es ihnen erlaubt, daß sie, ungehindert durch ihre persönlichen Geschäfte, sich den öffentlichen Angelegenheiten widmen oder aber sich für die Nation ruhmreichen Betätigungen zuwenden können. Andere wiederum meinten, sich damit in Ruhe der Früchte ihrer Arbeit zu erfreuen, wenn ihre Arbeit es ihnen einmal nicht mehr erlauben sollte, sie zu unterhalten. Das geschieht zugunsten der Witwe, der hinterbliebenen Waisen, der Kommunen und der Hospitäler. Alle diese Rentenbezieher haben also Anspruch auf unsere Nachsicht. Aber wir sollten selbst ein wenig Mitleid für die Schwäche derjenigen aufbringen, die weder den Mut noch die Geschicklichkeit zur Arbeit haben, wenn sie über die Kraft dazu verfügen.

Natürlich stimmt es, daß die Rentenbezieher nicht die große Zahl ausmachen. Viele von ihnen profitieren von den Vorteilen des Systems, entweder durch die Anlage ihrer Aktien und die entsprechenden Auszahlungen oder durch die Verbesserung ihres anderweitigen Hab und Guts. Bei der Zahl, die nun noch übrigbleibt, so klein sie auch immer sein möge, handelt es sich dann immer noch um Untertanen des Königs und um unsere Mitbürger.

Die Rentenbezieher, die nur sich selbst und die gegenwärtigen Zeitläufe sehen, klagen über ein System, das ihre Lage verändert, und jeder gute Franzose sollte Verständnis für ihren Kummer aufbringen. Aber unser aller Tröstung liegt in eben diesem System, worüber sie sich beklagen, und ich wage sogar kühn zu sagen, daß es auch die ihre sein wird und daß das System sogar ihnen grundsätzlich entsprechen wird.

Die Leibrente bietet die Bequemlichkeit, daß sie unsere Zeit nicht in Anspruch nimmt und daß sie uns keine Mühe bereitet, so daß diejenigen, die sich für diese Art von Hab und Gut entschieden haben, dabei vor allem diesen Vorteil im Auge haben. Aber sie hat auch ihren Nachteil, den nämlich, daß sie sich nicht erhöhen kann wie die Güter der Industrie.

Die Aktien vereinen die Bequemlichkeit von Renten und die Vorteile der Industrie. Die Rentenbezieher, die sich mehr oder weniger bedeutenden oder angenehmen Beschäftigungen widmen, können nunmehr, indem sie Aktionäre geworden sind, sich von der Mühe, ihre Kapitalien in der Kompanie wertbringend anzuwenden, entlastet fühlen, denn sie haben die Gewähr, daß deren Geschäftsführer sie nicht täuschen werden. Sie können ruhig die Früchte aller Arbeit, die im Königreich unternommen wird, genießen, der Arbeit im Handel, im Bankwesen und in den Finanzen, und sie werden erleben, daß ihre Früchte sich tagtäglich vermehren und daß ihre Fonds in ihren Händen anwachsen.

Sie kennen die Quellen dieses Wachstums. Es handelt sich um dieselben, die alle Vermögen hervorbrachten, die bis zum gegenwärtigen Augenblick im Königreich entstanden.

Sie brauchen ihre Erwartungen aber nicht lediglich auf die in Aussicht gestellte Dividende zu begrenzen, denn bisher vermochte die Kompanie fast noch gar keinen Profit aus ihrem Überseehandel zu ziehen, sowie ebenfalls ihre anderen Unternehmungen in Frankreich bisher kaum in Gang gekommen sind, und trotzdem ist sie bereits in der Lage, aus ihren Profiten für die Aktien, die auf zweitausend veranschlagt werden, zwei Prozent zu zahlen. Die Sicherheit der Rentenbezieher ist um so fester begründet, als sie mit der Größe und dem Reichtum des Königs verknüpft ist. Ihr Vermögen könnte von jetzt an keinen Rückschlag erleiden, ohne daß man es nicht sogleich im ganzen Staat zu verspüren bekäme und daß dieser Staat nicht unverzüglich Abhilfe schüfe. Auf diese Weise wird ihre Lage in dem neuen System genau so ruhig sein, wie sie es bisher gewesen ist, und sie wird noch sicherer und sogar noch angenehmer werden.

Das waren, mein Herr, die Überlegungen, die die Person mitteilte, der ich Ihre zwei Briefe unterbreitete. Sie vermochten einige Umstände aufzuhellen, die mich nur darum verletzten, weil ich sie nicht richtig verstanden hatte. Ich könnte mir vorstellen, daß sie als Ergänzung Ihrer zwei Briefe nicht ganz nutzlos sein werden, so daß ich sie Ihnen überlasse, damit Sie einen Gebrauch davon machen können, der Ihnen richtig erscheint. Ich verbleibe etc.

Dritter Brief
In welchem man abermals die Leibrenten und den Kredit behandelt und in welchem man den Gebrauch des Geldes im allgemeinen erklärt sowie die Vorteile des Bankgeldes im besonderen[29].

Sehr geehrter Herr, ich bin außerordentlich erfreut, nicht als Autor, sondern als Staatsbürger, daß meine Briefe in Ihrer Provinz gut aufgenommen worden sind und daß sie die meisten derjenigen für das System gewannen, die Sie davon in Kenntnis setzten.

Ebenso wenig bin ich darüber erstaunt, daß sie Widersacher fanden: Es wäre nicht gerecht, daß meinen Briefen mehr Glück widerfährt als der Angelegenheit, die sie verteidigen. Es gibt sogar eine große Anzahl von Gegnern, die man nicht hoffen darf zu überzeugen, sei es, daß sie es sich niemals zur Pflicht machen, etwas zu überprüfen, sei es, daß, trotz der Erklärungen und der Klarstellungen, die sie nicht verfehlen zu begreifen, sie die Entscheidungen aufrechterhalten wollen, die sie zu der Zeit gegen das System erhoben, als sie es nicht verstanden. Ich beanspruche lediglich, denen, die gut gesonnen sind, Gründe zu liefern gegen die berufsmäßigen Phrasenmacher. Nichts verwirrt und betrübt diese Art Leute mehr, als wenn man sie dazu zwingt, vernünftig zu urteilen, und wenn man sie mit Sachverhalten vor den Gesellschaften oder vor den Vereinigungen, die sie mit ihren Worten betäubten, bloßstellt. Aber es gibt eine andere Gattung von Leuten, die es verdienen, daß man ihnen Aufmerksamkeit gewährt. Das sind diejenigen, die durch das System wirklich leiden und die durch die Abschaffung der Leibrenten einen ziemlich großen Teil ihrer Einkommen verloren haben.

Es ist ihr Interesse, welches mich veranlaßt, noch einmal auf diesen Sachverhalt zurückzukommen und ihnen in der Folge von allen Seiten her ein System vorzustellen, welches sie noch nicht zu schätzen verstanden. Es ist sehr schwierig, das Gute einer allgemeinen Sachlage wahrzunehmen, so gut sie auch wirklich immer sein möge, wenn sie uns persönlich beeinträchtigt. Man glaubt sich zu seinen Klagen noch weit mehr berechtigt, solange sie einer ganzen Gruppe von Leuten gemein sind, welcher wir zugehören. Man verfehlt dann nicht, diese Gruppe von Leuten, mit der Überredungsgabe der Eigenliebe, als die im Staat wichtigsten und als die zahlreichsten anzusehen, und dies oftmals vermittels einer tatsächlichen Täuschung. Genau das ist der Fall bei denjenigen, die sich über die Rückerstattung[30] beklagen. Sie finden es schlecht, daß der Staat etwas tut, was sie niemals verabsäumten, für ihre Rechnung zu machen, sofern sie es vermochten. Einige sind so unvernünftig zu sagen, daß der Bankrott sämtlicher Wertpapiere des Königs besser war als die Abschaffung der Renten. Das bedeutet, daß man eher einer anderen Gruppe als der ihrigen einen totalen Verlust übertragen sollte, als ihnen einen Teil ihrer Einkommen zu nehmen; denn diese Unbekümmertheit, mit welcher jeder seine eigennützigen Phantasien an die Stelle des Systems setzt, ist schon eine wunderbare Sache, sowie die Herablassung, mit welcher man es mit Reden angreift, die jeden Sinnes entbehren. Ich befand mich in einer Gesellschaft, wo ich sagte, daß die Wohltat des Geldumlaufs, die sich im Königreich einstellte, natürlicherweise die Verringerung der Rechtsstreitigkeiten mit sich brachte. Ich fügte hinzu, daß man über eine Liste von dreihundertsechzig und mehr Böden beziehungsweise Häusern verfügt, auf denen ein Rechtsanspruch liegt und welche das System zur Zufriedenheit der Gläubiger und Schuldner, die die Zeitdauer der Prozeduren gleichermaßen zu ruinieren drohte, einlöste. Ein Phrasenmacher antwortete aufbrausend, indem er sich erhob: „Sobald man die Prozesse schlichtet, ist alles verloren, denn der Franzose prozessiert gern.“ Dies ist das Muster der meisten Einwendungen, die ich gegen das System vorbringen höre und die meiner Meinung nach ein schlagender Beweis seiner Gediegenheit sind.

Zum Beispiel hinsichtlich der Rückerstattungen, auf welche ich zurückkomme, bestreite ich gegenüber den meisten von denjenigen, die sich darüber beklagen, nicht ihren Rang und ihre Würde; aber ich werde ihnen nichts Neues mitteilen und was sie nicht selbst mehr als einmal gesagt haben, wenn ich vorbringe, daß bezüglich des öffentlichen Wohls der bedeutendste Teil des Staates sich aus den Bauern und den Arbeitern zusammensetzt beziehungsweise aus dem Volk des Landes und der Städte, zu welchen man noch die Kaufleute hinzufügen muß. Hier ist die Quelle aller Reichtümer eines Königreichs und das, was alle anderen Einwohner- oder Bürgerstände unterhält. Wahrscheinlich wird man mir nicht in Abrede stellen, daß diese erste Klasse ebenfalls auch die zahlreichste ist. Nun aber frage ich, ob ihr Gut in Leibrenten besteht und ob die Rückerstattungen ihr Unrecht zufügen. Ich frage außerdem, ob das System, in seinen Anfängen bewährt und in seinen Zielstellungen bekannt, nicht dazu geeignet ist, die Böden in Bebauung zu nehmen, die Manufakturen in Gang zu setzen, den Handel zu beleben. Ich lasse hier die ungeheure Anzahl derjenigen beiseite, die ihren unmittelbaren Unterhalt aus dem Geld des Königs beziehen und denen die augenblickliche Lage der Dinge die Ruhe gibt, die man ihnen gegenüber mehr als einmal vermissen ließ.

Wenn man versprach, daß das System das Königreich bereichern würde, so bedeutet dieses Versprechen nicht, daß es denselben Einzelpersonen, die sie besaßen, die Reichtümer erhalten würde, besonders wenn sich diese Einzelpersonen darauf versteiften, Wege zu beschreiten, die denjenigen, die der Staat ihnen eröffnet, gänzlich entgegengesetzt waren, und, so sehr sie es nur vermochten, die Regierung mit ihren Reden und mit ihrem Verhalten in Mißkredit zu bringen suchten. Es reicht aus, daß die Öffentlichkeit reich geworden ist, und um sie so zu sehen, braucht man lediglich unparteiisch in die Häuser der Einzelpersonen einzutreten, die Türen und die Alleen der Promenaden, wo man sich trifft, und die Theater anzuschauen, man braucht nur die Straßen von Paris zu durchstreifen.

Ich kenne die hassenswerten Bezeichnungen, die manche der Gattung von Leuten geben, die Geld gemacht haben, um mich hier ihrer Sprache zu bedienen; aber ich kenne ebenso die außerordentliche Anzahl von vornehmen Adligen und von Personen allerhöchsten Ansehens, die das System reich gemacht hat; und die sanfteste Antwort, die ich diesen Phrasenmachern geben kann, ist, ihnen zu sagen, daß sie in jeder Hinsicht gänzlich unbelehrbar sind. Wie dem auch sei, die Tür zu Reichtümern hat aller Welt offengestanden, und darin besteht auch der hauptsächliche Unterschied der Vermögen aus der alten Verwaltung gegenüber den Vermögen der jetzigen. Die Persönlichkeiten hohen Standes traten nicht ins Geschäftsleben ein; und von den übrigen wurde der nicht zugelassen, der es wollte.[31] Ich bedaure nur diejenigen, die, indem sie die Absicht hatten, sich den Aktien anzuvertrauen, ihre Rückerstattung[32] nicht schnell genug erhalten haben, doch ihre Zahl reduziert sich auf sehr wenig Leute. Jedoch dürfte es wohl zutreffen, daß für sie nicht alles verloren ist, und sie kommen noch rechtzeitig, sofern sie es wollen, um mit den Aktien reicher zu sein, als sie es mit den Renten waren. Der Unterschied, der besteht zwischen Ihrer Lage im neuen System und derjenigen, in welcher Sie sich befänden, wenn es nicht gekommen wäre, besteht also darin, daß Sie über ein großes Einkommen auf den Namen verfügten, wovon allerdings sehr wenig in Ihre Hände gelangte und wovon gar nichts mehr in Ihre Hände gelangen würde; anstatt dessen haben Sie gegenwärtig einen Fonds, der Ihnen wenig erbringt, dessen Ertrag indessen leicht zu erlangen ist, wie auch immer Sie ihn anlegen, und welcher ansteigen wird, wenn Sie ihn in Aktien anlegen.

Soll ich den Renteninhabern noch sagen, und vor allem denjenigen, die sich über den Rückgang der Renten auf zwei Prozent beklagen, daß die normalen Leibrenten, welche hinsichtlich des Einkommens auf geringeren Fonds beruhten als der Rentensatz[33], und diejenigen des Königs auf Fonds, die im Augenblick des Darlehens aufgebraucht waren, ihr natürliches Ende nicht in der Rückerstattung gefunden hätten, sondern im Bankrott und daß, ohne das System, wir diesen Tag bereits kommen gesehen hätten? Die Renten waren selbst schon unter dem verstorbenen König[34] zurückgegangen, und wenn man sich einmal darauf besinnen will, dann wird man in diesem Rückgang einen ungeheuren Widerspruch gewahr, welcher den nahe bevorstehenden Ruin des Königreichs ankündigte.[35] Worin lag die Ursache der Verminderung der Renten? Das war nicht, wie heute, die Geldvermehrung und die Leichtigkeit des Umlaufs, das war im Gegenteil die Knappheit und das Zurückhalten des Geldes. Nun mußte aber, nach allen Regeln des gesunden Menschenverstandes, diese Ursache die Renten, weit davon entfernt, sie herabzusetzen, erhöhen.

Denn muß das Silber, wie alle anderen Waren auch, nicht um so teurer sein, wie es seltener und mehr gefragt ist? Wie konnte der König darauf verfallen, weniger zu bezahlen? So war er, um das verlorengegangene Vertrauen[36] wiederherzustellen, welches ihn traf, indem er die Renten der Fonds, die in seinen Händen waren, herabsetzte, verpflichtet, um seine Renten zu bezahlen, so verringert sie auch sein mochten, andere zu einem sehr hohen Zins zu begründen. Und mehr noch, beim ersten Bedarf, den er hatte, borgte er bei Geschäftsleuten zu einem Viertel in Silber, zu drei anderen Vierteln in Papiergeld, das er selbst diskreditiert hatte, insofern er die Entgegennahme in seinen Büros verweigerte, und er bezahlte insgesamt fünfzehn und zwanzig Prozent. Was sollte bei alledem aus den Renten der Stadt[37], den Ansprüchen, die sich von der anderen Seite nur mit außerordentlichen Mühen bezahlen ließen und die zur vollständigen Wertlosigkeit tendierten, werden? Die Leibrenten, die öffentlichen wie die privaten, wenn man sie in der alten Form nimmt, schadeten dem Verleiher, dem Borger und dem Staat. Sie schadeten dem Verleiher wegen des Ausmaßes eines sofortigen Gewinns, welcher ihn mit einem schließlichen Bankrott bedrohte. Sie schadeten dem Borger wegen der Höhe des Zinses, von dem wir nachwiesen, daß er außerordentlich hoch war, so daß Sie, wie ich selbst, davon gehört haben werden, daß in weniger suspekten Zeiten, sich keine Rente dreißig Jahre halten konnte, ohne den Nehmer vermittels der Rechtsansprüche, die auf die Fonds fielen, zu ruinieren. Ich weiß sehr wohl, daß die Verteidiger der Leibrenten sagen, daß der Borger sich mit der Summe abfindet, die er empfängt, so daß er sich augenblicklich einer Schuld oder einer anderen dringenden Angelegenheit entledigt oder auch, daß er einen Rang beziehungsweise eine schätzenswerte Ehrenstellung bei den Menschen erwirbt; danach bringt er sich in die Lage, vermittels seiner Ersparnisse, den Gläubiger auszuzahlen. Ich bezweifle nicht, daß jeglicher Borger auf Leibrenten, der sich nicht ruiniert, ungeschickt vorgeht, sich nicht langzeitig in Schwierigkeiten bringt, nicht das Einkommen von seinen anderen

Gütern antastet, um sich von seiner Schuld zu befreien. Alles das ist für mich und spricht für mich gegen die Leibrente. Es genügt mir, um den Exzeß dieser Rente bloßzustellen, daß der Leibrentner im Fonds des Geborgten nicht das findet, was ihn rettet, zumindest um die Rente, womit er belastet ist, leicht zu bezahlen. Denn schließlich bleibt wahr, und dies selbst angesichts der Einwendung, daß Ihr Darlehen jedweden ruinieren wird, von dem Sie einen Zins einfordern werden, welcher höher als der Fonds ist, auf welchen Sie ihm ausleihen, wenn er über kein anderes Gut verfügt beziehungsweise wenn er Ihre Bezahlung nicht aus anderen Gütern bezieht, die Ihnen in Wahrheit nicht gehören. Schließlich schadeten die Leibrenten dem Staat, nicht allein weil sie eine unendliche Anzahl von Gläubigern und Schuldnern ruinierten, sondern ebenfalls, weil sie die Personen von der Arbeit und vom Handel abbrachten, die nur über ein recht mäßiges Gut verfügten und welche die Bequemlichkeit einer Rente in die Faulheit trieb beziehungsweise darin beharren ließ. Eben diese Gründe sind vorgebracht worden in dem Edikt des verstorbenen Königs aus dem Jahre 1665 für die Herabsetzung des Zinses von einem Achtzehntel auf ein Zwanzigstel unter dem Minister Colbert. Denn ich fordere dazu auf, daß man einen vernünftigen, soliden, vorteilhaften Grundsatz finden möge, in welcher Verwaltung auch immer, in einer französischen oder ausländischen, welcher nicht im neuen System angewendet wurde, und zwar unmittelbarer und wirkungsvoller als in der Verwaltung, aus welcher dieser Grundsatz gezogen wird. Man kann ferner sagen, daß der vernünftigste Gebrauch der Anleihen auf Leibrenten, welcher in der Instandsetzung der Böden und der Häuser bestand, ersetzt wurde durch die Anleihen, die der König auf alle Grundfonds zu zwei Prozent zu gewähren versprach.

Ich gestehe ein, daß die Abschaffung oder die Verringerung der Renten eine Unbequemlichkeit für diejenigen entstehen läßt, die ausgezahlt werden beziehungsweise für diejenigen, die ihr Geld nur zu einem sehr niedrigen Ertrag anlegen können. Das ist eines dieser besonderen Übel, die notwendigerweise mit dem öffentlichen Glück entstehen. Wenn die Güter des Königreichs in einer Art und Weise in Ordnung gebracht würden, daß der größte Teil der Prozesse entfiele beziehungsweise daß sie sich in summarische Rechtssachen verwandelten, wie diejenigen, die vor den Handelsgerichten entschieden werden, hätte man dann nicht Grund, eine Regierung oder ein Ministerium zu preisen, die Frankreich diese Wohltat verschafft hätten? Indessen, wie groß ist doch die Anzahl der Familien im ganzen Königreich, die nur von Rechtshändeln und Rechtsverdrehungen leben! Die Witwen und die Kinder der meisten Juristen liefen Gefahr, bei dieser Reform ihr Wittum oder ihren Nachlaß zu verlieren. Das wäre dann wirklich ein Fall zu sagen: Wenn man die Prozesse abschafft, dann ist alles verloren, denn der Franzose prozessiert gern. Man hätte allerdings auf diese Schwierigkeit nur eine Antwort zu geben. Diejenigen, die einen solchen Beruf ausübten, werden mit der Zeit einen anderen Weg einschlagen müssen, oder doch zumindest von ihren Kindern einschlagen lassen; und dann wird der Staatskörper vielleicht von dem allergrößten aller seiner Übel verschont bleiben.

So, als wenn man mir sagt: Wie viele Personen sind doch durch die Abschaffung der Renten aus dem Gleis geraten! Hier meine Antwort: Das liegt daran, daß sich das öffentliche Vermögen derartig gewandelt hat, daß es für fast niemanden mehr erforderlich ist, etwas zu borgen, beziehungsweise daß, wenn jemand es dennoch nötig hat, dies zu tun, das Geld so reichlich vorhanden ist und sein Umlauf so leicht vonstatten geht, daß es nahezu nichts mehr kostet, es sich zu beschaffen. Wollen Sie mich veranlassen, über diesen Umstand verärgert zu sein, vor allem dann, wenn der Herrscher jedwedem im Handel eine viel sichere Hilfsquelle als die Renten anbietet und wenn er mit dem Depot bei der Bank und mit anderen Vorsichtsmaßnahmen die Güter der Geistlichkeit, der Gemeinden, der Witwen und der Minderjährigen gut sichern will? Fordern Sie vielleicht, daß der König und daß Ihre Mitbürger weiterhin von Bedürfnissen zu Boden gedrückt bleiben, nicht um Sie noch mehr in Wohlstand zu versetzen, denn Sie waren sehr schlecht, sondern um Ihnen ein Einkommen entsprechend Ihrer Eingenommenheit und Ihrer Gewohnheit zu verschaffen? Und was machte man davor? Man weiß hinlänglich, daß die Leibrente erst sehr spät in der römischen Jurisprudenz in Erscheinung trat. Alle Nationen des Altertums, die sich entweder durch ihre Gesetze oder mit ihren Reichtümern auszeichneten, haben als normale und statthafte Güter nur den Grund und Boden und den Handel gekannt. Selbst heute ist die Leibrente außerhalb Frankreichs sehr wenig gebräuchlich, wo sie sich auch erst in allerletzter Zeit derartig ausgebreitet hat. Zumindest begünstigen die Völker, die etwas vom Handel verstehen, sie sehr wenig und halten sie stets auf geringer Stufe. Was soll man denn wirklich auch denken von einem Teil der Bürger, der bequem lebt und sich unterhält von Darlehen, die er dem anderen Teil machte, welcher sich ruiniert? Ich weiß sehr wohl, daß ein mit Nachsicht und nach vielen Bedenklichkeiten erlassenes Gesetz sie rettet, indem man die Zweckentfremdung der Fonds wirklich vergilt, womit ich sie ebenfalls nicht beauflage. Aber welches ist denn diese Entfremdung? Sie besteht nur unter der Bedingung einer sehr rigorosen Zahlung der Rückstände; und eine auf einen Fonds verliehene Geldsumme, der ihm verpfändet wird, ist in Wahrheit weniger entfremdet, als eine auf einfachen Wechsel auf sechs Monate verliehene Summe. Aber schließlich kann man den Rentiers auch sagen: Verleiht euer Geld zu dem Ertrag, den ihr erhalten könnt, wenn ihr Borger findet. Allerdings, wird es denn andererseits der König, der im Begriff ist, selbst zu verleihen, dulden, daß man seine Untertanen inzwischen mit einem zu hohen Zins bedrückt? Würdet Ihr ihm diesen Rat geben, wenn er Euch um Euren Rat bäte? Ihm ist sehr daran gelegen, daß man seinen Untertanen sagt, daß jedes Borgen zu Zinsen, so niedrig sie auch seien, für die Borger nachteilig ist und daß sie besser auf ihre Rechnung kämen, wenn sie sogar auf sein Darlehen verzichteten, obwohl es seine Absicht ist, dessen Zinsen mehr und mehr zu verringern. Er fordert sie dazu auf, ihre Ansprüche und ihre Unternehmungen auf ihr gegenwärtiges Vermögen zu begrenzen; und indem sie darauf verzichten, so viel zu borgen, wie sie nur können, werden sie später in der Lage sein, mit größerer Sicherheit aufzusteigen. Daß also die Verleiher ihrerseits, anstatt Bedürftige oder Unvorsichtige ausfindig zu machen, um sie mit Schulden zu belasten, ihr Geld in der öffentlichen Handelsgesellschaft anlegen, die gerade eingerichtet wird[38]: Das ist dann eine Art und Weise, es anzuwenden, welche in sich selbst von jedem Verdacht des Wuchers ausgenommen ist, eine Art und Weise, die die natürlichen Gesetze, die staatlichen und kirchlichen, stets gleichermaßen erlaubt und gebilligt haben und die sie bereichern wird, wobei sie zum öffentlichen Wohl der Nation beitragen.

Ich werde nur ein Wort sagen zu der Leichtigkeit der Verschwendung des Gutes in Papiergeld. Dieser Nachteil ist kein anderer als derjenige, der die Kaufleute, die Geschäftsleute und selbst die Privatpersonen stets betraf, die ihre Güter in einer Brieftasche hatten. Übrigens, Nachteil für Nachteil, ich würde nicht zögern, für die Öffentlichkeit diesen hier zu wählen, vorzugsweise vor demjenigen der Prozesse, dessen zweifelsfreier Vorzug eine unerschöpfliche Quelle darstellt. Man verliert sein Gut durch unüberlegte Ausgaben nur bei einer freiwilligen Unklugheit, statt dessen wird man oftmals von Prozessen ruiniert, obwohl man Güter hat und ohne daß einen dafür die Schuld trifft. Ich bezweifle nicht, mein Herr, daß Sie noch nicht auf die Stelle gestoßen sind, wo ich sagte, daß die Aktien noch sicherer als die Renten sind. Ich glaube nachgewiesen zu haben, daß die Renten es sehr wenig waren. Der nahezu totale Bankrott, der ohne das System eingetreten wäre, kann noch als eine Vermutung gelten; die Schwierigkeit, mit welcher man gegen Ende der letzten Regentschaft seine Einkommen erhielt, ist jedoch noch nicht aus unserem Gedächtnis entschwunden. Es geht also darum zu beweisen, daß die Aktien sicher sind und, um noch weiter zu gehen, daß sie das sicherste aller Einkommen bilden.

Ich will hier nicht die Vorteile des Grundeigentums in Abrede stellen; kein System hat es so sehr begünstigt wie dieses hier: Wenn die Beauflagung mit den Taillen[39] den Bauern davor zurückschreckte, seinen Boden zu verbessern und ihn mit Vieh auszustatten, in der Befürchtung, auf der Steuerrolle[40] mit einer größeren Summe beauflagt zu werden, dann wird die Wendung, die man den Steueransprüchen des Königs geben will, alle Eigentümer dazu veranlassen, ihre Felder bis in die letzten Ecken zu bebauen, um sich alle die Reichtümer des Bodens zu verschaffen. Diese Sicherheit und Wohlhabenheit wird die Bevölkerung im Königreich vergrößern und Menschen selbst von auswärts anziehen, und diese unmerkliche Vermehrung wird dann den Häusern in den Städten mehr und mehr Wert verleihen, und dies vor allem in der Hauptstadt. Man kann selbst sagen, daß wenn die alte Administration nichts lieferte und von Tag zu Tag die Preisgabe und den Niedergang von allem herbeiführte, das neue System so günstig ist, daß das Vertrauen wie auch das Mißtrauen, das man ihm entgegenbringen kann, gleichermaßen zum Vorteil des Königreichs geraten. Das Vertrauen führt dazu, daß Fonds in den Indienhandel eingebracht werden, und das Mißtrauen bewirkt, daß Böden in Bebauung genommen werden und Häuser gebaut werden; und mehr noch, das System verschafft selbst den Undankbaren das, womit sie dann machen können, was sie wollen. Und schließlich noch, ungeachtet der Ungleichheit der jährlichen Ernten, verbraucht die normale Bewirtschaftung der Böden nahezu das gesamte Einkommen, und man kennt die kurze Lebensdauer der Häuser der Privatpersonen, ohne von den häufigen und manchmal totalen Reparaturen zu sprechen, denen sie unterworfen werden. Es verhält sich damit nicht so bei den Einkommen, begründet auf einem so ausgedehnten und so mächtigen Handel wie demjenigen, den Frankreich in der Lage ist, zu unternehmen und aufrechtzuerhalten. Wir geben nicht vor, von den Risiken der Meere[41] ausgenommen zu sein; allerdings ist ein Schiffbruch, der einen privaten Kaufmann oftmals rettungslos ruiniert, für eine ganze Nation in gewisser Weise unmerklich. Nicht allein, daß eine Flotte den Verlust einer anderen ausgleicht, außerdem tritt ein Jahr an die Stelle des anderen. Und was kann man nicht alles erwarten von der Stärke einer Nation? Ich spreche hier weniger von der Stärke der Waffen, womit man sich gegen die Angriffe der Feinde verteidigt, als von der Macht des Handels, an welchem diejenigen, die von Natur aus unsere Feinde sein würden, genötigt sein werden, Interesse zu haben. Ein schwacher Kaufmann, den die Eifersucht dazu brächte, den starken Kaufmann vernichten zu wollen, wird bald gewahr, daß dessen Vermögen darauf beruht, sich ihm anzuhaften und ihn noch mehr zu bestärken. Man weiß seit langem, daß hinsichtlich des Handels und der Bank die größte Geldbörse alles anzieht und den anderen nur die Kommissionsgeschäfte übrig läßt. Ich vermittele hier lediglich die ersten Ausblicke auf diesen Sachverhalt, die Zeit wird kommen, dies umfangreicher auszuführen.

Aber ich kann schon jetzt die Begründung für die Sicherheit der Aktien und der Bezahlung ihrer Erträge geben; es ist das die Leichtigkeit, die für den Staat bestehen wird, sie vermittels des Kredits und des Bankgeldes aufzubringen. Jeder Gläubiger sucht zwei Voraussetzungen bei seinem Schuldner: Den guten Willen und die Fähigkeit zu bezahlen. Denn ohne diese zwei Voraussetzungen bewirkt das zwangsweise Vorgehen lediglich, den Bankrott des Schuldners zu beschleunigen und den Gläubiger in neue Kosten zu stürzen. Bei dem König, gegen den zwangsweises Vorgehen nicht möglich ist, geht man stets das gleiche Risiko bezüglich seines guten Willens ein, um welche Verwaltung es sich dabei auch handelt. Es geht also nur um die Fähigkeit zu bezahlen; und um die Wahrheit zu sagen, so haben es die Könige niemals unterlassen und sie werden es niemals unterlassen, ihre Schulden zu bezahlen, es sei denn, sie befinden sich in der Unmöglichkeit, dem nachzukommen. Der große Bedarf, den sie an einem gut oder schlecht angelegten, gut oder schlecht verwalteten Kredit haben, wird sie stets dazu veranlassen, sich diesen zu bewahren, so sehr sie nur können.

Das beste System wird also zweifellos das sein, welches den Herrscher sicherer in die Lage versetzt, mit größerer Leichtigkeit alle seine Schulden zu bezahlen, die gegenwärtig nichts anderes als seine Ausgaben sind. Man wird mir leichthin vorhalten können, daß diese Leichtigkeit selbst, die der Herrscher haben wird, Ausgaben zu machen, uns in große Unannehmlichkeiten bringen kann. Im allgemeinen berücksichtige ich alle Einwendungen dieser Art, indem ich sage, daß ich mich nicht für Personen verbürge, ich verbürge mich nur für das System. Aber hier mehr: Die Ausgaben des Herrschers, die nicht bis zu Schulden gehen, sind nicht schädlich; nun ist aber das System mehr als jede andere bekannte Verwaltung geeignet, den einen etwas zu beschaffen und die anderen zu warnen. Das ist alles, was man verlangen kann. Übrigens diejenigen, die die Einwendungen erheben, glauben, daß das System eine wahrhaftige Reichtumsquelle sei, das sind aber nicht die Leute, mit denen wir uns jetzt beschäftigen. Ich komme also auf diejenigen zu sprechen, die vorgeben, daß das durch das Papier ersetzte Silber das Königreich nur mit einem falschen und chimärischen Gut angefüllt hat.

Die Antwort auf diese Einwendung beziehungsweise auf diesen Vorwurf macht den hauptsächlichen Gegenstand dieses dritten Briefes aus, dessen weitere Folge Ihnen noch etwas viel Neueres als die zwei ersten vorstellen wird. Indessen, all dieses Neue wird nur auf den ältesten politischen Grundsätzen beruhen, auf der ersten Einrichtung von Geld, auf der von allen Nationen gemachten Erfahrung von der Unzulänglichkeit und den Unbequemlichkeiten eines ausschließlichen Gebrauchs des Goldes und des Silbers für den Umlauf und den Handel.

Ich glaube steif und fest, daß kein System gut ist, wenn es nicht auf unbezweifelbaren Axiomen beruht und nicht von allen Menschen angenommen wird, die etwas Gebrauch von ihrer Vernunft machen. Selbst die Philosophie erhebt uns über viele allgemein verbreitete Ansichten nur dadurch, daß sie uns der Vernunft und dem gesunden Menschenverstand unterwirft, welche ihr im allgemeinen sehr widersprechen. Der Unterschied zwischen dem Philosophen und dem Voreingenommenen, zwischen dem klaren Kopf und dem verwirrten Geist, zwischen demjenigen, der denkt und vernünftig urteilt und demjenigen, der deklamiert und sich aufregt, ist nur der, daß der eine die vorgeschlagenen Grundsätze annimmt und daß der andere sie nicht annimmt; im allgemeinen aber nehmen sie sie alle beide an. Der erste jedoch, wenn er einmal einen Grundsatz angenommen hat, geht davon niemals mehr ab; er leitet daraus alles ab, was er sagt, er sieht alles das, was aus diesem Grundsatz als notwendige Folge erwächst, als eine feststehende Wahrheit an, gleichgültig, ob der Satz alt ist, ob er neu ist, ob er von aller Welt anerkannt wird oder ob er noch von niemanden anerkannt wird. Der Mensch mit Vorurteilen verhält sich nicht so. Sobald man ihn von einem angenommenen Grundsatz zu einer neuen Wahrheit geleitet hat, verleugnet er sie zuerst, indem er versucht, seine Schande mit Geschrei, mit Verleumdungen und vor allem mit falschen und verleumderischen Auseinandersetzungen zuzudecken. In der Folge fürchtet er dann all das, was sich ihm im Gewande der Vernunft präsentiert. Er gelangt soweit zu sagen, daß es viele Dinge gibt, bei denen die Vernunft nicht angewendet werden kann und wo die allgemein verbreitete Ansicht, die Gewohnheit oder selbst der althergebrachte Irrtum den Ausschlag geben müssen. Indessen dringt die Wahrheit durch alle diese Hindernisse hindurch, wird sie ganz langsam die allgemeine, geltende Ansicht, weil sie auf Grundsätzen des gesunden Menschenverstandes beruht. Die Öffentlichkeit wird bald gewahr, daß in dem System, das man angriff, Neues lediglich in der Anordnung der Teile zu finden ist, und sie wird gewahr die dumme Absurdität der meisten Einwendungen, die man dagegen vorgebracht hat. Was tut der Mensch mit Vorurteilen und jetzt bestürzt von den Wirkungen, die er in ihren Ursachen nicht erkannt hatte? Er rettet sich damit, daß er sagt, daß das System nichts Neues bringt und daß es schon immer bekannt gewesen ist. Damit spricht er ein wenig wahrer als vorher, denn es steht fest, daß man seit Descartes lediglich das gefunden hat, was schon im Platon und Aristoteles gesagt wurde.

Dies vorausgesetzt, bitte ich Sie, sich einen allgemeinen Grundsatz ins Gedächtnis zurückzurufen, den Sie mir zweifellos zugestanden haben, als Sie meinen ersten Brief lasen. Er besagt, daß der Kredit der größte Reichtum eines Kaufmanns ist, woraus ich folgere, daß er die größte Hilfsquelle und die größte Kraft eines Staates sein muß. Wenn jemand die Holländer, als sie uns das Gesetz in Gertrudenberg[42] diktierten, hätte verpflichten können, auf den Kredit zu verzichten und sich mit ihrem Münzgeld zu beschränken, dann wären sie auf der Stelle genötigt gewesen, uns die Partie zu überlassen. Denn lediglich mit seinem Kredit hat sich dieser Staat von geringer Ausdehnung, welcher zudem über viel weniger Silber verfügt als wir, gegen die Macht unserer Waffen behaupten können und ist er stets in Ehren in die Friedensverhandlungen eingetreten.

Der erste Gebrauch des Kredits ist, das Silber durch das Papier zu repräsentieren, und diesen Gebrauch kann man als eine jener volkstümlichen Einrichtungen ansehen, deren Schöpfer man nicht kennt beziehungsweise, um es besser auszudrücken, die keinen besonderen Schöpfer haben. Solange es einen geregelten Handel zwischen den Menschen gibt, hat derjenige, der Geld brauchte beziehungsweise der das Geld, das er ausgeben mußte, nicht aufbringen konnte, einen Wechsel[43] ausgestellt, welcher an die Stelle dieses Geldes trat und womit sich der Gläubiger zufriedengab. Es ist leicht einzusehen, daß dieser Gebrauch das Münzgeld, welches mangelt und welches ohne den Kredit niemals ausreichen würde, beträchtlich vermehrt, so daß man versichern kann, daß es im Handel viel mehr gute und annehmbare Wechsel gibt, als es Silbergeld in sämtlichen Kassen der Kaufleute zusammengenommen gibt. Dieser Gebrauch des Papiers hat sich unter den Kaufleuten noch weiter ausgedehnt; denn ihr Wechsel lief von einem Ort zum anderen und vermittelte oft eine Unzahl von

Geschäften, bevor er zu seinem Ausgangspunkt zurückkehrte, so daß ihr Wechsel ebenso viele Geldbeträge repräsentierte, wie in den Händen derjenigen notwendig gewesen wären, die ihn sich übertrugen. Das System hat in dieser Beziehung nichts anderes gemacht, als ins Allgemeine zu übertragen, was, um mit dem König anzufangen, die Natur, um es einmal so auszudrücken, der lokale Umsatz und die Notwendigkeit der Dinge bei den Privatpersonen längst eingeführt hatten. Darum, anstatt das System als eine unstatthafte Neuerung anzusehen, bin ich erstaunt darüber, daß es sich nicht schon seit sehr langem von ganz allein etabliert hat. Zumindest steht fest, daß sich bis heute jeder Staat nur in dem Maße gut oder schlecht erhalten hat, wie er daran mehr oder weniger Anteil hatte.

Der Mann aus dem Volke wird es nicht unterlassen, darüber zu sagen, daß der Kredit eines privaten Wechsels sich mit der Freiheit der Akzeptierung unterhält und bewahrt, wogegen ich im Gegenteil behaupte, daß der Kredit dieses Wechsels nur zweifelhaft ist und daß sein Umlauf beschränkt ist, weil seine Akzeptierung freisteht. Tatsächlich läßt der erste, der ihn verweigert, selbst ohne daß er dafür eine ausdrückliche Begründung hat, befürchten, daß der Urheber des Wechsels, ein Privatmann, und als solcher nicht allein von den sichtbaren Schwierigkeiten in den Geschäften des Staates abhängig, sondern ebenfalls von den verborgenen Schwierigkeiten seiner privaten Geschäfte, die Summe nicht aufbringen kann, die sein Schriftzug anzeigt; er unterbindet dessen Umlauf und läßt ihn unverzüglich zu seinem ursprünglichen Aussteller[44] zurücksenden. Anstatt dessen könnte es geschehen, wenn alle Welt verpflichtet wäre, ihn anzunehmen, daß er dahin niemals zurückkehrte und daß sein Urheber auf diese Weise niemals verpflichtet wäre, ihn zu bezahlen.

Dieser Satz ist so handgreiflich, daß ich einige Schande empfinden würde, ihn zu beweisen, wenn man nicht in den Geschäften grundgelehrten Leuten begegnen würde, die der augenblicklichen Regierung ohne Unterlaß einen Zwangskredit vorwerfen, als wenn es einen öffentlichen Kredit gäbe, der nicht auf Statuten und einem Gesetz beruhen würde. Selbst das Silbergeld bedarf dessen, um umzulaufen, und man ist mehr als einmal genötigt gewesen, bei obrigkeitlichen Verwaltungen Zuflucht zu nehmen, um einige Privatpersonen zu veranlassen, bestimmte Münzen beziehungsweise Münzen zu einem bestimmten Gehalt zu akzeptieren. Und es ist dieser Zwang selbst, der das öffentliche Vertrauen bewirkt, weil der durchschnittliche Bürger niemals ein Geld oder ein Papier akzeptieren würde, welches irgend jemand das Recht hätte zu verweigern. Ich habe Sie selbst einige Male darüber klagen hören, daß die Erlasse für diese Arten von Sachverhalten auf dem Lande nicht schnell genug bekannt wurden, damit die Geister beruhigt wurden. Nun kennzeichnet aber nichts besser die Wahrhaftigkeit eines Systems, als wenn man, ohne es zu bemerken und selbst indem man es angreift, ununterbrochen Dinge sagt, die ihm entsprechen. Es ist also das Fehlen dieser Autorität beziehungsweise dieses allgemeinen Gesetzes, was den Handel der Privatpersonen auf so enge Grenzen beschränkt. Es ist lediglich der Herrscher (ich habe es in meinem vorhergehenden Brief gesagt), welcher über einen wahrhaftigen Kredit verfügen kann, und die privaten Kaufleute werden davon immer nur einen Schatten haben. Das allein läßt verstehen, wie groß doch die Schwäche einer Regierung gewesen sein muß, wo einfache Bürger ohne Unverschämtheit sich rühmen konnten, mehr Kredit zu haben als der König, weil der König sich seines Kredits nur bediente, um, wie sie, Summen zu borgen, die er nicht, wie sie, zurückzahlte; anstatt daß der Kredit des Herrschers darin besteht, mit seinem Versprechen selbst, rechtskräftig zu bezahlen, was die Privatpersonen mit dem ihrigen nicht machen könnten.

Aber schließlich werden Sie mir vielleicht sagen, welche Geistesanstrengungen auch immer ich mache, ich verstehe nicht, daß das Papier die Ware gültig bezahlen kann; und solange es mir dazu diente, sie zu erlangen, dann hätte doch sicher der letzte Empfänger des Wechsels den Verlust. Ich könnte zunächst antworten, daß der etablierte Umlauf bewirkt, daß sich dieser letzte Empfänger nicht findet; aber hier eine wesentlichere und entscheidendere Antwort.

Nur die Nahrungsgüter und die Waren sind wirkliche Reichtümer bei den Menschen, und nur der Tausch dieser Nahrungsgüter oder dieser Waren ist ein wirklicher Handel zwischen ihnen. Das Gold, das Silber, das Kupfer, die Noten, die gezeichneten und aufgefädelten Muscheln, derer man sich an manchen Küsten Afrikas bedient, dies alles sind nur stellvertretende Reichtümer beziehungsweise Zeichen für die Übertragung[45] wirklicher Reichtümer. Diejenigen, die Eigentümer von Grund und Boden sind, von dem man diese Nahrungsgüter oder Waren erntet, beziehungsweise diejenigen, die sie auf der Erde oder im Wasser, das niemandem gehört, suchen, alle diese, indem sie diese Nahrungsgüter oder Waren denjenigen verschaffen, die sie nachfragen, haben das Recht, im Austausch von ihnen irgendein anderes Gut einzuziehen. Da diese jedoch häufig nichts haben, was jenen zusagt, geben die zweiten den ersten mit den Zeichen für die Übertragung, worum es sich auch immer handeln möge, eine Anerkennung, unbestimmt hinsichtlich der Art des Gutes, das sie empfangen haben, bestimmt jedoch hinsichtlich seines Preises. In dieser Hinsicht betrachte ich einen Taler ebenso wie eine Note, welche etwa in dieser Form abgefaßt ist: „Irgendein Käufer wird dem Inhaber das Nahrungsgut oder die Ware, die er benötigt, bis zu einem Höchstbetrage von drei Livres, geben, als Ausgleich für ein anderes Nahrungsgut oder eine andere Ware, die mir geliefert wurde", und als Signatur versehen mit dem Bildnis des Herrschers oder einem anderen öffentlichen Zeichen. Alle Übertragungszeichen sind also gleich beziehungsweise ununterscheidbar, insofern sie alle möglichen Arten von Gütern vertreten und insofern sie das allgemeine Maß ihres Preises und ihres Wertes darstellen. Wenn die Nahrungsgüter auf einem bestimmten Stand waren, und für den Fall, daß es kein Übertragungszeichen gäbe, dann würde ich zwei Mud[46] Getreide für ein Mud Wein geben; im Falle des Vorhandenseins von gültigen Übertragungszeichen gebe ich lediglich eines für ein Mud Getreide, wenn ich davon zwei für ein Mud Wein gebe. Das ist ohne Mühe zu verstehen und zeigt Ihnen, daß wenn die Banknote auch niemals Silber hervorbringen kann, was ja nicht möglich ist, dennoch kein Inhaber dieser Note Verlust erleiden kann, weil er auf eine angemessene Ware den gleichen Anspruch hat wie der erste, der sie empfing. Jetzt geht es darum, in Augenschein zu nehmen, welches die passendsten Übertragungszeichen in einem Staat sind. Das Übertragungszeichen kann auf Sachen überbracht werden, die von sich aus keinen Preis haben oder die einen derartig niedrigen Preis haben, daß man ihn vernachlässigen kann, wie das Papier und die Muscheln, oder aber es kann auf Sachen übertragen werden, die selbst eine beträchtliche Ware sind, wie die Metalle; und unter diesen Waren kann man dann diejenigen auswählen, die im Königreich gewonnen werden, wie das Eisen und das Kupfer, oder diejenigen, die von auswärts kommen, wie das Gold und das Silber.

Schon sehr früh benutzte man die Metalle, damit sie als Übertragungszeichen beziehungsweise als Geld dienten. Erstens, weil sie bis zu einem gewissen Grad unveränderlich sind und weil sie, wenn sie unaufhörlich von Hand zu Hand gehen, nicht verschleißen; und zweitens, weil sie exakt teilbar sind und weil sie auf diese Weise den geringsten Waren als genaues Maß dienen können. Zunächst begann man mit dem Eisen und dem Kupfer, welches man nahezu überall vorfindet, denn man konnte selbstverständlich nicht darauf verfallen, eine Sache als Übertragungszeichen der Waren zu verwenden, welche man nur aus dem Ausland und nicht aus dem eigenen Land beziehen kann. Ich kann gut verstehen, daß die Völker, die über Gold- und Silberminen verfügen, begierig von der Verführung profitierten, die der Glanz dieser zwei Metalle auf die anderen Völker fallen ließ. Diese Verführung hat ersteren unendliche Vorteile verschafft, indem von ihnen die Waren der anderen Nationen gleichsam wie ein Tribut angezogen wurden. Nichtsdestoweniger stürzte sie die verführten Völker in eine furchtbare Unannehmlichkeit, welche darin bestand, häufig und sogar fast immer, einer genügenden Menge dieses Rohstoffs für die Übertragungszeichen zu ermangeln, welche für den bei ihnen bereits etablierten Handel erforderlich sind, so daß mehrere unter ihnen, in Ermanglung dieser Zeichen, die sie eigentlich haben mußten und auf welche sie einen Zugriff haben, nicht wußten, wie sie die Waren kaufen sollten, die sie benötigen, obwohl sie in ihrem eigenen Land überreichlich vorhanden sind. Die Unannehmlichkeit ist noch sehr viel größer, sobald es der Herrscher selbst ist, der sich von diesen Übertragungszeichen entblößt sieht, weil, ohne hier von den gewöhnlichen und manchmal unvorhergesehenen Ausgaben, die die Erhaltung des Staates erfordern, zu sprechen, der größte Teil seiner Untertanen sich von den Löhnungen beziehungsweise Gehältern, die er ihnen gibt, unterhält. Nun rührt dieser Mangel an Rohstoff gewöhnlich her sowohl von der weitsichtigen Begehrlichkeit der Nachbarn als auch von dem blinden Mißtrauen der Untertanen. Die Nachbarn, die sowohl das Gold als auch das Silber sehr begehren, verfügen über unendlich viele Kniffe, um es zu sich hinzuziehen, indem sie selbst einige ihrer Untertanen mit unerlaubten und verbrecherischen Gewinnen korrumpieren; oder aber die Untertanen, ohne auf solche Veruntreuungen zu verfallen, schließen diese Übertragungszeichen wie einen echten Schatz bei sich ein, wozu sie aus irgendeiner Anwandlung von Furcht oder Mißtrauen veranlaßt werden, was ich stets als blind bezeichne, weil dies einen Umlauf zum Stillstand kommen läßt, welcher den Staat in Schwierigkeiten bringt und welcher mehr als alles andere auf die anderen und auf sie selbst die Armut, die sie befürchten, ziehen kann.

Aber hier nun das durchgreifende Heilmittel gegen dieses Übel: Es besteht darin, den Menschen ein Übertragungszeichen zu geben, dessen Rohstoff bei ihnen gewonnen wird und wovon der Herrscher die Menge entsprechend der Bedürfnisse des Staates und des Handels vermehren und verringern könnte und vor allem, welches über keinerlei inneren Wert verfügt. Das ist der Hauptumstand, auf den ich hier das Gewicht legen möchte. Das Gold und das Silber sind natürlicherweise Waren wie die anderen auch. Der Teil, der davon für Münzen verwandt wurde, ist immer verbunden gewesen mit diesem Gebrauchswert, und es war den Goldschmieden immer untersagt, Gold-Louis oder Silber-Louis[47] zu kaufen und sie für Goldschmiedearbeiten zu verwenden. Auf diese Weise wurde besagter Anteil vermittels eines Gesetzes, welches in der ehemaligen Regierung seine Ursachen hatte, welches jedoch in sich selbst nachteilig ist, dem normalen Handel entzogen. Das war so, als wenn man einen Teil der Wolle oder der Seide, die sich im Königreich befinden, abzog, um daraus Übertragungszeichen zu machen. Würde man sich nicht besser befinden, wenn man sie für ihren natürlichen Gebrauch zurückgäbe und wenn man Übertragungszeichen aus Rohstoffen verwendete, die von sich aus zu nichts dienen? Aber der größte Vorteil solcher aus derartigen Rohstoffen erstellten Zeichen besteht darin, daß man niemals versucht sein könnte, sie aus ihrer eigentlichen Verwendung abzuziehen, welche darin besteht zu zirkulieren.

Der Herrscher hat einen unmittelbaren Machtanspruch gegenüber denjenigen, die das Münzgeld bei sich einschließen und verbergen, weil es den Privatpersonen lediglich in der Eigenschaft als Zirkulationsmittel gehört und weil es ihnen untersagt ist, es sich auf eine andere Weise anzueignen. Es ist mir sehr lieb, diesen Satz meines vorhergehenden Briefes zu wiederholen und zu erläutern, weil Sie mich wissen ließen, daß er einige Personen erstaunt und verletzt hat, obwohl es in der Politik keinen wahreren Satz geben kann. Ich habe nicht gesagt, daß es dem Herrscher freistehen kann, sämtliches Münzgeld seines Königreichs abzuziehen, um es sich selbst anzueignen, wobei er seine Untertanen in der Bedürftigkeit beläßt; das ist das, was die ehemalige Regierung zum Teil mit der Einschmelzung machte[48], was zum Aufkommen des Papiergeldes führte; indessen, alles Münzgeld des Königreichs gehört dem Staat, welcher in Frankreich durch den König repräsentiert wird, und es gehört ihm genauso wie die Landstraßen, und das nicht, um sie in seine Domänen einzuschließen, sondern um zu verhindern, daß irgend jemand sie in die seinigen einschließt; und wie es dem König erlaubt ist, und ausschließlich dem König, die Landstraßen für die öffentliche Bequemlichkeit zu verändern, was einzig und allein er beziehungsweise seine Beamten beurteilen, so ist es ihm ebenfalls gestattet, die Gold- und Silbermünzen in andere, für die Öffentlichkeit vorteilhaftere Übertragungszeichen umzuwandeln, die er dann selbst annimmt, so wie er die anderen annahm, und genau dies ist die Lage der gegenwärtigen Regierung. Solange jedoch die Gold- und Silbermünzen das Bildnis des Herrschers beziehungsweise das öffentliche Kennzeichen bewahren und solange diejenigen, die sie bei sich einschließen, sie damit selbst als Übertragungszeichen ansehen, ist der Herrscher in vollem Recht, sie zu verpflichten, sie herauszugeben, weil sie von dieser Art Gut nicht den Gebrauch machten, zu welchem es bestimmt ist. Der Herrscher hätte dieses Recht sogar auf Güter, die Ihnen als vollkommenes Eigentum gehören, und er kann Sie verpflichten, auf Ihrem Boden auszusäen und Ihre Häuser zu reparieren, die Sie in einer Stadt besitzen, unter der Androhung, sie wegzunehmen, weil im Grunde genommen Ihre Güter Ihnen nur unter der Bedingung gehören, daß Sie davon einen für die Gesellschaft annehmbaren Gebrauch machen. Um jedoch die Nachforschungen und die Beschlagnahmen beim Geld zu vermeiden, ist es immer noch vorteilhafter, bis zum Ursprung des Übels aufzusteigen und den Menschen lediglich ein solches Geld zu geben, das sie nicht versucht, es bei sich einzuschließen.

Das Papiergeld entspricht also vollkommen allen Bedingungen, die wir beim Rohstoff für das Geld untersucht haben. Es ist ausreichend unzerstörbar wegen der Leichtigkeit, die besteht, es in der Bank umzutauschen, sobald es abgenutzt ist; es ist exakt teilbar durch den auf den Geldschein aufgetragenen Wert; und das kleine Silbergeld, welches man immer im Handel belassen wird, ergänzt die für die Bedürfnisse des Lebens erforderlichen kleinen Teilungen. Es wird in Frankreich angenommen, und der Herrscher entscheidet stets über seine Menge, die den Bedürfnissen des Staates entspricht. Und schließlich besitzt es von sich aus keinen Wert, was ebenfalls veranschlagt werden sollte.

Die Banknote verfügt noch über einen anderen Vorteil, der uns veranlaßt, weitere Überlegungen anzustellen. Insofern sie sich in Münzgeld umtauschen läßt, hat sie, nach Belieben des Inhabers, einen doppelten Gebrauchswert: Der eine besteht darin, für den Erwerb von Fonds beziehungsweise von Waren zu dienen, der andere, Silber zu verschaffen. Da die Franzosen noch nicht auf den Gebrauch des Kredits eingestellt sind, fanden einige es schlecht, daß man es verbot, daß man über mehr als fünfhundert Livres in Münzgeld verfügte und daß man angeordnet hatte, die Zahlungen über fünfhundert Livres in Banknoten vorzunehmen. Diese zwei Handhabungen sind indessen durch das Beispiel unserer Nachbarn gerechtfertigt, die den Kredit schon vor uns kannten. Ich spreche nicht nur von den Einziehungen des Münzgeldes, die in allen Staaten und auch in Frankreich stattfanden, aus dem alleinigen Grunde, um die ins Stocken geratene Zirkulation wieder in Gang zu setzen. Vielmehr war es, von Anbeginn der Einrichtung der Bank von Amsterdam im Jahre 1609, den Privatpersonen untersagt, sich mit einem Betrag von über dreihundert Gulden in Silber zu bezahlen. Ohne diese Vorschrift wäre die Einrichtung des Kredits unnütz geblieben, sie hätte weder ihre natürliche Verbreitung erfahren, noch hätte sie ihre erste Bequemlichkeit bewirkt. Der hauptsächliche Vorteil der Banknote besteht darin, die großen Geschäfte abzuwickeln, während das Silbergeld die mittleren abwickelt und das Kupfergeld die kleinsten. Da es nun aber verboten war, und dies auch in Frankreich, in Kupfergeld über hundert Sous zu bezahlen, muß es untersagt sein, über einen bestimmten Betrag hinaus in Silbergeld zu bezahlen, und die Banknote muß dann über alles Darüberhinausgehende sorgen. Darin besteht die einzige Möglichkeit, die drei Geldarten in einer angemessenen Zirkulation und in der Abstufung des Kredits, den sie sich wechselseitig geben, zu erhalten. Man würde selbst nicht einmal Silber entgegennehmen, wenn es kein Geld für die kleinen Geschäfte verschaffen könnte. Aber angesichts dessen, was würden Sie von einem Menschen halten, der, wenn er über eine Million bare Taler[49] verfügt, darauf verfiele, sie sämtlichst am gleichen Tage in Kupfergeld einzutauschen? Sie würden ihm zweifellos sagen: „Zu was soll Ihnen denn diese Anhäufung dienen? Wollen Sie aus einer reinen Laune heraus die ganze Provinz ausverkaufen? Genügt es Ihnen nicht, die Möglichkeit zu haben, nacheinander einige Ihrer Taler für Ihre täglichen Bedürfnisse umzutauschen? Niemals werden Sie diesen ganzen Betrag für kleine Anschaffungen verbrauchen, und ich rate Ihnen, den größeren Teil davon für Zahlungen beziehungsweise Anschaffungen aufzubewahren, die Sie nicht einmal mit Silbergeld vornehmen können." Das ist das, was ein jeder sich selbst sagen müßte, in dieser Besessenheit, die die Franzosen befiel, ihre sämtlichen Aktien und alle ihre Banknoten zu realisieren. Da jedoch die meisten Menschen großer Haufen und wie Kinder in diesen neuen Einrichtungen sind, mußte man sie mit der Autorität dahin geleiten, wohin die Vernunft die aufgeklärten und gebildeten Leute mit einem Schlage gelangen läßt. Im Grunde genommen ähneln sich alle Nationen in ihren Schwächen. Seit dem Tage, wo die Bank von Amsterdam als staatliche Bank eingerichtet wurde, erlitt sie lange Zeit die gleichen Widerstände und die gleichen Anfeindungen wie die unserige. Die Republik[50] ist genötigt gewesen, sie mit Gesetzen zu verteidigen, die noch mehr Murren bewirkten, und die Minister haben ihren Kredit schließlich mit Mitteln befestigt, die von unwissenden Kritikern als Anzeichen ihrer Schwäche und ihrer Furcht angesehen wurden.

So ist derjenige, der in einem Königreich wie Frankreich, welches sich gerade anschickt, einen staatlichen Handel einzurichten, und der gegen den staatlichen Wechsel beziehungsweise gegen die Banknote zu Felde zieht, erst einmal so lächerlich wie derjenige, der in einem privaten Handel, an welchem er selber Interesse hätte, gegen die Wechselbriefe und die anderen von den Bankiers und den Kaufleuten gehandelten Wechsel deklamieren würde. Zweitens ist er so lächerlich wie derjenige, der eine Stadt des Handels mit riesigem Reichtum auf den ausschließlichen Gebrauch des Kupfers verpflichten wollte, und das mit dem Vorwand, daß in der Zeit, als sie keinen Handel betrieb, sie nur über dieses Geld verfügte, daß es ihr aber von jetzt an nicht mehr ausreiche.

Ich weiß nicht, ob Sie mir jetzt die Einwendung machen, die ich von mehreren anderen höre: „Unsere Banknote", so sagen sie, „kann gut sein für das Innere des Königreichs, aber was wird aus dem Handel mit dem Ausland werden?" Ich könnte antworten, daß kein Königreich mehr als dieses hier in der Lage gewesen ist, ohne das Ausland fertig zu werden, aber ich gehe noch weiter und füge hinzu, daß es den Ausländern unmöglich ist, ohne uns auszukommen. Dabei will ich Frankreich noch nicht einmal als das hauptsächliche Handelskontor, als die allgemeine Bank Europas und möglicherweise der anderen Weltteile ansehen. Wenn man nur einmal die natürlichen Erzeugnisse unseres Territoriums ansieht, so haben wir stets mehr Waren an unsere Nachbarn geliefert, als wir von ihnen bezogen haben; und läßt man einmal den Fall mit den Diamanten beiseite, die die Neureichen von den Ausländern gekauft haben, die jedoch inzwischen bezahlt sind, dann ist die Bilanz, ganz allgemein gesprochen, zu unseren Gunsten gewesen, das heißt sie haben uns, alles in Rechnung gestellt, stets Geld geschuldet. Wenn dieser Vorteil in der Folge noch ausgeprägter werden wird, dann werden die Ausländer stets genötigt sein, die Fonds an Gold und Silber, die sie uns für die Begleichung der Bilanz schulden werden, zu überstellen, so wie es der König sie betreffend letztlich tat, um Frankreich dahin zu bringen, ihnen nichts mehr zu schulden. Auf diese Weise verändert die Banknote in keiner Weise den Handel mit dem Ausland; beziehungsweise, sobald die Ausländer unsere Noten oder unsere Aktien annehmen, werden sie, da der Gegenwert davon im Königreich verbleibt, genötigt sein, sie zu uns zurückzubringen, um dafür bezahlt zu werden oder um sie für Waren in Frankreich zu verwenden. Kurz gesagt, unser Papier könnte nicht in ihren Händen sein, ohne sie auf irgendeine Art und Weise zu Franzosen zu machen und ohne sie an unserem Kredit und an unserem Handel zu interessieren. Die Ausländer selbst haben uns gelehrt, unsere Banknote als ein echtes Geld anzusehen, denn der Gewinn oder der Verlust damit ist bei ihnen stets genau dem Stand des Wechselkurses des Goldes und des Silbers gefolgt. Sie gewann fünfundzwanzig Prozent; in der Folge verlor sie, und schließlich ist sie wieder auf Pari angestiegen und über Pari hinaus, ganz genau wie das Gold und das Silber.

Welchen starken oder schwachen Eindruck alles das, was ich in diesem Brief und in den beiden ersten gesagt habe, auch immer auf Sie gemacht haben kann beziehungsweise in welcher Art und Weise Sie davon berührt gewesen sein könnten, sei es im Guten, sei es im Schlechten, das System ist eingerichtet. Nicht ohne Mühe überwand es die Hindernisse, die man ihm in den Weg legte; aber der König und die Öffentlichkeit sind darin derartig eingebunden, daß ich zu sagen wage, daß es weder dem König noch der Öffentlichkeit möglich ist, es zu zerstören. Dies ist der Vorteil aller Systeme, die auf der Wahrheit und dem Naturgesetz beruhen. Sie haben zunächst einige Mühe, sich in den Köpfen festzusetzen; sobald sie darin aber einmal Wurzeln geschlagen haben, vermag sie daraus nichts mehr auszureißen, wenn sie es nötig haben, berichtigt oder verbessert zu werden, dann können sie dies nur werden vermittels ihrer eigenen Grundsätze oder aus sich selbst heraus. Dieses hier hat außerdem für sich, daß es, weil es ein praktisches System ist, alle Bereiche des Staates so sehr eingebunden hat, daß es unmöglich ist, daß sie sich davon ablösen.

Die Indische Kompanie hat den König entlastet, insofern sie seine Schulden übernahm und ihm außerdem jährlich zwanzig Millionen Guthaben überträgt. Sollte der König Hand an das System legen, verliert er zunächst diese zwanzig Millionen, dann bürdet er sich erneut alle seine Schulden auf und überlastet er sich mit allen denjenigen, die er bezüglich der Banknoten und der Aktien einging. Er ist belastet mit einem Kredit, welcher bereits das Münzgeld um das Zehnfache übersteigt. An dem Tage, an welchem er das System fallen ließe, würde sich sein gesamtes Münzgeld in unumgänglichen Schulden zerstreuen, und es hätte nicht die Zeit, von der Bank in den königlichen Schatz zu gelangen. Darum hoffen sogar die aufgeklärtesten Feinde des Systems nicht, daß der König jemals darauf verzichtet. Andererseits hat sich die Öffentlichkeit mit einer jeden Tag zwingender werdenden Wahl ihm ausgeliefert; und da das System selbst viele von denjenigen, die keine Aktien nahmen, bereichert hat, würde sein Fall die einen wie die anderen gleichermaßen mit sich reißen.

Wenn ich also in meinen vorangegangenen Briefen gesagt habe, daß, um einem Kreditsystem Wert zu verleihen, es nur darum gehen kann, sich ihm anzuvertrauen, dann habe ich damit nicht sagen wollen, daß die Einrichtung beziehungsweise der Erfolg des Systems von den Einzelpersonen abhängig wäre. Das war ein schlichter Rat, den ich Ihnen gegeben habe, sich ihm zu Ihrem eigenen und alleinigen Vorteil anzuvertrauen. Das Gleiche konnte man nicht von der ehemaligen Verwaltung sagen, und es genügt nicht, sich ihr anzuvertrauen, um darin seinen Vorteil zu finden. So gutgesonnen, so geschickt die Minister, die damit betraut waren, auch immer gewesen sein mögen, alle ihre Mühen liefen lediglich darauf hinaus, das Grundübel, das sie nicht hervorgerufen hatten, zu mildern und so wenig sie konnten bei Steuern und Anleihen Zuflucht zu nehmen, einem Ausweg, welcher für den König ebenso ruinös ist, wie er ausnahmslos für alle Stände des Staates grausam ist. Auf diese Weise waren die Grundsätze der ehemaligen Verwaltung so geartet, daß, um Gutes zu tun, man sich ihrer niemals hätte bedienen dürfen. Wie sie jedoch auch immer gewesen sein mochten, so ist es einem vernünftigen Menschen doch niemals in den Sinn gekommen, gegen die Regierung zu kämpfen, weil der Herrscher stets das Mittel findet, diejenigen verlieren zu lassen, die ihm widerstehen. Was soll man also von denjenigen denken, die sich gegen ein System auflehnen, welches allen denen, die sich ihm anvertrauten, so viele Reichtümer verschaffte, und welches inzwischen eine sichtbare und feste Form angenommen hat und welches aus seinem Wesen heraus eine sicherere Anlage als die Leibrenten gewährt, eine Anlage, die wachsen kann und wachsen wird, anstatt dessen, daß die Renten sich immer nur verringern konnten und verlorengehen?

Man sieht Rentner, die ihre Rückerstattung in Banknoten behalten, anstatt Aktien zu erwerben, die eine Dividende abwerfen, und die sich darüber beklagen, daß das Gut, das man heute besitzt, nichts abwirft. Sie sprechen nicht die Wahrheit für die staatlichen Güter, und es liegt nur an ihnen, die Unwahrheit auch für sich selbst zu sagen, sobald sie nur wollen. Die Aktien, so antworten sie, sind nur ein eingebildetes Gut. Aber begreifen sie denn wirklich nicht, daß der Kredit der Banknoten von der gleichen Art wie die Aktien ist und daß sie ihre Gediegenheit sogar nur von denjenigen der Aktien beziehen? Manche bringen vor, daß man einige davon für alle Rentner auf das Rathaus[51] hätte zurückbehalten müssen. Für das Abstoßen der Aktien zum Kurs des Marktes gab es jedoch tausend wichtige Gründe in bezug auf die Aktien selbst, denen dieses Zurückhalten und dieser Verzug ihre ganze Beliebtheit, ihren ganzen Kredit und ihren Ertrag genommen hätte.[52] Aber muß man es denn bedauern, davon nicht für Leute aufbewahrt zu haben, die sie noch heute stets nur eingebildete Güter nennen?

Man muß den Feinden des Systems jedoch einräumen, sofern es ihnen Freude macht, daß sie dagegen eine gewisse Macht gehabt haben: Es handelt sich darum, eine sehr große Anzahl vorteilhafter Operationen zu verzögern, derer sich die Bevölkerung gegenwärtig erfreuen würde. Bis zum jetzigen Augenblick ist man genötigt gewesen, den größten Teil der Zeit darauf zu verwenden, die Hindernisse aus dem Weg zu räumen, die seine Feinde, mit guter oder schlechter Absicht, dem System entgegenstellen, den Schaden, den sie ihm zufügen, beziehungsweise den sie ihm zufügen wollen, wieder zu reparieren oder zu verhindern. Das Mißtrauen, das sie in der Öffentlichkeit ausstreuen, ist der hauptsächliche

Grund für die Verteuerung der Waren. Die Arbeiter haben Mühe, sich an die Banknoten zu gewöhnen, weil sie sie ohne Unterlaß schmähen hören; und etliche Kaufleute, die über den Gebrauch des Papiergeldes besser als andere Bescheid wissen, machen sich diese nachteiligen Vorurteile zunutze, die sie in der Öffentlichkeit gegen das Geld, das man ihnen anbietet, verbreitet finden, um die Waren auf einem außerordentlich hohen Preis zu halten. Einige unterstützen sie sogar wider ihre eigene Überzeugung, und das trotz der Ausnahme, die man zu ihren Gunsten bezüglich der Menge Silbergeldes macht, die sie haben dürfen, womit sie sich zu den Undankbaren gegenüber einem System gesellen, das sie bereichert hat; eine Art Leute, denen man heutzutage überall begegnen kann. Da jedoch der Sieg des Guten über das Schlechte nahe bevorsteht, wenn auch nicht im Geiste des unwissenden und ohnmächtigen Tadlers, so doch in der Sicht des Herrschers und Herrn, wird man bald die Früchte sehen, die einzig und allein dieses eingebildete Gut hervorbringen kann und die die wirklichen Güter ewig im Nichts belassen haben würden: Die Verbindung der Meere und Flüsse, die Instandsetzung der großen Straßen, die Einrichtung öffentlicher Speicher, die der Verteuerung der Lebensmittel sogar in den Jahren zuvorkommt, die nicht glücklich sein werden. Die so wenig entschädigte Industrie, die sogar schon Überdruß empfand oder sich in der Furcht vor Beauflagung verbarg, wird ehrenhafte und einträgliche Beschäftigungsmöglichkeiten im Inneren des Königreichs und in den Kolonien finden.

Daß man also nicht länger sage, daß das System, wenn es in sich selbst gut ist und für andere Nationen gut sein würde, der unsrigen nicht gemäß wäre. Es ist in jedem Staat unerschütterlich, sei er nun republikanisch oder monarchisch, sobald es einmal eingeführt ist. Die Politiker des vorangegangenen Jahrhunderts, die von der Bank von Amsterdam und derjenigen von Venedig gesprochen haben, haben sie als genauso dauerhaft wie die Staaten selbst angesehen. Ich habe bewiesen, daß es unmöglich wäre, daß die königliche Bank jemals zerstört werden könnte, und dies weder vom König noch von der Öffentlichkeit. Übrigens, wie groß ist doch der Vorteil einer unumschränkten Gewalt bei den Anfängen einer Einrichtung, die so vielen Hindernissen seitens einer Nation, die daran noch nicht gewöhnt ist, ausgesetzt ist! Es ist nahezu unmöglich, schnell genug die Meinung der Chefs einer Republik zusammenzuführen, um den täglichen und oftmals widersprüchlichen Mißständen zu begegnen, die das Volk entstehen läßt und die von einem Tag zum anderen scheinbar widersprüchliche Hilfsmittel erfordern. Die große Zahl der Chefs urteilt nicht am vernünftigsten, und ihre Erfahrung mit dem alten Regierungssystem ist auch der hauptsächliche Grund für ihre Irrtümer in dem neuen. Ein aufgeklärter Herrscher verkürzt alle diese Schwierigkeiten außerordentlich, und wenn auch in der Folge der Zeit abermals einige entstehen können, dann ist ein König stets mehr in der Lage, dagegen Abhilfe zu schaffen als ein souveräner Rat, dessen Streitigkeiten und Umständlichkeiten man ertragen muß, bevor man die Mehrzahl der Stimmen für die dringendsten Angelegenheiten erhält. Ich werde hier sogar hinzufügen, daß es der Nachteil der unumschränkten Gewalt ist, welcher bei unseren Nachbarn eine so große Anzahl unterschiedlicher Gesellschaften unterhält, die nur darauf warten, sich wechselseitig in Mißkredit zu bringen, wogegen einzig und allein ein König in der Lage ist, alles unter einem gleichen Gesichtspunkt zusammenzuführen und seinem Königreich einen allgemeinen und einzigartigen Kredit zu verschaffen, welcher das Vertrauen selbst der Ausländer anzieht. Übrigens verfügt Frankreich über alle erforderlichen Voraussetzungen, um den Kredit und den Handel auf den allerhöchsten Punkt zu bringen: Die Ausdehnung und die Fruchtbarkeit seines Territoriums, seine Lage in bezug auf die Meere und den Erdkreis, die Geschicklichkeit und den Fleiß seiner Einwohner. Auf diese Weise, weit davon entfernt, daß das System ihm nicht entspräche, ist es der einzige Staat in Europa und vielleicht der ganzen Welt, welchem es am gemäßesten ist. Ich verbleibe etc.

Samstag, den 18. Mai 1720.

Brief Laws an den Herzog von Bourbon[1]

London, den 25. August 1724

Euer Gnaden, es sei mir erlaubt zu sagen, daß diejenigen, die Eure Durchlaucht einmal für würdig befanden zu fördern, auch weiterhin damit rechnen dürfen, gefördert zu werden, gegenwärtig und in Zukunft. Ich habe mich Eurer hohen Wertschätzung erfreut. Ich bin mit mir ins Gericht gegangen, und ich fand nichts in meinem Verhalten, was dazu Anlaß geben könnte zu glauben, daß ich unwürdig sei, daß Ihr mir Euer Wohlwollen auch künftig bewahrt. Aber ich will jetzt nicht den Umstand ausnutzen, daß ich bereits durch die Wertschätzung Eurer Durchlaucht des Herzogs von Bourbon ausgezeichnet wurde, sondern ich erlaube mir, mich an den Premierminister zu wenden, um ihn zu bitten, mir Gerechtigkeit widerfahren zu lassen.

Ungeachtet der Unordnung, welche man in meine Angelegenheiten brachte, dürfte eine einzige Stunde genügen, um Eure Durchlaucht in die Lage zu versetzen, die ganze Sache selbständig zu beurteilen. Das Lesen meiner Schrift, die ich dem Brief beifüge,[2] wird Euch erkennen lassen, daß es an der Zeit wäre, mich von meinen Verpflichtungen zu entbinden[3] und mir ein kleines Einkommen zu gewähren, welches es mir erlaubte, mein Leben zu fristen. Die Wege, die ich aufzeige, sind leicht zu beschreiten. Es läge auch im Interesse des Staates, daß meine Angelegenheiten geregelt wären. Obwohl die Zahl derjenigen, die meine Rückkehr wünschen, nicht sehr groß ist, hört man doch nie auf, sich selbst zu schmeicheln und zu erhoffen, was man wünscht. Das behindert oder verzögert den Erfolg des Wirkens jener, die der König für geeignet befand, mit der Leitung der finanziellen Angelegenheiten zu betrauen. Wenn über meine Sache endlich entschieden wäre, dann könnten Madame Law, meine Frau, meine Tochter sowie mein Bruder nebst seiner Familie[4] nach England übersiedeln. Ich würde hier meinen festen Wohnsitz nehmen, und dies mit solcher Entschiedenheit, daß die Öffentlichkeit überzeugt wäre, daß ich nicht mehr daran denke, nach Frankreich zurückzukehren.

Diejenigen, die gegen mich handelten, indem sie die Entscheidung meiner Angelegenheit verzögerten, handelten von falschen Grundsätzen aus, und sie handelten oftmals gegen ihre eigene Überzeugung. Sie haben angenommen, daß ich das tat, was sie ebenfalls unternommen hätten, wenn sie an meiner Stelle gewesen wären, und indem sie mein Verhalten zu erhellen versuchten, erwiesen sie mir ihre Wertschätzung. Es dürfte nur wenig Menschen geben und vielleicht sogar niemanden, die sich, obwohl aus dem Ausland kommend, das Vertrauen eines Herrschers in einem so hohen Maße erwarben. Ebenfalls selten dürften die Beispiele dafür sein, daß sich ein Ausländer ein derartig riesiges Vermögen mit derartig ehrenhaften Mitteln schuf und daß er, als er Frankreich verließ, nichts für sich selbst noch für seine Familie zurückbehielt, nicht einmal das, was er ursprünglich ins Königreich mitgebracht hatte.

Man läßt eine Fabel Äsops[5] als ein Beispiel größter Uneigennützigkeit auf dem Theater aufführen. Feinde beschuldigen den Helden, Schätze in einer Truhe verborgen aufzubewahren, Schätze, an deren Anblick er sich häufig ergötzt. Aber sie finden in der Truhe nur das Gewand, das er trug, als er noch nicht in der Gunst des Herrschers war. Wenn ich doch wenigstens mein Gewand gerettet hätte, dann würde ich nicht mit allen denjenigen tauschen, die augenblicklich die höchsten Ämter bekleiden. Aber ich bin nackt. Man will, daß ich ohne jedes Hab und Gut mein Leben friste, und man will, daß ich Schulden bezahle, ohne daß ich über die geringsten Mittel verfüge.

Eure Durchlaucht wissen sehr wohl, daß ich niemals auch nur den Gedanken hegte, mir finanzielle Rücklagen außerhalb Frankreichs zu sichern. Ich habe selbst in dem Augenblick nicht daran gedacht, das Königreich zu verlassen, als Eure Durchlaucht mich wissen ließen, daß der Regent mir die notwendigen Pässe für die Ausreise gewähren würde. Wohl hatte ich mit Seiner Königlichen Hoheit über diese Angelegenheit gesprochen, als ich Sie bat, mich aus meinen Ämtern zu entlassen. Nachdem ich allerdings die Gründe vernommen hatte, die dieser Herrscher gegen mein Ersuchen vorbrachte, dachte ich nicht mehr daran, obwohl ich mir der Gefahren sehr wohl bewußt war, deren ich mich aussetzte, wenn ich, aller Ämter entkleidet, in Frankreich bliebe.

Ich habe bereits gesagt, daß meine Feinde gegen ihre eigene Überzeugung handelten. Wenn das, was sie über mich in Umlauf setzten, wirklich wahr wäre, und wenn ich tatsächlich große Beträge aus dem Lande geschafft haben sollte, würde es doch nur recht und billig sein, mich und meinen Sohn[6] zu bitten, nach Frankreich zurückzukehren. Unter diesen Umständen gelangten diese angeblich großen Schätze wieder ins Land zurück. In der Zeit, als ich noch Minister war, hätte ich mein persönliches Eigentum gegeben, wenn ich dadurch ein reiches Haus hätte veranlassen können, sich in Frankreich niederzulassen.

Wenn meine Feinde leidenschaftslos gehandelt hätten, dann hätten sie die Regelung meiner Angelegenheiten begünstigen müssen. Sie hätten dafür sorgen müssen, daß ich im Ausland mein Auskommen habe, so daß ich nichts unternommen haben würde, um nach Frankreich zurückzukehren. Indessen zwangen sie mich dazu, indem sie mir die Mittel verweigerten, anderwo zu leben. Ganz abgesehen davon bin ich davon überzeugt, daß ich mit dem Plan, mich nach Frankreich zurückrufen zu lassen, erfolgreich gewesen wäre, wenn Seine Durchlaucht der Herzog von Orléans noch lebte. Kurz vor dem Tode dieses Herrschers wurde mir von seiner Seite noch einmal die Bekundung seiner Wertschätzung zuteil, indem er mein Vorhaben billigte. Er räumte ein, daß mein

System erfolgreich gewesen wäre, wenn mich nicht außerordentliche Ereignisse gezwungen hätten, von meinem ursprünglichen Plan abzuweichen, und er sagte mir, daß er meine Kenntnisse und Fähigkeiten auch weiterhin benötige. So fragte er mich, wie ich die augenblickliche Lage des Königreichs beurteile, und er gab mir zu verstehen, daß er damit rechne, daß ich ihm helfen würde, damit dieses große Reich künftig den ihm zustehenden Rang wirklich einnähme. Eure Durchlaucht werden über diesen Umstand unterrichtet sein, denn ich vermute, daß er Euch seine Absichten mich betreffend mitteilte.

Seine Königliche Hoheit verkannte keineswegs die Gründe, die sich meiner Rückkehr nach Frankreich entgegenstellten, im Gegenteil war sich Seine Durchlaucht dessen ganz und gar bewußt, und vielleicht wurden diese Gründe von Ihr sogar noch bedeutender veranschlagt, als sie es waren.

Wenn dieser Herrscher zu diesem Zeitpunkt noch wirklich regiert hätte, dann würde er nicht einen Augenblick gezögert haben, sich zu meinen Gunsten zu entscheiden. Aber er fürchtete bereits, seine Autorität und das Vertrauen zu gefährden. So schwankte er, bevor er einen Entschluß in meiner Angelegenheit faßte, die ihm nicht gleichgültig sein konnte. Das veranlaßt mich zu glauben, daß er, ungeachtet der Gewogenheit mir gegenüber, mir eine andere Persönlichkeit vorgezogen hätte, wenn es jemanden gegeben haben würde, um mich zu ersetzen, weil er nicht auf die gleichen Widerstände gestoßen wäre. Ich vermute jedoch, daß er nicht das fand, was er suchte, da er mir zu verstehen gab, daß er mit meiner Rückkehr rechne.

Inzwischen setzte er mehrere Persönlichkeiten ein, die in dem Ruf standen, sehr befähigt zu sein, unter ihnen sogar Ausländer. Aber er hielt ihre Pläne für falsch oder für unvollkommen. Er vermochte durchaus richtig zu urteilen, ganz abgesehen davon, daß ihn all das, was geschehen war, für die Zukunft zur Vorsicht gemahnte. Das, was er anstrebte, sollte wahr und dauerhaft sein.

Als er meine Vorschläge erhielt, um die er mich gebeten hatte, räumte er ein, daß sich seine Befürchtungen nunmehr zerstreuten, daß man den Plan, ohne Gefahr zu laufen, in die Praxis umsetzen könne und daß der Erfolg sicher sei. Dies war seine Meinung, obwohl ich ihm lediglich eine erste, flüchtige Vorstellung von dem vermittelt hatte, was mir vorschwebte, um seine Anregungen umzusetzen.

Indessen hatte ich ihm noch weitere Ideen zu unterbreiten, die ihn in noch weit höherem Maße befriedigt haben würden und die die Wunden geheilt hätten, die durch die Entgleisungen meines Systems verursacht worden waren. Diese Ideen waren dergestalt, daß auch die Parlamente dazu ihre Zustimmung nicht verweigert haben würden, wenn es der König für geboten gehalten hätte, diese Zustimmung einzuholen. Dies ist zumindest meine Meinung, denn ich bin weit davon entfernt, die Parlamente schlecht zu beurteilen. Allerdings gibt es in diesen Einrichtungen viele rührige Geister, die aus der Schwäche einer Regierung während der Minderjährigkeit des Herrschers[7] profitieren möchten, indem sie sich den guten Absichten der Minister widersetzen. Sie tun dies mit dem scheinbaren Vorwand, sich um das Wohl des Staates zu sorgen. Nunmehr, wo der König volljährig ist und wo Gott aufhört, das Königreich mit schrecklicher Krankheit heimzusuchen,[8] bin ich überzeugt, daß man die Maßnahmen zur Wiederherstellung des öffentlichen Vertrauens so durchsichtig darstellen kann und daß sich ihr Erfolg für das Wohl aller Stände so offensichtlich machen läßt, daß sie von den Parlamenten zweifellos gebilligt und unterstützt werden würden, denn man kann doch davon ausgehen, daß sich in diesen Parlamenten eine große Anzahl von tugendhaften und rechtschaffenen Persönlichkeiten befindet.

Alles das, was ich Eurer Durchlaucht hier über mich selbst vortrage, geschieht nicht in der Absicht, um Euch dazu zu veranlassen, mich in Eure Dienste zurückzurufen. Ich wünsche einzig und allein, daß man meine Angelegenheiten regelt. Allerdings kann ich meine Zufriedenheit darüber nicht verbergen, daß ich die Billigung eines Herrschers hatte, welcher in ganz Europa wegen seiner großen Fähigkeiten und der Kenntnis aller derjenigen geschätzt wurde, die unter seiner Anleitung arbeiteten.

Alles, was ich seinem Gedenken, der freundschaftlichen Zuneigung, die ich die Ehre hatte, von Eurer Durchlaucht zu empfangen, schulde und was ich mir selbst schulde, verpflichtet mich, der Öffentlichkeit demnächst ein Tagebuch zu überreichen,[9] in welchem man aufgezeigt findet, was unter meiner Leitung geschah, und in welchem ebenfalls die Gründe angegeben werden, die für jede meiner Maßnahmen ausschlaggebend waren. Ich bin davon überzeugt, daß diejenigen, die dieses Werk aufmerksam lesen werden, gleichgültig, ob es sich um Franzosen oder Ausländer handelt, mir die gleiche Gerechtigkeit widerfahren lassen, welche mir auch von Seiner Königlichen Hoheit zuteil wurde, und daß diese Gerechtigkeit sich auf die Richtigkeit meiner Ideen ebenso erstrecken wird wie auf meine Uneigennützigkeit.

Euer Gnaden, wenn diejenigen, die sich meiner Rückkehr nach Frankreich widersetzen, einmal ruhig abwägen, was ich Eurer Hoheit vorgetragen habe, dann dürften sich diese Personen schwerlich noch länger der Regelung meiner Angelegenheiten entgegenstellen. Und wenn es auch im Augenblick nichts gibt, was sie in bezug auf mich beunruhigen könnte, so darf man doch nicht übersehen, daß der Lauf der Welt stetem Wandel unterliegt. So können sehr wohl Ereignisse eintreten, die sich augenblicklich noch nicht vorhersehen lassen, und auch die Geschicktesten täuschen sich, wenn es um die Zukunft geht.

Vermutlich werden die Zeit, die neuen Erkenntnisse, die Eure Durchlaucht über mein System und über mein persönliches Verhalten gewinnen werden, eine längere Regierungstätigkeit sowie ebenfalls eine tiefere Menschenkenntnis einen günstigeren Eindruck über mich und meine Unternehmungen hervorbringen. Vielleicht auch werden sie ähnliche günstige Gefühle und Gedanken entstehen lassen, wie sie seinerzeit bei Seiner Durchlaucht dem Herzog von Orléans bestanden. Eure Durchlaucht werden zweifellos von den gleichen guten Absichten geleitet wie der Herzog von Orléans. Genauso verfolgt Ihr mit Entschlossenheit, was Ihr als vorteilhaft für den Staat erkanntet, wie er laßt Ihr Euch nicht durch untergeordnete Überlegungen davon abbringen, das zu tun, was Ihr im Dienste des Königs und für das Wohlergehen des Volkes für notwendig erachtet.

Was mich betrifft, so ersehne ich nichts weiter als die Ruhe. Ich glaube, daß ich glücklich wäre, wenn ich mein weiteres Leben in der Zurückgezogenheit zubringen könnte und wenn ich nicht abermals ans Werk gehen müßte. Und da Eure Durchlaucht der Meinung sind, daß meine Rückkehr dem Wohl des Staates nicht dienlich wäre, will ich gern darin einwilligen. Ich will die Gründe nicht erforschen, die Euch in dieser Absicht bestimmen, und noch weniger will ich diese Gründe bekämpfen. Weil Ihr jedoch so denkt wie ich, werden Eure Durchlaucht einräumen, daß es im Interesse des Staates liegt, daß diejenigen, die mit der Leitung der finanziellen Angelegenheiten betraut sind, auch wirklich Erfolg haben. Und sie werden diesen Erfolg in einem höheren Maße haben, sobald die Öffentlichkeit sieht, daß meine Angelegenheiten geregelt wurden, daß meine Familie Frankreich verließ und daß ich selbst nicht mehr daran denke, nach Frankreich zurückzukehren. Diesbezüglich werde ich die Öffentlichkeit, soweit es in meinen Kräften steht, zufriedenstellen, ich werde meinen Wohnsitz hier nehmen, und dies in einer Art und Weise, die eine Rückkehr außerordentlich schwierig, wenn nicht unmöglich macht.

Das ist, Euer Gnaden, die einzige Bezeugung, die ich von meiner Unterordnung unter Euren Willen noch geben kann, es ist aber auch der Ausdruck meiner Hochachtung, die ich die Ehre habe, Euch zu bekunden.

Gezeichnet Law.

Laws Abrechnung der Finanzangelegenheiten, dem Herzog von Bourbon unterbreitet.[1]

241 Ich habe die Ehre, Eurer Durchlaucht den Stand meiner Angelegenheiten zu unterbreiten, es handelt sich um die Forderung, die die Indische Kompanie mir stellt, sowie gleichzeitig um meine Angebote, um diesen Forderungen nachzukommen, ferner um die Vermögenswerte, die mir verbleiben werden und welche der Liquidation unterliegen, die vom König angeordnet wurde.

Was die materiellen Güter anbetrifft, so habe ich kein Verlangen, reich zu sein. Sobald ich über das Notwendige verfüge, kann ich sehr wohl auf das Überflüssige verzichten. Da jedoch die Entscheidung Eurer Durchlaucht auch meine Gläubiger berührt sowie ferner einige hochstehende Persönlichkeiten hier in London, die für mich gebürgt haben, bitte ich Eure Durchlaucht, die Einzelheiten meiner Angelegenheit in Augenschein zu nehmen und zuzulassen, daß ich Euch die Lage schildere, in welcher ich mich befand, bevor der verstorbene Herzog von Orléans mich mit der Leitung der Finanzen betraute. Ich will ebenfalls Rechenschaft über mein Verhalten in bezug auf meine persönlichen Interessen während meiner Amtsgeschäfte und über die Lage, in welcher ich mich augenblicklich befinde, ablegen. Eure Durchlaucht werden dadurch in die Lage versetzt, mit Sachkenntnis zu urteilen, und Ihr werdet sehen, daß ich wohlhabend war, bevor ich das Amt übernahm.[2] Ich hatte keine Schulden, weder im Königreich noch im Ausland. Meine Verbindlichkeiten und selbst die Forderungen, die augenblicklich von der Indischen Kompanie an mich gestellt werden, rühren lediglich von den Unternehmungen her, die ich als Minister mit Billigung Seiner Durchlaucht des Regenten unternommen habe, und dies im Interesse des Königs oder der Gesellschaft.

Der verstorbene Herzog von Orléans war durchaus von der Wahrhaftigkeit dessen, was ich hier vortrage, überzeugt, und er gab mir vielfältige Beweise dafür, daß er mein Verhalten billigte, denn er sandte mir, sobald ich Frankreich verließ, einen Beschluß zu, der so ähnlich war wie derjenige, der dem Kardinal von Mazarin[3] übergeben wurde, als dieser ins Exil gehen mußte, und worin angewiesen war, daß es den anderen Parlamenten und Höfen untersagt sei, sich vom Zustand der Angelegenheiten zum Zeitpunkt der Abreise zu unterrichten. In diesem gerichtlichen Urteilsspruch war die Aufforderung des Königs enthalten, vor seinem Rat 242
zu erscheinen, und der König ernannte Beamte, die sich über den Stand der Angelegenheit unterrichten sollten.

Ich hatte es verabsäumt, das Marquisat von Effiat als Herzog von Montpensier, welches mir von Seiner Durchlaucht dem Regenten zugesprochen wurde, anzunehmen, so daß Seine Königliche Hoheit Herrn de la Houssaie, seinerzeit Generalkontrolleur und Kanzler, den Auftrag geben mußte, eine Schenkungsurkunde anzufertigen und diese gleichzeitig mit einem früheren Datum auszustellen, um sie mir dann zur Unterschrift nach Venedig zu senden. Es sollte der Anschein entstehen, als wenn ich diese Urkunde bereits vor meiner Abreise aus Frankreich unterzeichnet hätte. Die Absicht Seiner Königlichen Hoheit war, mir meine Ländereien und meine Aktien zu erhalten und gleichfalls meine Schulden in Frankreich und im Ausland mit der Summe, die der König mir schuldete, zu liquidieren. Dies hätte mit dem Betrag von monatlich einer Million geschehen können, ein Betrag, welcher als Gewinn dieses Kapitals dafür zur Verfügung stand.

Dieser Herrscher löste einen meiner Wechsel über hunderttausend Königstaler ein, und er bezahlte diesen Wechsel an Alexander Bouglier aus Hamburg.

Er löste die Wechsel ein, die ich den Spitzenhändlern von Paris ausgestellt hatte und die sich auf eine Summe von nahezu 600 Tausend Florins beliefen, mit Ausnahme von zwei Wechseln über einen Betrag von insgesamt 2 700 Florins, welche ins Ausland geschickt worden waren. Für einen dieser Wechsel verfolgt man mich augenblicklich im Namen eines gewissen Salomon.

Bevor ich die Verbindlichkeiten für Schuldbeträge, die ich von Milord Londondery, dem Gouverneur Herrn Marisson und anderen Persönlichkeiten erhielt, signierte, schrieb ich an Herrn de Vendosme und Herrn de Bully, um seine Durchlaucht den Regenten zu informieren, denn ich wollte nichts ohne die vorherige Billigung des Regenten unternehmen. Der Regent ließ mich wissen, daß ich signieren könne. Seine Absicht dabei war, meine Angelegenheiten ins reine zu bringen, und zwar noch vor dem Verfallstermin dieser Verbindlichkeiten, damit ich in die Lage versetzt würde, meine Gläubiger zufriedenzustellen. Der Regent fügte seiner Antwort bei, daß ich mich mit seiner Entscheidung sicher zufriedengeben könne.

Derartige Beweise der Gunst Seiner Königlichen Hoheit brachten meine Feinde auf den Plan, Feinde, die ohnehin in der ständigen Furcht vor meiner Rückkehr lebten. Sie taten alles Erdenkliche, damit Verwirrung und Unordnung in meine Angelegenheiten kam und damit der Herrscher daran gehindert würde, sich allein und selbständig darin zurechtzufinden. Auf diese Weise wollten sie erreichen, daß nur sie in der Lage wären, die Entscheidungen über meine Angelegenheiten zu fällen.

Sie ließen diejenigen Personen verhaften, von denen sie annahmen, daß sie mir am meisten zugetan waren, und die an der Leitung der Bank und der Indischen Kompanie beteiligt gewesen waren. Dabei benutzten sie den Vorwand, daß sie auf diesem Wege große Beträge auffinden würden, Beträge, von denen man vermutete, daß sie für meine private Verwendung ins Ausland überstellt worden waren.

So ließen sie meinen Bruder verhaften, weil er einen gewissen Mouchard aus Amsterdam veranlaßt hatte, die Anweisung zu
243 geben, daß 3 468 649 Pfund, 16 Schilling auf die Einnahmen der Indischen Kompanie vorgeschossen würden, welche dann für die Bezahlung der Beihilfen für Schweden ausgegeben wurden.

Man beschlagnahmtc dic Papiere meines Bruders sowie der anderen Personen, die man verhaftet hatte.

Man stellte die Behauptung auf, daß ich der Schuldner des Königs wäre, weil man davon ausging, daß die Indische Kompanie gegenüber Seiner Majestät schuldverpflichtet sei. Unter diesem Vorwand ermächtigte man den Generalkontrolleur, sich meines Eigentums zu bemächtigen und dieses im Namen des Königs zu verkaufen.

Diese Herrschaften verfügten jedoch damals über die Geschäftsbücher, in welchen die Auslandskorrespondenz enthalten war. Diese Korrespondenz beweist, daß mir der König große Summen schuldete. Sie hatten ebenfalls die Quittungen der letzten Zahlungen an den König von Schweden in ihren Händen, Quittungen, die sie veranlaßten, meinen Bruder wieder auf freien Fuß zu setzen. Indessen verschlossen sie die Augen vor allen Tatsachen, die zu meiner Rechtfertigung hätten dienen können. Sie wollten mich eben ehrlos erscheinen lassen, indem sie mich gegenüber meinen ehrenhaften Gläubigern[4] in die Rolle des Zahlungsunfähigen drängten. Ich sollte mich jedoch überhaupt nicht darüber wundern, daß sie nicht einmal davor zurückschreckten, gleichzeitig auch die beste und die nützlichste Einrichtung, die Frankreich jemals gegründet hatte, zu zerstören, nur aus dem einfachen Grund, weil es sich dabei um mein Werk handelte. Sie bemühten sich, die Indische Kompanie zur Schuldnerin des Königs abzustempeln, und sie rechneten Beträge aus, die das Kapital und die Rücklagen dieser Gesellschaft um einige hundert Millionen überstiegen.

Seine Durchlaucht der Regent hatte damals gewisse Gründe, meine Feinde ungeschoren zu lassen. Darum gestattete man diesen Leuten eine gewisse Zeit, alles das zu tun, was man zu tun wünschte. Er glaubte, daß vom Rat ein gerichtlicher Beschluß verabschiedet wurde, in welchem man die Indische Kompanie zur Haftung für die Banknoten verurteilte, was in der Praxis bedeutete, daß die Gesellschaft zahlungsunfähig wurde. Der Regent ließ es ferner zu, daß ebenfalls gegen mich persönlich ein Beschluß gefaßt wurde, welcher, obwohl er noch weniger begründet war, in der gleichen Absicht abgefaßt worden war.

In der Folge, als Seine Königliche Hoheit dann nicht mehr die gleichen Gründe hatte, meine Feinde zu schonen, gab er seine wahrhaftige Einstellung gegenüber der Indischen Kompanie und gegenüber mir persönlich zu erkennen. So wurde die Gesellschaft wieder in die Lage zurückversetzt, in welcher sie sich befand, als ich sie damals gründete. Es wurde erklärt, daß die Gesellschaft die Gläubigerin des Königs mit einem Betrag von 100 Millionen sei. Gleichzeitig wurden ihr erneut und wie zu meiner Zeit die Einnahmen aus der Tabaksteuer zugebilligt, damit sie ihre Renten[5] bezahlen konnte. Man setzte wieder die ehemaligen Direktoren ein, die noch von mir berufen worden waren und die man inzwischen wie Straffällige behandelt hatte. Seine Königliche Durchlaucht ließ diesen Personen Gerechtigkeit widerfahren. Sie wurden als die geeignetsten Persönlichkeiten, die den Handel und die Unternehmungen der Indischen Kompanie zu führen befähigt waren, bestätigt.

Dieser Herrscher bewirkte einen gerichtlichen Beschluß zur Haftentlassung meines Bruders. Dieser Beschluß stellte seine Ehre wieder her, und er war ebenfalls ehrenhaft für mich selbst. Begründet wurde der Beschluß mit den Unterlagen, die von meinem Bruder, damals, als man ihn verhaftet hatte, vorgelegt werden konnten. Er konnte nachweisen, daß die Summe, die die Indische Kom-
244 panie von ihm im Namen von Mouchard aus Amsterdam einforderte, zur Einlösung von Wechseln, die auf Hamburg gezogen waren, verwendet wurde, und zwar auf meine Anweisung für die Zahlungen an den König von Schweden, was bewiesen werden konnte mit Quittungen, die sich in den Händen von Herrn Martine, Minister von Hessen-Kassel, befanden, denn letzterer hatte von mir Noten in einem Wert von 600 000 Königstalern empfangen. In dem genannten gerichtlichen Beschluß wurde also angeordnet, meinen Bruder auf freien Fuß zu setzen, und es wurde

darin festgelegt, daß Seine Majestät für die von der Indischen Kompanie geforderte Summe aufkommt. Allerdings hätte man meinen Bruder gleich am ersten Tag, nachdem er die Unterlagen vorlegte, aus der Haft entlassen müssen, als feststand, daß es keine Schuld gab, zumal sich die Quittungen in den Händen der Untersuchungskommission befanden.

Indessen, Seine Königliche Hoheit verstarb, noch bevor meine Angelegenheiten endgültig geregelt werden konnten. Möglicherweise lagen besondere politische Gründe vor, die zu einem Aufschub der Entscheidung führten. Das, was vom Regenten jedoch bereits für die Indische Kompanie unternommen worden war, macht meine Angelegenheit ganz leicht, so daß ein Vergleich auf der Grundlage dessen, was ich vorschlage, sehr leicht zustande kommen müßte. Weil der König sich zum Schuldner der Indischen Kompanie erklärte und weil deshalb alle Rechnungen inzwischen an die Kammer übergingen, sind meine Beziehungen gegenüber Seiner Majestät lediglich die Beziehungen eines Gläubigers. Die Ansprüche, die man künftig an mich stellen kann, müssen also im Namen und auf die Rechnung der Handelsgesellschaft an mich gerichtet werden.

Eure Durchlaucht haben einen ersten Schritt zu meinen Gunsten und im Sinne der von mir unterbreiteten Vorschläge unternommen, denn Ihr ordnetet mit gerichtlichem Beschluß an, den Generalkontrolleur von der Verwaltung der verbliebenen Schulden zu entlasten, und Ihr erteiltet ihm die Anweisung, mir mein Hab und Gut zurückzugeben sowie die Summen zurückzuerstatten, die aus den bereits vorgenommenen Verkäufen bei der Konkursabwicklung auf Betreiben meiner privaten Gläubiger eingekommen waren. Letzteres ist inzwischen geschehen.

Ich glaube nicht, daß die Indische Kompanie beziehungsweise diejenigen, die sie leiten, den Wunsch haben, daß mir Unrecht widerfährt. Ich bin davon überzeugt, daß sie sich bereitwillig dem Vergleich, den ich vorschlage, anschließen werden. Sie werden den Angeboten, die ich in der hier beigefügten Übersicht[6] unterbreite, gern zustimmen. Aber da diese Zustimmung der Indischen Kompanie lediglich dazu führen wird, daß unsere finanziellen Angelegenheiten abschließend geregelt werden und da es im Anschluß daran darum gehen müßte, die Mittel zu liquidieren, die mir noch verbleiben, bitte ich darum, Durchlaucht, so wie ich es zu Anfang dieser Schrift bereits vorschlug, den Stand meiner finanziellen Angelegenheiten, bevor ich mit der Leitung der öffentlichen Finanzen betraut wurde, vorlegen zu dürfen. Ebenfalls bitte ich darum, daß Ihr mein Verhalten in bezug auf die Verfolgung persönlicher Interessen während meiner Amtsführung sowie den augenblicklichen Stand meiner finanziellen Angelegenheiten in Augenschein nehmt.

Zu Beginn der Régence, als ich zum ersten Mal den Vorschlag zur Gründung einer Bank, die im Namen des Königs und auf seine Rechnung erfolgen sollte, machte, ließ Seine Durchlaucht der Regent diesen Vorschlag von einem Komitee von Staatsräten und von Finanzräten eingehend prüfen. Diese versammelten sich mehrere Male bei dem Herzog von Noailles, und erst danach wurde die Angelegenheit in Gegenwart Seiner Königlichen Hoheit diskutiert. Der Regent entkräftete Einwendungen, die man gegen meinen Vorschlag machte, und er kam zu dem Entschluß, die Sache in Angriff zu nehmen. Dann wandte er sich an den Finanzrat, damit die Gründung vollzogen werden könnte.

245 Seine Königliche Hoheit ließ an dem Rat den Marschall von Villeroy, mehrere Staatsräte sowie die Intendanten der Provinzen teilnehmen. Ferner wurden zwölf der einflußreichsten Bankiers aufgefordert, ihre Meinung zu der geplanten Einrichtung zu sagen. Seine Durchlaucht der Regent hatte jedoch überhaupt keine Zweifel, daß man die Angelegenheit günstig beurteilen würde. Trotzdem kam es zu einem heftigen Widerstand, sowohl von seiten des Rates als auch beim Urteil der Bankiers.

Am darauffolgenden Tag stattete mir der Herzog von Noailles einen Besuch ab, um mir vom Regenten eine Ehrenerklärung zu übermitteln über die Ablehnung meines Vorschlags seitens des

Rates. Der Herzog von Noailles brachte mir gegenüber zum Ausdruck, daß Seine Königliche Hoheit über diese Verweigerung betrübt sei, daß der Regent diese Angelegenheit für den Staat als nützlich erachte und daß man hoffe, daß diese Verweigerung mich nicht veranlassen würde, Frankreich zu verlassen.[7] Seiner Königlichen Hoheit sei daran gelegen, meinen Aufenthalt in Frankreich angenehm zu gestalten durch besondere Gunsterweise, die er mir zu gewähren gedenke. Ebenfalls wurde mir gesagt, daß es die Ansicht des Rates sei, daß Seine Königliche Hoheit mich auffordern solle, auch weiterhin in seiner näheren Umgebung zu bleiben, weil ich doch dem Regenten mit meinen Kenntnissen, über die ich verfügen würde, nützlich sein könne.

Darauf antwortete ich dem Herzog von Noailles, daß ich Seiner Durchlaucht dem Regenten für die Angebote, die mir gemacht wurden, danke, daß ich aber nichts brauchte und daß ich über alles verfügte, um angenehm leben zu können. Ich sagte, daß meine Absicht, als ich Seiner Königlichen Hoheit meine Dienste anbot, darin bestand, dem Staat nützlich zu sein, und daß ich nicht das Ziel hätte, mein Eigentum zu vermehren.

Die Aufrichtigkeit meiner Antwort mußte ja bereits aus dem Wesen meines Vorschlages ersichtlich werden. Wenn ich wirklich eigene Interessen verfolgt hätte, dann hätte ich eine Teilhaberbank vorgeschlagen in der Art, wie sie dann später tatsächlich eingerichtet wurde und woran ich mich selbst mit 1 500 000 Pfund, das heißt mit einem Viertel ihres Kapitals, beteiligte.

Seine Königliche Hoheit hatte keine Zweifel daran, daß mein erster Vorschlag[8] der Regierungsform in Frankreich besser entsprach, ungeachtet der Tatsache, daß der zweite Vorschlag weniger Widerstand im Rat und im Parlament begegnen würde. Und ich stimmte zu, um meine Bereitschaft unter Beweis zu stellen, mich den Wünschen des Herrschers zu beugen. Allerdings hätte ich nicht einmal im entferntesten den Gedanken gehabt, einen solchen zweiten Vorschlag einzubringen, wenn ich nicht ausdrücklich dazu veranlaßt worden wäre.

Nachdem die Bank gegründet, durch ein Edikt beglaubigt und beim Parlament eingetragen war, richtete ich sie in meinem eigenen Haus ein. Die notwendigen Ausgaben wurden auf meine eigenen Kosten unternommen, ohne Seine Durchlaucht den Regenten dafür um besondere Mittel zu bitten.

Als Seine Königliche Hoheit dann den Entschluß faßte, sie in eine königliche Bank umzuwandeln,[9] kaufte ich sämtliche Aktien, die sich in den Händen von Privatpersonen befanden, auf eigene Rechnung und auf Kreditbasis auf. Auf diese Weise gelang es mir,
246 den König zum Eigentümer der Bank zu machen mit Einwilligung der Aktionäre. Es ist wahr, daß Seine Königliche Hoheit mir in der Folge meine Vorschüsse, die im Preis der Aktien bestanden, zurückerstattete, aber ich bewertete diese Aktien lediglich zu ihrem Nennwert, so wie ich sie ursprünglich erworben hatte, während sie doch inzwischen das Zwanzigfache ihres Kapitalwerts ausgemacht hätten, wenn sie weiterhin in den Händen von Privatpersonen verblieben wären.

Seine Königliche Hoheit wollte mir ein Gehalt gewähren. Ich dankte und sagte, daß ich das nicht wünsche.

Der Vorsteher der Kaufmannschaft entsandte mir die Beamten der Steuer, die mit mir vereinbaren sollten, was die Beamten der Bank an Steuern zu zahlen hätten. Ich veranschlagte mich selbst auf tausend Taler im Jahr und dies, obwohl ich für meine Tätigkeit kein Einkommen empfing.

Als dann die Indische Kompanie gegründet wurde,[10] stieg ich in dieses Unternehmen mit einem Betrag von 6 Millionen ein, wobei ich diesen Betrag in der Folge noch erhöhte, und zwar bis auf 10 Millionen, was 20 000 Aktien ausmachte.

Nach alledem, was ich hier sagte, dürfte es also ganz offensichtlich sein, daß ich, bevor ich mich in den Geschäften Frankreichs engagierte, in ausgesprochen guten Verhältnissen lebte.

Euer Gnaden, ich erlaube es mir nun, Eure Durchlaucht über einige Tatsachen zu unterrichten, die von meiner Uneigennützigkeit während meiner Amtstätigkeit zeugen.

Nachdem die Bank gegründet worden war, erhielt ich von Seiner Durchlaucht dem Regenten den Auftrag, für den König von Schweden ein Viertel der Beihilfen, die sich auf 150 000 Königstaler beliefen, bereitzustellen. Als ich dem Regenten die Belege für diese Summe übergab, bemerkte er, daß ich ihm ungefähr 25 Prozent weniger abverlangte als einige Monate vorher bei der gleichen Bezahlung und dies, obwohl der Geldkurs unverändert geblieben war. Seine Königliche Majestät schickte mich zurück, damit ich in meine Bücher Einsicht nähme, denn er glaubte, daß ich mich verrechnet haben könnte, als ich ihm die Belege übergeben wollte. Ich meinerseits mußte versichern, daß meine Rechnung stimme, daß ich selbst eine ziemlich große Kommission beauftragt hatte, die Angelegenheit zum Nutzen der Bank zu regeln, und daß ich in diesem Fall nichts auf meine eigene Rechnung unternehmen wollte. In diesem Augenblick rief der Herrscher aus: „Ich sehe jetzt, was die Bankiers veranlaßt, sich Eurer Einrichtung entgegenzustemmen, denn diese Personen sind keine Kaufleute, sondern sie sind Diebe!"

In Wirklichkeit war folgendes geschehen: Es war vertragsmäßig vereinbart worden, daß der Betrag, den Frankreich dem König von Schweden bezahlen mußte, in umlaufendem Hamburger Geld gezahlt werden sollte. Die französischen Minister begriffen aber nicht, daß der Unterschied zwischen dem umlaufenden Geld und dem Bankgeld 20 bis 25 Prozent ausmachte und daß der Bankier den König mit Bankgeld bezahlte und sich die Differenz selber aneignete.

Schon am nächsten Tag berichtete Seine Königliche Hoheit diesen Vorfall vor dem Rat der Régence. Der Herrscher hatte sich 247
bereits mit meiner Art, die Sachen zu betrachten, angefreundet, und es bereitete ihm großes Vergnügen, bei dieser Gelegenheit mein Verhalten zu loben.

Ich hatte in den zwei Überweisungen eine ziemlich große Differenz übersehen: Die erste bestand aus mehreren Noten, die in jeweils 5, 6 und 7 Monaten bei Pelz in Amsterdam zahlbar waren, wobei letzterer diese Noten nicht akzeptierte. Nunmehr stellte ich die Überweisung auf den gleichen Bankier in Form eines Wechsels aus, welcher in 15 Tagen fällig war, und der Wechsel wurde akzeptiert. Der Herr Baron von Spaar, welcher diese zwei Überweisungen empfangen hatte, bedankte sich unverzüglich bei Seiner Durchlaucht dem Regenten für meine Überweisung, welche bei Sicht des Wechsels bezahlt wurde, ohne daß die 15 Tage abgewartet werden mußten, und er bat gleichzeitig um eine Entschädigung für den Verlust von ungefähr 12 Prozent, den der König von Schweden erlitten haben würde, was geschehen wäre, wenn man die erste Überweisung hätte handeln müssen,[11] was zu tun übrigens erlaubt worden war.

Man würde doch annehmen, daß der Bankier Seiner Durchlaucht dem Regenten einen Kredit eingeräumt hätte und daß man mich sofort in Bargeld bezahlt haben würde. Indessen, das Gegenteil war der Fall. Der Bankier empfing den Betrag in Münzgeld von Grassin, dem damaligen Direktor der Pariser Münze, noch bevor er die Noten ausgeliefert hatte, und ich gewährte Seiner Königlichen Hoheit einen Kredit.

Als ich seinerzeit Seiner Durchlaucht dem Regenten den Vorschlag machte, den Indienhandel mit der Westindischen Kompanie zu vereinigen,[12] bestand mein Plan darin, 50 000 neue Aktien zu emittieren, die der Öffentlichkeit zu einem Nennwert, welcher der Münzgeldparität entsprach, angeboten werden sollten. Auf diese Weise hätte man ein Kapital von 25 Millionen geschaffen, welches zur doppelten Bewaffnung von jeweils 12 Schiffen gedient haben würde, wenn man von 500 Bruttoregistertonnen pro Schiff ausgegangen wäre.

D'Argenson, der damals königlicher Siegelbewahrer und Minister der Finanzen war, zeigte sich eifersüchtig über die Wertschätzung, die ich bei Seiner Königlichen Hoheit und in der Öffentlichkeit wegen meiner Geschäftsführung in der Bank und in der Indischen Kompanie genoß, und er stellte sich meinem Vorschlag entgegen. Er behauptete, daß mein Plan nicht gelingen könne, daß ich die 25 Millionen Münzgeld für Aktien, die ich emittieren wollte, nicht auftreiben würde, daß ich bereits Mühe hätte, die ersten Aktien in Umlauf zu bringen, obwohl sie gegen Staatsschuldscheine, die nur 32 Prozent ihres Nennwerts in Münzgeld wert waren, ausgegeben wurden, und daß ich überhaupt gescheitert wäre, wenn mir Seine Königliche Hoheit nicht damit zu Hilfe gekommen wäre, daß er auf Rechnung des Königs einen so großen Teil dieser Aktien übernommen hätte. Er räumte zwar ein, daß die Aktien damals lediglich um 10 Prozent gegenüber dem Münzgeld verloren hatten, er vermutete jedoch, daß es irgendwelche Machenschaften geben müsse, um sie auf diesem hohen Preisniveau zu halten, und daß sie mit Sicherheit fallen würden, wenn man ihre Zahl um weitere 50 000 erhöhte. Aber einmal angenommen, mein Plan sei durchführbar, so meinte Argenson, müsse man den Indienhandel einer neuen Gesellschaft anvertrauen und dies aus dem Grund, weil man doch nicht alle Eier in einen Korb tun dürfe.

Die Angelegenheit wurde auf mehreren Sitzungen diskutiert. Mit meinem Vorschlag der Vereinigung der zwei Handelsgesellschaften gewann ich die Oberhand über den Herrn Siegelbewah- 248
rer, aber Seine Durchlaucht der Regent schwankte. Er zweifelte an dem Erfolg der neuen Aktien und er fürchtete, eine Unternehmung voranzutreiben, die ihm damals sehr gewagt erschien.

Ich selbst hatte mich mit Persönlichkeiten abgestimmt, die meinen Plan gebilligt hatten. Die Bezahlung der neuen Aktien sollte lediglich zu Raten von 10 Prozent monatlich während zehn Monaten erfolgen. Da die Handelsgesellschaft ihr Kapital in dieser Zeit ausschließlich für ihren Handel benötigte und weil die Personen, mit denen ich mich abgestimmt hatte, mir versprochen hatten, daß sie sich jeder für eine Million dieser Aktien interessieren würde, entschloß ich mich, die neuen Aktien selbst für meine Teilhaber zu nehmen, was bei Seiner Königlichen Hoheit den Ausschlag gab, auf meinen Vorschlag einzugehen.

Während ich noch damit beschäftigt war, mit Seiner Königlichen Hoheit die Einzelheiten festzulegen, waren die ersten Aktien bereits auf einen Kurs von 87 angestiegen. Das veranlaßte mich, mein Angebot zugunsten der Handelsgesellschaft zu erhöhen, obwohl sie die Aktien ursprünglich zum Nennwert entgegengenommen hatte. Ich bot die neuen Aktien nunmehr zu einem Kurs von 110 an, meine erste Zahlung von zweieinhalb Millionen vorzunehmen und diese Summe zu verlieren, wenn ich nicht in der Lage sein sollte, die weiteren Zahlungen in den vereinbarten Fristen aufzubringen.

Seine Durchlaucht der Regent hatte die Verordnung an einem Sonntag erlassen. Bereits am Montag stiegen die ersten Aktien auf einen Kurs von 120 an, und die Zeichnungen für diese neuen Aktien waren wegen der Zahlungsfristen, zu denen man sich verpflichtete, noch mehr wert.

In der Nacht vom Montag zum Dienstag konnte ich den Schlaf nicht finden. Ich hatte ein großes Vertrauen in die Öffentlichkeit gewonnen, und nun fürchtete ich, dieses Vertrauen durch das Geschäft, das ich gemacht hatte, zu verlieren. Nach reiflicher Überlegung entschloß ich mich, auf den Profit, den ich aus diesem Handel hätte ziehen können, zu verzichten, und ich entschloß mich ferner, ihn der Reihe nach jeweils dem ersten Erwerber von Aktien zukommen zu lassen und zwar entsprechend der Menge der Aktien, über welche ein jeder verfügte. Auf diese Weise vermied ich die Bittgesuche, denen ich nicht hätte aus dem Wege gehen können, wenn ich diese Begünstigungen in meinen Büros verteilt haben würde. Hinsichtlich der Personen, die sich verpflichtet hatten, mich zu stützen, und da der König ein großes Interesse an der Gesellschaft hatte, rechnete ich damit, daß Seine Durchlaucht der Regent mich von meinem Versprechen entbinden würde, wenn ich ihnen das geben würde, was ich auf den Anteil seiner Majestät zu geben versprochen hatte und was Seine Majestät nicht hätte erhalten können, wenn ich dieses Geschäft so weitermachen würde.

Ich setzte also ein Schreiben auf, welches meinen Entschluß zum Ausdruck brachte, und ich begab mich am Dienstagmorgen

um 7 Uhr in den königlichen Palast. Der Regent war bereits aufgestanden und mit dem Grafen von Toulouse und dem Marschall von Estrée mit Marineangelegenheiten beschäftigt. Da der Herrscher mir erlaubt hatte, ihn jederzeit aufzusuchen, wenn es die Geschäfte erforderten, ließ ich mich anmelden, und ich wurde
vorgelassen. Seine Königliche Hoheit billigte meine Bedenken 249
und Rücksichten ebenso wie mein Schreiben und er erklärte sich damit einverstanden, daß ich von meiner Verpflichtung entbunden würde, die ich bezüglich des Teils der neuen Aktien, die dem König zufielen, eingegangen war.

Das, was ich damals den ersten Aktionären abtrat, hätte mir mehr als 300 Millionen eingebracht. Während des gesamten Zeitraums, in welchem ich mit der Leitung der Bank und der Indischen Kompanie betraut war, bestand mein Hauptanliegen immer darin, den Erfolg dieser beiden Einrichtungen zu gewährleisten. Ich habe diesen beiden Einrichtungen große Opfer gebracht, und ich wäre bereit gewesen, noch größere Opfer zu bringen, wenn ich mit meinem System erfolgreich gewesen wäre, denn ich betrachtete sie wie meine eigenen Kinder. Ich tat alles für diese Kinder, und ich tat nichts für mich selbst und für meine Familie.

Es gab niemals Warenlieferungen oder irgendwelche Leistungen, die geheim gehalten wurden und die zu Lasten der Indischen Kompanie beziehungsweise ihrer Banknoten erfolgten und die dann gute Verdienste einbrachten. Der überwiegende Teil der Beträge, der für die Bewaffnung und die Beladung von Schiffen aufgebracht wurde, welche in die südlichen Meere entsandt wurden und welche von dort große Mengen von Silber zurückbrachten, entstammte meiner Gunst der Gesellschaft gegenüber, und welche sich auf einen Betrag von nahezu 10 Millionen belief.

Als ich eines Tages die Gemächer Seiner Durchlaucht des Regenten betrat, wurde ich von Seiner Königlichen Hoheit mit folgenden Worten angesprochen: „Erraten Sie die Person, die soeben den Raum verließ und die gekommen war, um von mir Subskriptionen zu erbitten? Es handelt sich um den Marschall von

Villeroy, der mich stark bedrängte, daß ich ihm solche für die Beamten des Louvre gäbe.“ Der Marschall hatte zunächst keine gute Meinung von meinem System, und er glaubte nicht daran, daß ich Erfolg haben würde. Darum hatte er an den Aktien kein Interesse gezeigt, auch hatte er für andere Personen nicht um diese Aktien gebeten. Jetzt allerdings, wo die Subskriptionen, die zu Tausend gezeichnet worden waren, bereits mit einem Gewinn von Tausend gehandelt wurden, veranlaßten die Beamten des Louvre Herrn Villeroy, daß er solche Aktien für sie erbäte. Dabei sagten sie ihm, daß es seine Zweifel an dem Erfolg der Aktien gewesen seien, die sie daran gehindert hatten, diese zu erwerben. Ich meinerseits wollte von Seiner Durchlaucht dem Regenten wissen, wieviel Aktien er dem Marschall gewährt hatte. Darauf antwortete Seine Königliche Hoheit, daß er überhaupt keine gegeben hätte, weil man nur noch über die 100 000 Aktien verfüge, die dem König verbleiben sollten und welche nicht angegriffen werden sollten.

Ich hatte bereits bei anderen Gelegenheiten aus meinen eigenen Mitteln gegeben. So legte ich auch in diesem Fall Seiner Durchlaucht dem Regenten nahe, daß es angemessen sei, daß die Beamten des Louvre Aktien bekämen, ebenso wie sie die Offiziere der Armee, die aus Spanien zurückkehrten, erhalten hatten. Ich erklärte, daß ich erfreut wäre, daß der Herr Marschall darum gebeten hatte, und daß ich über Mittel verfügte, für die ich keine bessere Verwendung wüßte, als sie in den Dienst des Königs und des Staates zu stellen. Seine Königliche Hoheit willigte ein, und am nächsten Tag schon kam der Marschall, der im königlichen Palais gewesen war, zu mir, um mit mir die Einzelheiten zu besprechen, in welcher diese Zuwendung vorgenommen werden sollte. Der Marschall fühlte sehr wohl, daß er mir diesen günstigen Bescheid Seiner Durchlaucht des Regenten verdankte. So gab es viele Artigkeiten von seiner Seite, wie übrigens auch von meiner Seite, über
250 die Art und Weise, in welcher die Zuwendung verteilt werden sollte. Ich erbot mich, dem Herrn Marschall die zwei Millionen

Subskriptionen beziehungsweise den Betrag von 20 Millionen, auf welchen sich der Gewinn auf diese Aktien belief, selbst zu überbringen, aber der Marschall bestand darauf, daß diese Angelegenheit in meinem Büro geregelt würde und daß einer meiner Angestellten die Aktien, gemäß seiner Berechnung, die von ihm abgezeichnet war, verteile. Die Beamten des Louvre sollten wissen, daß sie mir die Gunst verdankten, die sie jetzt empfingen. Ich sah allerdings voraus, daß mehrere dieser Beamten in der Absicht, die Aktien zu verkaufen, ihre Subskriptionen zurücksenden würden und daß sie dabei ein schlechtes Geschäft machen würden, wenn sie nämlich danach trachteten, das Kapital zu erhalten, was sie eigentlich für die bereits getätigten Zahlungen hätten aufbringen müssen. Aus diesem Grund wies ich meinen Angestellten, den ich mit der Verteilung betraut hatte, an, den Betreffenden den entsprechenden Gegenwert in Banknoten auszuzahlen, und zwar auf der Basis eines Gewinns von Tausend, und dies in Anbetracht dessen, daß die Banknoten gegenüber dem Münzgeld stets an Wert gewannen.

Als man die Bilanz der Indischen Kompanie aufstellte und als man die Angestellten dieser Gesellschaft, die damit beschäftigt gewesen waren, die Aktien auszuliefern, die Subskriptionen zu tätigen und so weiter aufforderte, Rechenschaft abzulegen, da zeigte sich, daß unter diesen Rechnungsführern, die mit mehreren Milliarden umzugehen hatten, Personen waren, diese Rechenschaft zu leisten. Herr Lallemand sowie andere Direktoren, die den Bereich der Rechnungsführung in ihrer Verantwortung hatten, erstatteten mir darüber Bericht. Ich überstellte ihnen 4 bis 5 Millionen aus meinen eigenen Mitteln, um dieses Loch zu stopfen, weil ich vermeiden wollte, daß man Verlustposten in der Bilanz der Indischen Kompanie aufführte. Gleichzeitig ordnete ich an, die Rechnungen sorgfältig zu prüfen, um zu entdecken, wo diese Geldbeträge herrührten.

Da meine Schrift Gefahr läuft auszuufern, will ich einige Umstände nur flüchtig ansprechen, obgleich diese Sachverhalte durchaus Verdienste deutlich werden lassen, die zu anderen Zeiten vor dem Staatsrat als wichtige Beweisstücke gegolten haben würden.

So richtete ich an alle Erzbischöfe und Bischöfe des Königreichs Rundschreiben, um mich über den Zustand der Klöster in jeder Diözese zu unterrichten. Dabei ergab sich, daß manche sehr arm waren und daß wiederum andere unter der Verringerung ihrer Renteneinnahmen litten, obwohl sie ohnehin schon mehr Münder ernähren mußten, als sie überhaupt beköstigen konnten. Diese Klöster hatten außerdem stets noch weitere Zugänge. Das Geld, das diese Neuankömmlinge mitbrachten, trug für sechs Monate oder ein Jahr zu ihrem Lebensunterhalt bei. Andererseits wurde die Lage dieser Klöster wegen der Erhöhung der laufenden jährlichen Ausgaben immer schlechter. Meine Absicht bestand nun darin, diesen Klöstern in einer Weise zu helfen, daß sie anständig leben konnten. Die Einzelheiten dieser Angelegenheit übergab ich dem Herrn Abbé Tancin, und ich empfing die gewünschten Antworten und die erbetenen Aufstellungen, aber ich konnte meinen Plan nicht mehr ausführen, weil man mich seinerzeit aller meiner Ämter entkleidete.

Ich beauftragte Herrn Abbé Tancin, die Gefängnisse von Paris
251 aufzusuchen und mir eine genaue Aufstellung über die Beträge, die jeder Gefangene schuldete, anzufertigen, daß man die Art der Schulden ermittelte, daß man die Mittel der Betreffenden feststellte und daß man Angaben machte, wie den Betreffenden zu helfen war. Diese Angelegenheit konnte zu Ende gebracht werden. Ich übergab dem Herrn Abbé Tancin die erforderliche Summe, die sich auf ungefähr 60 000 Pfund belief, und alle Gefangenen, die wegen Schulden eingekerkert waren, wurden auf freien Fuß gesetzt.

Ich spendete dem Herrn Pfarrer von Saint Sulpice sowie den anderen Pariser Pfarrern aus meinen eigenen Mitteln, damit sie den Familien, welche der Hilfe bedurften, zu Hilfe kämen.

Als man den Herrn Kanzler ins Amt zurückrief, sprach er mich auf mehrere ehrenhafte Familien aus dem Richterstand an, welche unter der Verringerung ihrer Einkommen litten, worauf ich mich sofort erbot, daß man ihnen eine Summe von 100 Millionen in Staatspapieren, die mir noch verblieben waren, zukommen ließ. Ich bat ihn, diese Summe an diejenigen zu erteilen, von denen er wußte, daß sie sie besonders nötig hätten, aber er wollte dieses Anerbieten nicht annehmen.

Auf meine Kosten machte ich die Anschaffung des Hauses Nevers, eine Million bezahlte ich Herrn de Mazarin für dessen Haus, und weil Letztgenannter darauf bestand, mein eigenes Haus zu einem Preis von 600 000 Pfund zu erwerben, um sich darin niederzulassen, willigte ich darin ein. Gleichzeitig kaufte ich alle anderen Häuser, die die Ecke zwischen der Rue Neuve des Petits Champs, der Rue Vivienne, der Rue Colbert und der Rue de Richelieu bildeten. Mit den Abrißarbeiten an diesen Häusern war bereits begonnen worden, denn ich wollte die Börse am Ende des Gartens des Palais von Mazarin errichten. Eine Seite dieses Gebäudes, und zwar die Seite, welche auf den Garten der Bank gerichtet ist, war bereits fertiggestellt. Im genannten Umkreis hätte ich die Post und alle anderen Büros, die mit den Finanzen und dem Handel zu tun haben, angesiedelt. Die Bank mit ihren Beamten, die Indische Kompanie und die Steuerbehörde waren bereits hier untergebracht. Ich kaufte die genannten Häuser im Namen des Königs, um dadurch den Schwierigkeiten aus dem Wege zu gehen, die die Eigentümer gemacht haben würden, aber ich behielt die Quittungen der Ausgaben für diese Gebäude nicht in meinen Händen, weil ich diese Erwerbungen nicht behalten wollte und weil ich plante, sie der Indischen Kompanie zum Geschenk zu machen. Diese meine Absicht hatte ich bereits Seiner Durchlaucht dem Regenten und den Direktoren der Gesellschaft zu verstehen gegeben.

Ich hatte Seiner Königlichen Hoheit damals noch andere Vorhaben von öffentlichen Arbeiten vorgeschlagen, wie zum Beispiel den Bau eines Kanals rund um Paris, durch welchen die Seine laufen sollte, damit dieser Fluß auch für große Schiffe bis nach Paris schiffbar würde, und dies selbst in der trockensten Sommerzeit.

Ferner machte ich Seiner Durchlaucht dem Regenten den Vorschlag, mit meinen Einnahmen die Gebühren des Kammergerichts zurückzuerstatten, denn ich hatte diese Gebühren von Anfang an mißbilligt, weil sie unmittelbar gegen das öffentliche Gerechtigkeitsempfinden und gegen den Handel im Königreich gerichtet waren und weil sie aus diesem Grund der Ehre und den Interessen des Königs zuwiderliefen. Der Herr Generalkontrolleur wird sich noch erinnern, daß er den Auftrag erhalten hatte, mir eine genaue Aufstellung in übersichtlichen Zahlenkolonnen anzu-
252 fertigen, woraus zu ersehen war, welche Summen Seine Majestät mit dieser Gebühr bereits eingezogen hatte, welche Beträge bereits zurückerstattet worden waren, welche Beträge Seine Königliche Hoheit sich weiterhin verpflichtet hatte, noch zu erstatten, und welche Beträge übrig blieben. Diese Aufstellung wurde mir unterbreitet, und sie war von einem mündlichen Bericht des Generalkontrolleurs begleitet. Mein Vorschlag wurde dann von Seiner Durchlaucht dem Regenten gebilligt, so daß ein entsprechender Erlaß aufgesetzt werden konnte. Allerdings verhinderte der Zusammenbruch meines Systems die Ausführung dieses Vorhabens.

Ich hatte den Vorschlag gemacht, eine Stiftung ins Leben zu rufen, die eine fortlaufende Rente von einer Million abwerfen würde, um damit eine Lehranstalt für den Adel einzurichten. Diese Anstalt sollte tausend Kinder des Adels aufnehmen. Die Kinder sollten so erzogen werden, daß sie später dem König in dessen Armeen zu Lande und zur See dienen könnten, und dies jeweils entsprechend ihrer persönlichen Neigung. Nach einem dreijährigen Aufenthalt in dieser Anstalt sollte die Stiftung ihren Absolventen dann eine jährliche Pension während dreier weiterer Jahre zahlen, damit sie in die Lage versetzt würden, sich in den königlichen Streitkräften bis zu ihrer Beförderung selbst zu unterhalten, ohne ihren Familien zur Last zu fallen. Diese Stiftung hätte es ermöglicht, daß der König die gesamte Jugend sämtlicher Provinzen immer unter seinen Augen gehabt haben würde. Durch die

Berichte der Leiter der Anstalt wäre Seine Majestät stets darüber unterrichtet worden, welche Zöglinge durch besondere Begabungen und durch besonderen Fleiß vielversprechend waren. Ich plante ferner durchzusetzen, daß man den Kriegsinvaliden erlaubte, sich in ihre Provinzen zurückzuziehen und daß man ihnen eine Lebensrente gewährte, wozu ich das Haus der Invaliden in diese Stiftung einbrachte.

Wenn ich im Amt verblieben wäre, dann hätte ich die Profite, die ich mit den Erfolgen meines Systems erzielt hatte, auch weiterhin in den Dienst des Staates gestellt. Seine Durchlaucht der Regent kannte meine diesbezüglichen Absichten. Als er mich meiner Ämter entkleidete und da mir die Zeit nicht vergönnt war, um alle diese Stiftungen, die ich plante, in die Wirklichkeit umzusetzen, wollte ich doch wenigstens meine Aktien, meinen Grund und Boden und meine anderen Besitztümer der Indischen Kompanie übereignen. Behalten wollte ich lediglich das, was ich schon besaß, bevor ich mit der Leitung dieser Angelegenheiten betraut wurde. Diesbezüglich hatte ich eine Aussprache mit Seiner Königlichen Hoheit, aber der Herrscher verweigerte dazu die Zustimmung. Mit großer Güte antwortete er mir, daß er wünschte, daß sich meine Kinder der Güter erfreuen könnten, die ich erworben hatte und die ich so sehr verdient hatte. Der Regent versicherte mir ferner, daß, wenn er es einmal für geboten halten sollte, mir zu erlauben, das Königreich zu verlassen, ich das persönliche Eigentum, welches ich besaß, als ich nach Frankreich kam, mitnehmen dürfte. Er sagte mir ferner, daß ihm sehr daran gelegen sei, daß ich meine Aktien und meinen Grund und Boden in Frankreich behielte und dies, weil er sehr wünsche, daß ich mich stets zu seinen Freunden zählen möge und daß ich auch weiterhin an dem Gelingen seiner Angelegenheiten interessiert wäre.

Es bedürfte eines ganzen Bandes, wenn ich im einzelnen aufschreiben wollte, was ich alles für Einzelpersonen getan habe, und zwar für Angehörige des Adels, für Kaufleute, für Manufakturinhaber und dergleichen mehr. Ich hoffe jedoch, daß das, was ich bereits mitgeteilt habe, ausreicht, um Eure Durchlaucht von meiner Uneigennützigkeit während meiner Amtstätigkeit zu überzeugen.

Euer Gnaden, angesichts meiner augenblicklichen Lage konn-
253 ten meine Feinde eine Veröffentlichung durchsetzen, in welcher behauptet wird, daß ich zu meinem persönlichen Vorteil gewaltige Summen aus Frankreich ausgeführt hätte.

Genügt es, jemanden anzuklagen, damit er als straffällig angesehen wird? Wenn es so wäre, wo gäbe es da noch Unschuldige? Meine Feinde sollten endlich das beweisen, was sie behauptet haben, denn man kann doch nicht umgekehrt von mir verlangen, daß ich meine Unschuld beweise.

Die Gerüchte in der Öffentlichkeit wurden hervorgerufen durch Geldsendungen, die auf Anordnung und im Dienst des Staates oder der Indischen Kompanie geschahen. Es besteht überhaupt keine Schwierigkeit, sich über die Höhe der Beträge dieser Sendungen in den Geschäftsbüchern der Beziehungen mit dem Ausland und der Indischen Kompanie zu unterrichten, und man wird aus diesen Büchern auch die Verwendung der betreffenden Mittel ersehen können. Alle Geldsendungen wurden in den Büchern des königlichen Finanzamtes registriert, und zwar in Paris und an der Grenze. Der Minister für die Beziehungen mit dem Ausland stellte Kuriere zur Verfügung, welche alle Geldsendungen, die das Königreich verließen, begleiteten. Dieser Minister wandte sich bei jedem Geldtransport gleichzeitig schriftlich an den Herrn Marquis de Prié, damit dieser dafür sorgte, daß man die Geldtransporte nicht aufhielt, wenn sie das Territorium der kaiserlichen Staaten verließen. Dadurch verfügen sowohl das Ministerium für die Beziehungen mit dem Ausland wie auch der Marquis de Prié über die Belege für diese Geldsendungen. Der Beamte an der Grenze benachrichtigte mich persönlich, wenn die Wagen die Grenze überschritten, ebenfalls benachrichtigte er zur gleichen Zeit alle anderen Bevollmächtigten. Niemals ist es vorgekommen, daß Geldsendungen auf die Rechnung der Indischen Kompanie vorgenommen wurden, ohne daß Seine Durchlaucht der Regent davon unterrichtet war und diese Geldtransporte ausdrücklich billigte. Ich erkläre Eurer Durchlaucht hiermit feierlich, daß ich nicht ein einziges Mal einen Wagentransport mit Geld im geheimen veranlaßt habe und daß ich ebenfalls keine Geldüberweisungen geschehen ließ, es sei denn vor den Augen der Öffentlichkeit, und sie wurden von den Angestellten, die den Schriftverkehr führten, in den entsprechenden Büchern eingetragen. Meine ganze Aktivität hatte zum Ziel, meinem System zum Erfolg zu verhelfen, wobei ich dieses System stets als Staatsangelegenheit ansah. Alle meine Überlegungen waren diesem einzigen Ziel untergeordnet.

Euer Gnaden, ich erkläre weiterhin, daß ich gegenwärtig nicht unterhalte und auch während der Zeit meines Aufenthaltes in Frankreich keine anderen Beziehungen unterhalten habe als diejenigen, die ich öffentlich in meinen Büchern ausweise und daß ich sogar ein ziemlich großer Gläubiger bin. Ich erkläre, daß ich über kein Eigentum außerhalb Frankreichs verfüge und daß ich dort weder selbst Güter besitze noch solche Güter für mich anderen Personen übereignete. Mir hätten die Mittel zu meinem Lebensunterhalt gefehlt, wenn ich, seitdem ich Frankreich verließ, nicht einige Zuwendungen aus Frankreich überwiesen bekommen haben würde. Was die Diamanten anbetrifft, so besaß ich vier solcher Diamanten, die insgesamt 4 000 Pfund Sterling wert waren. Als man es jedoch verbot, Diamanten zu tragen, übergab ich diese Diamanten meinem Bruder, damit er sie nach England sandte, um sie dort gleichzeitig mit den seinigen zu verkaufen. Allerdings gab mein Bruder mir einen dieser Diamanten zurück, weil er nicht ganz lupenrein war. Dieser war dann der einzige Diamant und auch der einzige Schatz, den ich bei mir hatte, als ich Frankreich verließ.

Alles das, was ich Eurer Durchlaucht hier mitteile, entspricht 254
der Wahrheit. Wenn ich arbeitete, so geschah dies ehrenamtlich, so daß ich nunmehr meine Ehre und meinen guten Ruf in die Waagschale werfe, damit bezeugt werde, daß das, was ich sagte, die reine Wahrheit ist.

Wenn ich wirklich danach getrachtet hätte, mir im Ausland ein Vermögen anzulegen, hätte ich dann Herrn Martine, den Gesandten von Hessen-Kassel, meine Wechsel gegeben, um in Hamburg in einer Frist von sechs Monaten 600 000 Königstaler zu bezahlen? Nein, ich hätte die Bezahlung dieser Summe aufgeschoben, oder aber ich hätte ihm diese Summe vom königlichen Schatzamt angewiesen, ohne daß ich mich hätte persönlich verpflichtet fühlen müssen, den genannten Betrag im Ausland bereitzustellen.

Hätte ich meine Banknoten den Spitzenhändlern von Paris gegeben, damit sie sich einer Schuld von 600 000 holländischen Florins entledigen konnten, die in einem Jahr fällig war, wofür ich von ihnen Banküberweisungen auf der Basis von 96 Groschen pro Taler bezahlt bekam, und dies, obwohl der Taler damals nur 20 Groschen wert war? Oder hätte ich meine Korrespondenten im Ausland damals daran gehindert, Wechsel auf die Summen, die ich ihnen schuldete, zu ziehen, wo doch diese Wechsel mir jetzt so viel Kummer bereiten?

Ich hatte meinem Bruder die Güter, die ich in Schottland besaß, überlassen, und ich erlaubte es ihm, davon eine Rente von 500 Pfund Sterling zu kaufen, damit meinen Schwestern, meinen Neffen und Nichten jährliche Pensionen gezahlt wurden, denn ich wollte ihnen keine anderen Zuwendungen zukommen lassen, bis daß ich sie nach Frankreich holen konnte. Als mein Bruder dann von seinen Korrespondenten wegen des Kapitals bedrängt wurde, willigte ich ein, daß er 12 000 Pfund Sterling auf die Güter in Schottland borgte. Das war mir lieber als eine Rückzahlung oder daß Wechsel bei dem damals niedrigen Wechselkurs gezogen wurden. Gegenwärtig werden die Einnahmen aus unseren Gütern in Schottland dazu verwendet, die Renten dieser Summe zu bezahlen. Meine Schwestern und ihre Kinder empfangen also ihre Pensionen nicht mehr, daher fehlt es ihnen am Notwendigsten, und ich selbst verfüge nicht über die Mittel, um ihnen zu Hilfe zu kommen.

Wenn ich tatsächlich ins Auge gefaßt hätte, mich im Ausland niederzulassen, dann hätte ich nicht meinen Bruder aufgefordert, nach Frankreich zu kommen, was im Grunde genommen gegen dessen Neigung war, und ich hätte meinen Bruder auch nicht ermutigt, seine Habe nach Frankreich mitzubringen, die damals ziemlich beträchtlich war. Statt dessen hätte ich ihn in England gut gebrauchen können, denn dort hätte er als derjenige dienen können, bei dem ich meine Kapitalien anlegte, von denen man vermutet, daß ich sie ins Ausland schaffte.

Ich würde die Geschäftsbücher der Indischen Kompanie nicht mit einem Vorhängeschloß verschlossen haben, um dadurch den Verkauf von 3 000 Aktien zu verhindern, die ich dort als Sicherheit für die Summen hinterlegt hatte, die ich Milord Londondery, Herrn Harison und so weiter schuldete.

Ich übernahm die Verpflichtungen von Herrn Gage gegenüber Milord Londondery, indem ich für seine Verluste aufkam, die ihm damals aus diesen Verpflichtungen, die in Banknoten bestanden, erwuchsen und die mir natürlich nichts einbrachten.

Ich gab mein eigenes Geld dem Steuereinnehmer von Mathe,
um für die Verluste aufzukommen, die von dem Wechselkurs her- 255
rühren mußten, wenn die Erstattung der fälligen Steuern um ein Jahr aufgeschoben wurde. Meine Absicht bestand darin, den Kredit wieder herzustellen und die Wechsel wieder sicher zu machen, und ich war überzeugt davon, daß mir das gelingen würde, wenn mich nicht eine höhere Gewalt daran gehindert hätte.

Tagtäglich gab ich Franzosen, die ich kaum kannte, mehr als notwendig gewesen wäre, um sie meiner eigenen Verwandtschaft gegenüber gewogen zu machen. Aber ich war Franzose und ich betrachtete meine Verwandten als Ausländer, die nicht in Frankreich lebten.

Der Herr Kardinal von Dubois, damals Erzbischof von Cambray, entsandte mir den Abbé Tancin, um mich wissen zu lassen, daß er sich dafür einsetzen würde, daß mir der König von Großbritannien das Herzogspatent und den Hosenbandorden gewährte. Ich lehnte dankend ab.

Man bot mir ferner das Fürstentum von Massa[13] in Italien an sowie die Insel Tabarque[14] an der afrikanischen Küste. Herr Boissart schlug mir die Rückerstattung der Summen vor, die die Holländer dem Kaiser[15] auf das Rohsilber, welches aus den Silberminen gefördert wurde, geborgt hatten. Wenn ich wirklich unehrenhaft gewesen wäre, dann hätte ich diese Gelegenheiten nicht verpaßt, um mich im Ausland zu einer sehr reichen und angesehenen Persönlichkeit zu machen. Indessen war mein Verhalten, Euer Gnaden, ganz und gar gegenteilig, es war das Verhalten eines wahrhaftigen und zielstrebigen Dieners Seiner Durchlaucht des Herzogs von Orléans und von Frankreich. Meine Kinder, mein Bruder, meine Verwandten, meine Freunde werden mich tadeln, daß ich ein derartig uneigennütziges Verhalten an den Tag legte, aber ich bereue dieses Verhalten nicht, denn ich tat nur meine Pflicht. Im vergangenen Jahr hatte ich Grund zu glauben, daß verstorbene Durchlaucht, der Herzog von Orléans, den König so weit umgestimmt habe, daß man bereit war, mich nach Frankreich zurückzurufen. Ich hätte nicht einen einzigen Augenblick gezögert, meine Entscheidung zu treffen. Ich selbst wünschte es ja, nach Frankreich zurückzukehren. Wenn ich jedoch wirklich so pflichtvergessen gewesen wäre, wie es meine Feinde von mir behaupten, dann hätte all das, was Seine Königliche Hoheit oder Seine Majestät mir hätten anbieten können, mich nicht veranlassen können, wieder nach Frankreich zu kommen. Aber ich hatte mir nichts vorzuwerfen, und so wäre ich ohne jede Bedingung nach Frankreich zurückgekehrt. Weder mein persönliches Interesse noch das Interesse meiner Gläubiger, noch das meiner Kinder und meiner Verwandten hätten mich hindern können, einen solchen Entschluß zu fassen. Für mich handelte es sich um etwas Höheres, und obwohl ich sogar befürchten mußte, ein zweites Mal in Mißgunst zu fallen (eigentlich müßte ich sagen ein drittes Mal, denn zweimal war mir dieses Mißgeschick bereits widerfahren), wäre ich doch in keinem Augenblick bereit gewesen, mein Verhalten zu ändern. Ich konnte mir überhaupt nicht vorstellen, daß der König es zuließ, daß ich seine Staaten verließ beziehungsweise daß er in dem Augenblick, in welchem er mir dies erlaubte, es hätte mit ansehen können, daß es mir am Notwendigsten mangelte. Frankreich hatte die Pflicht, mich an der Ausreise zu hindern oder mir Gerechtigkeit widerfahren zu lassen. Es wäre angemessen gewesen, daß in dem Fall, in welchem ich mich keiner Güter erfreute, man mir diese gäbe, damit ich anständig leben konnte. Ein anderes Verhalten mir gegenüber läuft seiner Ehre und seinen Interessen zuwider.

Der verstorbene Herzog von Orléans kannte die Interessen 256
Frankreichs sehr gut. Das gilt für die inländischen Angelegenheiten ebenso wie für die Beziehungen mit den ausländischen Nachbarn. Als dieser Herrscher es mir gestattete, das Königreich zu verlassen, betrachtete ich diese Erlaubnis als den größten Beweis seines Vertrauens, den er mir jemals gegeben hatte. Er behandelte mich also nicht wie eine Person, die ihm gleichgültig war. Ungeachtet dessen, daß sich ein zu starker Widerstand gegen meine Rückkehr nach Frankreich richtete und ungeachtet dessen, daß der Regent aus meiner Arbeit in Frankreich keinen Nutzen mehr ziehen konnte, hätte er mir doch wenigstens Gerechtigkeit widerfahren lassen, ganz abgesehen davon, daß er es nicht zugelassen haben würde, daß ich genötigt wurde, anderswo zu arbeiten.

Wenn das, was meine Feinde gegen mich vorbrachten, wahr wäre, welche Gründe könnte ich dann gegenwärtig noch haben, meine Reichtümer zu verbergen? Die englischen Gesetze garantieren jeder auch noch so geringen Einzelperson das Privateigentum sowie die persönliche Freiheit. Wenn ich über Millionen verfügte, dann könnte ich mich dieser Millionen hier in aller Ruhe und Sicherheit erfreuen. Der König kann diese Rechte nicht antasten, und selbst wenn Seine Majestät der König dies auch vermöchte, würde er doch niemals Hand an die Gesetze legen, die die Grundlage des Reichtums seines Volkes und die Basis seiner Macht darstellen. Ich brauchte also diese Millionen, die man bei mir in Form von Kapitalien und Gütern vermutet, hier nur anzuwenden, um damit sogleich den entsprechenden Einfluß bei den Wahlen zum Parlament zu gewinnen, welcher sich nach dem

Umfang der Ländereien richten würde, die ich erwerben könnte und die mir Ansehen im Staat und bei den Ministern verschaffen würden.

Nein, Euer Gnaden, es ist mir niemals auch nur in den Sinn gekommen, mir einen Ruhesitz außerhalb von Frankreich zu sichern. Mein einziges Ziel, für welches ich arbeitete, bestand darin, mich bei einem großen Volk nützlich zu machen und einem Herrscher zu Gefallen zu sein, welcher mir sein Vertrauen geschenkt hatte und den ich liebte. Wenn ich augenblicklich nur die Hälfte der Güter besäße, die ich seinerzeit nach Frankreich mitbrachte, würde Eure Durchlaucht heute nicht mit meinen Klagen belästigt werden. Ich würde Euch nur schreiben, um an die mir widerfahrene Güte, die ich nicht vergessen werde, zu erinnern. Ich bin ein Mann, der über Hunderte von Millionen gebot, der täglich mehr verschenkte, als er gegenwärtig brauchen würde, um sein Leben angenehm zu machen, der von Natur aus gleichgültig und gelassen ist und der schließlich lange genug gelebt hat, um sich einen Überfluß zu verschaffen, den er verachtet. Aber wozu sage ich dies alles. Man müßte glauben, daß ich der letzte aller Menschen sei, daß ich unwürdig sei zu leben, daß ich fähig sei, in der denkbar schamlosesten Weise zu lügen, wenn ich hier öffentlich erklärte, daß ich über keinerlei Habe verfüge und diese dennoch hätte. So etwas hieße, das Angedenken Seiner Durchlaucht des Herzogs von Orléans mit Füßen zu treten, es hieße, Eure Durchlaucht zu beschämen, wo Ihr mir doch Euren Schutz und selbst Freundschaft angedeihen ließet, und dies alles einer Person, die solcher Niedrigkeit fähig wäre.

Ich will diese Schrift damit abschließen, daß ich noch einmal wiederhole, was ich damals in einem meiner Briefe an Seine Durchlaucht den Regenten in der gleichen Angelegenheit erbat.

Die Menschen streben entweder nach Ehre oder nach Reichtum, oftmals aber gleichzeitig nach beidem. Derjenige, der sich der Ehre verschreibt, hat mehr Verdienste, und derjenige, dem es von
257 Natur aus nicht gegeben ist, diese Ehre zu erreichen, wird sich

damit begnügen, Reichtümer aufzuhäufen. Die Menschen urteilen über andere immer aus ihrem eigenen Gesichtsfeld. Da man nun aber im allgemeinen das persönliche Interesse dem öffentlichen Interesse vorzieht, glaubt man, daß ich, der über ungeheure Güter verfügte und der zudem noch ein nach Frankreich zugereister Ausländer war, der seine Familie liebte und dem es nicht an Weitblick mangelte, mir beachtliche Rücklagen außerhalb des Königreichs angelegt haben müßte, und dies um so mehr, wo ich doch bereits die Wankelmütigkeit der Öffentlichkeit anläßlich des Erlasses vom 21. Mai kennengelernt hatte. Aus diesen Überlegungen heraus schließt man, daß ich das tat, was sie an meiner Stelle gemacht hätten. Aber würden sie das getan haben, was ich gemacht habe? Nein. Diejenigen, die so denken, sind überhaupt nicht fähig, sich auch nur vorzustellen, was ich alles unternahm und was ich alles noch durchgeführt hätte, wenn nicht außerordentliche Ereignisse mich daran gehindert haben würden, und zwar solche Ereignisse, die die menschliche Klugheit nicht voraussehen kann. Wenn sie also unfähig sind, das zu tun, was ich gemacht habe, dann sollen sie sich wenigstens enthalten, mein Verhalten zu beurteilen, denn sie kennen mich ja nicht.

Seine Durchlaucht der Regent kannte mich, und es war seine Sache, über meinen Charakter zu urteilen. Als im vergangenen Jahr Milord Peterbourg nach Frankreich reiste, übergab ich ihm Briefe für Seine Königliche Hoheit,[16] und dieser Fürst führte mit dem Regenten ein längeres Gespräch über meine Person. Milord Peterbourg bekundete einiges Erstaunen darüber, daß ich außerhalb Frankreichs über keinerlei Mittel verfügte. „Nein, so erwiderte Seine Durchlaucht der Regent, Law hatte in seinem Verhalten nichts, was unedel wäre."

Euer Gnaden, gegenwärtig lebt dieser große Herrscher nicht mehr. Ich erfreue mich des Umstandes, von Eurer Durchlaucht gekannt zu werden, und es ist nun an Euch, über meinen Charakter und über mein weiteres Schicksal zu entscheiden. Es ist ein wahres Glück für mich, von einem Premierminister beurteilt zu

werden, welcher stets alles mit Würde bedachte und welcher wegen seiner edlen Abstammung aus fürstlichem Geschlecht ganz besonders am Ruhm des Königshauses und am Glück seines Volkes interessiert sein dürfte. Ihr seid nicht beeinflußt von persönlichen Gesichtspunkten, wenn Ihr einer Person, die es verdient, Gerechtigkeit widerfahren laßt. Diese Person, obwohl sie aus dem Ausland nach Frankreich kam, gab unzählige Beweise für die Verbundenheit mit dem Staat[17] sowie des Vertrauens in einen Herrscher, dem sie diente. Viele werden mich dafür tadeln, daß ich mich in einer Art und Weise aufopferte, die mich in die Lage brachte, in welcher ich mich nunmehr befinde. Diejenigen, die niemals das Vergnügen kennenlernten, eine Pflicht in einer Beschäftigung zu erfüllen, die zweifellos als die bedeutsamste angesehen werden kann, und die niemals die Tugend besaßen, um meinem
258 Beispiel zu folgen, können mein Verhalten ruhig mißbilligen. Demgegenüber werden die Herrscher mich rechtfertigen und loben. Eure Durchlaucht wird nicht zulassen, daß ich dafür bestraft werde, daß ich mit einer Uneigennützigkeit gedient habe, die so einmalig und so außerordentlich gewesen sein dürfte, daß es schwerfällt, daran zu glauben. Ich wünsche mir bei Euch keinen anderen Anwalt als den Eures Herzens, und ich habe keine Angst vor Eurer Entscheidung. Die Gunst, die ich erbitte, ist, daß man mich nicht länger warten läßt.

Ich habe die Ehre, mit außerordentlicher Hochachtung gegenüber Eurer Durchlaucht zu verbleiben

gezeichnet Law.

Anhang

Nachwort

John Law (1671–1729)

Das wissenschaftliche Gesamtwerk Laws ist sehr umfangreich. Die hier getroffene Auswahl mußte gewährleisten, daß die wichtigsten theoretischen Werke aufgenommen wurden. Ferner muß sich der Weg Laws, seine wissenschaftliche Entwicklung ebenso wie die zahlreichen Wechselfälle seines persönlichen Lebens, verfolgen lassen. In Anbetracht dessen enthält der Band zu Anfang das eigentliche ökonomische Hauptwerk Laws, „Betrachtungen über das Geld und den Handel". Diese erste schottische Schrift aus dem Jahre 1705 wurde von ihm noch in englischer Sprache geschrieben, es liegt aber bereits eine französische Fassung dieses Werkes aus dem Jahre 1720, die sogenannte Letzthandausgabe, vor. Dem folgt der Brief Laws an den Regenten, den Herzog Philippe von Orléans, aus dem Jahre 1715, in welchem Law dem Regenten seine Dienste anbietet. Dem Brief schließt sich unmittelbar an die „Denkschrift über die Banken", ebenfalls aus dem Jahre 1715. Die Entwicklung des Lawschen wissenschaftlichen Denkens verdeutlichen insbesondere zwei kleinere theoretisch sehr wichtige Schriften, die „Abhandlung über die königlichen Steuern" (1719) und „Leitgedanken eines neuen Systems der Finanzen" (1719). Dem folgen drei „Briefe über das neue System der Finanzen", die im „Mercure de France" im Jahre 1720 erschienen und in welchen Law sein „System" erläutert. Den Abschluß bilden ein Brief Laws an den Herzog von Bourbon aus dem Jahre 1724 sowie die „Abhandlung Laws zur Rechtfertigung gegenüber dem Herzog von Bourbon" (1724). Law wandte sich an den Herzog, weil dieser nach dem Ende der Régence von Ludwig XV. mit der

Ausübung der Regierungsgeschäfte betraut wurde. Die letztgenannte Schrift wurde von Law nach dem Zusammenbruch seines „Systems“ verfaßt, sie enthält neben seiner Rechtfertigung und der Liquidation seiner finanziellen Angelegenheiten originelle Ideen über ökonomische Zusammenhänge und neue Projekte, die er dem Herzog von Bourbon unterbreitete.

Die vorliegende Auswahl der Werke Laws umfaßt den Schaffensprozeß von nahezu zwei Jahrzehnten, d. h. von 1705 bis 1724. Damit liegen dem deutschen Leser die wichtigsten Schriften erstmals in deutscher Sprache vor. Alle hier übersetzten Werke entstammen mit Sicherheit der Feder Laws, was bei einigen anderen Schriften, die man ihm zuschreibt, nicht unbedingt verbürgt ist. Letzteres ist nicht verwunderlich angesichts der kolossalen Popularität Laws, der großen Zahl seiner Mitarbeiter, die seine Gedanken genau kannten und die er mitunter auch zu eigenen Veröffentlichungen anregte und aufforderte. Es war diesen Autoren, selbst wenn sie danach trachteten, jedoch meist nicht möglich, die Schreibart Laws vollständig zu assimilieren. Inzwischen dürfte bis auf wenige Ausnahmen die Urheberschaft sämtlicher Werke geklärt sein.[1]

Was die Übersetzung Lawscher Texte anbetrifft, so war es nicht leicht, die kurz angebundene und jeder stilistischen Ausschmükkung entbehrende Schreibart des Autors adäquat wiederzugeben. Auch sind bei diesen für Law typischen paradigmatischen Verkürzungen im Verlauf von fast 300 Jahren Sinnzusammenhänge mitunter verlorengegangen. Daher ergeben sich bei der Übersetzung zahlreiche Probleme. Ein Beispiel mag diese Schwierigkeiten veranschaulichen. Die sehr differenzierten Erwägungen Laws über Währungsparitäten, Goldgehalt von Währungen, nationalen und internationalen Wechselverkehr und Wechselkursschwankungen machen es mitunter nicht möglich, mit letzter Sicherheit zu bestimmen, ob bei dem generellen Gebrauch des Wortes „change“

[1] Vgl. Harsin, P., John Law – Oeuvres complètes, Paris 1934, (Einleitung).

von Wechsel allgemein oder von Wechselkurs im besonderen gesprochen wird. Es handelt sich dabei um eine spezifische Schwierigkeit bei der Übersetzung von Law-Texten. Hingewiesen sei ferner auf die mangelhafte Orthographie Laws, aneinandergereihte Partizipialkonstruktionen, nicht konjugierte Verben, falsche Pronomen (ohne eindeutigen Bezug). Die Lektüre und das Verständnis der Texte wird dadurch natürlich erschwert. Ungeachtet dessen bemühte sich der Übersetzer darum, eine möglichst textnahe und dennoch lesbare deutsche Übersetzung anzubieten. Daß dabei die Eigenart des Lawschen Stils auch in der Übersetzung gewahrt werden mußte, versteht sich von selbst.

Die Übersetzung der Texte erfolgte nach der Ausgabe: John Law, Oeuvres complètes, Paris 1934, hrsg. von Paul Harsin, auf die sich die jeweils am äußeren Rand des Textes unserer Ausgabe erscheinenden Seitenzähler beziehen. Sämtliche in den Band aufgenommenen Briefe Laws wurden nach Fotokopien aus den entsprechenden Bibliotheken und Archiven übersetzt.

Für die Herausbildung des Kapitalismus und die Entwicklung der Ökonomie als Wissenschaft waren die Aktivitäten und die Schriften John Laws von außerordentlicher Bedeutung. Die Wirkung des schottischen Ökonomen, der in allen Ländern und Hauptstädten Europas die Herrscher und Regierenden mit Vorschlägen für ökonomische Reformen und mit finanzwirtschaftlichen Projekten bestürmte, der französischer Staatsbürger wurde und zur katholischen Religion konvertierte, den man nach dem Scheitern seines „Systems“ aus Frankreich vertrieb und der in Armut und in Einsamkeit in Venedig verstarb, ist beispiellos gewesen.

Die Bedeutung Laws lag vor allem darin, daß er das alte System des Feudalismus und dessen überkommene feudale Strukturen radikal bekämpfte. Dem praktischen ökonomischen Geschehen war er dabei ebenso zugewandt, wie er gleichzeitig mit der Abfassung ökonomischer Schriften beschäftigt war. Und gerade in dieser Symbiose von Theorie und Praxis lag die enorme Ausstrahlung begründet, die von seiner Persönlichkeit ausging und die dazu führte, daß er seiner Zeit ganz Europa auf den Kopf zu stellen vermochte.

In der Zeit, als Law sich für das wirtschaftliche Geschehen zu interessieren begann, fing man in England gerade damit an, das zuvor eroberte Kolonialterritorium systematisch auszubeuten. Wenngleich der amerikanische Kolonialbesitz Frankreichs zunächst größer als derjenige Englands war, gelang es der Seemacht England zu Ende der Regierungszeit Ludwig XIV., d. h. in der Periode der bereits eingetretenen Schwächung dieser absoluten Monarchie, sich große Teile des französischen Kolonialbesitzes um Neufundland und in Kanada anzueignen. Die Kolonialpolitik, die den Handel und den Krieg vereint, gab nun aber der Entwicklung der Manufakturen wichtige Impulse, so daß die durch die ursprüngliche Akkumulation aus ihrer hergebrachten Lebensweise gerissenen Menschen hier Zuflucht finden konnten. Eines der wirtschaftspolitischen Anliegen Laws bestand darin, die grassierende Arbeitslosigkeit auf diesem Wege zu bekämpfen.

Neben die Expropriation des Landvolks und die Ausplünderung der Kolonien traten die Ausweitung der Staatsschuld sowie gleichzeitig die Bestrebungen einer Neuordnung des Steuersystems. Dazu bedurfte es jedoch der Spezialisation auf dem Gebiet der Finanzgeschäfte und der Herausbildung eines neuen Banksystems und Bankgewerbes. So erlebte John Law die Gründung der wichtigsten modernen europäischen Banken, u. a. der Bank von England im Jahre 1694 und derjenigen von Schottland im Jahre 1695. Mit der Ausweitung der Bankgeschäfte war naturgemäß die Erweiterung der Wechselgeschäfte verbunden. Während ursprünglich lediglich für empfangene Waren Noten in Zahlung gegeben wurden, auf denen man abdruckte, „den Wert in Waren erhalten", breiteten sich immer mehr Notenemissionen im Zusammenhang mit Kreditgeschäften aus. Law erkannte die Bedeutung derartiger Finanzoperationen für die weitere wirtschaftliche Expansion, und er erkannte ebenfalls das Bedürfnis des Handels, sich des Kredits anstatt des Münzgeldes zu bedienen.

„Die Mängel, unter denen das Geldwesen zu leiden hatte, mußten bei der Kaufmannschaft den lebhaften Wunsch hervorrufen, bei der Abwicklung ihrer Geschäfte die Verwendung von Münzgeld tunlichst einzuschränken. Diesem Zweck diente die vermittels Vergleichung (Skontierung) der Rechnungsbücher erfolgende Kompensation der Zahlungsverpflichtungen (fare in risconto), wobei die Saldi nicht in Hartgeld sondern vermittels Ausstellung von Wechselbriefen beglichen wurden."[2] Diese hier von Kulischer summarisch beschriebenen Vorgehensweisen bilden den Gegenstand detaillierter Lawscher Untersuchungen, namentlich in seinen Bankdenkschriften.

Eine ähnlich wichtige Rolle wie die Banken und der Kredit spielten in dieser Zeit die Aktiengesellschaften, mit einem ständigen Stammkapital gegründet. Dieses Stammkapital wurde in eine bestimmte Anzahl von gleichwertigen Anteilen, d. h. von Aktien, zerlegt. Die Anteile der Teilhaber waren von jeweils unterschiedlicher Größe, in der Regel jedoch mit einer Mindestgröße festgelegt. Als erste Gesellschaft dieser meist überseeischen Handelsgesellschaften gebrauchte die Niederländisch-Ostindische Kompanie im Jahre 1610 Aktien; die späteren französischen Aktiengesellschaften, deren Direktor Law wurde, orientierten sich an diesem Beispiel. Davor hatte es in Frankreich zwar bereits von Richelieu, dann aber vor allem von Colbert für den Überseehandel begründete Handelsgesellschaften gegeben; im Gegensatz zu der genannten niederländischen Kompanie hatten sie allerdings wenig Erfolg, ganz abgesehen davon, daß sie nicht auf Aktien basierten.

Das Erstarken der französischen Volkswirtschaft und das damit verbundene Bedürfnis, sich neuer Methoden auch im Handel zu bedienen, fällt mit der Regierungszeit Ludwig XIV. zusammen. Wir können für diese Zeit eine Ausdehnung des Außenhandels, der durch protektionistische Maßnahmen gefördert wurde, beobachten.

[2] Kulischer, J. Allgemeine Wirtschaftsgeschichte des Mittelalters und der Neuzeit, Bd. 2, Berlin 1954, S. 345.

Die Persönlichkeit Ludwig XIV. und seine Verdienste um die französische Nation sind jedoch bis in die Gegenwart umstritten. Fest steht aber, daß er den Einfluß des antizentralistisch eingestellten Adels brach. Die Urteile über Ludwig XIV. im Zusammenhang mit Law verweisen dagegen ausnahmslos auf den Staatsbankrott zu Ende seines Lebens und auf die Verantwortung, die ihm dafür angelastet wird.[3] Die Zentralgewalt Ludwig XIV., die zunächst die wirtschaftliche Entwicklung Frankreichs günstig beeinflußt hatte, erwies sich dann zunehmend als unfähig, diese positive Rolle auch weiterhin zu spielen. Spätestens zu Ende des Jahrhunderts traten der Staat und die Wirtschaft in eine Verfallsperiode ein, so daß im Todesjahr Ludwig XIV. der Staatsbankrott konstatiert werden mußte.[4]

Ein Eindruck von dem Elend im Frankreich an der Jahrhundertwende läßt sich am besten dadurch vermitteln, daß man einige Kronzeugen dieser Epoche sprechen läßt, zum Beispiel Vauban. So finden wir bei Vauban eine eindrucksvolle Schilderung der Zustände: „Bei allen Untersuchungen, die ich seit mehreren Jahren angestellt habe, konnte ich ganz deutlich feststellen, daß in der letzten Zeit fast der zehnte Teil der Bevölkerung auf das Betteln angewiesen ist und dies auch tatsächlich tut. Ich habe festgestellt, daß von den verbleibenden neun Teilen fünf weitere Teile nicht in der Lage sind, dem zuerst genannten etwas zu geben, weil sie selbst unter gleichen oder fast gleichen Bedingungen leben. Von den anderen vier Teilen befinden sich weitere drei Teile in einer sehr schlechten Lage, sie sind mit Schulden überhäuft und mit Prozessen belastet."[5]

[3] Vgl. Daire, E., Economistes-Financiers du XVIIIe siècle, Paris 1843; Cochut, P. A., Law, Son système et son époque, Paris 1853; Mann, K. F., Justification du système de Law, Révue d'histoire économique, 1913; Samhaber, E., Der Magier des Kredits. Glück und Unglück des John Law of Lauriston, München 1944; Kerschagl, R., John Law – Die Erfindung der modernen Banknote, Wien 1956.

[4] Vgl. Sée, H., Französische Wirtschaftsgeschichte, Bd. 1, Jena 1930, S. 158 ff.

[5] Vauban, S., Projet d'une dixme royale, s. l. 1707, S. 4.

Derartige Zeugnisse ließen sich beliebig vermehren. So schrieb beispielsweise Fénélon in einem Brief an den König von Frankreich: „Ganz Frankreich ist nur ein großes Armenhaus."[6] Kuczynski schließlich faßt seine Analyse der wirtschaftlichen Lage dieser Zeit mit den Worten zusammen: „Alles befindet sich im Niedergang, alles geht einer Krise zu."[7]

Zu diesem Zeitpunkt und in dieser Lage versucht Law, die Bühne der französischen Politik zu betreten. So richtet er am 24. Dezember des Jahres 1713, bereits in Paris wohnend, einen Brief an Ludwig XIV., in welchem er um eine Privataudienz nachsucht. Dieser Brief hat folgenden Wortlaut: „Durchlaucht, ich nehme mir die Freiheit, Eurer Hoheit zu schreiben und Euch zu bitten, mir eine Privataudienz zu gewähren, weil ich Euch von einer Angelegenheit zu sprechen habe, die, so hoffe ich, Euch angenehm sein wird, weil sie dem König dient und seinen Untertanen von Nutzen ist. Ich verbleibe mit Hochachtung, Durchlaucht, Euer untertänigster Diener – John Law."[8]

Der damalige Minister Desmarets veranlaßte die Zurückweisung dieses Ansinnens. Law ließ sich indessen nicht so schnell abweisen; er erneuerte sein Anliegen in einem Brief vom 11. Januar 1714, ebenfalls von Paris aus. Da er keine Antwort auf diesen zweiten Brief erhielt, verlor er die Geduld und wandte sich von Frankreich aus nach Holland, woher er drei Monate zuvor gekommen war. Es mußten noch fast zwei Jahre bis zum Tode Ludwig des XIV. und zum Beginn der Régence vergehen, ehe Law in Frankreich im Jahre 1715 endlich Fuß fassen konnte.

Wer war dieser Law, der sehr bald die französischen Geschicke maßgeblich beeinflussen sollte? John Law wurde 1671 in Edinburg geboren. Einige seiner Biographen glauben den Nachweis erbrin-

6 Fénélon, F., Lettre à Louis XIV, zit. nach: Cohn, G., Zeitschr. f. d. ges. Staatswiss., Bd. 25, Jg. 1869, S. 362.

7 Kuczynski, J., Die Geschichte der Lage der Arbeiter unter dem Kapitalismus, Bd. 32, Berlin 1967, S. 26.

8 Law, J., zit. nach: Harsin, P., – Oeuvres complètes, Paris 1934, S. XXXI.

gen zu können, daß seine Familie sich bis in die Cromwell-Zeit zurückverfolgen läßt.[9] Sein Vater übte das relativ bescheidene Goldschmiedehandwerk aus. Mit diesem Beruf waren seiner Zeit gewöhnliche Bankgeschäfte verbunden, die auf dem Geldhandel und auf Wechselgeschäften beruhten. Das Goldschmiedegewerbe, vor allem aber die Geldgeschäfte, ließen den Vater reich werden, so daß er, als er früh verstarb, der Familie ansehnlichen Reichtum und beträchtlichen Landbesitz in Schottland hinterließ. Dadurch war es möglich, daß dem ältesten Sohn, John Law, eine gute Ausbildung gegeben werden konnte. Besondere Begabungen zeigte er für die Mathematik, eine Disziplin, die er studierte und die ihn später zum Bankgewerbe prädestinierte. Bemerkenswert an ihm war aber auch seine äußere Erscheinung, seine distinguierten Manieren und die Leichtigkeit seiner Rede, die ihm den Zutritt zu den angesehenen Häusern in Edinburg verschaffte. Bald jedoch siedelte John Law nach London über, wo er sich fünf Jahre aufhielt. Hier führte er ein ziemlich zügelloses Leben, verschwendete das väterliche Erbe im Spiel, geriet in eine Duellaffäre und tötete dabei seinen Gegner. Man setzte ihn gefangen, und die Londoner Gerichte verurteilten ihn zum Tode. Es gelang ihm jedoch, sich der Vollstreckung des Urteils durch Flucht zu entziehen.

Während seines Londoner Aufenthalts hatte er ständig die Probleme des Handels und des Kreditwesens studiert, was er nunmehr in Amsterdam, wohin er geflohen war, als Handelsgehilfe des dortigen englischen Gesandten fortsetzte. Er war begierig, sich alle Kenntnisse auf diesem Gebiet anzueignen, und er verließ aus diesem Grunde bald Amsterdam, um ebenfalls den Handel und das Kreditwesen Venedigs, Genuas, Florenz' und Roms kennenzulernen. Inzwischen spekulierte Law mit sämtlichen öffentlichen Effekten Europas, ganz abgesehen davon, daß er fortwährend ganz gewöhnliches Hasardspiel betrieb und dabei ein

[9] Vgl. Daire, E., Economistes..., a. a. O., S. 435.

derartig konstantes Spielglück hatte, daß seine Zeitgenossen ihn im Besitz eines besonders erfolgreichen Wahrscheinlichkeitskalküls glaubten.

Aber all das sind nur die mehr oder weniger auffälligen Begleitumstände seines bisherigen Lebensweges. Seine außerordentliche wissenschaftliche Begabung, die durch das Studium der Schriften Newtons und Lockes gefördert wurden, führte ihn zu der Überzeugung, daß die damals junge ökonomische Wissenschaft außerordentliche Möglichkeiten für die Anwendung neuer wissenschaftlicher Grundsätze bot. So hatte der Newtonsche Empirismus mit der Methode der quantifizierenden Beobachtung nicht nur in der Physik (Himmelsmechanik) zu bedeutenden Entdekkungen geführt, sondern darüber hinaus ganz allgemein die mathematische Wissenschaft mit dem Prinzip der Beobachtung vereint. Die Überbetonung der Mathematik im philosophischen Rationalismus vor Newton war von diesem zurückgenommen worden, so wie andererseits der Empirismus den Anschein von Theorielosigkeit abgelegt hatte. Auch auf ökonomischem Gebiet spielte die Mathematik mit der Newtonschen Bedeutungszuweisung eine hervorragende Rolle, was im Falle Laws zur Anwendung dieser Wissenschaft als einer regelrechten „mathématique sociale" führte. Law sah die Notwendigkeit empirischen Herangehens auf diesem Gebiet.

Gerade in dieser Zeit bot sich Law eine Gelegenheit, die neu gewonnenen Überzeugungen in die Praxis umzusetzen. Im Jahre 1695 war die Bank von Schottland gegründet worden, sie konnte sich allerdings nicht halten. Um sie auf vorteilhafterer Grundlage abermals ins Leben zu rufen, bedurfte es neuer Ideen und Grundsätze, und Law machte sich sogleich daran, diese zu liefern, indem er alle seine bisherigen Kenntnisse und Erfahrungen in einer Denkschrift, den berühmten „Betrachtungen über das Geld und den Handel", niederlegte. Diese Schrift unterbreitete er dem schottischen Parlament, welches jedoch zögerte, die Lawschen Vorschläge anzunehmen, und diese schließlich sogar verwarf.

Law wandte sich sogleich an England, wo der Mißerfolg der gleiche war. Von diesem Augenblick an durchquerte er während fünfzehn langer Jahre ganz Europa, besessen von seinen Ideen und stets aufs neue enttäuscht darüber, daß man davon keine Kenntnis nehmen wollte. An allen europäischen Höfen versuchte er, diplomatische Beziehungen anzuknüpfen, überreichte er den Ministern Denkschriften und bemühte er sich darum, eine Gelegenheit zur Erprobung seiner Theorien zu erhalten. Hatte er nach seinen vergeblichen Versuchen, bei Ludwig XIV. eine Audienz zu erhalten, schließlich sogar von d'Argenson, dem damaligen Leutnant der Polizei und seinem späteren Widersacher als Generalkontrolleur der Finanzen, die Anweisung erhalten, Frankreich zu verlassen, so wandte er sich sogleich an den Herzog von Savoyen und danach an den österreichischen Kaiser, ohne indessen hier erfolgreicher zu sein.

Seine Stunde war gekommen, als man das Testament Ludwig XIV. eröffnete, in welchem bestimmt war, daß Philippe von Orléans, Cousin Ludwig XIV., den Regentschaftsrat in der Minderjährigkeit Ludwig XV. leiten sollte. Law kannte den Regenten bereits persönlich,[10] war mit ihm mehrfach beim Hasardspiel zusammengetroffen und konnte also große Hoffnungen hegen, endlich Gehör zu finden. Dies trat tatsächlich ein. Law fand Gelegenheit, dem Regenten, einem intelligenten, gebildeten und allem Neuen gegenüber aufgeschlossenen Herrscher, seine Theorien und Projekte vorzutragen. Diese fielen bei ihm nicht zuletzt darum auf einen fruchtbaren Boden, weil Philippe von Orléans mit der Regierungsgewalt gleichzeitig auch die ungeheuerliche Summe der Staatsschuld von 2,412 Milliarden von seinem Vorgänger übernommen hatte. Law entwickelte dem Regenten gegenüber Vorschläge, diese Schuld zu liquidieren; Vorschläge, die zusammengefaßt von ihm selbst als „System" bezeichnet wurden.

[10] Vgl. Ranke, L. v., Französische Geschichte, Bd. 5, Die Regentschaft und Kardinal Fleury, München/Leipzig 1924, S. 286.

In dem Augenblick, als Law sein System verwirklichen wollte, hatte er die meisten seiner Theorien zu den Problemen der Ökonomie bereits entwickelt und niedergelegt. Den Hauptbestandteil dieser Theorien bildeten die Ansichten über das Geld. Allerdings bewirkte die vorwiegend praktisch orientierte Denkweise Laws, daß man diese Theorien nicht geschlossen dargelegt findet. Eine Analyse der zahlreichen Werke Laws ergibt, daß von ihm der Übergang vom Merkantilsystem zur Physiokratie vollzogen wurde. So lassen sich in seiner in Schottland erschienenen frühen Schrift „Betrachtungen über das Geld und den Handel" noch merkantilistische Züge feststellen, die er dann später, zur Zeit seines Wirkens in Frankreich, fallenließ. Law argumentiert nunmehr im Geist des wirtschaftspolitischen Liberalismus, und er antizipiert weitgehend theoretische Positionen der Physiokraten.

Systematisch und theoretisch umfassend werden von Law in seiner Schrift „Abhandlung über die königlichen Steuern" Prinzipien über produktive Arbeit und einzige Steuer entwickelt: daß ein Überschuß bzw. ein Mehrprodukt nur in der Landwirtschaft entstehen könne, daß allein die Arbeit in der agrikolen Sphäre produktiv sei. Er zog daraus die entsprechenden Schlußfolgerungen bezüglich der Besteuerung des Nettoprodukts, die in dieser Rigorosität selbst von den Physiokraten nicht übertroffen werden konnten.

Man hat die betreffende Schrift Laws, die in ihrem französischen Originaltitel „Mémoire sur le denier royal" lautet, häufig mit Vaubans bekannter Schrift „Le Projet d'une dixme royale" verglichen. Tatsächlich ähneln sich bereits die Titel der beiden Schriften, was von Law sicher auch beabsichtigt war. Ebenfalls geht es in beiden Schriften um das Projekt einer einzigen Steuer. Trotz dieser Übereinstimmung unterscheiden sie sich inhaltlich jedoch wesentlich. So wird die Position Vaubans nicht vom Problem des Mehrprodukts geprägt; vielmehr strebt er ein Steuersystem für Frankreich an, mit dem die Revenuen, gleichgültig wo und wie sie entstehen, steuerlich einheitlich erfaßt und beauflagt werden können. Produktiv ist dabei für Vauban jede Arbeit, durch die der Mensch zu einem Einkommen gelangt. So ist es für ihn gleichgültig, in welcher Form diese Arbeit verausgabt wird. Gegenüber Vauban bezieht Law in seinem Projekt der einzigen Steuer bereits einen Standpunkt, der demjenigen der Physiokraten entspricht.

Eine bedeutende Rolle in den Theorien Laws spielt das Geld. Das trifft zunächst auch für sämtliche anderen Ökonomen dieser Epoche zu, für Petty, Locke und namentlich für Boisguilbert. Ungeachtet dessen hat Law dieser Problematik eine besondere Dimension gegeben, so daß bis in unsere Gegenwart hinein die monetäre Frage von kritischen Reflexionen über Law begleitet wird.

Zunächst regte Law die Einrichtung einer Bodenbank für Schottland an, ein Vorhaben, an welchem er später in Frankreich nicht mehr festhielt. Diese Bank solle Papiergeld in Umlauf bringen, das als Zahlungsmittel bei allen Zahlungen entgegengenommen werden müsse und dessen nomineller Wert durch den Wert des Bodens gedeckt sei. Die Bodenbank tätige dann alle ihre Zahlungen mit diesem sog. Bodengeld und bewahre das Münzgeld derjenigen auf, die im Augenblick keinen Gebrauch davon zu machen wissen. Sie ist in der Lage, dafür zu sorgen, daß das umlaufende Geld den Bedürfnissen der Zirkulation entspreche und diese nicht übersteige. Der Geldbedarf ist nach Ansicht Laws indessen sehr groß, und es ist vorteilhaft für ein Land, wenn durch viel Geld die Wirtschaft in Schwung gebracht wird, denn das Geld stellt bei ihm den entscheidenden Wachstumsfaktor der Wirtschaft dar.

Aber nicht nur die größere Wertbeständigkeit des Bodens gegenüber dem Silber bewirkt die Vorteile des Bodengeldes gegenüber dem Silbergeld. Auch die Eigenschaften dieses Papiergeldes, die Tauschgeschäfte zu vermitteln, veranlassen dazu, daß man es dem Silber vorzieht. Der Versuch der Gründung einer Bodenbank und die Einführung von sogenanntem Bodengeld in Schottland bedeutete jedoch nur einen Schritt hin zu der vollständigen Ablösung des Metallgeldes als Tauschvermittler.

Eine weitere Möglichkeit zur Ablösung der edlen Metalle und ihren Ersatz durch Papier lag in der Einführung eines umfassenden Kreditsystems. In der Tat war das Kreditsystem zu Ende des 17. Jhs. und zu Beginn des 18. Jhs. zur Triebfeder der ökonomischen Entwicklung geworden, welches die Emanzipation des Handels und der Industrie gegenüber dem Wucher enthielt.

Ursprünglich betätigten sich die Goldschmiede als Bankiers, und Law, wie übrigens auch Locke, entstammte einer Goldschmiedefamilie, d. h. sein Vater war in diesem Sinne Bankier. Hob man einen Teil der bei diesen Goldschmieden deponierten Summen ab, dann wurde dies auf dem Schuldschein mit einem entsprechenden Vermerk eingetragen. Bald kam es dann dazu, daß von den Goldschmieden mehrere Scheine auf kleinere Beträge ausgegeben wurden, so daß diese sog. Goldschmiedenoten als Zahlungsmittel zirkulierten und den Zahlungsverkehr erleichterten. Allerdings wuchsen die Kreditbedürfnisse ständig an, so daß diese Formen von Kreditgewährung bald nicht mehr ausreichten. Deswegen kam es in vielen Ländern zu Bankgründungen, wobei diese Banken nicht nur Depositen aufbewahrten, sondern nunmehr aktive Operationen, Darlehensgewährung, Notenemission etc., ermöglichten. Das brachliegende Kapital konnte der Wirtschaft zugeführt werden.

Diese Notwendigkeit bestand auch für Frankreich, wenngleich Frankreich gegenüber England, Schottland und Holland in dieser Beziehung zurückgeblieben war. Bei Kulischer heißt es: „Auch in Frankreich scheint auf den ersten Blick ein Überfluß an freien, anlagesuchenden Kapitalien geherrscht zu haben. Doch auch hier hängt dies damit zusammen, daß es bei den Gewerbetreibenden und Kaufleuten noch nicht gebräuchlich war, mit fremden Betriebsmitteln zu wirtschaften und die Kreditgewährung von Handel und Industrie als eine zu unsichere Kapitalanlage betrachtet wurde. Das Kapital wird immobilisiert.“[11]

[11] Kulischer, J., Allgemeine Wirtschaftsgeschichte..., a. a. O., S. 356.

Law, der inzwischen seinen ständigen Wohnsitz in Frankreich genommen hatte, schickte sich an, diesen Mangel zu beheben. Die theoretischen Grundlagen dieses Vorhabens hatte er in seinen „Betrachtungen über das Geld und den Handel“, in seiner „Denkschrift über die Banken“ und in einer kleineren Schrift „Leitgedanken eines neuen Systems der Finanzen“ geschaffen. Law entwikkelt darin die Prinzipien des zwischenstaatlichen Wechselverkehrs, den Grundsatz der Goldpunkte, d. h. die Grenzen, in denen die zwischenstaatlichen Wechselkurse von der Goldparität nach oben wie nach unten abweichen können, wobei bei ihm diese sogenannten Goldpunkte, der obere wie der untere Goldpunkt, durch die Kosten des Goldversands bzw. Goldtransports mit plus oder minus ein bis zwei Prozent von der Goldparität bestimmt werden.

Die Darlegungen Laws zu diesen Sachverhalten sind als fundamental zu bezeichnen und bis heute allgemein gültig geblieben. Law erkannte die zunehmende Internationalisierung der wirtschaftlichen Beziehungen und die Rolle des internationalen Kredits. Mit dem Wechsel als der Hauptform des kommerziellen Kredits war Kreditgeld entstanden, welches Gold- und Silbergeld auch im internationalen Zahlungsverkehr zunehmend ersetzte. Die Grundlage für die Bewertung ausländischer Wechsel bildete der Wechselkurs der Währungen, welcher durch den Feingold- oder Feinsilbergehalt der jeweiligen Landeswährung, die Parität, bestimmt war. Nach Ansicht Laws veranlaßte nun die Zahlungsbilanz eines Landes das Schwanken der Wechselkurse um diese Parität. Dabei förderte sie den Warenexport bei ungünstigem Wechselkurs oder behinderte sie ihn bei günstigem Wechselkurs.

Aber Law erkannte nicht lediglich diesen Mechanismus der Bewegung der Wechselkurse um die Parität beim internationalen Zahlungsverkehr sowie dessen Einfluß auf den Umfang von Warenexport und Warenimport, sondern er entwickelte ebenfalls die Grundlagen und Ursachen für die Fluktuation des Edelmetallgeldes zwischen den Ländern in Abhängigkeit von den Wechselkursen. So kommt es bei ihm zu Edelmetallexport, sobald es günstiger wird, an das Ausland mit Edelmetall anstatt mit Wechseln zu zahlen. Das ist bei Law immer dann der Fall, wenn die Abweichungen der Wechselkurse von der Parität die für den Metalltransport anfallenden Kosten erreichen und übersteigen. Das führt dann allerdings dazu, daß die bei Warenexporten vom Ausland bezogenen Wechsel sich im Lande zu einem vorteilhafteren Preis verkaufen lassen, so daß sich der Wechselkurs der Parität wieder annähert.

Neben den kommerziellen Kredit trat zur Zeit Laws in immer stärkeren Maße der Bankkredit bzw. das Bankgeld. Law erkannte, welche Bedeutung es hatte, Metallgeld durch Wechsel und Banknoten, durch kommerziellen Kredit und Bankkredit zu ersetzen. Solange dieses Papiergeld die Zirkulationskanäle nicht schrankenlos überschwemmte und die Konvertibilität des Papiers in Metall gewährleistet blieb, gab der Kredit der Wirtschaftstätigkeit beachtliche Impulse und förderte die Handelstätigkeit. Law empfiehlt nun das Kreditsystem für Frankreich, und er entwickelt die Grundlagen dafür im Rahmen seines „Systems".

Für die 2,412 Milliarden Staatsschuld, die Ludwig XIV. seinem Nachfolger hinterlassen hatte, mußten allein jährlich 90 Millionen Zinsen aufgebracht werden. Es war also dringend geboten, sich dieser Staatsschuld irgendwie zu entledigen. Aus diesem Grunde schlug man vor, den Staatsbankrott zu erklären. Der Regent erkannte indessen, daß der Bankrott ein schlechtes Mittel sein würde, den für Frankreich dringend erforderlichen Kredit wieder herbeizuführen. Law, der inzwischen der intime Ratgeber Philippe von Orléans geworden war, hatte hier andere Pläne. So begann man zunächst die vielfältigen königlichen Schuldverschreibungen, die in einem Betrag von 600 Millionen im Lande umliefen, in einem einheitlichen Papier zu vereinigen. Das geschah mit Einwilligung des königlichen Finanzrates, der seinerzeit vom Herzog von Noailles geleitet wurde.

Am 2. Mai 1716 erhielt Law das Recht, eine Privatnotenbank als Teilhaberbank, die sog. Banque Générale, zu gründen, deren

Grundkapital im Lawschen Vermögen und demjenigen der Teilhaber bestand. Die Noten dieser Bank konnten in einem Viertel in Silbergeld und zu drei Viertel mit den genannten Staatspapieren erworben werden. Damit wurden die Staatsschulden in Obligationen der Lawschen Bank konvertiert. Law kaufte also die Staatspapiere, indem er selbst, in Form von Noten, Schuldverschreibungen ausgab. Dazu Marx: „Der Regent von Frankreich versuchte die Staatsschuld loszuwerden, indem er die Staatsobligationen von Laws Bank konvertierte."[12]

Niemand war gezwungen, die Lawschen Noten als Zahlungsmittel entgegenzunehmen, und sie hatten zunächst auch keinen Erfolg. Mit einem Erlaß des Finanzrates konnte Law zwar erwirken, daß die Noten seiner Bank auch als Steuerzahlungen angenommen wurden, wobei diese dann von den Steuereinnehmern in Münzgeld eingetauscht werden konnten, trotzdem blieb der Umlauf dieser Noten im wesentlichen auf Paris beschränkt. Es bedurfte also eines weiteren Anstoßes, um einen durchschlagenden Erfolg zu erzielen. Damals wurde der Amerikahandel über eine noch von Colbert gegründete Handelsgesellschaft abgewikkelt. Diese Handelsgesellschaft, die das Monopol für den Handel mit Louisiana, einer erst kürzlich von Frankreich eroberten amerikanischen Provinz, besaß, war, sobald sie vom Staat nicht mehr unterstützt werden konnte, in finanzielle Schwierigkeiten geraten. Dadurch fiel es Law leicht, die Handelsprivilegien dieser Gesellschaft zu erwerben.

Im August 1717 wurde die „Compagnie d'Occident", die man später auch Mississippigesellschaft nannte, gegründet. Ihr Direktor wurde Law. Diese Gesellschaft war eine Aktiengesellschaft mit dem Handelsmonopol für Louisiana und den Vorrechten für den Biberpelzhandel mit Kanada. Das Ziel der Westindischen Kompanie bestand in der Kolonisation des Mississippibeckens und im

[12] Marx, K., Der französische Crédit mobilier, in: Marx/Engels, Werke, Bd. 12, Berlin 1961, S. 36.

Amerikahandel. Ihr Kapital war Aktienkapital, welches zunächst auf einen Betrag von 100 Millionen, aufgeteilt auf 200 000 Aktien mit einem Nennwert von 500 Livres pro Aktie, begrenzt wurde. Diese Aktien ließen sich ebenfalls mit den alten Schuldscheinen erwerben, so daß ein weiterer Teil der Staatsschuld liquidiert werden konnte.

Es blieb nun abzuwarten, wie durch Agiotage, dem Angelpunkt des Lawschen Systems, dieses ganze Bank- und Leihkapital Früchte tragen würde. Zu Anfang zögerte man, mit den alten Schuldverschreibungen die neuen Aktien zu kaufen, und während der ersten zwanzig Monate wurden sie sogar unter ihrem Nennwert gehandelt, so daß noch zu Beginn des Jahres 1718 die Staatsschulden kaum verringert werden konnten. Inzwischen war Law aber so einflußreich geworden, daß er eine Einschmelzung sämtlichen Münzgeldes mit anschließender Neuprägung mit erhöhtem Nominalwert veranlassen konnte. Jeder Einwohner des Königreichs war verpflichtet, sein Metallgeld in der Münze abzuliefern, allerdings wurde gestattet, diesem Geld einen bestimmten Betrag in Staatspapieren hinzuzufügen. Das heraufgesetzte Geld, welches man dann von der Münze zurückerhielt, besaß jedoch nur noch so viel Metallwert, daß man seine Staatspapiere im Grunde genommen für nichts gegeben hatte. Letzteres verursachte Enttäuschung und auch Proteste in der Bevölkerung, so daß die Regierung genötigt wurde, den Einschmelzungserlaß zu widerrufen.

Was die Aktien der Westindischen Kompanie anbetraf, so waren sie immer noch nicht gestiegen. Die Ausbeutung des Mississippibeckens und der Handel mit Louisiana erschienen nicht gerade lukrativ. Um hier wirklich erfolgreich zu sein, hätte es eines viel größeren Kapitals bedurft als desjenigen, über welches die Handelsgesellschaft bis dahin verfügte. Bei der Lawschen Banque Générale, die mit der Westindischen Kompanie verbunden war, handelte es sich immer noch um eine Privatbank, die den enormen Kapitalansprüchen nicht zu genügen vermochte.

Am 4. Dezember 1718 war es dann soweit. Durch Verordnung wurde die Banque Générale in die Banque Royale umgewandelt.

Zuvor hatte man die Aktionäre, die ihre Aktien mit den alten Staatspapieren erworben hatten, mit Münzgeld abgefunden. Diese Umwandlung der Banque Générale in Banque Royale hatte weitreichende Folgen. So bedurfte es von jetzt an lediglich eines Erlasses, um neue Banknoten auszugeben; der Geldumlauf war dadurch unbegrenzt. Ungeachtet dessen, daß man auf den Banknoten der Banque Royale anfänglich noch lesen konnte, daß sie in Münzgeld konvertierbar waren, waren sie doch bereits ein allgemeines gesetzliches Zahlungsmittel mit Zwangskurs. Übrigens wurde der Zahlungsverkehr mit Silbergeld auf Zahlungen unter 600 Livres begrenzt. Im Artikel drei eines Erlasses vom 22. April 1719 schrieb man den Gebrauch der Banknoten mit folgenden Worten fest: „Da der Umlauf von Banknoten für die Untertanen Seiner Majestät vorteilhafter ist als der Umlauf von Gold- und Silbermünzen und weil die Banknoten eine besondere Förderung verdienen, ... ist es der Wille Seiner Majestät, daß diese Noten keinen Herabsetzungen unterliegen, was mit den Münzen geschehen kann, und daß sie stets ihren Wert bewahren."[13]

Mit Beginn des Jahres 1719 waren also alle Rädchen des Lawschen Systems installiert, d. h., Law hatte seine seit langem gehegten Vorstellungen und Theorien über das Geld in die Praxis umsetzen können, u. a. die Möglichkeit, dafür zu sorgen, daß das Geld weder zu reichlich noch zu knapp wurde, und vor allem natürlich die Möglichkeit, Geld nach Belieben zu schaffen.

Bei der Verwirklichung seiner Absichten stellte sich Law jedoch ein weiteres Hindernis in den Weg. So hatten die vier Brüder Pâris, damals angesehene und reiche Finanzleute, erkannt, daß Law die privaten Vermögen einer großen Gefahr aussetzte. Um Laws Ziele zu durchkreuzen, beschlossen sie, ihn mit seinen eigenen Waffen zu schlagen. Sie gründeten zu diesem Zweck eine Gesellschaft, welche Aktien emittierte, die auf der Pacht sämtlicher Steuereinnahmen beruhten, der Aides, der Gabelles, etc. Diese Aktien, die

[13] Daire, E., Economistes ..., a. a. O., S. 453.

sogleich gut notiert wurden, machten den Lawschen Aktien eine gefährliche Konkurrenz. Aber Law verfügte bereits über die Möglichkeit einer umfassenden Manipulation der öffentlichen Meinung. So kaufte er selbst ein großes Paket seiner eigenen Aktien zu ihrem Nennwert auf. Darüber hinaus ließ er Gerüchte über ihren zu erwartenden Anstieg ausstreuen. All das bewirkte, daß die Aktien der Westindischen Kompanie das Interesse der Spekulanten zu erregen begannen, was dazu führte, daß sie endlich ihren Nennwert erreichten.

Zur gleichen Zeit (Mai 1719) wurde ein Edikt veröffentlicht, in welchem man die Vereinigung der Westindischen Kompanie und der Ostindischen Kompanie einschließlich der afrikanischen Gesellschaften zur „Compagnie des Indes" (Indische Kompanie) bekannt machte. Damit war der gesamte Überseehandel Asiens, Afrikas und Amerikas in einer einzigen großen Gesellschaft zusammengeführt. Das erlaubte es, 50 000 neue Aktien mit einem Nennwert von je 500 Livres herauszugeben, was einem Kapital von 25 Millionen entsprach. Diese neuen Aktien nannte man die „filles" (Töchter), und sie konnten nur erworben werden, wenn man einen jeweils vierfachen Betrag der alten Aktien der Westindischen Kompanie erworben hatte. Diese gut eingefädelte Bestimmung führte dazu, daß die neuen Aktien, weil man sie „kostbar" machte, sehr gesucht wurden und daß gleichzeitig die alten Aktien anstiegen. Tatsächlich gewann man vom Juli des Jahres 1719 an 100 Prozent auf alle Aktien der Indischen Kompanie.

Ebenfalls im Mai 1719 erwarb die Indische Kompanie das Privileg der Geldherstellung. Dafür mußten dem Staat 50 Millionen gezahlt werden, eine Summe, für deren Aufbringung neuerlich Aktien emittiert wurden. Abermals brachte man 50 000 Aktien zu je 500 Livres, die einem Gesamtkapital von 25 Millionen entsprachen, in Umlauf. Man nannte diese neuen Aktien die „petites filles" (Enkel). Inzwischen schüttete die Indische Kompanie 12 Prozent Dividenden aus. Das führte zu einem enormen Kursanstieg der Aktien der Kompanie, deren Kurswert das 10fache des Nennwerts, also 5 000 Livres erreichte. Damit wären beim Verkauf dieser Aktien, was jedoch selten geschah, gewaltige Gründergewinne zu realisieren gewesen, so daß das fiktive Kapital einen schwindelerregenden Betrag erreichte. Law war jetzt in der Lage, dem Staat ein Darlehen von 1,5 Millionen Livres zu gewähren, damit dieser seine immer noch sehr großen restlichen Schulden, die Leibrenten, Aufwendungen für Ämter, etc. bezahlen konnte.

Die Überzeugung Laws, daß ein reichlicher Geldumlauf die wirtschaftliche Tätigkeit fördere, und die stets verfolgte Absicht, das Münzgeld gänzlich der Zirkulation zu entziehen, veranlaßten ihn, abermals Aktien im Wert von 300 000 Livres in Umlauf zu bringen. Diese Aktien mit einem Nennwert von 500 Livres, zu einem Kurswert von 5 000 Livres verkauft, erbrachten genau die Summe von 1,5 Milliarden, die dem Staat zur Verfügung gestellt worden waren. Der Erfolg dieser Aktien übertraf sogar noch die Lawschen Erwartungen. Man riß sie sich förmlich aus den Händen, und in zwanzig Tagen waren sie bereits alle gezeichnet. Sie erhielten den Namen „cinq-cents" (Fünfhunderter), wegen ihres Nominalwertes. Zu diesem Zeitpunkt zirkulierten also bereits Aktien, deren nominelles Kapital 250 Millionen ausmachte (100 000 Aktien der Westindischen Kompanie, 50 000 filles, 50 000 petites filles und 300 000 cinq-cents) und die durch Agiotage bald ein Gesamtkapital von 12 Milliarden repräsentierten, wobei der Kurswert jeder einzelnen Aktie mit mehr als 8 000 Livres notiert wurde.

Dabei blieb es jedoch nicht. Die Aktien stiegen in einem unglaublichen Spekulationsfieber weiter an, so daß sie schließlich 20 000 Livres erreichten und sich auf dieser schwindelerregenden Höhe einige Wochen halten konnten. Die Generalversammlung der Indischen Kompanie schüttete Dividenden von 40 Prozent aus. In der Rue Quincampoix, dem Sitz der Lawschen Bank, spielten sich unglaubliche Szenen ab. Die Orgie der Bereicherung hatte alle ergriffen, Standesunterschiede spielten keine Rolle mehr. Law erfreute sich der Gunst der französischen Öffentlichkeit. Herzoginnen warfen sich zu seinen Füßen, um noch einige seiner Aktien zu erhalten. Am 15. 1. 1720 ernannte man Law an Stelle von d'Argenson zum Generalkontrolleur der Finanzen, womit der Höhepunkt seiner Karriere und Macht erreicht war. Die französische Akademie der Wissenschaften berief den Schöpfer des „Systems" zu ihrem Mitglied, und schon wurde der Plan gefaßt, in Paris ein Standbild Laws zu errichten.

Aber das Mißtrauen begann aufzukeimen. Geschickte Spekulanten, u. a. Cantillon, erachteten den Zeitpunkt für gekommen, sich zurückzuziehen und ihre Aktien in reale Werte umzuwandeln. Zu Beginn des Jahres 1720 sah sich Law dann großen Schwierigkeiten gegenüber, die darin bestanden, gleichzeitig seine Aktien wie auch seine Banknoten zu stützen. Man begann nämlich, die Aktien in Banknoten umzuwandeln, um letztere in der Bank gegen Metallgeld einzutauschen. Selbstverständlich war die Lawsche Bank nicht in der Lage, einem derartigen Ansturm von Papiergeld standzuhalten. Das nötigte Law dazu, die letzte Konsequenz seines Systems zu ziehen und den Gebrauch von Münzen gänzlich zu verbieten.

So war es vom Dezember 1719 an verboten, Münzgeld bei Zahlungen, die 10 Livres überstiegen, zu benutzen. Im Januar 1720 wurde dann der totale Notenumlauf mit Zwangskurs für das gesamte Königreich verordnet. Natürlich setzte nunmehr die Flucht in die Edelmetalle, Edelsteine, in Grund und Boden und in andere Immobilien ein. Um dem zu begegnen, wurden laufend Verordnungen zur Stützung des Aktienkurses und zum Schutz der Bank vor Metallentziehungen veröffentlicht, z. B. der Erlaß vom 5. März 1720, durch welchen der Kurswert der Aktien auf 9 000 Livres festgeschrieben werden sollte.

In einer Reihe von Briefen, den „Briefe über das neue System der Finanzen", im „Mercure de France", wollte Law die sich abzeichnende Katastrophe beschwören. Aber das Eingeständnis des Bankrotts ließ sich nicht mehr vermeiden. Neue Kursstürze der Aktien lösten eine Panik aus. Bei dem Andrängen der Menschenmassen kam es zu Tumulten, viele Personen wurden in dem Gedränge erdrückt, und man schleppte ihre Leichen zum Palais Royal, dem damaligen Wohnsitz Laws. Nur mit Mühe konnte Law der Wut der Menge entgehen. Man entkleidete ihn seiner Ämter, sein Privatvermögen wurde beschlagnahmt, und er mußte Frankreich verlassen.

In die Zeit des Exils fallen dann eine Reihe weiterer Schriften, die sog. Abrechnungs- und Rechtfertigungsschriften, mit welchen Law eine Rückkehr nach Frankreich ermöglichen wollte. Auch diese Schriften verdienen durchaus Beachtung. Sie vermitteln ein eindrucksvolles Bild der Persönlichkeit John Laws. So scheint er keineswegs der jeder menschlichen Regung entbehrende, skrupellose Abenteurer gewesen zu sein, als den man ihn häufig schilderte. Andere Urteile, die ihn als einen ehrenhaften Menschen kennzeichnen, kommen der Wahrheit viel näher. So war ihm am Wohl des Landes, in welchem er lebte, am Wohl der Menschen, mit denen er politisch und geschäftlich verkehrte, und nicht zuletzt am Schicksal seiner Familie stets sehr gelegen, und dies trotz der zahllosen, perfiden Angriffe gegen seine Person und der vielen Unwahrheiten, die man über ihn ausstreute. Nichts war seinem Wesen fremder als Egoismus, worauf es ihm ausschließlich ankam, das war die Verwirklichung seiner Ideen, von denen er regelrecht besessen war und die ihn bis zu seinem Tode, der ihn am 21. März 1729 in Venedig ereilte, nicht losließen. Letzteres bezeugt kein geringerer als Montesquieu, der Law kurz vor dessen Tod in Venedig aufsuchte und ihn am Ende seines Lebens stets mit weiteren, neuen Projekten beschäftigt antraf.[14]

Law entwickelt in der genannten Rechtfertigungsschrift ein komplexes Programm zur Herstellung einer modernen Infrastruktur für Paris, welches auf Straßen-, Brücken- und Hafenanlagenbau beruhen sollte. So wollte er durch Seine-Kanäle Paris zum See-

[14] Vgl. Daire, E., Economistes..., S. 464.

hafen machen, etc. Tatsächlich waren die zwischen 1719 und 1720 vorgenommenen großen Bauunternehmungen zahlreich. So hob man in dieser Zeit den Kanal von Loing aus, der die Loire mit der Seine verband, man projektierte weitere ähnliche Arbeiten, legte Straßen an, machte Böden urbar, etc. Die Lawschen Aktivitäten hatten, ungeachtet dessen, daß sie den Zusammenbruch bewirkt hatten, die kurze Zeit später erfolgende stürmische Entwicklung des Landes ermöglicht. Die von ihm betriebene Einrichtung von Handelsgesellschaften, die Gründung von modernen Handels-, Kredit- und Depositenbanken in allen wirtschaftlichen Zentren des Landes, die durch die Umschichtung der Vermögen eingetretene Zentralisation und Konzentration der Kapitalien bewirkte die Ablösung feudaler ökonomischer Strukturen und den Übergang zu kapitalistischen Wirtschaftsformen in der französischen Landwirtschaft und Industrie.

Was die französische Industrie anbetrifft, so nahm sie, ungeachtet dessen, daß sie hinter derjenigen Englands zurückblieb, einen ersten Aufschwung. Die Baumwollindustrie um Rouen und Le Havre und die Seidenindustrie in Lyon kamen kurz nach dem Bankrott des Lawschen Systems schnell voran.[15] Im Raum Elsaß-Lothringen entwickelte sich die Metallurgie. Diese Entwicklung bewirkte ebenfalls eine Vergrößerung der Bevölkerung der Städte, wie zum Beispiel von Lille und Rouen im Norden und von Straßburg und Saint-Etienne im Osten.[16] Zwar bestand das Zunftsystem mit allen rückständigen Traditionen fort, ungeachtet dessen erlangten Manufakturen mit hundert und mehr Arbeitern zunehmend Bedeutung. In der Folge der Lawschen Aktivitäten stieg der Binnenhandel wie ebenfalls der Außenhandel Frankreichs sprunghaft an. Frankreich trieb Handel mit allen europäischen Staaten, mit Amerika und mit anderen überseeischen Gebieten. Bordeaux, Dünkirchen, Le Havre und Nantes an der

[15] Vgl. Faure, E., La banqueroute de Law. 17 Juillet 1720, Paris 1977.

[16] Vgl. Levasseur, E., La population française. Histoire de la population avant 1789, Bd. 1–3, Paris 1889–1892.

Antlantikküste waren als blühende Handelshäfen neben Marseille getreten.[17]

Eine derartige Entwicklung von Handel, Landwirtschaft und Industrie hatte ebenfalls weitreichende sozialstrukturelle Wandlungen bewirkt. So war im Adel, in unmittelbarer Folge der Geschehnisse des Lawschen Systems, eine Umstrukturierung erfolgt. Ein Teil der alten Noblesse hatte sich inzwischen verbürgerlicht. Diejenigen, die im Gefolge des großen Bankrotts nicht ruiniert worden waren, verwandten ihre ungeheuren Aktiengewinne für eine wirksamere pachtwirtschaftliche Bewirtschaftung ihrer Güter und investierten ihre neuerlangten Reichtümer in lukrativen Handels- und Industrieunternehmungen. Auf diese Weise löste sich dieser verbürgerlichte, liberale Adel allmählich von dem alten feudalabsolutistischen Regime und spielte dann in der weiteren Entwicklung Frankreichs mit neuen materiellen Interessen und neuen politischen Standpunkten eine bedeutsame Rolle.

Genannt sei hier als Beispiel für viele der Herzog von Noailles, weil er in den Lawschen Schriften namentlich in Erscheinung tritt. Letzterer hatte sich in der Regentschaft maßlos an öffentlichen Geldern bereichert.[18] Er und seine Familie repräsentierten später, neben vielen anderen Persönlichkeiten, u. a. dem Marquis de Mirabeau und dem Marquis de La Fayette, bis zur Revolution diesen verbürgerlichten Adel.

Diese für Frankreich vorteilhafte Auswirkung des Systems von Law wird bereits kurze Zeit später von Voltaire konstatiert, wenn dieser über das Lawsche System zusammenfassend urteilt: „Es regte die Bereicherungssucht" der Menschen an, es „bewirkte eine

[17] Vgl. Levasseur, E., Histoire du commerce de la France, Erster Teil, Paris 1912; Marion, M., Histoire financière de la France depuis 1715, Bd. 1–3, Paris 1919–1921; Boutruche, R., Bordeaux et le commerce des Antilles françaises dans trois siècles, Paris 1935; Sée, H., L'évolution commerciale et industrielle de la France sous l'ancien régime, Paris 1925.

[18] Vgl. Weiss, F., Histoire des fonds secrets sous l'ancien régime, Paris 1939.

tatsächliche Belebung des Handels", so daß „ungeachtet der vielen Einzelvermögen, die es vernichtete, die Nation bald eine lebhaftere Wirtschaftstätigkeit aufwies und reicher wurde."[19]

[19] Voltaire, Régence du duc d'Orléans. Système de Law ou Lass, in: Précis du siècle de Louis XV, Genève 1769, S. 18/19.

Verzeichnis der Schriften Laws

Paul Harsin präsentiert in seiner Veröffentlichung „John Law – Oeuvres Complètes publiées pour la première fois", Paris 1934, erstmalig das Gesamtwerk John Laws. Diese Edition enthält Schriften von John Law, die in der ersten Ausgabe des Werkes Laws (Daire, Eugène, Financiers-Economistes du XVIIIe siècle, Paris 1843) nicht enthalten sind und welche nichtsdestoweniger von außerordentlicher Bedeutung sind.

Das hier vorgelegte Verzeichnis der Schriften Laws ist der genannten Edition Harsins entnommen. Es enthält sämtliche Werke und Streitschriften Laws, die zweifelsfrei seiner Feder entstammen, was bei einigen anderen Schriften, die man Law zuschreibt, nicht sicher ist. So hatte Law zahlreiche Mitarbeiter und Bewunderer, die versuchten, indem sie die Schreibart Laws imitierten, unter dessen Namen auf die Öffentlichkeit einzuwirken. Derartige Zweifel bezüglich der Authentizität bestehen allerdings auch hinsichtlich der umfangreichen „Histoire des finances pendant la Régence", die von Harsin dennoch aufgenommen wurde. Von dem umfangreichen Briefwechsel Laws veröffentlicht Harsin lediglich solche Briefe, in denen Law ökonomische Sachverhalte darstellt. Harsin weist im Vorwort seiner Ausgabe der Werke Laws darauf hin, daß die Möglichkeit bestünde, daß man bisher noch unbekannte Schriften Laws auffinden könne. Diese Erwartung hat sich indessen bis zum gegenwärtigen Zeitpunkt nicht bestätigt. Bei den 1720 im „Mercure de France" erschienenen „Lettres sur le Nouveau Système des Finances" handelt es sich um drei fiktive Briefe, welche von einem anonymen Anhänger des

„Systems" an eine durch die Projekte Laws beunuhigte Persönlichkeit gerichtet werden, sowie um die fiktive Antwort dieser Persönlichkeit auf zwei dieser Briefe. Alle vier Briefe wurden jedoch von Law geschrieben. Law benutzte diese Form der Veröffentlichung, um seine Ideen zu propagieren.

In vielen Werken Laws finden wir umfassende Wiederholungen aus bereits zuvor veröffentlichten Schriften, zum Beispiel in „Mémoire sur l'usage des monnaies", welche eine Kurzfassung von „Betrachtungen über das Geld und den Handel", für das französische Publikum abgefaßt, darstellt, oder zum Beispiel in den zwei Bank-Mémoires aus dem Jahre 1715, welche sich zu großen Teilen wörtlich entsprechen.

Die Aufzeichnung der Schriften Laws wird hier in chronologischer Folge vorgenommen. Eine Ausnahme bildet die 1720 erschienene französische Ausgabe der einzigen englischsprachigen Schrift Laws „Money and Trade considered" mit dem französischen Titel „Considérations sur la monnaie et le commerce".

Die in der vorliegenden Edition enthaltenen Schriften Laws sind im Verzeichnis seiner Schriften zusätzlich in deutscher Übersetzung angeführt und besonders gekennzeichnet.

Verzeichnis der Schriften

1705

Money and Trade considered with a proposal for supplying the nation with money (1705)

Considérations sur la monnaie et le commerce avec un projet pour fournir de l'argent à la nation (1720)

(Betrachtungen über das Geld und den Handel einschließlich eines Vorschlages zur Geldbeschaffung für die Nation)

1706–1707
Mémoire sur l'usage des monnaies (1706–1707)

1707
Mémoire pour prouver qu'une nouvelle espèce de monnaie peut être meilleure que l'or et l'argent (1707)

1711–1712
Projet d'établissement d'une banque à Turin (1711–1712)

1715
Mémoire sur l'acquittement des dettes publiques (mai 1715)
Mémoire sur les banques (juillet 1715)
Lettre de Law à Desmarets (26 juillet 1715)
Lettre de Law à Desmarets (31 juillet 1715)
Restablissement du commerce (septembre 1715)
Réponse de Law aux objections présentées à sa proposition (octobre 1715)
Lettre au Régent (décembre 1715)
(Brief an den Regenten)
Mémoire sur les banques (décembre 1715)
(Denkschrift über die Banken)
Mémoire sur la politique monétaire française (décembre 1715)

1716
Mémoire sur le change (1716)
Observations sur l'utilité de la banque générale (1716)

1717
Mémoire sur la banque générale (1717)
Mémoire sur la banque générale
Mémoire sur la banque générale en faveur de sa transformation en banque royale (11 novembre 1717)
Lettre de M. Law à S.A.R. le Duc d'Orléans, régent, lorsque le système eut du dessous

1718

Projet d'une nouvelle forme d'asseoire les revenus du Roy (avril 1718)

1719

Mémoire sur le denier royal (juin 1719)
(Abhandlung über die königlichen Steuern)
Projet d'édit
Idée générale du nouveau système des finances
(Leitgedanken eines neuen Systems der Finanzen)

1720

Lettre écrite à M... sur le nouveau système des finances (février 1720)
(Brief geschrieben an M... über das neue System der Finanzen)
Seconde lettre où l'on traite du crédit et de son usage (mars 1720)
(Zweiter Brief, in welchem über den Kredit und seine Anwendung gesprochen wird)
Réponse aux deux lettres sur le nouveau système des finances (avril 1720)
(Antwort auf die zwei Briefe über das neue System der Finanzen)
Réponse de Law aux plaintes du Parlament (avril 1720)
Troisième lettre où l'on traite encore des constitutions et du crédit (mai 1720)
(Dritter Brief, in welchem man abermals die Leibrenten und den Kredit behandelt)
Lettre au sujet de l'arrêt du Conseil d'Etat du 22 mai 1720
Mémoire sur le discrédit (juin 1720)

1721

Effets que le système de M. Law a produits sur les espèces dans plusieurs Etats de l'Europe (août 1721)
Effets que la peste arrivée en Provence en 1720 a pu causer sur le crédit

1723

Lettre de Law au duc d'Orléans (avril–mai 1723)

Mémoire justificatif (avril–mai 1723)

Projet d'édit sur le rétablissement du crédit en France (mai 1723)

Lettre de Law au marquis de Lassay (mai 1723)

Comparaison de l'effet du système de M. Law en France avec l'effet de celuy d'Angleterre sur la Compagnie du Sud (mai 1723)

1724

Lettre de Law au duc de Bourbon (25 août 1724)

(Brief Laws an den Herzog von Bourbon)

Mémoire de Law au duc de Bourbon sur la liquidation de ses effets (25 août 1724)

(Laws Endabrechnung der Finanzangelegenheiten dem Herzog von Bourbon unterbreitet)

Mémoire de Law au Duc de Bourbon (15 octobre 1724)

Histoire des finances pendant la Régence

Anmerkungen des Herausgebers

Anmerkungen zu: Betrachtungen über das Geld und den Handel...

1 Diese Schrift erschien erstmals im Jahre 1705 in Edinburg. Im Jahre 1720 erschien in Den Haag eine französische Ausgabe (Letzthandausgabe). Es handelt sich um das bekannteste Werk Laws, welches nach Harsin in der französischen Fassung „klassisch" geworden ist (devenue classique sous le titre de sa traduction française). (Vgl. Harsin, P., Les doctrines monétaires et financiers en France, Paris 1928, S. 140). Beide Ausgaben sind abgedruckt in: John Law: Oeuvres Complètes, Paris 1934, Bd. 1, S. 2–164 und wurden der deutschen Übersetzung zugrunde gelegt.

2 Bei Law: a 100 weight of Lead.

3 Vgl. Locke, J.: Some Considerations of the Consequences of Lowring the Interest... und: Further Considerations concerning raising the Value of Money, London 1823, Werke Bd. V, S. 22, 140.

4 Ein Brabanter Gulden entsprach 20 Stüvers oder 20 Pences oder 20 Sols (bzw. Sous).

5 Bei Law: a draw-back to Encourage the Export.

6 Petty, William (1623–1687).

7 Bei Law: 20 years Purchase.

8 Vgl. den Beginn des Kapitels II.

9 Law entwickelt hier und im folgenden, daß die zwischenstaatlichen Wechselkurse von der Goldparität der Währungen abhängen. Das Schwanken der zwischenstaatlichen Wechselkurse unter diesen Voraussetzungen wird bei ihm von den Kosten und Risiken des Goldversands bestimmt. Der Wechselkurs kann damit der Goldparität entsprechen bzw. die Parität um einen bestimmten Prozentsatz übersteigen.

10 Mun, Thomas (1571–1641), ist einer der Hauptvertreter des englischen Merkantilsystems. Der vollständige Titel des von Law zitierten Werkes lautet: „Englands treasure by foreign trade" (1664).

11 Die Summe von 345 000 Pfund enthält lediglich die 30 Prozent Transportkosten und Profite auf die Exporte Schottlands, die von eigenen Kaufleuten vorgenommen werden.

12 345 000 minus 322 000 ergeben 23 000 Pfund, 40 000 minus 23 000 ergeben 17 000 Pfund, ein Betrag, der als Saldo besteht.

13 Summe der von schottischen Kaufleuten aus Schottland ausgeführten Waren im Wert von 325 000 Pfund englischem Geld.
14 Gemeint ist der von Schottland im Ausland geschuldete Saldo.
15 Französische Goldmünze seit Ludwig XIII.
16 Law spielt auf den spanischen Erbfolgekrieg an, in welchem französische Truppen Holland besetzten.
17 Kreditgewährung einer Bank auf der Basis der Sicherheit des deponierten Kapitals wie z. B. Münzgeld, Schmuck, Wertpapiere etc.
18 Bei Law: Privy Council.
19 Ankündigung der Herabsetzung des Geldkurses.
20 Chaler – vermutlich Chaldron, altes Hohlmaß, wobei 1 Chaldron 36 Bushels (Scheffel) entspricht.
21 Sersche oder auch Serge ist eine Art von Futterstoff.
22 Gemeint ist hier die englische Krone.
23 Bei Law: late, gemeint ist tale, d. h. Zahl bzw. Betrag.
24 Guinee, alte englische Goldmünze.
25 Bei Law: in the time of the Clipt Money.
26 Gemeint ist der écu de six francs, d. h. der Kronentaler.
27 Ducatdown oder Ducaton ist eine alte niederländische Silbermünze oder ein halber Dukaten.
28 Skelling oder holländischer Schilling.
29 Seiten 35–36 dieser Edition.
30 Bei Law: Draw-back.
31 Gemeint ist die Restauration der Stuarts in Schottland im Jahre 1660, die nach dem Widerstand gegen Cromwell die alte Personalunion zwischen England und Schottland wiederherstellte.
32 Bei Law: The Proprietors of the Bank.
33 Das Boll ist ein Hohlmaß, es entspricht 6 Scheffel.
34 Bei Law: The Acts of the Council of Edinburgh.
35 Bei Law: The Fiars for Wheat. Parlamentsbeschluß gegen die Unordnung und den Mißbrauch bei den Kornpreisen.
36 Bei Law: Milns, alte schottische Bezeichnung für Mühlen.
37 Firlot ist ein Hohlmaß, es umfaßt ungefähr 36 Liter.
38 Bei Law: with the Charity.
39 Ein Score enthielt 20 Brote.
40 Maria Stuart, Königin von Schottland 1542–1567.
41 Jakob III., König von Schottland 1460–1488.
42 Groat, altes schottisches Geld, 1 Groat entsprach 4 Pence.
43 Gemeint sind die Zinsen.
44 Bei Law: proportion'd to the Product. Es können die landwirtschaftlichen Erträge ebenso gemeint sein wie sämtliche Erzeugnisse des Landes.

45 Bei Law: A Money'd Man.
46 Spanischer Erbfolgekrieg ab 1700.
47 Die Identität des Doktor H. C. war nicht feststellbar.
48 Bei Law: make land worth by Anticipation.
49 Bei Law: Martinmass. Dies ist der Tag des heiligen Martin, der 11. November.
50 Drop: Quentchen (Drachme), das den 8. Teil einer Unze ausmacht.
51 Grain: kleines Gewicht, das den 60. Teil einer Drachme ausmacht.
52 Vgl. Locke, J.: Some Considerations of the Consequences of Lowring the Interest ..., London 1823, Werke Bd. V, S. 8. Der Wortlaut bei Locke ist: that one private goldsmith of London should have credit, upon his single security, (being usually nothing but a note, under one of his servants hands), for above eleven undred thousand pounds at once.
53 Im englischen Text sind zwei Worte unlesbar. Sie wurden nach der französischen Ausgabe eingesetzt.
54 Bei Law: The yearly value of Scotland.
55 Bei Law: That Money being like an Estate intail'd.
56 Law verweist auf den Beginn des Kapitels III seines Traktatus der Ausgabe Edinburg 1705.
57 Bei Law: other Reasons already given Pa. 56 and 180. Bei der Seitenangabe 180 handelt es sich offensichtlich um einen Druckfehler, weil der Traktatus in der Edition, Edinburg 1705, lediglich 120 Seiten umfaßt. Der Sachverhalt S. 56 siehe S. 76, Edition Harsin.
58 Bei Law: their Labour to be payed 3 pence, and worth 3 pence more to the Imployer.
59 Die Niederlande entstanden aus dem Zusammenschluß mehrerer Provinzen – Flandern, Holland, Brabant etc. Seit Karl V. von Spanien umfaßten die Niederlande 17 Provinzen, darunter Holland als die reichste. Der erfolgreiche Kampf gegen die spanische Vorherrschaft bewirkte den Aufstieg der Niederlande zur führenden europäischen Handelsmacht im 17. Jahrhundert.

Anmerkungen zu: Bitte Laws um Audienz beim Regenten...

1 Das Original dieser Handschrift befindet sich in den „Archives Nationales", Paris.

Anmerkungen zu: Briefe Laws an den Regenten...

1 Herzog von Orléans, Cousin Ludwig XIV., folgt Ludwig XIV. als Regent von Frankreich im Jahre 1715. Der Brief Laws an den Herzog ist vom Dezember 1715. Law hatte relativ wenig Erfolg, als er Ludwig XIV. seine Dienste angeboten hatte. Er ist künftig ganz um die Gunst des Regenten bemüht. Dieser Brief geht einer wichtigen Schrift Laws voraus, der „Denkschrift über die Banken". Der Brief findet sich abgedruckt in: Daire, E., Economistes Financiers du XVIIIe siècle, Paris 1843, und bei: Harsin, P., John Law, Oeuvres complètes, Paris 1934, Bd. 2. Das Original ist in der Bibliothèque Nationale, Paris.

2 Karl II., König von Spanien, lebte 1665–1700.

3 Bei Law: Compagnie des Indes Orientales. Im 17. Jahrhundert entstanden im Gefolge der Kolonialexpansion Handelsgesellschaften, die den Indienhandel monopolisierten. Besonders einflußreich waren die britische und die holländische Ostindien-Kompanie, die im Jahre 1600 bzw. 1602 gegründet wurden.

4 Spanischer Erbfolgekrieg, welcher im Jahre 1700 begann und an welchem England erfolgreich in einer Koalition gegen Frankreich teilnahm.

5 Wilhelm III., Regierungszeit 1689–1702.

6 Marly, kleine Gemeinde im Norden Frankreichs, wo Law erstmals mit dem Regenten zusammentraf.

7 Es ist zu vermuten, daß Law hier auf das Projekt der Ostindien-Kompanie anspielt.

8 Law spielt wahrscheinlich auf die Bemühungen Leopold I. (1658–1705 habsburgischer Kaiser) an, welcher sich bemühte, durch Gründung einer Bank die wirtschaftlichen Schwierigkeiten des Kaiserreichs zu beheben.

Anmerkungen zu: Denkschrift über die Banken...

1 Diese Schrift wurde im September 1715 veröffentlicht. Man findet sie abgedruckt in Daire, E., a. a. O., S. 578–618 und Harsin, P., a. a. O., S. 269–305. Das Original befindet sich in der Bibliothèque Nationale, Paris. Davor erschien im gleichen Jahr (August 1715) eine Denkschrift mit dem gleichen Titel. Beide Abhandlungen entsprechen sich weitgehend in inhaltlicher Hinsicht wie auch im Wortlaut.

2 Bei Law: monarchies limitées – begrenzte Monarchien.

3 Bei Law: le ministre – gemeint ist der Minister der Finanzen.

4 Gemeint ist vermutlich die Schrift „Mémoire sur l'usuage des monnais" (1716).

5 Ludwig XIV., der „Sonnenkönig", gab riesige Summen für höfische Prachtentfaltung aus. Dies und seine ständige Kriegsführung hatten den finanziellen Ruin des Staates zur Folge. In dieser Lage bot Law seine Dienste an. Die Minister Ludwig XIV. schenkten jedoch den Projekten Laws keinen Glauben.
6 Chamillart, Finanzminister Ludwigs XIV. in der Zeit, als das Königreich bereits dem Staatsbankrott zusteuerte.
7 Daire veranschlagt die Schulden Englands im Jahre 1715, nach dem Frieden von Utrecht, auf 1 300 000 000 Francs, eine Summe, die der französischen Staatsschuld unter Berücksichtigung der Größenverhältnisse beider Länder nicht nachsteht. (Vgl. Daire, E., a. a. O., S. 584 Fn.)
8 Law scheint hier auf die Korruption im englischen Parlament anzuspielen.
9 Der Vorschlag zielt darauf ab, eine staatliche Bank in Frankreich zu gründen.
10 Bei Law: dans les gouvernements populaires.
11 Gemeint ist die Regentschaft während der Minderjährigkeit Ludwig XV.
12 Gemeint ist der habsburgische Kaiser.
13 Hinweis auf die durch den Bürgerkrieg bedingten Schwierigkeiten der Bank von England, ihre Zahlungsfähigkeit aufrechtzuerhalten.
14 Gemeint ist die „Denkschrift über die Banken" vom Juli 1715, in welcher sich Law, noch zu Lebzeiten Ludwigs XIV., ohne Erfolg an dessen Miniser Desmarets wandte.
15 Piemont – Region im Nordwesten Italiens an der Grenze zu Frankreich.
16 Begriff aus der Banksprache, wobei man die Annahme eines Wechsels damit verbindet, daß der eventuelle Schaden, der aus der Annahme entsteht, zu Lasten desjenigen geht, auf den er gezogen wurde.
17 Senovert gibt an, daß die Banknoten sogar um 5 Prozent gegenüber dem Münzgeld gewannen. (Vgl. Daire, E., a. a. O., S. 579 Fn.)
18 Law meint hier die Fehler, die sich auf die Geld- und Kreditpolitik beziehen.
19 Vgl. „Betrachtung über das Geld und den Handel", Kap. IV.
20 Bei Law: l'écu de trois livres tournois. Hier bedeutet tournois in Tour geprägt, wo sich eine bedeutende Münzstätte befand.
21 Der Piaster war eine Silbermünze verschiedener Länder mit sehr unterschiedlichem Feingehalt (spanischer Piaster, türkischer Piaster etc.).
22 Gemeint ist der Aufenthalt Laws in Genua im Jahre 1707.
23 Die Conti waren ein Zweig des Hauses Bourbon-Condé. Law spricht hier von François Louis de Bourbon, Prince de Conti, 1644–1709.
24 Desmarets – Neffe Colberts, Minister Ludwig XIV., Generalkontrolleur der Finanzen in den Jahren 1708–1715.
25 Im Jahre 1709 wurde das Münzgeld in Frankreich eingeschmolzen und neu geprägt. Das führte zu einer Verminderung des Geldwertes um mehr als 50 Prozent. Mit dieser Maßnahme sollten die Staatsschulden bezahlt werden.
26 Anspielung auf die Schuldverschreibungen unter Ludwig XIV.

27 Gemeint ist Ludwig XIV.
28 Der Regent Louis Philippe von Orléans war keinesfalls der sparsame und dem Volk zugetane Herrscher, als welchen Law ihn hier schildert.
29 Gemeint ist der Friede von Utrecht, welcher in den Jahren 1713–1715 verhandelt wurde und welcher den spanischen Erbfolgekrieg beendete.
30 Die Zerrüttung in Frankreich zu Ende der Regierungszeit Ludwig XIV. allein auf schlechte Finanzpolitik seiner Minister zurückzuführen, hieße diesem König schmeicheln.
31 Es handelt sich um die seiner Zeit sehr stark verbreitete Praxis der Münzverschlechterung durch das sogenannte Kippen und Wippen der Münzen, die noch mit dem Hammer geprägt worden waren; dabei wurden Metallteilchen abgetragen bzw. abgeschnitten. Das unter Walze geprägte Geld ließ dies nicht mehr zu, ohne daß man es der Münze sofort ansah.
32 Im Todesjahr Ludwig XIV. belief sich die Staatsverschuldung auf die riesige Summe von 2,412 Mrd. Im Dezember 1715 erließ man eine Verordnung, wodurch diese Schulden teilweise getilgt werden sollten, daß man die alten Staatspapiere in den Geldumlauf brachte. Diese Staatsschulden wurden dann später in Obligationen der Lawschen Bank konvertiert.
33 Bei Law: recès.
34 Diese langen Ausführungen Laws über die Bank von Wien waren als Lehrstück für den Regenten von Frankreich, den Herzog Philippe von Orléans, konzipiert.
35 Bei Law: billets de l'Echiquier. Hier handelt es sich um Schatzscheine, die von der englischen Bank als Banknoten emittiert wurden.

Anmerkungen zu: Abhandlung über die königlichen Steuern…

1 Die Schrift Laws erschien im Juli 1719. Sie ist abgedruckt bei Harsin, P., a. a. O., Bd. 3, S. 38–61. Bereits der Titel der Schrift „Mémoire sur le Denier royal" erinnert an Vaubans Werk „La dîme royale". Diese Ähnlichkeit scheint indessen beabsichtigt, werden doch in beiden Schriften ähnliche u. a. liberalistische wirtschaftspolitische Positionen bezogen.
2 Anspielung auf den Staatsbankrott nach dem Tode Ludwig XIV. im Jahre 1715.
3 Bei Law: non-valeurs.
4 Gemeint ist Ludwig XIV.
5 Aides sind indirekte Steuern, douanes sind Zölle, gabelles sind Salzsteuern, capitation ist die Kopfsteuer, tailles sind alte direkte Steuern, die seinerzeit von jedem erhoben wurden, der nicht dem Adel oder der Geistlichkeit angehörte.

6 Das Steuersystem Laws lehnt sich offensichtlich an den Vorschlag Vaubans einer „dîme royale“ an, obgleich es fundamentale Unterschiede gibt, was aus den weiteren Ausführungen Laws erhellt wird.

7 Bei Law: biens.

8 Der von Law vorgeschlagene Erlaß „Projet d'édit“ findet sich abgedruckt bei Harsin, P., a. a. O., Bd. 3, S. 62–76.

9 Die Steuerpraxis, die Law bekämpfte, bestand darin, daß die Steuerpächter dem König die Steuerpacht in Form eines Pauschalbetrages zahlten und dann, bei der Eintreibung der Steuern, einen möglichst großen Gewinn zum Schaden der ganzen Nation zu erzielen trachteten.

10 Gemeint ist hier vornehmlich die Verwendung von Salz für die Bodendüngung.

11 Philippe IV., genannt der Schöne, französischer König 1285–1314, erließ viele wichtige Gesetze, und er führte unter anderem die Salzsteuer in Frankreich ein.

12 Karl VI., französischer König, 1380–1422.

13 Bei Law: une juste valeur.

14 Gemeint ist der Vorschlag einer königlichen Zehntsteuer (la dîme royale), der von Vauban in seinem 1707 erschienenen Werk „La dîme royale“ gemacht wurde und der zu heftigem Widerstand gegen dieses Steuerprojekt und zu zaghaften Versuchen einer Anwendung in der Praxis geführt hatte.

15 Karl VI., König von Frankreich 1380–1422. Er bemühte sich um die Ordnung der Finanzen in seinem Königreich, und dies unter anderem durch eine Vereinheitlichung der Steuern.

16 Bei law: L'arrière-ban. Altes feudales Vorrecht, nach welchem die Vasallen und deren Nachkommen zum Heeresdienst aufgeboten werden konnten.

17 Die bisherigen Ausführungen zeigten, daß die Kritiker Laws im Prinzip ebenfalls gegen das Projekt Vaubans einer „dîme royale“ eingestellt waren. Law argumentiert sehr geschickt, wenn er diesen Opponenten das Gegenteil unterstellt.

18 Bei Law: prendre des pots de vin.

19 Tatsächlich findet man bei Vauban den Vorschlag, die Zehntsteuer, la dîme royale, eventuell in Naturalien einzuziehen. In der Regel rückt Vauban jedoch in seinem Steuerprojekt von dieser primitiv naturalwirtschaftlichen Vorstellung ab. So besteht sein Steuervorhaben darin, sämtliche Revenuen mit einer einzigen Steuer zu belegen, womit er sich von dem Vorschlag Laws prinzipiell unterscheidet.

20 Bei Law: ouvrier. – Gemeint sind allerdings alle in der Industrie arbeitenden Menschen, das heißt Lohnarbeiter, Handwerker, Manufakturinhaber eingeschlossen.

Anmerkungen zu: Leitgedanken eines neuen Systems der Finanzen

1 Diese Schrift erschien mit großer Wahrscheinlichkeit zu Ende des Jahres 1719. In sehr gedrängter Form legt Law darin sein System dar. Im zweiten Teil der Schrift findet man die Widerlegung von sechs Einwendungen, die man zu seiner Zeit dagegen erhob. Law beabsichtigte damit aber auch eine Auflockerung des Textes. Die Schrift ist abgedruckt in: Harsin, P., a. a. O., Bd. 3, S. 77–97, das Original befindet sich in der Bibliothèque Nationale, Paris.

2 Der Text von Harsin wurde an dieser Stelle und an weiteren Stellen durch Fußnoten erweitert. Bei diesen Erweiterungen handelt es sich um Ausführungen, die nicht von Law stammen und die man dem Abbé de Saint Pierre zuschreibt, welcher seinerzeit den Text Laws wohlmeinend kommentierte. Sie enthalten keine neuen Gedanken und wurden deshalb nicht aufgenommen.

3 Bei Law: gouvernez par multitude.

4 Bei Law: les finances.

5 Bei Law: Estats. Gemeint sind hier die Generalstände, das sogenannte Ständeparlament. Es handelt sich um eine Versammlung der drei Stände Adel, Geistlichkeit und Bürger, die seit dem Jahre 1302 in Frankreich bestehen.

6 Pierre-Daniel Huet, Bischof von Avranches, Gelehrter und Schriftsteller (1630–1721).

7 Die königliche Bank (Banque Royale) wurde am 4. 12. 1718 auf Betreiben Laws gegründet. Sie ging aus der Privatnotenbank (Banque Générale), welche Law zuvor ebenfalls ins Leben gerufen hatte, hervor.

8 Anspielung Laws auf die ungeheure Staatsverschuldung unter Ludwig XIV., die damals alle Gemüter in Frankreich bewegte.

9 Gemeint ist Ludwig XIV.

10 Bei Law: les trois grands droits de la souveraineté du Prince. Gemeint sind vermutlich die drei Grundgewalten des Königs als oberster Gesetzgeber, als oberster Kriegsherr und als oberster Richter. Das Prinzip der Gewaltenteilung, von J. Locke entwickelt, bildete zwar bereits die Grundlage der englischen Konstitution, es wurde in Frankreich aber erst mit der Revolution von 1789 verwirklicht.

Anmerkungen zu:
Briefe über das neue System der Finanzen

1 Im Jahr 1720 erschienen im „Mercure de France" vier Briefe, die im Schrifttum über Law als „Briefe über das neue System der Finanzen" bezeichnet werden. Es handelt sich um drei fiktive Briefe, die von einem anonymen Anhänger des „Systems" an eine durch Laws Projekte beunruhigte Persönlichkeit gerichtet werden sowie um die Antwort dieser Persönlichkeit auf die ersten zwei dieser Briefe. Diese Briefe und die Antwort, welche natürlich ebenfalls fiktiv ist, entstammen der Feder Laws.

2 Dieser Brief wurde in „Mercure de France", im Februar 1720, veröffentlicht. Man findet ihn wieder abgedruckt bei Daire, E., a. a. O., S. 650–652 und bei Harsin, P., a. a. O., Bd. 3, S. 98–102.

3 Bei Law: rentes constituées.

4 Bei Law: bien de constitution.

5 Bei Law: tout le prix que l'argent est estimé.

6 Dieser Brief wurde im „Mercure de France", im März 1720, veröffentlicht. Man findet ihn wieder abgedruckt bei Daire, E., a. a. O., S. 652–657 und bei Harsin, P., a. a. O., Bd. 3, S. 103–112.

7 Bei Law: Compagnie du Sud. Es gab die englische und die holländische Ostindische Kompanie. Die englische Handelsgesellschaft vereinigte den Überseehandel des britischen Weltreichs im 17. und 18. Jahrhundert.

8 Gemeint ist der Regent, der Herzog Philippe von Orléans.

9 Der Tod Ludwigs XIV. fiel auf das Jahr 1715.

10 Anspielung auf die enorme Staatsschuld am Ende der Regierungszeit Ludwig XIV.

11 Bei Law: banqueroute universelle.

12 Das Jahr 1720 war das Jahr der beginnenden Hausse der Aktien der Lawschen Bank, die bis zum finalen Sturz im Jahre 1722 bis ins Unermeßliche anstiegen.

13 Es handelt sich offenbar um einen Grundsatz der Descartesschen Philosophie, auf den Law hier anspielt. Eine Textstelle gleichen Wortlauts bei Descartes konnte indessen nicht aufgefunden werden.

14 Bei Law: Un système d'un an ne peut pas en avoir dix. Es ist nicht ganz eindeutig, was hier gemeint ist; wahrscheinlich, daß das nach Ansicht Laws augenblicklich erforderliche System nicht zehn Jahre auf sich warten lassen darf.

15 Diese Antwort wurde ebenfalls, wie die zwei vorangegangenen Briefe, im „Mercure de France", im April 1720, veröffentlicht. Man findet sie wieder abgedruckt bei Daire, E., a. a. O., S. 657–666 und bei Harsin, P., a. a. O., Bd. 3, S. 112–127.

16 Im Mai 1917 war per Edikt die Vereinigung der Westindischen Kompanie und

der Ostindischen Kompanie zur Indischen Kompanie erfolgt. Damit war der gesamte Überseehandel Frankreichs in einer einzigen, großen Aktiengesellschaft vereinigt.

17 Gemeint ist der Kurswert der Aktien.

18 Gemeint ist der Amerikahandel über die Westindische Kompanie.

19 Gemeint ist hier immer die Indische Kompanie, die aus der Vereinigung von Westindischer Kompanie und Ostindischer Kompanie hervorging.

20 Gemeint sind die französischen überseeischen Handelsgesellschaften, die vor Law von Richelieu und Colbert begründet worden waren.

21 Gemeint ist Holland, das durch den Handel mit der holländischen Ostindischen Kompanie zu Reichtum gelangte.

22 Die Kolonisation des Mississippi-Beckens bedurfte der senegalesischen Sklaven als Arbeitskräfte.

23 Im Mai 1719 erwarb die Indische Kompanie das Privileg der Geldherstellung.

24 Bei Law: le droit détruit le droit.

25 Die königliche Bank (Banque Royale) war am 4. Dezember 1718 per Edikt durch Umwandlung der Allgemeinen Bank (Banque Générale) gegründet worden. Diese Bank hatte das Recht, Banknoten herauszugeben, und sie konnte dadurch den Geldumlauf unbegrenzt vermehren.

26 Im Mai 1719 hatte die Indische Kompanie das Privileg der Geldherstellung erworben. Die Königliche Bank und die Indische Kompanie waren damit vereinigt.

27 Tatsächlich entlastete die Lawsche Bank die Krone von riesigen Verpflichtungen, die in Rentenansprüchen bestanden, um dadurch die Staatsschuld abzutragen.

28 Bei Law: „dans une valeur proportionnée entre elles“, d. h. in einem proportionalen Wert zwischen den Waren, den er auch als „la juste valeur“, den „gerechten Wert“, bezeichnet.

29 Den ersten zwei Briefen sowie der Antwort darauf folgt noch dieser dritte Brief im Rahmen der „Briefe über das neue System der Finanzen“. Er wurde im „Mercure de France“, im Mai 1720, veröffentlicht. Man findet ihn wieder abgedruckt bei Daire, E., a. a. O., S. 666–679 und bei Harsin, P., a. a. O., Bd. 3, S. 127–146.

30 Gemeint ist die Abschaffung der Leibrenten und ihre Rückerstattung.

31 In der Tat bewirkte das Lawsche System nicht lediglich eine Umschichtung des Reichtums großen Ausmaßes, sondern ebenfalls die Verbürgerlichung großer Teile des Adels.

32 Gemeint sind die Rückerstattungsbeträge aus vormals erworbenen Leibrenten.

33 Bei Law: „le denier de la rente“.

34 Gemeint ist Ludwig XIV., welcher 1715 verstarb.

35 Tatsächlich war wegen der ungeheuren Staatsschuld vorgeschlagen worden, den Staatsbankrott zu erklären, als Law sich erbot, die zerrütteten Staatsfinanzen mit seinem System zu sanieren.

36 Bei Law: „le discrédit".

37 Law meint die Leibrenten auf das Rathaus von Paris, die die Stadt mit einer enormen Summe belasteten.

38 Die Zentralisation der Kapitalien, die Law anstrebte, sollte in der staatlichen Bank und in staatlichen Handelsgesellschaften erfolgen. Im Mai 1719 wurde per Edikt die Indische Kompanie (Compagnie des Indes) als Aktiengesellschaft und etwas später mit dem Privileg der Geldherstellung gegründet.

39 Im Ancien Régime bestanden zwei Arten von Taille, die wirkliche Taille (Taille réelle) und die persönliche Taille (Taille personelle). Die erstere war eine reine Grundsteuer, sie erfaßte allerdings nicht die Güter des Adels und der Geistlichkeit. Dagegen traf die persönliche Taille die Einkommen vom Grund und Boden sowie ebenfalls die Einkommen der Industrie. Besonders verheerend war, daß diese Form der Taille auf den angenommenen Fähigkeiten der Steuerpflichtigen beruhte.

40 Bei Law: „sur le rôle". Gemeint sind die Papierrollen, auf welchen das Steueraufkommen der Steuerpflichtigen aufgeschrieben war.

41 Diese Risiken bestanden nicht nur in Wetterunbilden, sondern ebenfalls in der damals stark verbreiteten Piraterei.

42 Die kriegerischen Auseinandersetzungen im spanischen Erbfolgekrieg, die mit dem Frieden von Utrecht (1713) ein Ende fanden, hatten Frankreich und die Niederlande gegeneinander geführt. Viele Konfrontationen, u. a. diejenige von Gertrudenberg, zeigten die Stärke Hollands gegenüber dem inzwischen geschwächten Frankreich am Ende der Regentschaft Ludwig XIV.

43 Bei Law: „billet", d. h. Schuldschein oder Wechsel. Die speziellere Bezeichnung für Wechsel, z. B. bei Wechselgeschäften der Banken zu bestimmten Wechselkursen ist bei Law „change". Law benutzt hier, bei der Darstellung des Entstehens der Wechsel, den allgemeineren Begriff „billet".

44 Bei Law: „source", wörtlich Quelle. Hier ist der ursprüngliche Aussteller des Wechsels gemeint.

45 Bei Law: „des signes de transmission". Diese Übertragungszeichen sind das allgemeine Äquivalent.

46 Das Mud ist ein altes französisches, je nach Provinzen verschiedenes Hohlmaß.

47 Der Louisdor war eine seit Ludwig XIII. im Gebrauch befindliche, 1640 erstmals geprägte Goldmünze. Wenn man im allgemeinen Sprachgebrauch, wie hier Law, von „Louis d'or et d'argent" spricht, dann meint man den Gold-Louis und andere im Umlauf befindliche Geldmünzen, z. B. den Silbertaler, Silber- und Metallmünzen aller Art.

48 Die Münzen wurden eingeschmolzen und mit Beimischungen versehen, um dann erneut, mit dem gleichen nominellen Wert, in die Zirkulation zurückgebracht zu werden. Aber damit nicht genug. In der Regierungszeit Ludwig XIV. waren mehrere Erlasse ergangen, die dazu verpflichteten, Schmuckgegenstände, Möbel etc. aus Edelmetall in den königlichen Münzstätten zur Einschmelzung abzuliefern. Damit konnten die finanziellen Schwierigkeiten jedoch nicht behoben werden, viele wertvolle Kunstgegenstände gingen aber verloren.

49 Bei Law: „écus". Der Ecu als Dreifrankenstück war eine französische Silbermünze. In Deutschland war der Ecu als sogenannter Reichstaler im Umlauf.

50 Gemeint ist hier die Regierung der Niederlande.

51 Bei Law: „pour tous les rentiers de l'Hôtel-de-Ville". Gemeint sind die auf das Rathaus von Paris konstituierten Leibrenten.

52 Das Spekulationsfieber ließ noch zu Beginn des Jahres 1720 den Kurs der Aktien ständig ansteigen. Die Nachfrage danach war groß, man riß sie sich förmlich aus den Händen.

Anmerkungen zu: Brief Laws an den Herzog von Bourbon

1 Nach dem Tode des Herzogs Philippe von Orléans und dem Ende der Régence bestieg Ludwig XV. den Thron von Frankreich (1723). In den Jahren 1723–1726 überließ er die Regierungsgeschäfte dem Herzog von Bourbon. An diesen wendet sich Law mit einem Rechtfertigungsbrief von London aus, wo er nach dem Zusammenbruch seines Systems zeitweilig Zuflucht fand. Dieser Brief ist abgedruckt bei Daire, E., a. a. O., S. 638–642 und bei Harsin, P., a. a. O., Bd. 3, S. 236–240.

2 Gemeint ist die Schrift „Die Endabrechnung der Finanzangelegenheiten, dem Herzog von Bourbon unterbreitet", London 1724.

3 Law bittet um die Entbindung vom Amt des Generalkontrolleurs der Finanzen.

4 Die Tochter Laws heiratete später in England den Lord Walingford. Die Familie seines Bruders blieb in Frankreich und wurde von der Herzogin von Bourbon gefördert. Dadurch konnten die Neffen Laws in den Dienst der Ostindischen Kompanie treten, wo sie zu Ansehen und Wohlstand gelangten.

5 Äsop, griechischer Fabelschreiber, 7.–6. Jh. v. u. Z. In seiner berühmten Fabelsammlung ist eine Fabel enthalten, in der eine Geschichte erzählt wird, die der Laws entspricht. (Vgl. Schöne Fabeln des Altertums, Leipzig 1954, Äsop, Bankrott einer Handelskompanie.)

6 Law hatte einen Sohn, der allerdings früh und ohne Nachkommenschaft starb.

7 Gemeint ist Ludwig XV., der im Jahre 1723 seine Volljährigkeit erreichte.
8 Im Jahre 1722 wütete die Pest in Marseille, wodurch die damalige Regierung in große Schwierigkeiten geriet.
9 Es ist möglich, daß Law hier auf die „Geschichte der Finanzen während der Régence" anspielt, von welcher sich allerdings nicht mit Bestimmtheit sagen läßt, daß er sie tatsächlich noch geschrieben hat. Möglicherweise entstammt diese Schrift einer anderen Feder. Senovert spricht die Überzeugung aus, daß das angekündigte Werk von Law niemals geschrieben wurde. (Vgl. Daire, E., a. a. O., S. 461 Fußnote.)

Anmerkungen zu: Laws Abrechnung der Finanzangelegenheiten...

1 Es handelt sich um die von Law im vorhergehenden Brief an den Herzog von Bourbon angekündigte Schrift. Sie wurde vermutlich im August 1724 in London abgefaßt, und sie ist abgedruckt bei Harsin, P., a. a. O., Bd. 3, S. 241–258. Das Original befindet sich in der Bibliothèque Royale, Brüssel.
2 Gemeint ist das Amt des Generalkontrolleurs der Finanzen.
3 Mazarin (1602–1661), französischer Staatsmann italienischer Herkunft unter Ludwig XIII. Die ökonomische Krise, die eine Folge der Kriegsausgaben Frankreichs im Dreißigjährigen Krieg war, zwang den Kardinal in den Jahren 1651 bis 1653 ins Exil, woraus er gestärkt und als unangefochtener Minister des Königs zurückkehrte.
4 Bei Law: vétables créanciers. Das Wort vétable ist nicht übersetzbar.
5 Gemeint sind die Bezüge der Teilhaber der Gesellschaft.
6 Gemeint ist eine sehr ins Detail gehende Endabrechnung der finanziellen Angelegenheiten Laws. (Vgl. Daire, E., a. a. O., S. 642–649 [Auszug] und Harsin, P., a. a. O., Bd. 3, S. 259–281.)
7 An dieser Stelle befindet sich eine Randbemerkung Laws mit folgendem Wortlaut: Der Regent wußte, daß der König von Sizilien mir geschrieben und das Angebot gemacht hatte, mich nach Palermo zu begeben, wo er damals weilte.
8 Ursprünglich hatte Law eine Privatbank vorgeschlagen, die er selbst mit eigenen Mitteln finanzieren wollte. Der zweite Vorschlag bestand dann in einer Privatnotenbank, die als Teilhaberbank gegründet werden sollte und welche als Banque Générale am 2. 5. 1716 auch tatsächlich gegründet wurde.
9 Am 4. 12. 1718 erfolgte die Umwandlung der Banque Générale in eine Staatsbank, die Banque Royale, deren Direktor Law wurde. Die Noten dieser Bank wurden allgemeines gesetzliches Zahlungsmittel mit Zwangskurs. Das Gründungskapital der Bank bestand aus Aktien der Indischen Kompanie.

10 Die Gründung der Indischen Kompanie (Mississippigesellschaft) erfolgte im August 1717. Es handelte sich um eine Aktiengesellschaft mit dem Handelsmonopol für Louisiana und dem Monopol für den Biberpelzhandel in Kanada.

11 Gemeint ist das Diskontieren des Wechsels.

12 Die Vereinigung der Westindischen Kompanie mit den ostindischen Handelsgesellschaften zur Indischen Kompanie (Compagnie des Indes) erfolgte im Mai des Jahres 1719.

13 Massa, gegenwärtig eine italienische Provinzhauptstadt in der Toskana.

14 Wahrscheinlich Tabarka, Halbinsel, Stadt an der Mittelmeerküste Tunesiens.

15 Karl VI., deutscher Kaiser 1711–1740.

16 Harsin vermutet, daß es sich um den Brief handelt, der veröffentlicht wurde in „Histoire de la France sous le règne de Louis XV.“, Bd. 2, S. 555–557. Vgl. Harsin, P., a. a. O., Bd. 3, S. 257 Fn.

17 Law hatte noch zu Lebzeiten des Regenten, des Herzogs von Orléans, die französische Staatsbürgerschaft angenommen.

Namenverzeichnis

Aristoteles 310
Argenson, René-Louis d' 344, 345
Bourbon, Herzog von 227, 334
Chamillart, Michel de 148
Colbert, Jean-Baptiste 249, 302
Conti, Prinz v. 175
Descartes, René 268, 310
Desmarets, Nicolas de 175
Huet, Pierre-Daniel, Bischof v. Avranches 249
Jakob III. 74
Karl VI. 218, 234
Leopold I. 137
Locke, John 12, 17, 99, 186
Ludwig XIV. 147, 211, 252, 253, 266
Maria Stuart 72
Mun, Thomas 29
Orléans, Philippe v. 128, 129
Petty, William 27
Platon 310

Sachverzeichnis

Absatz 25, 26, 40, 163, 205, 221, 239/240, 250
Adel 63, 212, 233, 234/235, 236, 238, 253
Aktien 99, 155/156, 248, 249, 277, 295
– die Aktien der ostindischen Handelsgesellschaft 247, 268, 272, 273, 278, 279, 285, 287, 300, 323, 344–348
– die Sicherheit von Geldanlagen in Aktien 285, 286, 295, 305, 306, 323
– Aktien im Vergleich zu Rentenverträgen 248, 295, 300, 305, 307
Aktiengesellschaft (vgl. Handelsgesellschaft)
Aktionäre 66, 155/156, 244, 246, 247, 248, 278, 285, 287
Amerika 84, 130, 131, 132, 135, 176, 177, 188, 254
Amsterdam 29, 43, 45, 58, 141, 176/177, 318, 319
Amt, Ämter 63, 254
Arbeit 14, 19, 20, 21, 22, 27, 41, 42, 44, 57, 61, 67, 103, 110, 112, 117/118, 121, 122, 123, 162, 192, 206, 215/216, 241, 252, 254, 351
Arbeiter 20/21, 22, 26, 27, 117/118, 119, 121, 132, 206, 212, 238, 239, 240, 242
Arbeitslöhne 20/21, 27, 121, 206
Arme 19, 20, 72, 102, 103, 118, 120, 180, 209, 216, 229, 272
Armee 200, 254
Armut 65, 116/117
Ausfuhr 20, 22, 23, 25, 26, 27/28, 30/31, 32/33, 32–36, 37, 40, 41, 42/43, 49/50, 51, 54–56, 62, 63, 92, 108, 109, 112/113, 119
Bank von Amsterdam 43, 44, 46, 139, 142, 176
Bank von England 45–47, 99, 133, 140, 143/144, 157, 160, 165, 176, 202/203
Bank von Rotterdam 176
Bank von Schottland 45–47, 65, 99, 156/157, 166, 176
Bank von Schweden 43, 44, 139, 144
Bank von Wien 144, 195–201
Banken (vgl. Bodenbank) 43–48, 49/50, 54, 65, 66, 88, 99, 100, 133, 139, 142–144, 145, 147, 149, 150–156, 157, 158, 159, 160/161, 164–166, 177, 179, 182, 183, 184, 188, 193, 194, 196, 198/199, 201, 202/203, 206, 216, 227/228, 244, 248, 250, 286, 287, 288, 289

– Bank als Methode zur Geldvermehrung 43–46, 47/48, 65, 66, 120, 130/131, 140, 143, 144, 151–153, 158, 188–193, 202, 203, 241/242, 287
– Vorteile der Banken 44, 45, 47, 133, 135, 139–163, 170, 182, 191–195, 200–203, 206, 214, 216, 222, 226, 241/242, 248
– Bank als Anlagemöglichkeit freien Geldkapitals 154, 155, 198, 287
Bankier 159, 169, 173, 242, 245
Banknoten 45, 46/47, 48, 64, 65, 78, 85, 88, 89, 91, 95, 99/100, 110–112, 114, 122, 130, 135, 140–142, 144, 145, 152, 154, 156–159, 163, 164, 166, 167, 168, 169, 170, 171, 178/179, 183, 184, 192, 193, 194, 205, 242, 243, 244, 247, 248, 250, 267, 288, 289, 305, 313/314, 317, 318
Bankrott 99, 163, 174, 175, 180, 189, 205, 269, 298
Bankstatuten 45, 66, 90, 92/93, 99/100, 195–201
Bauern 157, 212, 235, 238
Bevölkerung 13, 19, 20, 26, 41, 54, 55, 57, 59, 64, 67, 81, 102, 106, 110/111, 112, 116, 118, 120/121, 122, 123, 212, 238/239, 242, 249
Bodenbank 89/90, 90–93, 94, 95, 97, 99/100, 122/123
Bodengeld 73/74, 76, 85/86, 88/89, 91, 92, 93, 94, 96/97, 98, 100, 101, 102, 105–108, 111, 122/123, 124
Börse 351
Brot 72, 96, 118
Dänemark 110
Depositen 165, 178, 193, 194, 270, 271
Diskont 45, 148, 189
Dividenden 244, 279, 295, 323
Edinburg 37/38, 46/47, 63, 72, 74/75, 176
Einfuhr 20, 23, 32, 41/42, 63, 64, 70, 79, 83, 109, 112, 119
Einnahmen (Einkommen) 82, 93, 134, 146, 147, 148, 168, 174/175, 180, 183, 192, 200, 205, 214–217, 219, 220, 223, 233, 235, 247, 248, 253, 254
England 24/25, 26, 29–32, 34–40, 46, 59/60, 63, 76, 80/81, 110/111, 117, 121/122, 129, 130, 131, 132, 133, 140, 147/148, 149, 159, 160, 176, 180/181, 185–187, 202, 250
Erlasse 72/73, 74/75, 88, 159, 214, 218, 225, 234
Ernte 13, 238
Europa 70, 79/80, 88, 124, 135, 139, 152, 153, 160, 280, 319, 325
Fischfang 28, 111, 116
Flandern 116, 202
Frankreich 13, 16–18, 24, 40, 57–60, 76, 77, 83, 84, 109, 114, 130, 131/132, 135/136, 140, 144, 145, 148/149, 151, 160, 163, 168, 170, 171, 173, 174, 175, 177, 179/180, 183, 188, 189, 191, 192, 202, 206, 211, 218/219, 220/221, 229, 241, 243/244, 253, 320, 325
Freiheit 116, 119, 120, 124, 215, 220, 224, 226, 231, 239, 240

Frieden 136, 149, 180
Gebrauch (Gebrauchswert) 12, 18, 61, 78/79, 83, 89, 96/97, 101, 251, 316
Geld 11, 13, 14/15, 16, 17, 19, 21, 23, 25, 26, 27, 28/29, 32, 37, 43, 45, 46/47, 48, 51, 53, 58, 59, 60, 65, 67, 68, 73/74, 75, 76, 77, 78–80, 83, 85/86, 88–90, 94, 95, 96, 97/98, 99, 100, 101, 105, 106/107, 109, 117, 120, 121, 122/123, 135, 136, 137, 139–142, 143, 144, 145, 148, 151, 152, 154, 155, 156, 157, 158, 163, 164, 166, 167, 168/169, 179, 181, 184, 185, 186, 188, 189, 190, 191/192, 193, 194, 206, 216, 241, 242/243, 244, 247, 248, 250, 252, 253, 262/263, 298, 308, 310, 313/314, 317
– Wert des Silbers als Geld und Geldfunktion des Silbers 14, 15–18, 50/51, 68, 69, 71, 74, 78/79, 83, 84, 89/90, 94, 96, 97/98, 100, 101, 105/106, 107, 108, 124, 135, 141, 146, 154, 158, 188, 189, 193, 242/243, 244, 308
– Geld als Wertmaß 14–17, 56, 60, 68–71, 78/79, 97/98, 313
Geldknappheit 28, 42, 46, 67, 80, 84, 118, 120, 123/124, 129, 174, 188, 189, 191, 202, 205, 221, 242, 243, 248, 250, 263
Geldvermehrung 19, 20/21, 22/23, 41, 42, 43–45, 48, 49/50, 54/55, 65, 67, 82, 90–114, 121/122, 124, 129, 130, 134, 135, 139/140, 144, 145, 152, 158, 188, 191/192, 193, 194, 202/203, 241/242, 248, 250/251, 263
Geldverschlechterung 36–38, 41, 44, 50/51, 52/53, 55/56, 57, 58, 59/60, 62, 63, 69, 72–74, 75, 83, 95, 119/120, 185/186
Genua 155, 174, 175, 243
Gesetze 20, 24, 28, 39/40, 42, 67, 78, 99/100, 109, 114, 119, 136, 173, 189, 192, 194, 231, 234
Getreide 12, 16, 70, 72, 76, 77, 96, 102, 118, 229
Gläubiger 75, 86, 87, 118, 119
Gleichheit 234, 240
Gold 19, 89/90, 93, 98, 100, 114, 122, 141, 145, 154, 158, 167, 193, 244, 247, 313, 314
Goldschmiede 48, 98/99
Grund und Boden 13, 14, 19, 73, 74, 76, 77, 82/83, 85, 86, 88, 89, 90, 95/96, 97, 98, 101, 102, 105, 106, 107/108, 115, 116, 117, 122, 123, 208, 216, 219, 224, 229, 235, 239, 240, 247, 254
Grundeigentümer 13, 14, 82, 83, 85, 87, 95/96, 108, 118/119, 157, 168, 173, 191/192, 214, 216, 224, 225, 235, 239/240, 253
Grundrente (vgl. Rente)
Handel 11, 13, 19, 20, 22/23, 24/25, 26, 28/29, 41, 43, 44, 45, 49, 51, 61, 65, 67, 82, 106, 113, 116, 117/118, 119, 120, 121, 123/124, 133, 134, 139, 140, 141, 146, 158, 159, 163, 169, 174, 177, 181, 182, 187, 188, 190, 191/192, 193, 194, 205, 206, 208, 211, 215, 223, 242/243, 248
Handelsbilanz 22, 26, 29, 32/33, 33–35, 49/50, 54/55, 57, 58, 60, 63, 64/65, 109, 110, 112, 120, 130, 136, 167, 168, 241, 245, 246, 250

Handelsgesellschaft 130, 244/245, 247, 249/250, 253, 265, 279, 281–283, 284, 289, 290, 305, 306, 321, 337–340, 344, 345, 348–350, 354 357
Handelskorrespondenten 121, 141, 169
Handwerk (Gewerbe) 13, 235, 238, 241, 242, 248, 249/250, 254
Holland 17/18, 22/23, 24/25, 27, 28, 30–40, 52/53, 55, 57, 59, 115/116, 117, 118, 122, 142, 159, 176, 218, 231, 243, 250
Hungersnot 77, 118, 123, 222
Industrie 32, 113, 121, 123, 147, 171, 191, 208, 212, 215, 219, 229, 237, 289, 324
Infrastruktur 351
Italien 43, 144, 176
Kapital 22, 28, 44, 45, 75, 82, 159, 196, 244, 245, 285/286
Kapitalisierung der Jahresrenten eines Bodens 88, 89, 95, 97, 105, 118, 123
Kaufleute 22, 24, 26, 27/28, 32, 37, 39, 40/41, 43/44, 45, 53, 82, 107/108, 140, 141, 155, 156/157, 159, 176, 179/180, 192, 211, 221, 238, 239, 241
Klerus 212, 233, 234, 235, 236, 238
König 59, 135, 136, 137, 145, 146, 147, 150, 154, 161/162, 177, 178, 183, 189, 194, 205/206, 208, 214, 218, 219, 220, 223, 226, 227, 228, 238, 243/244, 315
Kosten 8, 29, 40, 93, 139, 164, 208, 211, 215, 217, 220, 226, 234, 237, 238
Kredit 28, 44, 47/48, 49, 65, 67, 99, 130, 132, 134, 140, 143/144, 145, 147, 150, 152, 155, 164/165, 166, 176/177, 178/179, 181, 183, 184, 187, 188, 191, 194, 195, 196, 199, 202, 206, 242–245, 248, 250, 258, 263, 264, 270, 276, 310–312
– Kredit ersetzt Geld 21, 243, 263, 271, 310
– Kredit fördert die Handelstätigkeit 49, 130, 146, 157, 206, 242/243, 248, 263, 268, 310
– Geldvermehrung durch Kredit 130, 134, 144, 158, 188, 193, 242, 248, 250, 252, 263
– Vertrauen als Grundlage des Kredits 153, 156, 158, 184, 188, 199, 206, 242, 262, 268, 276
Krieg 84, 122, 131, 132, 135, 136, 147, 148, 151, 155, 157, 172, 176, 202, 227, 249
Kupfer 19, 43, 140, 179
Landwirtschaft 54, 57/58, 110, 169, 205, 215, 221, 229, 241, 242, 248
Leinwand 27, 108
Liquidation (Rechtfertigungsschrift Laws an den Herzog von Bourbon) 334–362
London 29, 37/38, 62, 63, 130, 142
Lyon 167, 168, 169
Manufakturen 19, 20, 23/24, 26, 40, 54/55, 67, 92, 110–113, 116, 121, 132/133, 171, 179, 205, 241, 245, 254, 290
Mehrwert 21, 121
Minister 63, 136, 145, 147, 154, 175, 177, 180, 183, 212/213, 217, 232, 322
Münzgeld (vgl. Geld)
Münzstätten 17, 50, 58, 59, 61, 93, 185–187, 282, 316

Nachfrage 12, 13, 18, 43/44, 47, 51, 54, 69/70, 71, 74, 76–81, 88/89, 94, 95, 96, 107, 121, 122, 157/158, 166, 244
Pacht 72, 73, 102–105, 117–119, 124, 235, 240
Pächter 147, 168, 169, 208, 211, 217, 235
Papiergeld (vgl. Banknoten)
Paris 40, 58, 163, 167, 168, 172, 233
Parlament 45, 66, 72, 73, 74, 85, 88, 90, 92/93, 99, 149, 178, 202
Portugal 24/25, 177
Preis 13, 25, 27, 30/31, 32, 36, 40, 46/47, 51–53, 54, 55, 59/60, 70, 71/72, 73, 76, 80/81, 88, 89, 95, 97, 105, 118, 123, 157/158, 188, 205, 211, 212, 221/222
Profit 21, 22, 26, 27, 30, 32, 44, 56, 60, 64, 110, 142, 174, 220, 234, 245, 247, 282, 284
Reiche 118, 180, 209, 212, 216, 229, 272
Reichtum 65, 67, 106, 116, 117, 132, 179, 193, 210, 216, 240, 241, 244, 248, 249, 284, 289, 313
Rente 78, 83, 87, 88, 89, 95, 97, 102, 105, 113, 118, 123, 157, 168
Rentenverträge (Leibrenten) 202, 203, 244, 248, 251, 258, 259, 265, 287, 293, 294, 295, 300, 301–305
Rohstoffe 20, 23, 24, 26, 116, 168, 283
Schiffahrt 117, 179, 192, 289/290
Schmuggel 63, 196
Schottland 17/18, 22–24, 27/28, 29/30, 33/34, 36–40, 41, 46/47, 53/54, 55, 59, 61, 64/65, 66, 68, 71/72, 80–82, 85/86, 109, 110–112, 113, 115, 116, 120, 123, 129, 160
Schuldverschreibungen 51/52, 85, 86/87, 118, 123, 124, 134, 149, 154, 161/162, 174, 175, 179, 180/181, 184, 189/190, 191/192, 196, 200, 206, 211, 220, 223, 227, 245, 253, 254, 266, 321, 322
Serge bzw. Sersche 60, 61, 108, 121
Silbergeld (vgl. Geld)
Silbergeschirr 50, 61, 78, 93, 96, 119
Spanien 83, 116, 117, 130, 135, 177
Spekulation 178, 180, 189, 227–229, 234, 237
Staatsform 134, 139, 144, 151, 152, 243, 247, 249, 250, 277
Städte 59, 72, 74, 117/118, 152, 157, 192, 237
Stände, soziale 124, 205, 212, 214, 216, 233, 249/250
Steuern 22, 32, 58, 137, 179, 180, 183, 195, 196, 198, 200, 208, 209, 211, 212, 214, 215, 216, 217, 219, 220, 221/222, 223, 224/225, 226, 228, 229, 230, 231, 232, 234, 235/236, 237, 238, 239, 240
– Gerechtigkeit bei der Steuerbeauflagung 208, 209, 212, 216, 219, 229, 232, 233, 234, 236, 240
– Abschaffung der Vielzahl von Steuern 213, 219, 223, 226, 232, 235, 237

– das Für und Wider um die Zehntsteuer 230, 232, 234, 237
System (neues System der Finanzen) 241 255, 257, 258, 267, 268, 270, 274, 299, 306, 308, 321, 323, 324
Tausch 13, 14, 15–18, 79, 241, 313
Unternehmer 21, 42, 95, 121
Verbrauch 14, 15, 21, 25, 26, 32, 46, 63, 64, 111/112, 121, 174, 210, 212, 229, 235, 253, 282, 291, 292
Vertrauen, öffentliches 148, 153, 155, 156, 157, 158, 159, 163, 168, 180, 188, 189, 194, 210, 251, 269, 276
Volk 17, 58, 135, 137, 147, 148, 151, 153, 157, 170, 177, 179, 180, 182, 191, 194, 208, 211, 215, 216, 218/219, 221, 223, 226, 227, 230, 231, 237, 238, 249, 251, 252, 272
Vorrechte 66, 208, 211/212, 233, 234, 236, 284
Waren 12–14, 15–18, 19, 22, 24, 40/41, 46, 52/53, 60/61, 63/64, 69–71, 76, 79, 80, 96–98, 101, 102, 108–110, 117, 211, 221/222, 241, 252, 253
Wechsel 28/29, 108, 114, 141, 148, 152, 159, 163, 164, 167, 168/169, 170/171, 206, 214, 310, 311, 319, 320
Wechselkurs 30–40, 41/42, 51/52, 53, 55, 57–60, 182/183, 185/186, 245
– Wechselkurs und Währungsparität 30–40, 55, 58, 59, 62, 108, 170, 171–173
Wein 13, 16, 51, 72/73, 77, 167
Wert 12–16, 17, 18, 19, 27, 69–71, 76, 77, 78/79, 80, 83, 85, 88/89, 90/91, 93/94, 96–98, 99, 101, 106–108, 122/123, 130, 157/158, 188, 222, 244, 278, 283, 292, 294, 313–315
Wolle 21, 23, 24, 27, 40/41
Wucher 75, 192, 195, 202, 203
Zins 21, 27/28, 45, 48, 65, 73/74, 75, 78, 85, 86, 95, 107, 118, 135, 144–147, 148, 162, 171, 178, 180, 190–192, 196, 198, 202, 205, 211, 215, 220, 227, 229, 234, 246, 253, 270, 291, 302
Zirkulation 145, 158, 181, 193, 251, 318
Zölle 26, 27, 40/41, 61, 64, 72, 211, 213, 219, 220, 221, 223, 230, 231, 234, 235
Zwangskurs 85, 88, 114, 183

Kolibri 360 GmbH
Ferdinand-Jühlke-Straße 7
99095 Erfurt, Deutschland
produktsicherheit@kolibri360.de